从超级恐龙玩家
到泰坦尼克号"船长"

鲍道平自述

〔加〕鲍道平　著

河南人民出版社

·郑州·

图书在版编目(CIP)数据

从超级恐龙玩家到泰坦尼克号"船长"：鲍道平自述 / (加)鲍道平著 . — 郑州 ：河南人民出版社, 2025. 6 -- ISBN 978-7-215-13843-8

Ⅰ. K837. 115. 38

中国国家版本馆 CIP 数据核字第 202569WN69 号

河南人民出版社 出版发行

（地址：郑州市郑东新区祥盛街 27 号　邮政编码：450016　电话：65788059）

新华书店经销　　河南瑞之光印刷股份有限公司印刷

开本　710mm×1000mm　　　1/16　　　印张　29

字数　453 千

2025 年 6 月第 1 版　　　　　2025 年 6 月第 1 次印刷

定价：98.00 元

序

从前，有座山……

与鲍道平先生的结识非常具有加拿大特色。

2020年5月初，由于一则涉嫌歧视华裔的新闻，一些社区热心人士借由各种因缘关系聚集起来，成立了反歧视组织。发起人中，就包括鲍先生和我。

鲍先生经验丰富且热心，他像台球中的白球一样充满动力，促动着每一位成员的工作。随着工作的推进及深入，作为协会秘书长，落在我肩上的沟通、疏导工作自然也日益增加。每日通过电话、微信及在线会议与成员保持密切沟通，彼此了解日渐深入。与鲍先生的通话时长尤为可观，因为鲍先生总有说不完的理论及实践案例。也是在一个个漫长的通话中，我零零散散地了解到鲍先生丰富的、可谓传奇的个人经历，还有他的同样传奇的家世。

某日下午，不知道从什么角度切入，鲍先生忽然讲起他外祖父参与创办的"上海明星影业"。一时间，胡蝶、阮玲玉、周璇、杜月笙、黄金荣、新城隍庙等老上海的人和事呼啸着从电话中冲撞而来。温哥华的初夏的午后，站在露台上，沐浴在阳光中，我听了一个多小时的"明星"故事。手机即将没电之前，不得不打断鲍先生，请他日后再详细赐教。尽管鲍先生是上海人，长在中原，却以塞外人的耿直迅速约见面说故事的时间。我虽是一个爱听故事的人，喜欢听人们的种种经历，希望以听故事来实现许倬云先生所说的"全世界人类走过的路，都算我走过的路"，但是那段时间忙于反歧视工作，实在分身乏术。

直到两三个月后，在另一个议题的会议前，鲍先生利用开会前的等待时间讲起了他的故事。那一次，鲍先生没有说外祖父的上海明星影业、祖父的上海商务印书馆，而是说起30多年前初来加拿大留学的日子。第一年的留学生活，有其他"穷学生"的普遍桥段，更有许多可以直接写入小说的惊人情节。听完了大半年的故事，晚上回家，发消息给鲍先生："你愿意把你的故事写成文字吗？"鲍先生回复："当然。"

几天后，鲍先生说，他等这句问话等了许多年。至少10年前，鲍先生曾询问过加拿大华裔作家丁郭先生，是否能联系一位会写作的朋友（比如丁郭先生任顾问的加拿大华人作家协会的成员），帮忙整理"明星影业""商务印书馆"及"鲍道平"的翔实的记录。丁先生说："这样大的工程，要积年累月地工作，不是特别感兴趣、愿意听这些故事、真心投入时间去记录的人，做不了。要等机缘。"于是，鲍先生踏上了寻找机缘之旅。在向许多人讲过故事之后，终于遇到喜欢听故事、记录故事、重视个人口述历史的我，鼓励鲍先生将那段传奇经历以文字传承下去。

鲍先生感谢我能够抽出时间，帮他完成心愿。但在我看来，合作是双赢。写书就是一场场长跑。总是要跑步，不是在这个场地跑，就是在那个场地跑。精心策划的选题不一定能完成，最终面世的多是无心插柳之作。选题会像蒲公英的种子一样，不知道会在哪里落地扎根，抽条开花；也像驾驶出租车，不知道会载上哪位乘客，开向何方，听到什么。能以有趣有料的"明星""商务""鲍道平"作为选题，一些枯燥烦琐的记录整理，亦为乐事。

万事开头难。最早开始为鲍先生拟定写作计划、体例框架及提纲时，鲍先生时而冒出问题："你说，我这本书写出来给谁看？谁会看？有什么值得读者看的？有什么写的意义？"我的答案很简单，之所以听到那些闯荡人间、驰骋商界的精彩瞬间后想让它们以文字面世，就是有两点打动我，即"做事的智慧和人性的光辉"。无论生活还是事业，鲍先生对许多问题的处理都显现出睿智、积极、通达，并且闪耀出内心的善良、对他人的关爱。

鲍先生听了答案后沉默不语，过几天又会抛出同样的问题。有限的耐心被耗尽后，我郑重地通知鲍先生，倘若他对我提供的答案不认可，应先暂停工作，想清楚再说。鲍先生解释，他提问不是怀疑我的答案，而是在考虑，应该讲哪些故事来满足读者的需要。我说："不用拣选，凡是你认为重要的，尽说无妨。"因为我希望他笔下呈现出来的是"原生态"的过去，是真实的悲欢离合、喜怒哀乐、失败成功、如意无奈，而非粉饰、美化后的脚本。况且，鲍先生讲故事事无巨细，属于"从前有座山"的风格，凡事从头说起，想到的任何枝节都不放过，而且容易说着说着就跑偏——倘若不想从太平洋听到大西洋，必须要在听故事时提高警惕、及时掌控方向。

不知道鲍先生最初对这本书的进展如何设想，但是合作之后的不易，一定超出他的预期。数十年编辑工作和学术写作的训练，加上天性使然，令我在为他整理信息时对 5 个"W"等细节十分在意——有任何不确切的地方，都不建议他仓促下笔。有时候为了落实一句话，鲍先生不得不去翻简报、找照片、与相关知情人员"核对口供"，折腾数日。好在鲍先生也是一个顽强的人，未被此种偏执、严苛摧毁。

疫情期间诸事不易。为了减少见面、响应居家的号召，我们通常是电话、线上联系。偶然见面吃饭或者去鲍府看材料、实地考察、约相关人士见面时，连开车的途中鲍先生也会抓紧时间讲述。实地考察是鲍先生的提议。他说正好都在温哥华，应该看看相关的建筑、场所，找些切实的感受，这样更能回忆起当时的情绪、情感、处境，更能想明白他想表达什么，写出来才会更生动。不得不说，这是一个非常好的方法。最终的文字稿是否能使读者有身临其境之感不得而知，但我在这个过程中确实是身临其境了。

在鲍先生滔滔不绝的叙说中，我尽全力求真求细，尝试用记录下的信息还原鲍先生拼搏奋斗的前半生，完成这幅人生拼图。从庚子年八月着手进行，到记录完毕历经 8 个月，主体内容始于 1985 年 4 月 30 日鲍先生抵达温哥华，到 60 岁生日前退休，将近 35 年。

在我看来，那些跌宕起伏、千钧一发、刻骨铭心，在鲍先生撰写的文字中，都减色不少，成了淡淡的欢喜、浅浅的哀愁。也罢，权作奉行"看庭前花开花落，望天上云卷云舒"的风格——亦算是对鲍先生人生态度的呼应。

"作者不必然，读者何必不然。""一千个读者眼里有一千个哈姆雷特。"一经书写，书中的人物自然有了生命。书中的鲍道平与现实中的是否一致，鲍先生的亲朋故旧肯定结论各异。而我在意的，是更多与鲍道平素昧平生的读者的感受。假若读友能从只言片语中获得些许启发、激励、感动、帮助，那么我们在这本书上花费的工夫便未徒劳。人生初旅，愿与诸君共勉前行。

早前电影片头总爱打句"如有雷同，纯属巧合"，如今鲍先生虽力求还原他这 30 余年的经历，但书里的人物、企业等的名字却需要改头换面，把真实事件揉碎了重组，既想保留真实感，又得保护当事人隐私。书里写的内容不是为了评价，若有哪个情节跟真实事件碰巧对上，那也只能说是"艺术加工需要"，还请大家多包涵，就当故事看吧。①

"从前有座山"，再曲折漫长的故事也有结局。由一个电话开始的一段艰难跋涉终于结束。看到这本书完成，如释重负的同时，也充满了对这段历程的深深感慨。这不仅是一段个人历史的呈现，更是一种时代的记忆，一种智慧与坚持交织的力量，它让我们在纷繁世界中看到不变的勇气与希望。

王立博士

于二酉书洞

2021 年春，加拿大，温哥华

---

① 【编者注】本书内容源于真实事件，但为保护隐私及合规考量，已对涉及的公司、机构及个人进行脱敏处理（包括但不限于使用化名、信息拆分、背景模糊等）。案例叙事与行业规律力求贴近现实，但请勿将书中名称与真实实体或个人对应。本书不针对任何具体对象，请勿据此推断现实事件。如有细节巧合，系行业共性所致，请读者客观理解。

目 录

第五章　仿真恐龙大玩家

第六章　泰坦尼克号第五任"船长"

第一章

不一样的开局

30 多年后，身处英国查尔斯王子的晚宴，听着王子带头为我太太唱生日歌时，我的思绪瞬间莫名其妙地闪回到积肥的场景——从大队开会回来，看到农友们围坐在积肥池边聊天，我说："天快要黑了，赶紧干活啊。"和我同住的阿牛说："怎么干？那么臭。你是连长，你要带头哦。"我二话没说，放下手里的笔记本，挽起裤腿儿、甩掉胶鞋，一脚踏入粪池中。想到当年在积肥池里卖力地挥着耙子的那个少年，再看看身处其间花团锦簇的盛会，不觉千山已过。

　　从小到大，我的路常常与大多数人走的路相反。无论是自己选择，还是被动地接受，总是在逆流而上。

　　1960 年 3 月 21 日，我出生于郑州。作为家里唯一的男孩，我没有被父母留在身边，而是在 5 个月大时被送回老家上海，由祖母祝兢志（1898—1981）和外婆洪立蒸（1904—1998）照顾。祖父鲍咸锵（1899—1957）和外祖父卞毓英（1899—1968）青年时代在华盛顿大学留学时结成了好友，回到上海成了生意搭档。祖父通过家族投资的商务印书馆与外祖父控股的上海明星影片股份有限公司合作，共同投身于 20 世纪 20 年代至 40 年代上海的电影事业，联合经营上海华威影片发行公司的中外电影发行，出版发行《明星画报》等"上海明星影片股份有限公司"旗下的系列读物。抗战结束后，父母家族中不少亲戚移居海外。那年全国都在闹饥荒；但是祖母有大伯父从美国寄来的美元兑换的侨汇券①和国家每月

---

① 【编者注】中国于 1959—1993 年实施特殊的外汇管理制度，归国华侨凭境外汇款凭证兑换侨汇券。该券可在指定商店购买粮食、棉布等计划供应商品。据《中国外汇管理史（1949—2000）》统计，1961 年侨汇占全国非贸易外汇收入的 76%，系特殊时期保障侨眷生活的重要制度设计。

◎ 1897 年鲍家合影，摄于上海

发放的祖父公司合营的定息收入 [①]，经济非常宽裕，可以去专门的商店买进口食品，出门都有保姆跟随，由此我在上海比在郑州能获得更好的喂养。早餐豆浆油条、粢饭团，瓶装牛奶每天都有，外婆也经常接我去凯司令吃奶油蛋糕，夏天少不了光明牌的冰砖和水井中透心凉、沙甜的冰镇西瓜，亲戚朋友见了我都抱抱亲亲，夸我可爱，童年的美好时光至今仍历历在目。

1966 年，妈妈要求爸爸去上海出差时把我接回郑州。爸爸（鲍正鳌，1925—2005）1947 年毕业于上海东吴大学经济系，妈妈（卞志滢，1929— ）1950 年毕业于上海圣约翰大学。1953 年，他们报名支援内地工作，从上海到山西榆次建纺织机械厂；1957 年随工厂从榆次迁入郑州。爸爸妈妈认为我在他

① 【编者注】1956 年全行业公私合营后，国家对民族资产阶级实行赎买政策，其核心措施是按合营企业资产估值，每年发放 5% 定息（原定 7 年，实际延续至 1966 年 9 月）。

们身边生活，便于在家教育辅导，利于我健康成长。

此外，更主要的原因是，那年"文革"开始，上海造反派到处在搞破"四旧"、抄家。祖母家在徐汇区的吴兴路 41 弄 1 号，那一片的康平路、高安路、淮海路等住满资本家，都是抄家的对象。焚烧照片、书籍、洋装的事情天天可见。西装先生和旗袍太太们被拉出来游街示众，脖子上挂着高跟鞋，房子里挤满了抢住房间的陌生人，一夜间天旋地转，仿佛末日来临，我连出大门买冰棍都要堂哥们陪着才敢去。郑州地处中原，相比上海还是"平静"许多。尽管祖母、外婆不舍得我走，但是我还是被接回了郑州，放弃了"宝贵的"上海户口。

我回郑州后不久，妈妈就被下放至河南固始县农村带学生插队 3 年。1969年妈妈回来时，爸爸在工厂被批斗得死去活来，几次被打得失去意识。那 3 年家里主要靠姐姐鲍韧照顾。1971 年姐姐初中毕业，下乡到郑州郊区的十八里河务农 5 年，直至 1976 年回城。次年我高中毕业。当时国家有政策，独子可以留在城里，不用下乡。但是，为了保护比我小两岁的妹妹鲍静，让她不再遭遇同样的命运，我选择了下乡。

1977 年 9 月，我去了郑州南郊的侯寨务农，包吃包住外，每年有 50 元的收入。后来才知道，我们是最后一届下乡知青。如果当时我选择留在城里不下乡，人生的故事就不是这样了。但是，人生没有如果，只有结果。

那年冬天，中国恢复了高考，我从侯寨请假回郑州复习备考。挑灯夜战两个月，却以几分之差落榜——物理只考了 48 分。为了补习物理，妈妈特意找了好友——河南省科委的陶世信总工程师帮忙辅导。对于物理考试，我信心十足，难以相信自己的成绩这么差，恳请妈妈去查分数。作为大学英语老师，妈妈是 1977 级河南高考命题组成员，查分数不是难事，可是由于不愿意"走后门"而拒绝了我的请求。直到录取结束后，妈妈才耐不住我的再三央求去找分数档案——分数是判卷后由专人手工登录、三人核查。然而，在这样严格的查验下，我的物理分数竟然还是登录错了——试卷上的 84 分被误录为 48 分。本来能上清华、北大的成绩，由于他人的疏忽而名落孙山。对于这个"命运的玩笑"，我很难接受，却又不得不接受，只好老老实实地回到村子里继续做农民。

随着形势的转变，一起下来的知青纷纷回城，考学的、招工的、参军的，八仙过海各显神通，唯独我由于是资本家子弟，"出身不好"，只得老老实实地留在农村。恰好在1979年下半年国家出台了工人子弟下乡满两年可以顶替退休父母进厂工作的政策。这个政策只存在了两个月，却被爸爸妈妈抓住了机会。爸爸放弃了近30年的干部工龄转为工人后，于1980年55岁时提前退休，使我得以顶替回城。

3年多的知青生活令我从17岁懵懂无知的少年成长为20岁"老成持重"的青年，其中最鲜明的回忆是偷粪、打架、住地窝子、"包产到户"。

在知青点，我被大家选为副连长，负责管理生活，安排、组织农业生产。"庄稼一枝花，全靠粪当家。"知青们没有钱买化肥，人畜粪便是肥料唯一的选择。84名知青320亩地，只靠知青点的人畜粪便显然不够，只有走出去"偷粪"——我们把周围几十里地老乡的公厕作为我们积肥的重要来源。作为副连长，我必须要带头。白天派队友出去"踩好点"，夜里熄灯后偷粪小分队就出发了。刚开始大家嫌脏不肯动手，后来恨不得掏得一点不剩。我个子矮，拉架子车时粪桶和我差不多高，那个气味可想而知。起初还戴着口罩，口罩

◎ 1965年我5岁时的照片，摄于上海

上洒点酒精，习惯后也不讲究了。现在回想起来，各种穷讲究的想法挺对不住农民的，当时没有这个觉悟。用架子车装着汽油桶改装的粪桶摸黑在乡间快步穿行时，感觉是在为集体燃烧，发着光和热。积肥时要加麦秸和泥土，为了混匀，要跳到积肥的粪池里才能搅得动。干起活儿来物我两忘，蛆虫蹦到皮肤上，伸手拨掉继续干。

30 多年后，身处英国查尔斯王子的晚宴，听着王子带头为我太太唱生日歌时，我的思绪瞬间莫名其妙地闪回到积肥的场景——从大队开会回来，看到农友们围坐在积肥池边聊天，我说："天快要黑了，赶紧干活啊。"和我同住的阿牛说："怎么干？那么臭。你是连长，你要带头哦。"我二话没说，放下手里的笔记本，挽起裤腿儿、甩掉胶鞋，一脚踏入粪池中。想到当年在积肥池里卖力地挥着耙子的那个少年，再看看身处其间花团锦簇的盛会，不觉千山已过。

　　第二年秋天收花生时，村民们要来抢我们的花生，理由是分给知青的土地原本是他们的。花生要拿去换大米，被抢了我们吃什么？花生田低于地表大概半米，农民们围在花生田边不肯罢休。知青点的女生被派出去找援兵，男生站在田里，手里握着镰刀准备拼命。我带着几个嗓门大的知青喊话："如果你们跳下来，下来一个死一个，下来两个赚一个。"能不能打赢，心里没底；可是粮食被抢了，明年肯定要饿肚子。有个胆大的小伙子跳下田来，立刻被与他交手的男生用镰刀削了半个耳朵。那个男生利索地从衣服上撕下来一块布，把伤员的头部包起来，和另一个男生将他架起来扔上去了。这下起到了震慑作用，农民们不敢轻举妄动。没多久，大队书记来解了围。

　　怕有人偷花生，收花生前半个月起，夜里我们要派人轮流去看花生地。守夜的人要睡在地窝子里。所谓地窝子，就是在土地上挖一个深坑，容得下自己躺平，上面用和着玉米秸的泥巴盖住大半座"屋顶"，下面铺上厚厚的玉米秸。和衣躺下之后，抬眼望到的是星空，耳边是晚虫的鸣叫。听起来浪漫，实际情况是田鼠、黄鼠狼等时而失足踩到脸上，臭虫、蚊子成了伴眠宠物，下雨时就算盖着雨衣，也难以抵御雨水的入侵。作为副连长，我当仁不让地要主动去守夜。睡地窝子给我留下的后遗症是来到加拿大以后，对露营这项在加拿大非常普遍的室外活动丝毫提不起兴趣。无论家人如何劝说，都不能说服我同行。她们嫌我固执，可是出生在香港的太太和出生在温哥华的女儿们无论如何也想象不出来我插队时"露营"的情形、不会明白"露营"给我留下怎样的印象。

　　知青点分班劳动，女生多的班明显干活儿慢。对此我做了改革，全队分成21 个组，每3 组1 班。每个组两男两女，自由组合。土地和任务承包到各班，避免吃"大锅饭"。几名在派出所留有打架记录的"坏同学"被我逐一分给好同学结对子，我自己和打架大王阿牛住在同屋。我认为，任何人都有自己的特点，只要能加以合理利用，就一定能管好队伍。分工后，大家很满意，有些人还因此成了恋人，后来组建了家庭。我也有心仪的女生，不过碍于是副连长要以身作则，只能把喜欢深藏心底。改革后，劳动积极性高、绩效明显，可是我被大队当成了坏典型，说我搞资本主义。好在没过多久，1978 年 2 月，《人民日报》发表了《一份省委文件的诞生》，中央对包产到户有了新的看法，我一下子又成了先进，戴上大红花去其他知青点传授经验。

下乡几年，大家一起工作，一起吃饭，一起在田间地头吹口琴，一起唱歌，晚上在宿舍里，点着煤油灯下象棋，每天都很开心。干活儿辛苦，但我也受到许多劳动锻炼，极大地培养了我的领导、组织能力，学习了如何与众人相处，遇到矛盾怎样化干戈为玉帛。更重要的是经历了艰苦的生活后，我懂得感恩、知足，日后无论留学还是经商，不管遇到多少困难、境遇多么不如意，都毫不在意，甚至甘之如饴，皆因我曾经跌落到人生的谷底、见识过赤贫——后来的生活再糟糕也没有知青时代苦。知青生活还给我带来一个难以磨灭的影响——食物中毒后又药物中毒，导致我的嗓音永久沙哑。不过，老乡安慰我说，"哑嗓子说话不容易，日后会一字千金"。遵守承诺也确实成为我所奉行的人生原则之一。

1980 年夏天，我进入爸爸所在的纺织机械厂，被分配到金工车间，学习开镗床，成了一名镗工学徒工。

学徒工工资一个月 12 元人民币，间或有三五块钱奖金。车间里噪声刺耳，铁屑崩到裸露在外的手上、脸上，很容易嵌入肉里，整天与钢铁打交道，干的是力气活儿，也是用心思的活儿，不留神容易伤到自己。不过这样的环境、待遇，比起农村的知青生活已经是天上地下了，至少不用看天吃饭、担心收成，也不必顶着大太阳干活儿，车间再脏也比粪坑干净。更重要的是，我重新与家人团聚，回到有规律的日常生活中，有自己的空间和时间能做自己想做的事情。回到城里后，摆脱了压在身上"副连长"的重任，不需要整天为 84 人的生产、生活、安全操心，感觉整个人重新舒展开来，心脏被重新唤醒，20 岁的我敢于去体察自己的喜怒哀乐，去发现和追随自己的理想。虽然没有具体的规划，但是我明确地渴望要过得与周围的人都不一样。

未来怎么样才能与众不同，我并不知道；当下我能做的是做最好的学徒工。也许是天性，上学读书时我就不甘落后；去了知青点担任了副连长，更要起到带头作用，事事做在人前。这种惯性一路延续，进了工厂，我也力争成为优秀的工人。要达到优秀，自己勤学苦练还不够，关键是师傅肯教、同事们愿意指点，这就需要良好的人际关系。我在农村几年的集体生活锻炼了与人相处的能力，从小借居上海、念书时因为出身不好常受欺负，这些培养出我主动与人为善的意识，有助于在工厂获得好人缘。在纺织机械厂的好人缘也与爸爸的威望有关。从建厂伊始，爸爸就是厂里的工程师。"文革"时，爸爸受到很大的冲击，两次被打得几乎丧命。可是他并不怨恨打他的工人，从来不去负面评价别人。"文革"结束后，工厂责令打他的主要责任人去家里赔礼道歉。妈妈不肯开门，打他的人跪在门外，爸爸开门出去扶他起来，爸爸说："谁都有错的时候，没有什么不能原谅的。"

在师傅们的指点下，我学会了车、铣、刨、镗、钻等各类机床的操作及钳工、木工等技术。我也渐渐成为工厂的"万金油"，谁需要帮忙都来找我，只要我有空，我就很乐意去帮忙。如此形成良性循环，我的技术能力进步得很快。除了镗床上的实操技术，师傅还教会了我维修的逻辑思路。师傅说，任何机械设备都能维修，坏了不怕，依次拆完了，肯定能发现问题，哪个部件坏了换哪个，换完了再反序装回去就行。这个简单的道理掀开了机械神秘的面纱，对我后来的发展帮助极大。做恐龙王公司时，仿真恐龙的设计、制作、安装，最终形成一个个辉煌的展览，我真是使出洪荒之力，不仅是公司的CEO，还是CTO、美术总监、市场总监，将所有学过的知识、技能全部都用上了，其中就包括在纺织机械厂学到的那些原理、技术。因此，我常嘱咐女儿们，无论做什么、学什么，都要认真，就算当时觉得没有用，日后也会有用。天底下没有白走的路。

1982年年底，妈妈教过的一位学生帮我调入了一机部下属的郑州机械研究所。

父母希望我继续补习参加高考，但是我提不起兴趣，不想重走老路。利用业余时间，我报名参加了《郑州晚报》沙沙老师开办的为期3个月的摄影培训班，于1983年2月获得"001"号结业证。我的学习受到老师的肯定，有资格承担报社的一些新闻图片拍摄工作。爸爸妈妈帮我买了全套的照相、冲洗设备，我把卧室改成暗房，有空就拍照、洗相片，忙得不亦乐乎。一天睡三四个小时的习惯也是从那时养成，并持续到退休。

我跟着王留民先生学习过绘画、在纺织机械厂时负责过工厂的宣传栏，因此学会摄影后，我被安排进了机械研究所的宣传科，承担起单位的摄影工作和宣传任务。能够全职摄影，我对摄影的钻研更投入了，连续在省市级报刊上发表了许多作品，积极参加摄影展、摄影比赛。《自拍像》《老农民》《灵魂工程师》等作品入选摄影展，在各地展出。以妈妈为模特拍摄的《灵魂工程师》在北京艺术馆展出时还被姨妈看到，她特意打长途电话给妈妈说，看到一幅摄影作品，人物特别像妈妈，只是妈妈不戴眼镜——作品中的眼镜是为了塑造人物形象，我特意让妈妈戴着"做样子"的。《龙的传人》入选了国际摄影展，在北京的涉外五星级饭店中展出。

快乐的日子过了近一年就戛然而止。新来的书记把完全不懂摄影的亲戚从外地调过来，以感兴趣、学着玩儿的名义让他跟着我学摄影。一个多月后，我被调到所里的实习工厂，书记的亲戚顶替了我在宣传科的职位。

再次面对"命运的玩笑"，我仍然难以接受，却不得不接受。好在我在《郑州晚报》的表现还不错，我去找摄影部的领导，他们同意将我调入报社成为专职摄影记者。意外的是，书记竟然不同意放人。我去找所长，所长也说"不要胡闹"，并以扣奖金作为威胁。当时每个月工资是 38.3 元人民币，奖金是 15 元人民币。扣掉相当于一半工资的奖金确实是一个不小的威胁。天性使然，我不愿意屈服，更坚信"求人不如求己"，就做出一个当时很难被大众理解的决定——1984 年年初还没有辞职的说法，我自动放弃了公职、离开事业单位，成了"无业游民"，打算开拓自己的一片天地。

爸爸大学毕业后在上海经纬纺织机械制造公司担任工程师，1952 年公私合营，他的工资被定为每个月 180 元人民币，妈妈从上海支援中西部地区时定的工资也有百余元，加上她当时有不少兼课、论文发表等额外收入，养活我没问题，可是我并不想在家吃闲饭。我想只要勤劳肯干，天地间一定会有我鲍道平的用武之地——实在找不到什么发展方向，我还可以南下广州跑单帮做个体户。

恰在此时，抗日战争时期前往美国的大伯父偕伯母从美国回中国探亲。爸爸妈妈去北京迎接他们，并陪同他们在北京游览数日。爸爸陪大伯回了上海。大伯坐镇上海，广邀国内百余位亲友赴沪聚会，放出话说"来的人都有礼物"。

国门甫一打开，海外的东西都很新鲜，但我并不想为了礼物去凑热闹，便没有去上海。大伯临回美国前跟爸爸说到我："道平这孩子还挺有志气。我带的东西都分完了，把我这副雷朋（Ray-Ban）太阳镜送他吧。让他好好使用，这副眼镜的钱抵得上他一年的工资。"得知我之前参加高考时由于分数被搞错而落榜，大伯主动表示愿意作为我的担保人，邀请我去美国读书。

真是柳暗花明又一村。读书深造，在我看来非常重要，是长远发展的基础；即使花钱受累，我也认为是最佳选择。于是，我打消了跑单帮赚钱的念头，开始一心一意准备出国读书。机缘巧合，在我想习得一技之长便于出国后谋生时，画家周中孚老师派我去河南博物馆学习中国字画装裱技艺，并与博物馆的技工师傅们一同完成了周老师 160 米长的《黄河万里图》的装裱工作。就这样，在大众追求稳定的铁饭碗或者发财的金饭碗时，我准备去留学。请客聚会、朋友送别，着实忙碌了一阵子。可是，护照递进去等签证，却迟迟未果，最后竟然不了了之，原因是大伯父向使馆撤回了担保信。

爸爸打了国际长途电话向大伯询问缘由，大伯有些埋怨我们"走漏"了要去留学的消息，导致不少亲戚提出来购物、借钱、出国的要求，也是为了平衡各方面关系，大伯改变了担保我出国的主意。命运又和我开了第四次玩笑。

正是年轻气盛的岁数，一下子听到这个消息，失望之余，还觉得"没面子"——伙伴们都为我送别了，我又走不成，这算怎么回事？可是失望、没面子也要忍，也没有听从亲友的建议去"再求求大伯"。骨子里的自尊使得从小到老我都没有求过人。行就行，能做成是缘分；不行就不行，也不是世界的末日。和爸爸一样，我不生隔夜气，好事、坏事过去了就过去。俗话说，车到山前必有路，船到桥头自然直。美国去不了，我还可以做其他事情。信念决定命运。这样自己化解些时日，也就过了这个坎儿。

倒是大伯做得很决绝——不仅取消了对我的担保，也与上海鲍家断了联系。之后祖母去世，上海对大伯而言，可能也没有太多牵挂。几年后，我去美国走访亲戚时，特意联系过他数次，他总是找各种理由避而不见。一直到过世，大伯也没有再与国内的亲戚来往。始终没有见过大伯，我还是感到很遗憾。大伯送的雷朋太阳镜被我在筹备加拿大留学经费时卖掉了，不过以后几十年，我买太阳镜时，总是选雷朋，除了喜欢它的品质，也有对大伯的怀念。

好在上帝关上一扇门，总是会开一扇窗。1984 年春，妈妈在上海圣约翰大学时的好朋友路阿姨的哥哥、英国剑桥大学的高才生、加拿大某石油公司副总裁路先生（按照辈分，我称呼路舅舅）从加拿大来北京开会。路阿姨 20 世纪 70 年代移居海外，她请妈妈帮她买几幅中国字画交由路舅舅回加拿大时带给她。妈妈工作繁忙走不开，派遣我去北京送字画。

去北京拜访路舅舅，是我第一次进五星级酒店，也是第一次见识美式自助早餐。那天一大早，我身着上海买的花呢西装，带着字画，挤着公共汽车，从北京三里屯的五舅舅家来到长城饭店。大门外站着不少年轻人，手里拿着钱走来走去，见我走过来，三五人呼啦围过来，问我是否要换外汇券。我说"不换、不换"。刚想进去，就被门卫给拦住了："请出示证件。"我问："什么证件？"正好有一辆旅游大巴停在饭店门口。门卫竟然伸手推我："走开，先到旁边站着，别挡着路。"我急了，大声叫喊："为什么推我？我先到的啊。"这时，路舅舅从酒店大厅走过来，说："他是我的客人。"门卫回头一看，连声致歉，鞠着躬、摆着手放我进去了。我昂首挺胸大摇大摆地走进酒店大堂。回到郑州后，我和爸爸妈妈说："北京的五星级饭店不是给中国人进的。"

上帝终于开了一扇窗

3

进了大堂，才知道什么叫气派！20米高的房顶吊垂下来从未见过的大水晶灯，一位身穿黑色英式燕尾服的男子弹奏着9尺高的光可鉴人的三角钢琴，他随着轻快动听的肖邦的钢琴曲晃荡着身子，陶醉在自己的演奏中。路舅舅带着我穿过大堂走进了餐厅。服务员礼貌地说："路先生这边请。"哇，她怎么知道路舅舅姓路啊？我正纳闷呢，路舅舅说："道平，来坐这里。今天是自助餐，想吃什么自己去拿，不要客气，多吃点。"我看了看四周，除了人全是吃的。这里与外面真是不同的两个世界。"路舅舅，我吃过早饭了！"当然，在那么多从未见过的美食面前，还是不免垂涎欲滴，我急忙转移开视线。

闲聊中，我提到去年申请美国留学没有成功，路舅舅便问我是否愿意去加拿大读书。他看了我获奖的摄影作品后，认为我在艺术上有天分，应该出国继续深造。美国和加拿大对我而言都是外国，没有区别。在国内无缘上大学，能出国读书当然是求之不得，但是有了上一次空欢喜的教训，这一次我还是比较谨慎。我礼貌地感谢了路舅舅的建议，表示愿意考虑。路舅舅回到加拿大后，便帮我联系了温哥华的私立语言学校道森学院（Dorset College）。再次来中国出差时，路舅舅来郑州见到妈妈，他表示愿意担保我出国。

道森学院6个月的学费差不多是3500美元。我至少要缴纳6个月的学费才能申请到一年的签证。我们对路舅舅承诺所有的费用自理，他只需提供名义上的担保。因此，为了让我有一定的发展空间，爸爸妈妈打算帮我筹到1万美元，这样可以支付一年的学费，还能有些钱做生活费。1万美元在当时是天文数字，相当于我200年的工资。好在天无绝人之路，一筹莫展时，上海的二伯父、二伯母对我伸出援手。二伯母向她在美国的姐姐（我称呼其为金伯母）开口，帮我借到了一笔钱。爸爸的一位香港亲戚也愿意借我一些钱。很快1万美元就凑齐了。之后，从美国和中国香港分别汇款到路舅舅的账户。

可是2000美元的巨额机票款仍是缺口。我向妈妈的老友正平求援。正平下放郑州多年，经常来我们家吃饭。"文革"后开始落实政策时，我找了朋友于红在政府工作的父亲，帮他调回上海。那时他家里被抄没的东西逐渐还回，他也继承了不少家业，经济情况大幅度好转。回上海前，他送给我一辆铃木摩托车作为临别礼物。日本原装的铃木摩托车在那时算奢侈品，骑着红色铃木摩托车威风极了，进市委、省委大院都长驱直入，门卫都不拦。既然要出国，摩托车就不需要了，我和他商量，能否把摩托车收回，借我些钱买机票。他很大方，当我去上海和外婆、祖母等亲人告别时，他特意请我吃饭，席间将机票款尽数赠予了我。

万事俱备，只欠东风。一晃一年已经过去，1985 年 3 月，我开始申请加拿大签证。在北京工作的五舅妈帮忙预约联系了面签的日期，我提前从郑州去北京等候。面签那天，季和表哥送我过去。坐着表哥的本田摩托车驰骋经过长安街时，颇有"直挂云帆济沧海"之感。到了签证处，看到蜿蜒的队伍，又见到前面几个都被拒签了，我的心也怦怦跳起来。等终于排到我的时候，不知哪里来的勇气和力量，我立刻变得平静自如。

一个小时的面试结果是顺利通过！出了门，等候的人们一下子都围上来。"你批了！""你通过了，说说经验吧！"瞬时，我成了名人，身边拥着不少"粉丝"。签证处外也变成了故事会场。有人给我递水果，有人给我送饮料。面对众人热切的眼光和声声赞誉，我心中豪情顿生，感觉自己的未来一片光明。

◎ 1985 年，出国前摄于郑州

1985 年 4 月 21 日，我终于收到加拿大使馆 3 月 18 日就已经寄出的签证。打开签证一看，入境截止日期是 29 日！妈妈赶紧托人去买火车票——要先从郑州坐一夜火车到北京，才可能买机票去加拿大。24 日一早到达北京，把两个大箱子放在姨妈家，妈妈和我急忙去民航售票处买票。民航需要提前申请购票指标，而且近期也根本没有去温哥华的机票。眼看买票无望时，妈妈听到旁边

的外宾说去日航试试，便带着我直奔日航，打算购买从东京转飞温哥华的机票。日航有机票，但不收人民币。一筹莫展时，旁边的一位在日本留学的先生指点我们可以去中国银行特批兑换外汇券。我们又急忙赶到中国银行，恰巧负责签字的几位行长都在。看在妈妈是人大代表的份儿上，他们同意给予特批。签完了字，一位行长对妈妈说："我们三位行长全在银行的可能性一年中也轮不上一次。看来你儿子的运气真是不错。"

终于在下班前赶回日航。从日航工作人员手里接过票才终于感到踏实，疲劳和饥饿感立刻袭来。一早水米未进，随便找了间小餐厅去吃饭。坐下来仔细看机票，赫然发现起飞时间是 27 日清晨 5 点！按照常规，至少要提前两个小时办手续，那要凌晨 3 点前去候机。班车没有，公交车不通，出租车也不是随便可以坐的（五星级酒店门口才有出租车，还要用外汇券付费）。怎么办呢？思来想去，妈妈决定，26 日下午坐末班民航班车到机场早早等着。

晚上 11 点多，机场候机室开始清场。工作人员说，首都机场每天晚上 12点关门，之后没有飞机，他们怀疑我手里这张 5 点起飞去东京的机票是假的。关键时刻，妈妈的人大代表证又发挥了作用。执勤的解放军检查了我们的证件后，不仅破例允许我们在日航的候机区待着，还送来两件军大衣，让我们夜里御寒。

四周一片漆黑，时间一分一秒地滴答而过。那真是数着分钟在等，难熬啊。眼看已经 4:30 了，还是一点动静都没有。机票不会真的是假的吧？我也不由得犯起嘀咕。4:45，突然灯光大亮，机场工作人员和机组成员踏着整齐的步伐走过来了，简直如从天而降。

首次坐飞机，不明白都有什么步骤，糊里糊涂地跟在工作人员后面就上了飞机，也不记得有什么安检、边检。在飞机上才知道，这趟飞机是日航临时增开的一班，乘客屈指可数，机组成员全是中国人，他们飞往东京执行秘密迎接某代表团的任务——人生第一次坐飞机，竟然阴差阳错地坐上了"专机"。更巧的是，副机长也是郑州人。老乡对我分外关照。

当时出国人员只允许兑换 30 美元随身携带。买机票、换外汇券已经是银

©1985 年离开中国后的第一张照片，
摄于日本东京国际机场

行法外开恩，规定的 30 美元的指标已经包括其中了。临从姨妈家离开时，姨妈硬塞给我的 30 美元成了我随身携带的全部货币资产。副机长说，东京的饭很贵，买两碗面条大概就要花十几美元。飞机上的餐食到了东京要全部倾倒，而作为机组人员，能够"打包"一些食物带下飞机，他会送我几盒飞机餐，这样我就能一路撑到温哥华，不必为了买饭花钱。

后来我乘坐了无数次的飞机，飞机餐也吃过各式各样的，副机长送的那几盒是留存在记忆中的无上珍品。与副机长在东京机场的合影我保留至今。至于如何拿到照片的，却想不起来了。我一直想找到副机长，至少请他吃一顿饭表达多年来深藏在心底的感激。一路走过来，获得的帮助不计其数，无论来自何方，都令我念念不忘。特别是那些擦肩而过、素昧平生的人，像流星划过夜空，给予我瞬间的光亮。

在东京机场停留的 7 个小时，着实令我大开眼界。我被日本的文明礼貌、清洁有序所震撼。接送时，主人和客人互相鞠躬行礼，是名副其实的 90 度。声音轻柔，没有大声喧哗，人们脸上的神情平和安宁。机场人多，却不乱，行色匆匆，但是每个人都很笃定，有着自己的方向。那份踏实从容也让我羡慕——到温哥华以后的生活如何，对我而言是一团迷雾。去洗手间时，被洗手间内的干净惊呆了。一个洗手间能如此整洁，先前无论如何也想不到。知青下乡和工厂车间的如厕环境自不必说，就连家里的卫生间也没有这么干净。我特意用手指去抹一些犄角旮旯儿，手指竟未染纤尘。外面的世界之大、之神奇给了我挑战，也激发了我的勇气，一时间，"好男儿志在四方"的想法充盈胸间。

飞机抵达温哥华是 4 月 29 日上午 11 点。我终于在签证到期的最后一天顺利进入加拿大。中午出关后在约定的地方等了几个小时，提前下班的路舅舅和舅妈[①]赶来机场接我回家。在路府住了 5 天，也是我的加拿大生活的"入门培训期"。第一个项目是了解浴帘的功能。

放下行李，路舅舅安排我去洗澡，他示范怎么使用水龙头，建议我好好泡个澡。数年农村生活后又在车间工作，我脸上、手上等常年裸露在外的皮肤全是黑色的，日晒之外兼有积年的油渍和泥尘。上海外婆家的浴缸早已在"文革"期间的"破四旧"中被砸坏了，祖母家的浴缸倒是没有被砸，不过充当了 7 家公用的洗衣盆，白釉成了"咖啡釉"。出国前，只在公共澡堂泡过澡，在家里的浴缸里泡澡这算是第一次。泡在热热的水中，说不出来的舒坦。可是看着水位越来越高，我担心洗澡水弄

---

① 与路舅舅家的关系保持多年，直到 2010 年路舅舅因病去世。从 1985 年来温哥华直到 20 世纪 90 年代回中国经商，每年圣诞节时，我都会买贺卡及鲜花送到路府。1992 年吉姆结婚时，我安排自己的明星影视公司为他免费摄影及制作了录影带。他要付款，我坚辞。我说："我非常感谢你父母对我的担保和照顾。这是我的一点心意而已。"滴水之恩，当涌泉相报。不仅父母经常教育我们，还有在上海时外婆、祖母讲的那些家族故事，及在河南农村生活时的耳濡目染，报恩的观念早已融在我的生命中。

脏洁白的浴帘，特意把浴帘推到了浴缸外。谁知道淋浴时出了麻烦——喷在浴帘上的水顺着浴帘流到了地板上。澡还没有洗完，浴室门已经被敲得山响，原来流到地板上的水已经流出了浴室，流进了路舅舅的小儿子吉姆的卧室。仓皇狼狈间，我匆忙穿好衣服，取出行李里带来的新毛巾来擦地。

擦完地板后，虽然又困又累，我却不能休息。本着今日事今日毕的习惯，我要抓紧时间把几天来车马劳顿穿脏的衣服洗干净。洗澡前，路舅舅指给我洗衣房的位置，说衣服用洗衣机洗。来到洗衣房，果然看到两台机器。洗衣机为什么有两台，我当时不懂（后来才明白，另一台是烘干机），上面写的全是英文，看都看不懂。爸爸退休以后，开了一家洗衣机制造厂，他的产品操作简单使用方便，使用说明书也是中文，打开开关就能转。而路家的洗衣机面板上有很多转钮，配着英文单词，猜也猜不出个所以然。我索性像在国内一样，用手洗。从小，爸爸妈妈就教育我们，在外面要学会"三勤"——眼勤、嘴勤、手勤。出国前，妈妈特别嘱咐，住在别人家，不要给主人添麻烦，要多帮住家干活儿，不要吝惜力气。看到洗衣房的水槽中还放着一些待洗的衣服，我想也没想就一股脑儿泡在水中。洗完了，晾在洗衣间中已是半夜。

◎ 1985 年刚到温哥华后的第一张照片，摄于第一个住处——本拿比市家门口

次日早晨 6 点不到，我就被窗外的汽车音响声吵醒。20 世纪 80 年代，温哥华还没有汽车音响改装的专营店，买回汽车想加装音响只能自己动手安装。一大早，吉姆在我的窗外调试路舅舅新给他买的红色本田跑车的音响，低音喇叭里咚咚咚的声音震耳欲聋。正做美梦时被吵醒，心里不免气恼，我认为吉姆故意吵我，心想："开着你爸爸买的跑车有什么了不起，将来我一定会用自己的钱去买比本田车更高级的车！"现在回想起来，这份"志向"不免孩子气，但是幸而有这份愿望，得以支持我熬过最艰难的日子，一路坚持奋斗。

吃早饭时，吉姆冲着我用广东话嚷嚷了一通。我听不懂广东话，不明就里。经过路舅舅委婉地解释，我才知道自己又犯错误了。原来，昨天我洗衣服时，把吉姆女友送他的皮衣也一起泡在了水里。他放在那里是打算拿出去干洗，被泡水后皮衣缩水了。到达不足 12 个小时，已经闯了两次祸，却又无以补偿，我只能连连道歉。路舅舅和舅妈都很大度，忙说没关系。路舅舅说，考虑到我上学的学校距离他们家比较远，已经帮我联系好寄宿家庭，并从我汇过来的钱里支出 150 加元作为第一个月的房租，房东会讲普通话。

被"推出去"是好事还是坏事？在我看来是好事。也很庆幸路舅舅能将我"推出去"，让我自己有更多的机会独立生活、思考、奋斗，而非依赖担保人。后来我先后担保了三十几名亲朋好友来加拿大，都是督促他们自己努力。吃不起饭、没有地方住的时候，我这里兜底，但是要求他们自己先去闯荡。不闯荡、不实践，就相当于没有走出国门。

舅妈细心地为我准备了一些衣服、床具，甚至包括窗帘、锅碗瓢勺。吉姆带我去喜互惠超市（Safeway）购物。这也是我首次进超市。一踏入超市大门，顿觉琳琅满目，眼花缭乱，颇有刘姥姥进大观园之感。尤其看到种类丰富的各式蔬果食物摆在那里与顾客"零距离"，更为喟叹。离开郑州时，商店里还是柜台售货，要什么东西售货员给拿，到手货物的好坏取决于售货员心情的好坏，像这样任顾客随意拣选，真如天方夜谭。吉姆推着购物车对我说："我的任务是推车，你的任务是把这个购物车尽量装满。你要买些食物、日常生活用品、开伙做饭的米面油盐。"经吉姆提醒，我从震撼中醒过来，回到惨淡的现实，急忙开始采买。买的都是必需品，花费大约 80 加元。但清晰地记得盐买了两罐，为什么呢？时至今日，想到这些细节，仍不免自问：是贪心，还是对自己没钱的过分担忧？

5 月 4 日，我搬到了新家。房东是马来西亚华侨陈国强先生[①]，"闯荡温哥华"正式拉开序幕。5 月 6 日，正式去道森学院上学。从住家到学校 13 公里，公车月票每月 40 加元，而我给自己定的日均花费是 1 加元。显然，坐了公车，就没有了饭钱。之所以对自己如此苛刻，唯一的原因是缺钱。借来的 1 万美元虽然还有 6500 美元，叔公（David，鲍咸宠）也允诺赠送 1000 美元（对家族中每一位出来读书、移民的晚辈，叔公都会赠送 1000 美元），但在未找到生财之道前，这些钱需支撑不知多远的未来，必须省吃俭用。我请房东画出详细的路线，开始了每日徒步往返学校的 4 小时的征程。

那时年轻，脚力好，但 13 公里的路程仍然不算短。为了鼓励自己走得快、走得有成就感，我只以下一个红灯为目标。下一个红灯总在目力所及的不远处，较之"远在天边"的学校，更容易达到。将貌似遥不可及的大目标拆分为可视的小目标，也是我能实现一个个在他人看来不可能实现的商业梦想的秘诀。走路既省钱，还能锻炼身体，同时背诵单词，好处很多，但也有一大缺陷——穿着从国内带来的胶底球鞋，走长路后鞋袜气味难闻。一路奔波到教室后，同学们对我"侧目而视"，我也被自己的味道熏得受不了，于是决定第二天改穿凉鞋。凉鞋是从国内带来的那种棕黄色的硬塑料的。一天走下来，脚上被磨出了水泡。第三天又想办法，改成穿球鞋走路，到学校前，脱去鞋袜装在塑料袋中，扎紧封口放在背包里，换上两层干净的、喷了空气清新剂的袜子，再穿凉鞋。中午休息午餐时，我去学校旁边的小溪边重新换一次空气清新剂处理过的干净袜子。

---

① 多年来，我曾想去看看从前住过的地方，但是遗忘了具体的门牌号码。写传记翻阅早年的信件时，找到了地址。2020 年 8 月 16 日傍晚，我特意故地重游。在门口的信箱里放了一张字条，上书"如果您是陈先生，请电话×××，我是鲍道平"。打算离开时，看到屋内有人影晃荡，于是贸然敲门。开门的竟然是陈先生，他们一直没有搬家。我说："陈先生，你还记得我吗？"陈先生说："啊呀，阿鲍，很久没有见过了，来来来，进来。"他指着客厅的画说："你还记得你送给我的这幅画吗？"当年我送他的字画仍然挂在那里。

◎ 1985 年，在加拿大魁北克省道森学院与同学的合影（前排右二为本人）

这样终于解决了走路时足部气味不良的问题。

　　算过开销后，我选择了最便宜的饭食组合：烙饼加稀饭。刚开始烙葱花饼，几天后发现买葱也是一笔"大开支"，只能改成加盐的烙饼。前一日晚餐特意多熬些稀饭，早晨我加热后装在保温杯里，既可避免变质，又能保温。买到降价的面包时，我也会带两片面包。平时我在家自己做饭，常常做泡饭，就是用茶水泡米饭，简单方便。经济紧张那一两年，面对朋友们关心的询问，我常用"我是上海人，习惯了吃泡饭"来掩饰囊中羞涩。有一天中午，同学们都去学校对面的麦当劳吃饭，我找了一个借口没有跟随。独自一人坐在小河边的柳树下，吃着从家带来的加盐烙饼、喝着保温瓶里的稀饭，听着小溪的流水声，脑海里全部都是对未来美好日子的憧憬，什么车子啊，房子啊，漂亮太太啊，可爱的孩子啊，也很惬意。

素简的午餐没想到反而受到同学们的注意。许多同学是从香港和台湾来的，都比我小，家庭条件不错，吃的、用的也很"豪华"，有些还开车上学。我对他们说，有本事应该自己赚钱，而不是花家里的钱，我现在就是要自谋生路。我的这些观点也被他们接受，逐渐有几位也跟着我学，勤俭节约起来。

这些事情并不会让我觉得辛苦，反而有种战胜困难的开心。事实上，能进入道森学院的教室读书，已经来之不易。报到时，由于我听不懂校长提问的"What's your name"，险些被拒绝入读。校长说我的英文水平太差，应该从幼儿园补起。当时帮忙翻译的是广东来的阿花同学，我请她问香港来的校长是否会讲中文。我用中文对校长说："学语言都是从不会到会。我的学费已经交了，人也来了，你总要让我试试。如果试一个学期，我不能达到你们的教学要求，那我自己会离开。"恰在此时，老师格洛莉娅·史密斯博士（Dr. Gloria Smith）进来了。她说应该给我一个机会，她愿意教我、让我去她的班学习。格洛莉娅有一颗善良的菩萨心，她和丈夫科林·史密斯博士（Dr. Colin Smith）对我的帮助不止于此，他们是我的恩人。

第一天徒步上学时，我非常兴奋。路上都是汽车，根本看不到一个走路的人。我为自己可能是学校里第一个走路上学的学生而欣喜。见到加油站也感到新奇，边走边数，一路共经过9个加油站。过每一个加油站时，里面加油的司机会以招手微笑或汽车鸣笛与我打招呼，我也笑着招手致意，并为加拿大人的友善而感动。在当日回家后给父母的信里写道："我预测在这条路上一定会走出奇迹来。"果然，走了五六天后，真的发生了奇迹——我在这条路上遇到了来加拿大后交的第一位朋友郑剑伟[①]。

那天傍晚时，不知道怎么拐错了路，就是找不到我的住处。看我迷茫踟蹰，有路人停车招呼我上来，愿意开车送我回去。本来已经上了车，但我想，陈先生家肯定就在不远，就不麻烦人家了，又致谢下来，打算找个人问问，以搞清楚怎么迷的路。我想，路边的商店最熟悉这一片民居，于是就找了一家华裔开的商店进去问。店主只说广东话，店里帮忙的小伙子说，他会说普通话，并主动提出来送我回去。路上我们聊得非常投机，由此

①　与郑剑伟的友谊持续至今。中学时，剑伟随家人从广东移民温哥华。1986年剑伟去多伦多发展。新世纪后，回到温哥华经营工厂至退休。

『免费拍照』助我赚到第一桶金

5

结为好友。他就是郑剑伟。没过几天，剑伟把家里闲置的一辆自行车送给我，说什么也不要钱。有了这辆雪中送炭的自行车，我的行动疆域扩大不少。

剑伟与我同岁，随家人从广东移民加拿大已经八年，即将从不列颠哥伦比亚大学（UBC，The University of British Columbia）毕业。他很关心我，经常通电话，周末还请我去他家里吃饭，或者带我和他的其他几位朋友吃小馆子、看电影。他们之间是 AA 制，我的费用基本上都是剑伟负担。剑伟的朋友维克托[①] 和大刘[②] 等也成了我的朋友。

那时聚在一起，聊天的内容常常是我介绍中国国内的情况，或者我们一起畅想未来、讨论可能的一些商业机会。他们都是从中国来的移民，出来数年，对改革开放后日新月异的变化徒有耳闻，听到国内一切欣欣向荣，不免热血沸腾，大家又都是同龄人，都想要开创一番事业。与路舅舅虽不常见面，却经常通电话，他多次去中国出差。我想过一些商业项目，希望他能和爸爸妈妈一起合作。我渴望为中国引进技术，并由此获利。我渴望成功。在家信里，我这样写道："中国需要我成功。加拿大政府和我周围的人需要我成功。"可惜，各种缘由，所有的策划都没有成功。但我并不气馁，反而感觉与加拿大社会越来越近，越来越熟悉这里的一切，而且朋友越来越多，路也更加广阔。

当时尽管满怀希望，却也真的不知道未来在哪里。既来之，则安之。家里所有的钱都拿来送我到加拿大读书，那么我唯一的机会是先要在温哥华合法生存下去，才能有后续的发展。于是，我给自己定下基本的目标——尽量延长在加拿大的合法居留时间。我对自己的评价是：我不是最聪明的，也不是最笨的，至少比 50% 的人聪明。如果我被饿死，那温哥华 50% 的人可能已经被饿死了。这也是我对自己的信心。因此，后来做的许多事情都是以生存为目标、拉长居

① 维克托与我同龄，在浙江大学读了两年后随家人移民到温哥华，又在不列颠哥伦比亚大学读了 3 年后毕业。1985 年相识时，他已经工作几年了。当时我和家人评价他，说"他已经具备做生意的一切条件，有理论、有实践、有资本、脑子活"。他事业有成，热心公益，早已是大温地区华人中的知名人士。有关"大温"的说明见第 36 页脚注 2。

② 大刘比我小 3 岁，移民后没有读大学，很有事业心。刚来时，拒绝了长辈送的汽车，自己打工赚钱，买车并积蓄了资本。他后来随太太回到中国台湾，我们失去联系。

留时间。

在不断描摹各式商业蓝图的同时，我没有忘记自己的看家本领——字画装裱及售卖、摄影。这两个项目的启动都离不开房东陈先生的支持。

陈先生比我大10岁，对我很照顾，买水果时会分给我一些，开车带我去邮局取包裹，帮我处理一些语言问题等。我也投桃报李，主动提出教他的两个孩子中文。一方面表达感谢，另一方面也认为，作为中国人，有义务将中国文化传播海外，特别是对华裔后代。陈先生有一辆闲置摩托车打算出售，拟定底价550加元，他允诺，如果我能帮他卖出，多余的钱归我。一周后，我以650加元售出，但是我坚辞"提成"。我认为，人与人的情谊比金钱更重要。该赚的钱我自然会要，但与陈先生的关系像朋友一样，帮朋友忙不应该收钱。因此，面对相当于两个月生活费的百元"巨款"，我毫不动心。互相支持令我们的关系日渐拉近。

陈先生是我售卖字画和收费装裱的第一位"顾客"。陈先生喜欢中国字画，想买两幅字画装饰房子。从国内来时，妈妈帮我买的一些放在行李里作为"镇箱之宝"的河南书画家的作品派上了用场。为了感谢陈先生的借款和照顾之恩，我送了他一副对联，又以350加元的半价卖了他一幅画，并帮他装裱好，配了镜框。来了不到一个月，我已经看到了温哥华华人对中国字画及装裱的需求，但是装裱需要场地、工具、更专门的客户，不像摄影那么需求普遍，我开始留意装裱行业，并着力于我带来的那些书画作品的销售。

住在美国华盛顿的叔公给我来信，建议我可以考虑为人拍结婚照。6月，温哥华进入美丽的夏季，我发现伊丽莎白女皇公园（Queen Elizabeth Park）里，每到周末便有新人举办婚礼。照相需要先有相机。当我提出来想买相机时，陈先生慷慨地借给我500加元，解决了我的大难题。

当时我的钱还在路舅舅那里存着。搬出来时，路舅舅给了我200加元作为零用。作为担保人，路舅舅需要每年为移民局出具一封负担我所有费用的担保信。我很想向他展现出自立的一面，证明我能自己想办法赚钱，而不是仅仅依靠那6500美元——如果没有进项，早晚会坐吃山空。基于这样的原因，从一开始我就给自己立了规矩，不主动向路舅舅开口要钱，有志气自己解决困难。

有了相机后，我的生财之门打开了一扇。背着新买的理光单反、拿着陈先生帮忙写的英文说明，我开始了照相业务。见到新人后，我会递上英文说明——"我可以免费帮你们拍照并冲洗。之后，你们喜欢哪一张，就买哪一张。不喜欢就不用买。你们愿意接受我的免费拍照服务吗？你们没有任何损失。"新人们从未拒绝过这种先拍照、满意再付款的服务。同时，我联系到香港移民程约翰（John Cheng）开的"一元冲洗店"①。和程约翰先生讲好，周末下午4点去公园接上我，带我回到店里冲洗、装相册。6、7点钟时，我拿着相册和特意放大的几张照片，去新人举办婚礼晚宴的饭店与他们会合，请他们挑选。

◎ 出国前使用的家传 ZEISS Ikon（蔡司）相机，约于1930年购入，迄今已近百年

尽管新人们都会雇用专业摄影师拍照，但是那些摆拍的合影远不如我抓拍的照片生动。我的照片大受欢迎，出售率在七八成以上。一张照片售价5加元，一场婚礼卖出百余张照片很轻松，一周拍两天，最多时一个月赚了2000加元。到10月份温哥华进入雨季，婚礼逐渐减少，我不得不歇业。这些赚来的钱除了还陈先生的借款之外，我没有随便动用，而是积攒下来准备还款。1986年4月，我开始着手分批偿还借来的钱及正平赠予的2000美元的机票款。有了钱就要努力还借款，这样才安心。

平时，同学、朋友们周末外出或者家里有聚会、婚礼等活动时，喜欢邀请我去拍照，我都非常愿意去参与。我刚来温哥华的时候，没有钱吃大餐，全靠周围的朋友请我吃好的，我用时间换大餐，还是值得的。我还用

---

① 即温哥华百老汇大道上的"1 hour photo 小时彩色照片"。程先生会说普通话，便于沟通，很快我们就成了好朋友。

唱片换过免费餐。刚来的头两年，二手商店救世军旧货店（The Salvation Army Thrift Store）是我最常光顾的地方，我的所有衣食住行的必需品除了捡的，几乎都是在那里买的。店里也卖唱片，自己挑，价格在 0.25—0.50 加元一张。日复一日我收集了很多很多。[1] 那个时候，卡拉 OK 在温哥华刚刚兴起，一些小酒吧、小饭店可以边吃饭边唱歌。最初还没有 MV，是用放声机放唱片。朋友亚里克斯喜欢唱歌，经常带我去馆子里唱歌。去的时候我带几张唱片拿过去播放，也可以有一顿丰富的免费晚餐。

最惨的时候是刚来那半年，每天靠 1 加元维持生计，有段时间常去超市吃免费的试吃以省下饭钱。放学后，我喜欢去学校对面的喜互惠超市转悠。那里面有些试吃食品摆摊，一次给一份。我会一样样吃完一轮，再吃第二轮。最喜欢吃烤鸡，总也吃不够。去的次数多了，肯定上了黑名单，以至于我一进去，就有店员默契地跟着我，大约想以跟随作为压力迫使我少吃，或者担心我这样的穷光蛋顺手牵羊偷东西。有一次吃得忘乎所以，竟被店长"劝退"。不堪回首啊。[2]

尝过没钱吃饭的苦，经济好转后，我喜欢办派对请人来吃饭。我大学毕业时，中国的留学生也开始多起来了，我成了"老华侨"。既然当老大，就要有当老大的样子——单身那几年，只要不出差，便三天两头在家办聚会。认识的、不认识的都可以来，有吃有喝，想来就来，想走就走。我的欢迎词常是："各位不必客气，一回生二回熟，想吃什么、喝什么自己随意。"时间长了，我在中国留学生圈子里混得有点小名气了。有人说我："你不嫌烦啊，为什么要请来这么多人来，白吃白喝，搞得家里乱七八糟？"不为什么。看到他们，就看到我初来乍到时那种孤独、无助、贫穷。既然我有能力，就想给大家提供一个地方团聚。仅此而已。

前两年，我去一家公司开会，一进门，老板就对我说："鲍总，我们是老朋友了，20 多年前我刚来时，就跟着李大卫去过你们家吃饭聚会，你可能不记得我了吧。"没想到这么多年过去了，他还记着。

---

[1] 1992 年结婚的时候搬家，我把那些年积攒的 200 多张唱片捐给了温哥华图书馆。

[2] 多年来，我始终是喜互惠超市的忠实顾客，也算回报当年没完没了的"试吃"。

6

没有教育，没有未来

尽管将赚钱作为重要任务，但是我仍以完成学业为首要目标。1985年7月底，第一学期结束时，父母收到的我的第一张成绩单上的成绩是A。能有这样的成绩，与我的拼命刻苦和恩师史密斯夫妇的辅导帮助分不开。尤其是格洛莉娅，她每次上课前都让我提前30分钟到给我补课，周末常邀请我去家里做客、学习，还教我弹钢琴。我学了一段之后，还能和她合奏简单的曲目。格洛莉娅真正担任我的代课老师只在第一个学期。9月初，她的腿疾发作，不能再去学校代课。但是她在家对我的周末辅导一直没有中断过。

6月19日，剑伟启动了他为期3个月的中国旅行。之前，我们多次详细地讨论过行程。我帮他规划旅行线路，并为他安排了河南、上海、北京等地的行程，请当地的亲戚、朋友接待、照顾他。9月初剑伟归来，他对这次旅行非常满意。我也很开心终于有机会回报剑伟的帮助。

7月中，学期结束前，学校开了运动会。我报了短跑、跳远、铅球等多项比赛。报名的想法很简单，就是要为中国争光。那时国门初开，中国大陆出国者寥寥无几，而加拿大本地人、包括港澳台的华人却普遍对中国抱有偏见，认为我们很落后又缺乏经验。于是，我赌一口气，要让他们看到"行"。谁知第一项短跑时我就重重摔伤，腿上打了石膏。但是最后一天铅球比赛，我仍咬牙坚持参加了。也因为这个，校长对我颇为赞许。校长对我的印象在我这几个月读书期间已经有些改观，不仅是由于他看到我英语成绩的进步，还由于我"小有名气"。道森学院的老师们喜欢下国际象棋，中午休息时，他们下棋，我就在旁边看。科林也喜欢下国际象棋，他教了我不少。两个月后，我报名参加了学校的国际象棋比赛。冠亚军决赛时，我将军后，对手同学提出来要悔棋。裁判老师同意对手悔棋，我不同意，无关成绩，这是原则问题。对方一怒之下掀了棋盘，我毫无悬念地成了冠军。从那以后，我的坚持原则在学校里出了名。

随着学习成绩的迅速提升，我在道森学院越来越感觉到如鱼得水，可惜却不得不考虑离开。道森学院的学费交到1985年圣诞假前。之后，我要缴纳下一笔学费。缴纳了学费，才能拿到新的录取信、更新学习签证。道森学院的学费我支付不起——尽管当时我已经开始赚钱，可是还要攒钱还账，生存压力仍然很大。我想换一所学费便宜的学校继续学习。在道森学院上学的时候，我已经注意到了基督教青年会（Young Men's Christian Association，YMCA）办的语言学校（YMCA International Language School，Vancouver）。他们学校的重点是培养英语听和说的能力。我英语基础差，在道森学院学了半年还不能用英语交流。较之读和写，听和说对我更要紧，不当聋人、哑巴，才能更好地谋生和求学。格洛莉娅说，在加拿大，乞丐都能讲英文，不会讲英文就无法生存。我打算去YMCA语言学校试试。

格洛莉娅很支持我去YMCA语言学校读书。道森学院华裔学生不少，平时总用中文交流，格洛莉娅对此多次提醒我。她说："道平，如果你想快些学英文，就尽量不要与华人来往。"也是基于这个原因，她和科林邀请我周末去他们家借住，希望为我营造一个讲英文的环境。格洛莉娅也比较了解我，她认为我更适合做生意，而非走学术道路，英文的听说能力对我而言就更重要了。在加拿大谈生意，听不懂、不会说，怎么行呢？

1985年10月末的一天，英文好的朋友陪我去YMCA语言学校打探消息。

YMCA 语言学校的负责人是长了满脸络腮胡子的约翰和他的女友①。寒暄几句后，我发现他们对中国很有兴趣、深爱中国文化，便感觉机会来了。怎么样拿到录取信以便去申请签证，又能少花钱或不花钱，是我那一刻要达到的目的。出国几个月以来，那种要面子的观念被淡化了很多，不再觉得讲什么话没有面子，学会了就事论事地思考问题，有什么就说什么。和约翰的聊天也是如此。看到他们喜欢中国文化，我便直截了当地提出自己的想法：我现在经济紧张，又需要一封录取信去申请签证，是否可以用我从中国带来的字画换取录取信？他们非常高兴地同意了。那时我随身带着赖以生存的字画的照片。他们挑了两幅画；至于学费，则等新学期开学前再说。这种变通的方法是双赢的，既不违规，也达到了我的目的。

至于是继续读书，还是拿着学生签证打黑工，对我来说没有疑惑——我当然要去学英语。没有知识、英语学不好就没有前途。对这一点，我的认识相当清晰。我来加拿大，不是为了去做劳工，是要读完大学。况且，英语不好，连做劳工都费劲。多年后，我为女儿们设定的择偶标准底线是一定要受过大学教育——没有完成大学教育的，一律免谈。根据 2016 年的人口统计，加拿大 25 岁到 64 岁的居民中，超过半数拥有大专及以上学历。想要在这样的社会发展，没有完善的教育更不容易。

1985 年 12 月，我去和约翰他们谈，我说我确实想上课，我也确实没钱。当时中国还比较贫穷，他们都知道，也很同情、尊重我们，并不是说没有钱就遭受歧视。他们也很愿意帮我，说他们可以先替我垫付学费，让我先去上课，有钱的时候再付学费。我说，我不能打工，很难预料到收入来源，可是我承诺了就必须要履行诺言。能不能再用几幅中国字画抵学费？没想到他们喜出望外，他们说本来也还想多买几幅。皆大欢喜，他们选了六幅画、两幅字，不仅可以冲抵学费，还允诺我上大学之前的语言学校的录取信都由他们提供。

道森学院的校长和老师们很不情愿我转走，他们对我评价不错，说我学习

---

① 他们后来结为夫妻，离开 YMCA 语言学校去开设了另一所语言学校。

◎ 1985年温哥华惠斯勒冬奥会滑雪场与同学合影（左一为本人）

刻苦，能带动同学们学习，在学校受欢迎，并表示可以打折30%的学费。可惜打折后的学费对我而言仍然不低。12月份，学校组织滑雪，我主动请缨担任摄影师。谈好的条件是学校免除我的25加元的滑雪费用；我承担所有的拍摄、冲洗费用，学校看了照片满意后再为我报销。照片冲洗出来，所有的照片学校都认为不错，还邀请我为学校拍一组广告照片，并且说以后学校需要摄影师都会找我。同学们看了照片也很喜欢，想让我卖给他们——如果我给了学校，学校卖给他们是2加元一张；但是有言在先，我不能违约，也不想暗箱操作，只是照顾了两位马上回香港过节的学生，将他们的10张照片按照每张1加元的冲洗成本价转给他们。

1986年1月中旬，YMCA语言学校正式开课了，我又回到了英语学习中。

考核分班时，我被分为第二级——第一级学一学期即可毕业。这里的生源更国际化，12个学生来自9个国家和地区，班里一定要说英语，这非常有利于我的口语进步。再加上周末去史密斯夫妇家住一晚，不到一年我的英语听力基本没有障碍。说的时候，词汇量还是不够，但是我发现，交流并不需要完整的句子、完备的语法、完美的词汇，无论是通过肢体语言还是表情，只要对方能懂就好。日常生活中，反而越是简单的口语越容易沟通。我比较留心本地人的习惯用语，尽量用本地人常用的说法来表达，而非生搬硬套字典。此外，我发现，在加拿大一定要注意微笑和礼貌用语。说话要面带微笑，看着对方的眼睛，多说"谢谢""没关系""请""对不起"。这些一学就会的细节是很好的交流润滑剂。

有了自己的亲身体会，我建议所有的留学生来加拿大时都寄宿在讲英文的家庭中。不论是我做担保人申请过来的亲戚，还是朋友要送孩子过来，我都坚持这个主张，也为此得罪了不少人，认为我铁石心肠。有位朋友有3个孩子在温哥华留学，自己在这边买了房子，但我的建议是孩子既不要住自己家，也不要住我家，一定要找西人家庭寄宿。朋友刚开始很不理解，随着孩子的进步，他们才明白我的用意。

基督教青年会是慈善组织，课间休息时，由学校提供咖啡和甜点，学生自取。自取时，自觉向旁边的小木箱中投币1加元。①囊中羞涩，又贪恋甜点，每次投钱时我都抓几枚1加元以下的硬币胡乱扔进木箱，听起来声音也是叮咚乱响，鱼目混珠。学期中，老师特意在课堂上强调，投币是自愿的，可以不投，但请不要投其他面值的硬币。多年后，想到当时的表现，不免感喟生存压力下道德的扭曲。刚来的头半年搭公车投币时，也常少投硬币，连25分加元都恨不得省下来。"贫贱不能移、威武不能屈"是真君子，却非能轻易做到。因此，我甚少评判他人。被看到的表现往往是表面现象，背后的是非、难易又有谁去仔细体察过？

---

① 加拿大的1元、2元及1元以下的货币皆为硬币。

1985 年 7 月在道森学院参加运动会腿受伤后，不能骑自行车，只能借助公交出行，让我意识到应该搬家到距离学校近的房子，既方便又省时间。腿伤好了之后，眼看月底临近，我只能突击找房。一个下午连续在学校附近走了 5 个小时，几乎是挨门挨户地问房主是否出租。英语虽然仍是蹦单词的程度，但配合打手势也能凑合与人沟通。最后谈定一家广东移民的房子。这里走路到校只要 2 分钟，房子底楼出租两间共 300 加元，我找来香港来的、比我小几岁的同学阿威合租，均分房费。我承担起做饭的任务，阿威和他的女友——中国台湾来的菲比缴纳伙食费共 70 加元，这样相当于我出工不出料，解决了吃饭的负担。

在这处房子住了一个月后，我们再次搬家，原因是中国台湾来的约瑟也想加入，需要 3 间房。9 月，我们搬到离学校走路只需 1 分钟的一套房子中，住了 3 个月。这套房子中，我住了最小的一间，只需 50 加元房费。一个月后，又有同学要加入，我便把卧室让出来，住到了进门的衣帽间里，那里的空间正好能放一张单人床垫。于是，我连房费也省下来了。我还是相当省吃俭用，每月最大的单笔消费就是买磁带录音给家里寄回去，加起来差不多要 20 多加元。家信仍在写，但是我发现录音更方便、节约时间，而且寄信回中国时夹带一盒磁带的邮费是一样的。从小就听外婆讲，不要坐吃山空，要想办法赚钱，不能靠积蓄过日子。我认为，无论赚的钱还是省下的钱，都可以算收入。收入低时，就要想办法省钱。

阿威在香港时就去赌马，来了温哥华后无人管理，赌马更甚。他要带我去赌马。起初我拒绝，因为外婆说过，决不能沾染赌博、吸毒、嫖娼这些坏习惯。阿威说，不是赌博，只是去看看。我跟着去了一次，赢了100多加元，阿威输了3000多加元。但阿威毫不在乎，他说最多赢过2万多。我看出来赌马是无底洞，建议阿威不要赌马、千万小心，然而阿威根本听不进去。他妈妈从香港找来，跪下求他，说家里已经没钱了——原来他父亲去世后，家里把房子卖了供他出来读书。我实在看不下去，跟着他妈妈一同劝他。阿威表面同意了，等他妈妈一走，又故态复萌。两个月下来，他不仅把自己的钱输光了，还把菲比带来的两万美元的读书钱也都输光了。终于有一天，他还不起赌债，不辞而别。临走前还盗刷了我银行卡中的400加元（当日允许提款的上限）。[①]

3个月租约即将到期，我又要找房。当时已经打算转学到温哥华[②]市中心的YMCA语言学校学习，而道森学院在本那比市，我需要搬到温哥华才行。又是剑伟雪中送炭，把我介绍到了表姐家。表姐的店倒闭了，她在菜店里打工。她家房子不大、很陈旧，但表姐善良、热心，把家里的地下室按照100加元月租租给我。尽管条件不好，昏暗、潮湿，但是这个价格确实便宜，对我窘迫的财务是极大的支持。

表姐的丈夫失业在家，萎靡不振。印象中，他整日吸烟，无所事事，家里家外全靠表姐支撑。表姐要上班，还要照顾两个年幼的儿女，能够按时付出几

① 几年后，在温哥华街头等红灯时，一辆加长林肯车恰巧停在旁边，车窗玻璃缓缓落下，我看到阿威坐在车里，轻微地冲我摇摇头，示意我不要相认。阿威很可能已经落入了黑社会组织的手中。

② 【编者注】温哥华（Vancouver）为加拿大不列颠哥伦比亚省西南部太平洋沿岸城市，市内以安大略街为界分温哥华东区（温东）、温哥华西区（温西）；北温含北温哥华市与北温区；本那比市（Burnaby）为大温哥华地区地理中心，独立行政市；"大温"指大温哥华区域局（Metro Vancouver），辖下21个市镇组成的行政实体，涵盖上述所有区域。

百加元的月供、水电费、垃圾费、房屋维修费就很不容易了，再让全家吃饱饭就难上加难。12月1日，搬家到达时，看到"家徒四壁"的状况，我目瞪口呆、难以置信。家里没有一件像样的家具，没有一条无洞的毛巾。两个孩子站在客厅门口，四只小眼睛呆呆地好奇地望着我，仿佛看到外星人一般。也许家里从来没有客人来过。他们家的日子就是最底层生活的写照。"叫平哥。"表姐抚摸着女儿的头发轻声说。

我看得很难过，这就是加拿大吗？我在心里给自己定下了任务——不仅要自己吃饱饭，至少还要让两个孩子吃饱饭。我感激表姐家的收留之恩，滴水之恩，当涌泉相报，我想更多地回馈表姐。

我拿出从中国带来的毛巾，把表姐家的毛巾全部换掉。其中一条是粉色的，表姐给了女儿。五六岁的小姑娘拿到粉红色的新毛巾，开心得不得了。孩子们都喜欢来地下室找我玩儿，有空时我教他们说普通话，给他们讲故事。表姐家是20世纪70年代从广东移民而来，习惯每天吃米饭。我做馒头、熬粥、烙饼的时候，经常多做一些拿给他们，大家一起分享。在表姐和我一同努力之下，家里吃饱饭不成问题。

在表姐家有种全家人一起过日子的感觉。表姐家虽然贫寒，却让我在出国后第一次有了安全感，有了家的感觉，做事情少了后顾之忧，能放更多心思到外面的打拼中。安顿之后，我制定了两个发展方向，除了继续卖字画以赚钱，还要拓展装裱的市场——那时已经打算申请移民，考虑再三，也只有裱画能够作为申请的技术。

地下室一室一厅。在厅里，我放了一张大桌子，自己做了一个较大的裱画案做书画装裱。地下室裱画也有"美中不足"。地下室的暖气通风口在天花板上，暖风从上到下吹，室内垂直温差大，导致装裱困难——画挂在墙上，三个小时左右就裂开了。两张裱成的画都是返工三次才完成。怎么办？关键时刻，以前学的那些手艺帮了我。表姐家的车库建在后院，家里没有车，大约20平方米的车库破破烂烂地空在那里。我和他们商量，我来负责装修车库，工费全免，材料费冲抵我的房费；装修后我住在车库，以后我搬走了，这间改装后的车库至少可以收到 150 加元的月租。他们欣然应允。知青下乡、工厂车间的经历将我培养成了 "handy man"——手巧的人，装修对我而言没有技术难度。真是走过的路每一步都没有白走。

在剑伟的帮助下，我将车库墙壁重新粉刷了，打了隔断隔成一室一厅，从二手店买了翻新的炉灶、冰箱、洗衣机，去救世军旧货店买家具、地毯、小摆设等，捡了一些别人搬家摆在门口的免费家具，加盖了一间小室做厨房。1986 年 3 月动工，一个多月后，我搬离了阴暗潮湿的地下室，住进了车库新居。新居的厅作为我的裱画工作室，没有暖风之忧，装裱容易多了。我把裱好的作品挂在四面墙上，摆放了落地电视机，角落里放两个小音箱播放音乐。客人来访时，点燃几根香氛蜡烛、插一瓶院子里的四时鲜花，蛮有情调。材料花费不到 1000 加元，算是为了租金投资，是对未来的投资，我没有多少心理压力。这间车库虽然是表姐家的，但总算是我亲手"筑造"了第一间小巢。一直到是年年底，表姐卖房，我才不得不搬离这里。

年轻时吃的这些苦，当时并不觉得难以承受，回头看看，都是宝贵的经历，让我更加珍惜幸福，也让我在遇到他人的不易时能感同身受、出手相助。

2020 年 10 月底，我正准备两天后与一位新租客签约时，收到另一个求租短信。短信中说，夫妇两人急找房，可以预付 3 个月租金。我回复说，新的租约基本谈定、即将签署。他们又发来消息，恳请见面详谈，希望能给一个机会。凭直觉，我感到这对夫妻"有故事"。对我而言，租给谁都一样，多一事不如少一事，可是他们迫切的语气打动了我。万一他们真的需要紧急援助呢？次日下午，在星巴克请他们喝咖啡，我特意带了女儿凯琳[①]同去，想让读大学的女儿多了解社会。

丈夫裘德 21 岁，与凯琳同岁；妻子莉莉 19 岁，与凯颐同岁。他俩是网恋，刚结婚一个月，女孩从荷兰来，男孩 10 年前跟着妈妈从美国移民过来。无固定工作，无前任房东推荐，无收入保障，导致他们租不到房子，一个月都住在

---

① 我 4 个女儿的中文名字分别是凯丽、凯琳、凯欣、凯颐，"凯"字取义于"凯旋"。

汽车里。之所以"闪婚",是由于两个人的原生家庭皆为"不幸的家庭",同是天涯沦落人,两个人想开拓自己的新生活。女孩未细说家庭状况,男孩说继父酗酒、家暴,他决不肯再回去。他强调:"我不吸烟、不喝酒,我厌恶那些,我想好好生活。"女孩学美容化妆,男孩高中毕业后做蓝领,只要能赚钱,他不怕吃苦。他诚恳地说:"我们绝不会添麻烦!我可以帮忙打扫卫生、维护花园,都是免费的!"听到这句话,我分明看到自己过去的影子——离开表姐家租房时,为了花便宜的价钱租到房子,我对房东也说过同样的话。

对男孩的执着、责任感我很欣赏:"如果不是你这么迫切地提出来要见面,我明天就签合同了。房子可以租给你们。我只有一个条件,你们还年轻,没有学历不行,还是要上学。你们有了这个独立出入的单元,厨房和卫浴俱全,这就是你们的结婚新房了。你们要答应我,白天上班,晚上要去读书,不要荒废了时间。只有好好读书,有了文凭、有了知识文化,前途才有希望。你们怎么看?"女孩说他们一定会继续上学。不仅现在要读书,等她拿到加拿大身份后,他们还要回荷兰免费读大学。既然他们如此追求进步,我更要帮他们一把,给他们机会和希望。"那好,房子租给你们。原来一个人住的月租是800加元,多一个人租金增加300加元,共1100加元,现在我收你们两个人共700加元。我也不要你们预付3个月的房租,你们留着钱手头还宽裕些,但要守信用,每月1号按月付房租就可以了。"两个人连声道谢,一走出星巴克的门,就激动地又抱又跳。看着欣喜若狂的他们,凯琳说:"爸爸,将来我也一定会像你帮助他们这样帮助其他人!"

考虑到他们的经济能力和过两年要回欧洲的情况,我又花了1000多加元为他们采购了全新的床、衣柜、厨房用具。采买时发短信告知他们,他们喜出望外,感谢我为他们减轻了许多压力。是啊,他们的压力我懂得,深深懂得。正因为懂得,才想尽己所能让他们感受到一些温暖,来自社会的温暖、来自华人的温暖,帮他们打败绝望。祝福他们从此越来越好。[①]

———————

① 2020年11月,在搬入后不久,他们双双找到了全职工作。

8 难忘的雷雨之夜

到达温哥华已经一年，尽管仍在租房，一分钱掰成两半花，表姐家的车库却令我有了安排生活的成就感，在与命运撞击时，貌似能有发声的勇气和些许资本了。这间车库中有我的辛苦、努力，还有一个难忘的雨夜。

1985年，阿威跑路后，他的女友菲比在温哥华的亲戚张先生带着在不列颠哥伦比亚大学读大三的女儿贝拉来住处找阿威，由此与我相识。张先生的父亲是早年去台湾的上海人，家里说上海话。算是上海老乡，我俩相谈甚欢，张先生对我颇多照顾。他周末和贝拉过来接菲比去唐人街吃点小吃，改善生活，也常邀请我同去。张先生喜欢逛古玩店。那时温哥华这类店还没有几家，张先生经常开着他的奔驰车带着我们两人去兰里市逛古玩店及跳蚤市场。

张先生喜欢中国字画。从1985年冬天起，我们合作，张先生将家里的地下室腾出来给我做装裱，也帮我介绍需要装裱字画的朋友，装裱利润我们三七分账。那里成了我的第一间装裱工作室。我还曾与张太太详细地讨论过在郑州开设爆米花厂，再用盈利购买国内的工艺品及书画运来温哥华在唐人街开店销售的计划。无奈彼时国内的玉米品种不适合日本产的爆米花机，只得放弃。张先生有三位千金，家里的体力活缺人手，我经常去张府帮忙做些割草、修树的园艺活儿，与张先生一家相处得像亲戚一样。1988年，我担保表弟忠众来加拿大留学，忠众租的第一间房就是在张府，价格相当便宜。

贝拉课余在温哥华的一家台湾人开的旅行社打工，她爱上了身为有妇之夫的旅行社老板杰伸。这件事贝拉以前和我说过，贝拉说她爸爸已经有所察觉，对她提出了警告，可她难以割舍，愿意等老板离婚。1986年7月一个伸手不见五指的深夜，下着大雨。突然电话铃响了，是贝拉打来的。她上气不接下气，边哭边说她和杰伸在酒店约会，被张先生发觉并追赶到酒店，扬言要杀了杰伸。贝拉很惊恐，说已经逃离酒店，但是车开不了，因为看到她爸爸站在她的车旁等候。她又不敢回家，恳求我去接她来我住处躲躲。我挂了电话，立即开车去接贝拉，回到家已是凌晨两点多了。贝拉情绪近乎失控，害怕张先生突然破门而入。我再三安抚，劝她不要为了没有发生的事情担心，保证如果张先生找来，我一定可以说服张先生，不让她受到伤害。她的情绪这才渐渐平复下来。我让贝拉在卧室安心休息，自己去了客厅的沙发上睡了一觉。

轰隆隆的雷声把我从睡梦中惊醒。窗外狂风暴雨，噼里啪啦的雨点声给人带来几分凄凉。不是还在做梦吧，怎么会有哭泣声？抬头看到里屋睡房的床头灯似乎还亮着，我突然想起家里还有一位客人。"你怎么还不睡呀？天就快亮了。"我走过去对贝拉说。她坐在床上，靠着床板哭泣着："我睡不着，过来坐这儿陪我聊聊天吧。"她拍拍身边的枕头。我俩肩并肩坐在床上，听她讲述晚上发生的事情。轰隆，又一声响雷把她吓了一跳。她下意识地扑到我的怀里。我轻轻拍打着她的后背，抚摸着她的头发。无言是最好的安慰。她还在哭泣，泪水不停地滴落在我的胸上。"我早就跟我爸爸说过你是我的男朋友。"贝拉说。"没问题，我可以帮你打掩护，可以向你爸爸承认我和你是恋人。"我说道。她望着我，脸上露出微笑。"做恋人就要真做恋人，明天回家我就告诉我爸爸今天晚上是在你这里过夜的。"她边说边把被子盖在了我的身上。

贝拉与她的老板没有分开，终于还是被张先生再次发现。1988年9月的一天，贝拉焦急地给我打电话，让我去她家。赶到她家时，张先生雷霆震怒，正在斥责贝拉，贝拉坐在那里痛哭。见到我，张先生也很不客气，他说："你跟我女儿是不可能的，你们这些大陆来的，什么读书，我知道你就是想跟贝拉结婚拿身份办移民的。癞蛤蟆想吃天鹅肉。有本事给我拿一个文凭看看。"一般的指责我可以忍受，但是我绝对受不了别人看不起大陆人。我问贝拉有什么想法，贝拉只是哭，不肯说话。我说："张伯伯，我现在就离开。我向你保证，我不会再来了。下面的东西我会搬走，但是我会让搬家公司来搬走，我不会再露面。我表弟忠众是否还留下来，是他的决定。他已经是成年人了，自己拿主意，我会把今天发生的事情告诉他。有一天，我大学毕业，拿了毕业证书，会再回来见你的。"说完，我就离开了。

自此，我再也没有去过张府。和贝拉还保持了一段时间的联系，她遇到什么困难、不开心时，总会找我。她后来终于和杰伸断掉。她谈了几次恋爱，新男友都介绍给我认识，征求我的看法，结婚买房时也找我商量。

1991年我大学毕业时，专门给张先生发了请柬，邀请他们全家来参加我的毕业典礼。张先生说："你是一个男人，说到做到！我们一定去！"毕业典礼上，他要求我和他们全家照了一张合影作为留念。

1996年，我在片打西街（West Pender Street）开办中财金融，离贝拉当年打工的那间旅行社不远。一个中午，在路边邂逅贝拉。我请她吃午饭后去办公室叙旧。贝拉说她已经离婚，自己带孩子生活，张先生已经在政府机关退休，现在在市中心的一间日本餐馆帮忙。张府旧宅卖掉，在温哥华东区买了3套房，打算日后分给姐妹三人。那次会面之后，我们没有再相遇，也逐渐失去了联系。

说实话，刚来的时候，我曾有通过婚姻解决身份问题的念头。年轻的时候，对爱情、婚姻没有更深刻的理解；同时也是受风气所影响——这是当时许多留学生向往的一种方式。也有朋友为我介绍过几位移民过来的华裔女孩，但是接触后皆未有进一步发展。尽管那时以生存为首要目标，认为谈感情是奢侈、以"过日子"为原则，可真的打算开始交往时，却不能说服自己去喜欢"不来电"的女孩。我尊重女性，我不喜欢骗人，无论出于什么目的，对于不喜欢的女性说喜欢，在我看来都是不能接受的，我也说不出口。也许潜意识里还是想找到中意之人。

不将就，对无奈的错过也要释然。1980年，从知青点抽调回纺织机械厂当学徒工不久，我认识了技校毕业分配到机械厂做电工学徒工的于虹。我们很快谈起了恋爱。这是我的初恋，但交往了一年多不得不分手。她是红五类，我是黑五类，讲究门当户对的外婆认为不妥当："资本家的后代怎么可能和干部家庭子女组织家庭？"那时出身论的阴影还没有完全散尽，许多观念还是错的。1983年，于虹结婚了，嫁给出身般配的革命子弟。我从家里拿钱帮她办了去上海的结婚旅行。次年，美国留学梦破灭后，我在马路上遇到了中学同学璇璇。两个人聊得很投机，我有心交往，但未及发展，又开始筹备加拿大留学事宜。面对前途未卜的出国之旅，只能与她继续做老同学了。

可能我的思想比较保守，我总认为，结婚不只是两个人的结合，也是两个家庭的结合，因此，我很看重女方父母的修养、家庭关系是否和睦。1995年我做中财国际时去台湾出差，在飞机上认识了值班空姐阿云。在台湾的几日相处愉快，回温哥华后，阿云时常打电话过来。有一次通电话时，忽然听到她那边很嘈杂。我问她出了什么事，她很无所谓地说："没关系啦，我爸爸又喝多了，摔东西、打我弟弟。他总这样，一会儿就好啦。"她说得轻松，我听得心惊。我的第一段婚姻的被迫终结就是由于前妻的母亲横加干涉，双方父母的观念、性格、品行、习惯等对小家庭的幸福稳固太重要了。像这样视撒酒疯为寻常的家庭我是不可能接纳、融入的。由此，我打消了与阿云继续发展的念头。知道不合适了，就要尽早结束，对双方都是一种尊重。

人生常常是塞翁失马，安知非福。不要辜负自己，不要辜负他人，不去将就，不怕错过，只要坚持走下去，总能柳暗花明。女儿凯琳20岁时问我，怎样才能找到最合适的伴侣？我的答案是：最合适没有标准，但是想找到合适的伴侣，一定要有耐心。不要因为总遇不到合适的、着急了而仓促选择。万事皆有时机。没有遇到合适的，只是时机未到。

爱情如此，生活如此，事业亦如此。欲获得一个比较好的结果，少不了坚持和耐心这两大法宝。

9 取财有道不易，会花钱也不容易

在迎接 1986 年的憧憬与忐忑中，我仔细地统计过自己来加拿大以后的花费。从 4 月底入境到 1985 年年底的 8 个月，包括房费、饭费、交通费、买录音机、买磁带、邮费等所有的生活费，我共花了 1300 加元。这份成绩，不只路舅舅等亲友对我刮目相看，连我自己现在回忆起来，都觉得不可思议。经商后，时常一顿饭的花费都超过这个数目，那时竟然能用这些钱生活 8 个月。人真是没有吃不了的苦。情势所迫时，为了生存，怎么样的艰难都能坚持过来，关键是内心要有方向、有目标。

制定了卖画和装裱的谋生方向，我便兢兢业业地执行。书画的照片簿我随身携带，有机会就向人推荐。自诩那时"为了生存，我眼睛 24 小时都睁得大大的，一有机会就绝不放过"。字画销售除了寻找个人客户，还有一种方式是办字画展览。出国前，当妈妈帮我准备中国书法字画时，我就打算好了，将来到温哥华，要举办几次画展，让海外人士了解中国书画成就的同时，还能卖画，可谓一举两得。

1986 年元旦以后，剑伟陪我去唐人街的中华文化中心联系书画展览事宜。相谈甚欢，他们对我带出来的作品很满意，并且知道其中一些书画家的名字。达成的条件是：展览以温哥华中华文化中心的名义展出；免租金，卖画有分成；展览会的广告费、招待费、水电费等都由他们负责；所有字画的装裱、配镜框由我完成。他们对这次展览很有信心，计划除了温哥华，还可以去多伦多、纽约、旧金山等地展出。由于 5—10 月份将举办世界博览会（World Expo），他们已经安排了一些活动，而我要求避免与其他活动同时进行，故需要进一步敲定展览时间。

合作条件很不错，但是配镜框对我来说也是一项艰巨的任务。装裱画的任务虽然重，我只要肯下工夫就能完成，真正购买装裱材料的成本费并不算多，从国内让家里寄来就更便宜了。可是配镜框不能从国内求援，只能在温哥华定做，一个 3×5 英尺的镜框约 200 加元，对于我来说，实在难以承受。我会做木工，是我自己制作全部镜框呢，还是通过卖门票的方式来筹集镜框款？中华文化中心一时也没有答复，我决定先着手装裱，再慢慢琢磨镜框怎么解决。没想到很快，柳暗花明又一村，我遇到了新机遇。

4 月，格洛莉娅特意介绍我认识她的"发小"——艺术家格瑞斯（Grace Moonie）。格瑞斯时年约 65 岁，开办画廊多年，在温哥华艺术界很有名气。格瑞斯看了我的书画照片后，提出在她的画廊办书画展览并开出优厚条件——镜框他们来配，展览后都随书画归还我，我无须支付任何费用，他们还会支付我的装裱费用。书画销售后，双方按照五五分成。经济原因之外，我选定与她的画廊办展览的另一方面的考虑是，格瑞斯擅长中西字画、古董的鉴别，是公认的艺术鉴赏家及事业家。大家信任她的背书，认为她所推荐的作品一定是好作品。我虽然需要挣钱，但挣钱并非我做决定的唯一条件。

1986 年夏天，我没有再去公园拍婚礼照片了，但与程约翰先生的"一元冲洗店"合作关系更紧密了。我在他店里分一半做道平艺术画廊（Daoping Art Gallery），卖中国画。这家道平艺术画廊是由科林聘请李桥栋律师[1] 帮我注册

---

[1] 李桥栋（Arthur Lee），1947 年生人，是加拿大自由党政治家，代表温哥华东选区。1974 年当选国会议员，但在 1979 年的大选和随后的 1980 年大选中败选。从 1984 年到 1987 年，李桥栋担任不列颠哥伦比亚省自由党的党首，是不列颠哥伦比亚省自由党史上首位华裔党首。

的。主营项目涵盖亚洲艺术相关内容，包括书法、国画等作品的经营，以及中国书画装裱、修复等专业服务。与程先生的合作方式是，我不付租金，卖画提成25%。我看到他们冲洗店里很空荡，就想到了这个合作方式，"你们洗照片用后面一半就可以了。前面让我展示中国画，为你们吸引新客人，同时你们又有提成，一举两得，我们两不误"。他们很爽快地同意了。我做生意的经验之一是凡事都要换位思考，提出合作条件时，我要设想，如果我作为对方，我是否愿意接受自己开出的条件。只有让对方满意，合作才能长久、愉快。店在远离唐人街的百老汇路，于是无意间我成了第一个在唐人街之外开中国画廊的人。我还与彼得开的四季火锅店合作，将部分没有装裱好的字画装了镜框，挂在火锅店墙上，既装点餐厅，又便于展示。彼得是科林的多年好友，是上海来的老移民。合作一直持续到他的饭店关门。

1987年夏天，在格瑞斯的画廊里，以我带来的那些书画作品为主，成功地举办了"河南书画家作品展览"。格瑞斯凭借多年的人脉，找到赞助商，展览办得很体面。我也在展览中显示出一定的销售能力，获得了格瑞斯的认可。从那次展览开始，直到我大学毕业，我都在格瑞斯的画廊里做销售、拿分成。这间画廊恰好在我所就读的艾米丽卡尔艺术与设计大学（Emily Carr University of Art + Design）对面，非常方便。我常在画廊与学校之间穿梭。

对于如何进军装裱行业，我也着实动了一番脑筋。要揽装裱的活儿，首先要确定温哥华哪些店铺需要装裱的服务——我打算去找温哥华华人开的镜框店。镜框店一般不会裱画，他们提供装镜框的服务，需要会装裱画的合作。跑遍温哥华大街小巷的华人镜框店之后，找到李忠陪开的极光镜框店（Aurora Frame）。

李忠陪也是上海人，画家，曾任温哥华上海总会的会长，夫妻俩人都非常好。李忠陪画油画，夫妻一同经营镜框店。我先试裱了一幅，他们很满意，于是开始合作。我的装裱收费每幅画100加元，是那时市面上价格最贵的，但我给李先生的价格要低一些，每个月李先生店里给我的业务差不多能有300加元左右，够我的生活费。我们合作得很愉快，我也很感念李先生最初肯给我生意。我不做裱画后，只要李先生店里有需要，我还是会帮助他完成，直到他关店。

有一次工作得太疲劳，地下室光线也不好，我竟然把一幅画给裱反了。李忠陪有些急了，我让他给我两天，保证重新装裱好，让客户看不出来。其实重新裱很不容易，拆下来画后，要把错涂在正面的糨糊洗掉，稍微不注意画就破了。我之所以敢打包票，除了年轻气盛、胆子大，还因为我裱画用的是传统工艺制作的用面粉提取小粉后，自己打制的糨糊。两天后，画裱得周正严实，连李忠陪都没瞧出先前裱反的痕迹，客户对成品也赞不绝口。

1986年春天，在李忠陪的店里，我认识了老中医郭农。郭农是来自马来西亚的华侨，老移民，比我年长许多，不会讲普通话。郭农喜欢书法，得知我带来不少中国字画，他专门找了一天在家里开派对，召集来亲友，热情款待我，听我介绍字画。介绍当场，郭农及其公子等人买了20多幅字画，成交价2万加元。可以说，郭农是我以卖字画为生时最大的一位客户。

郭农与朋友开办一所教堂，邀请我参加。当时在温哥华，人和人之间信任度高，又都是基督徒，彼此相处平和喜乐。关系熟络后，郭农说他想办字画展，将中国的优秀作品推介至海外，满足加拿大华人对祖国文化的需求。我很赞同，积极支持和配合。郭农用他的家庭住址注册了"温哥华亚洲艺术中心"，并计划举办"首届亚洲艺术中心温哥华画展"，印制了正式的邀请函，我帮他将邀请函分送到中国驻加使馆及国内的文联、书法协会、画院等机构。国内反响热烈，每天都有字画寄送到郭府，不到一年收到上千幅字画，其中不乏张大千、刘海粟等名家圣手之作。画展迟迟未举办，我没有多想。某日联系郭农时，发现他不知何时已经卖了房子、改了电话，搬离了温哥华。我联系不到他，他也再未与我联系。他的画展没有举办、画作没有退回，导致数年后中国驻加使馆找我问询，但我束手无策，仅能无奈地如实相告。

那段时间，我的另一堂金钱课来自我的姑奶奶秀珠（Cecilia）。[①] 姑奶奶在

---

① 曾祖父鲍哲泰的原配夫人早逝，娶继室崔爱香。两位太奶奶生育了伯公鲍咸钧（早逝），爷爷鲍咸锵（Richard），叔公鲍咸宠（David），姑奶奶霭卿、秀卿（Edna）、秀珍（Marguerite）、秀珠（Cecilia）。

1949 年前去了台湾，在台湾做空姐，嫁给了美国的卢先生。"卢"作为华裔的姓不容易找工作，她改成了"路易"，做地产代理、炒股、做生意，逐渐赚了不少钱。

1986 年世界博览会期间，姑奶奶前来温哥华游览，我尽地主之谊倾力接待，她很满意，邀请我次年去参加她的生日庆祝会。次年 3 月，我去旧金山拜访姑奶奶并为她祝寿。姑奶奶擅长理财，坐拥数栋物业大厦收租，属于亿万富翁，然而，她的生活却异常节俭，甚至比我在温哥华的日子还清贫。她雇用用人帮忙做饭，却不舍得买食材，冰箱里食物匮乏、发霉变质。去餐馆吃饭时，她叫一份套餐和我分食，根本吃不饱。车库里停着保时捷、劳斯莱斯，因为年岁大了自己已经不开车，又不舍得雇司机，更不舍得打车，便只能搭公车出行。带我去金门大桥游览，公车坐了一个多小时，观光 20 分钟就要返回，理由是赶在公车票失效前返程能省一张车票。

她生日那天，在五星级酒店请客，亲友、宾客来了不少，场面很大。去洗手间后，她戴的大钻石耳环丢了一只，急得全体服务员都在跑前跑后帮她寻找，而她仍在谈笑风生，好像什么事情都没有发生过似的。我悄悄地问她为什么不担心，她轻声对我说："钻石是假的。"我异常不解，也感到迷茫：既然是假的，为何还要大张旗鼓地麻烦服务人员帮助寻找，这不是捉弄人吗？她让我别管。姑奶奶勤俭一生，去世后，一半遗产捐给了教堂，一半留给了她的后人。

在姑奶奶的生日宴会上，我见到了从圣何塞赶来的她的公子罗伊叔叔。罗伊叔叔生在上海，说一口地道的上海话。酒宴席间，我们聊得很开心。罗伊叔叔喜欢中国字画，也是有心帮助我，当时就从我携带的字画照片中选定了 5 幅作品，给了我 3000 美元。

金钱观、价值观直接影响到为人处世，影响到生活方式。如何取财有道，又如何能善用财富，也是一个多年来常引发我思考的问题。

1986 年 5 月，剑伟已经决定去多伦多发展。他把上大学时开的代步汽车——绿色的日本达特桑汽车（Datsun B-210）送给了我。汽车是花 600 加元买的二手车，开了 20 万公里，他说再转售也卖不了多少钱，也不值得运输去多伦多，正好送给我上学用。我非常高兴，和剑伟说："谢谢你，我收下这辆车。我现在没有钱，但是这辆车的钱还有之前你送我的自行车的钱，我一定会偿还。"[1]当我坐在驾驶室中摸着方向盘，惊喜地意识到自己终于"有脚了"，真是开心得不得了。

拿到车后，如获至宝，经常在路边洗车，每天擦拭，不允许车上有任何污痕。有一天，突然发现出国时带出来的那枚钻戒的四颗钻石少了一颗。钻戒是外婆送给妈妈的，怕我出国发展不好，妈妈请示了外婆后让我带出来。同时还请路舅舅带来一块清廷中流落出的、河南省博物馆一直想要收藏的翡翠屏[2]。都是为了备不时之需。妈妈说，有朝一日万一衣食无着，可以将这两样东西卖掉，解决短期温饱。外婆家被抄后，妈妈手里的这几样

最好的关系是互相支持

10

---

① 多年后，我将自己的奔驰 S500 送给剑伟作为感谢。

② 为与亲人团聚，爸妈于 1995 年移民温哥华。妈妈来温哥华后，想拿回翡翠屏，可惜路舅舅说，1984 年拿到翡翠屏后，过香港时便当掉了，仅当了几百美元。

老东西是家族里的存留；钻戒戴在手上，也是我与外婆、家人的关联。这样珍贵的戒指怎么能在我手里被毁坏？钻石怎么会丢一颗？这可怎么办？能掉到哪里呢？左思右想，唯一能想到的可能性是在洗车的时候弄掉的。抱着一线希望，我走到路边去找。低头就看到草丛中有个闪亮的白点——我的钻石！这段小插曲与有车的记忆深深关联，常常让我感到自己的幸运。

剑伟几乎每天来带我练车。深夜，路上没有车，我自己开出去练——这样的违规驾驶，现在回想起来很后怕，那时是无知者无畏。学会开车成了我给自己的硬任务，是我的使命。学会了开车，才能更好地谋生，必须要尽快学会！学车的困难仍然在于"钱"。那时约笔试、路考都需要驾校来约，并需要用驾校的车参加考试。驾校提供10次练车合计400加元，保证通过。400加元对我是大数目。我找了一个华人开的驾校，去和他们商量，能不能只上第一次和最后一次两堂课，付80加元，不通过算我的。① 驾校同意了。笔试还有一个拦路虎是我的英语。那时考驾照笔试都是英文的，没有中文。以我的英语水平，我根本看不懂考题。怎么办呢？考题全部都是选择题，教练给了包含标准答案的考题库，共五套试卷。我将每套题开始的单词背下来，再背该套题下全部答案，考试是按图索骥，顺利通过了考试。路考时也很顺利。听力尽管不行，但是凭着感觉及被教练评定为"专业水准"的驾驶技术，路考也一次通过。1986年6月，我拿到了驾照。

学会开车，马上有了用武之地。1986年5月到10月，温哥华举办了世界博览会。前一年预售门票时，格洛莉娅已经订了包括我的3张无限制通票。可是，世事难料，等到了世界博览会开幕时，格洛莉娅的腿疾已经被诊断为癌症，不能走路，需要坐轮椅。格洛莉娅非常乐观，她说："从绝望中找到希望，人生终将辉煌。"在乐观精神的鼓舞下，我陪格洛莉娅和科林在世界博览会场馆内陆续走了4个月，看完了全部的展馆。在格洛莉娅病情的打击下，科林的健康状况也令人担忧，出入游览的驾驶由我负责。只要格洛莉娅身体许可，我不上课的

---

① 我学车、考车总共花费约200加元。拿到驾照后，史密斯夫妇一定要"报销"这200加元，我只好收下。

时候就开车去她家，接上他们去看世界博览会。史密斯夫妇多年在海外教授英语，欧洲、南美洲、非洲、亚洲等许多国家他们都住过，此番游览世界博览会对他们而言，意义不同。尤其是格洛莉娅，可能由于不久于人世，更珍惜参观世界博览会的机会。每次我去接他们的时候，她已早早地坐在窗前的轮椅上等我，看到我时眼中闪露出欢愉，还有些雀跃。她喜欢穿红色的裤子或裙子，映衬得脸庞光彩熠熠。她喜悦的神情，至今历历在目。

格洛莉娅就诊、住院、取药、注射、化疗的接送、照顾，也由我承担起来。她有精神的时候，我就开车带她去海边享受阳光、海风。早年间在农村和工厂劳动时锻炼了我不错的臂力，抱格洛莉娅上下车，将她安置在轮椅上，绰绰有余。

格洛莉娅患病在家，喜欢有人陪伴。我将大部分课余时间放在照顾和陪伴格洛莉娅上。帮他们做家务、打扫卫生、做园艺活儿，还翻新了居室，改装了车库，油漆了内外墙，等等。这些都是我喜欢做的事情，并不觉得辛苦。能让格洛莉娅感到高兴，为她和科林的生活增加色彩，就是我所期望的。来加拿大以来，受到他们夫妻太多的照顾和关爱，对他们的感情也早已超越了师生的情谊。史密斯夫妇的年龄与我父母相仿，膝下无子，非常喜欢我，曾提出收养我的建议。因我业已成年，不符合收养条件，只得作罢。而我内心也将他们视作父母，当年圣诞节特意选了印有"送给爸爸、妈妈"字样的贺卡。

他们喜欢多元文化，对各民族国家的艺术都很欣赏。家里有一个陈设柜，摆满了来自世界各地的手工艺品。第一次去他们家时，看到里面没有中国的，我便把一套自己珍藏的"红楼十二仕女木雕"送给他们，弥补他们的缺憾。他们也非常有心，去唐人街淘到螺钿工艺的酒柜等家具摆在家里，将我送的字画挂在墙上，令家里的"中国风"浓郁起来。我还利用木工技术把科林家传的一把断了腿的古董椅子修好了。1986年圣诞节，格洛莉娅特意盛装，坐在那把椅子上和我拍摄了合影以作纪念。

其实，无论我做多少，都无法回报史密斯夫妇对我的帮助与支持。辅导功课之外，他们关心我的日常生活，在我参加学期结业晚会前带我去买衬衣、领带，送我喜欢的音乐磁带，经常请我吃饭改善生活，带我看病、支付药费等。在道

◎ 1. 1985 年圣诞节，在英文老师格洛莉娅·史密斯家中与她（中间）和她的
丈夫科林·史密斯（左一）合影留念。这是我第一次参加圣诞节庆祝活动

◎ 2. 与恩师格洛莉娅·史密斯（右一）的合影

森学院上课几周后，同学们说我口臭。科林带我去看牙医，牙医检查后说，主
要原因是我从未洗过牙齿，牙齿间满是牙结石。洗牙，是一个全新而陌生的名词。
牙医要把牙结石全部去除，为此我还写信回家征询意见，郑州的牙医的意见是
不需要清除牙结石，不过我还是遵从了这边牙医的建议。洗牙分了几次才完成，
是他们替我支付了数百加元的费用，口臭问题也得以解决。

史密斯夫妇在潜移默化中教给我许多本地生活、文化规则。有一次去他

们家参加晚会，格洛莉娅问我："你想要喝咖啡还是茶？""不要，谢谢。"我出于在中国养成的礼貌习惯，客气地拒绝了。按照中国礼仪的方式，一般即使客人说不要，主人也需要端上一杯茶或饮品，可是格洛莉娅真的什么都没有给我喝。另一次，科林开车来我的住所接我。他坐下后，我问他是否要喝茶，他说不要，然而我按照中国人的思维方式理解科林一定是"客气"。"科林，请喝茶。"我客气地把茶杯递了过去。"道平，我刚刚已经说过了，我不要。"他很严肃地回答。这类"中国式客气"与加拿大人的"直抒胸臆"格格不入，我花了好几年才逐渐改掉。

他们给我的更大、更深远的帮助是将我介绍给他们的朋友，介绍我的装裱、摄影技术及对中国字画的鉴赏能力等，有效地帮我拓展了人脉。加拿大也是熟人社会——有熟人推荐非常重要，这里无论求职、升学、租房、做义工等，皆需推荐人。如我同带我步入加拿大艺术界的艺术家格瑞斯及帮我办理签证、移民等事务的律师李桥栋都是这样认识的，并且由于史密斯夫妇的原因而与我一见如故。

艾米丽卡尔艺术与设计大学，是加拿大一个历史悠久的顶级艺术学院。看到我会摄影、会装裱中国字画，许多朋友和老师向我推荐艾米丽卡尔艺术与设计大学。1986年，科林·史密斯博士为我写了推荐信（另一封推荐信由格瑞斯女士所写），申请艾米丽卡尔艺术与设计大学的摄影系，并为我密集补习了几个月英文，以达到大学入学标准。

1987年早春，格洛莉娅辞世。她在遗嘱里将名下两栋房屋中出租的那栋和科林为她在尼日利亚购买的1961年英国福特厂出产的安格利亚（Ford Anglia）车赠予我。车子只开了1万多公里，但很多零部件锈了，我利用在工厂学的修理技术修好了，开起来还不错，1993年夏天还参加过温哥华的英国老爷车展览。遗憾的是，几个月后的一个晚上，盗贼潜入我住的城市屋的公共车库中，将古董车装到了厢式货车中偷走了。1988年，出租房的租约到期后，房子我卖了几十万加元，将房款送给科林。[①]我说："你年纪大了，身体又不大好，你们辛苦一辈子得到的，理应自用。我还年轻，我相信，总有一天，我会用自己挣来的钱买一栋房子的。"

细数往事，关于史密斯夫妇的恩情说不尽，对他们的感激将持续到我生命终结。

人不能一味地索取，双赢的关系才能长久。这也是我为人处世的一个原则。1986年冬天，表姐家要卖房搬家，安定了近一年的我又需要看房、找房。这一次我的思路是要找房子大的，可以有空间让我放下装裱案，社区氛围雅致，租金不高，房东是需要照顾的老人。天下没有免费的午餐，不可能没有付出就想得到。房东需要照顾，我可以提供劳动力，双方才更容易融洽相处，租金等方面才容易洽谈。社区氛围雅致，来往的邻居或亲友有经济能力购买字画，我也有可能获得更多的人脉。

确定了方向，我拿着电话黄页选择华人姓氏打电话，而非依赖租房广告——

---

① 在加拿大，接受现金赠予通常无须作为应税收入申报。

刊登租房广告的都是希望通过租房赚钱生活的，高雅社区的房租肯定不会便宜。电话拨通后，我先用中文问对方是否会说普通话，这样就能筛选掉许多不说普通话或者不会说中文的房东。"喂，喂，找哪一位？"一个听上去年长的、带着上海口音的女士接了电话。我顿时激动万分，滔滔不绝地讲述了我打电话的原因。接电话的陈太太80多岁，和先生早年从上海到香港。陈先生在香港做房地产，家里经济条件很好。老两口儿住在一所大房子里很寂寞，喜欢有人陪伴。听到我也是上海人，就立刻答应见面商谈细节。我说周末割草、买菜、逛街、陪他们打麻将、做饭、开车等我全包了，他们听了喜出望外，表示不收房租来交换服务。"我还要在家里裱画，电费我自己付吧。"我说。"那么，我们就每月收你60加元。"一间睡房加上一间30平方米的裱画室，月租60加元，交换周末两天的服务，一个双赢的结果！

然而，世界上没有十全十美的事情，有得必然有失。1986年12月，我搬到温哥华西区的陈府，租用了全部的地下室。陈氏夫妻人很和善，相处愉快。地下室的暖风口在墙的底部，不像表姐家的在屋顶，便于我装裱，但是出现了预想不到的问题——抽烟。

他俩都是"烟枪"，香烟不离手。平时我在地下室，他们在楼上，各自生活，相安无事，而到了周末陪伴他们的时候问题就来了。特别是打麻将时，在屋子里呛得真是受不了，好像在上刑。我至今烟酒不沾，对香烟味道特别敏感，也不喜欢闻到烟味。可是那时又不好意思表现出来，只能尽量屏住呼吸，减缓呼吸速度，或者勤快地添茶、倒烟灰缸，借机离开屋子，求得片刻换气的机会。但我并没有埋怨，我明白，这是谈好的交易。为了明天的曙光，只得忍受今天的痛苦。忍是上策。

第二章

笑看风云

学习不是拼体力，而是拼智慧。由于语言上的劣势，写论文写不过本地同学；东西方文化差异的存在，使得上课遇到文化相关的笑点时，同学们哈哈大笑而我笑不出来，缺乏共鸣。我意识到，想要不被淘汰、脱颖而出，必须学会运用田忌赛马的智慧。如何以己之长攻彼之短？我的长处是什么？思来想去，我找到了自己最擅长、同学们都不了解的领域：中国文化。由此，不仅大学期间，在日后的诸多商业创意中，我皆以中国元素为出发点。

因为学生签证不能打工，我拒绝一切非法打工的机会，即使出"高薪"，我也毫不动心。我的底线是不能违法。违法了就有可能被遣送回中国，而我出国前想好了，开弓没有回头箭，不在加拿大做一番事业就无颜见江东父老。

1986年4月初，我认为自己已经具备了一定的条件，可以去和李桥栋律师讨论申请移民。李桥栋律师帮我很多忙，我的留学签证申请也是委托他办理。在朋友们眼中，我已经不再是一个读语言学校的穷学生了，我有自己的手艺、公司、项目、发展规划。我买了西装裤，请家里捎来皮鞋，以配合带来的西装上衣、衬衫、领带，3月份生日时，史密斯夫妇还送我一个公文包。在给爸爸妈妈的信中我写道："我现在要穿得正式一些，因为与人谈话的身份不同了。"

当时移民的途径比较少。分析我的条件，律师说最简单的移民方法就是申请政治避难，我当即否决。我向律师介绍自己的能力，我会摄影、会裱画，我认为自己具备在加拿大独立生活的能力。律师想了想，他认为摄影师太多了，而中国字画的装裱很独特，可能是一个突破口。律师让我做市场调查，搜集证明材料，证明字画装裱是加拿大需要的技术，这样可以走独立移民。"移民"

一波三折的移民申请

1

从技术上来说应该是申请人在加拿大之外，因此便决定从美国递交材料。那么首先，我需要申请去美国的签证，才能进入美国、从美国申请。①

谁知好事多磨，第一步申请美国签证就被拒签，理由是我在道森学院的一次打字考试成绩不好。打字考试与去美国探亲旅游有什么必然联系？律师说要发函给移民局，必要时准备诉讼。在中国，打官司都是大事，且民告官也不敢想象。但是律师说，北美不同，只要认为受到了不公平待遇、不满意，任何事情都可以打官司。后来几十年的商业生涯中，我经历了数十场官司，充分体会到这一点。收到律师函之后，美国驻温哥华领馆重新审理了我的申请，给予了签证，也没有真正去打官司。不打不相识，我还因此与那一届的美国驻温哥华领事成了朋友。

装裱技术既然是我的申请理由，则必须证明加拿大需要像我这样的装裱人才，我也能通过装裱手艺养活自己。在史密斯夫妇、格瑞斯的推荐下，我也自己查找了一些北美与亚洲艺术相关的机构，发了信介绍了情况，询问是否需要中国书画装裱。发出 70 多封信，收到 20 多家的回复。有些美国的博物馆，如纽约博物馆回复说："如果加拿大不批准你的移民申请，欢迎来美国申请，美国需要你这样的人才，一定会批准。"

1986 年夏天，大维多利亚区美术馆（Art Gallery of Greater Victoria）的柏瑞（Barry Till）先生提出，他们在找人修复古画。我诚实地回复说，古画我没有修过，但是我可以把破损的画重新装裱，不再显示腐迹，以前在国内如此处理过。他看了我的装裱作品后，愿意尝试将古画交于我装裱。经过数个不眠之夜，终于完成装裱。柏瑞先生看过后非常满意，抱着我激动地连说"棒极了"。他不仅又给了我两幅古画去装裱，还允诺以后有了需要装裱的工作就找我。之前他们都是把需要装裱的作品寄往中国香港或日本，价格贵且不方便。柏瑞先生欣然为我写了给移民局的推荐信，对我诸多肯定，说我是加拿大必不可少的装裱人才云云，并推荐其他画廊、博物馆让我联系。

---

① 我的移民申请是在西雅图递交的。

当时申请移民的速度还是比较快的，据说一般 6 个月就有消息，但是我从 1986 年递交材料，几个月内完成补交材料后，迟迟没有消息。1988 年，首届中加动画节在北京召开，作为唯一的中国学生，我承担了许多沟通工作，并被艾米丽卡尔艺术与设计大学委任为参会领队。我是持单次入境签证来的加拿大，必须要办好回加拿大的签证再离境，否则在北京办签证风险大、时间紧，万一办不成就回不来、没有办法读书了。律师不同意我去北京开会，他已经多次询问过移民局，都说材料齐备，等消息即可，他认为按照进度推算，我的移民批复那几天就会有消息，建议我不要离开加拿大，避免节外生枝。那时我回中国的动力非常强大，不只是要作为学校参会的领队；更重要的是，离开中国 3 年，很想家，想回去看看；而且需要回中国办理运送 1990 年即将在温哥华展览的《黄河万里图》。于是，我没有听从律师的劝告，执意去西雅图的加拿大领事馆申请多次往返的签证。

在领馆中，签证官翻箱倒柜就是找不到我的材料。经过几番周折，才发现我的材料和移民批复信已经装在大信封中等待寄出了。看来李桥栋律师说的是对的，倘若我不去，没准三五天内就收到了移民批复信。签证官敏锐地发现，我在读书，拿的是学生签证。他说，可以给我移民批复，但是一个人不能同时既有移民签证又有学生签证，我必须回学校办理退学手续。按照规定，我所申请的独立移民拿到移民批复后，要按照申请的项目工作 3 年。3 年后成为加拿大公民，可以继续读书，那时就算本地人了，不用支付留学生的学费。我犹豫了几分钟，思前想后，想到妈妈说的"只有知识是你自己的，只有学历是跟你一辈子的"，还是不舍得放弃读书。"我决定现在继续读书，毕业以后再办理移民手续。"我对签证官说。签证官静静地看着我，一时不知所措。"我做了 20 年签证官，第一次见到像你这样的，宁可放弃到手的移民身份，也不放弃读书。"他望着我说，"你去继续读书吧。等你大学毕业时，拿着你的毕业证书来找我，我会给你移民纸（Landing paper）。"我们握手告别。这时他又补充说道："像你这样的人才，加拿大如果不要，还会吸纳什么人做移民呢？"

那种感觉，就像饥饿的人好不容易坐在一桌盛宴前，可是眼睁睁地看着菜

©1991 年，艾米丽卡尔艺术与
  设计大学毕业留影

看被端走而无计可施。更何况，这还是我自己做的选择。我没有勇气去和律师说，但移民局写信给律师说明了情况。律师收到信后大怒，痛斥了我一顿，我也只能承受，谁让我不听从律师的建议呢？不过，仔细想想，似乎也是命运使然。倘若我没有去申请签证、顺利拿到了移民批复，必然也要做出选择——或者保留学签继续读书，放弃移民批复；或者如约去做3年装裱，再回来读书。但是3年后我30岁，在社会上摸爬滚打3年，我还真不是很有把握是否能回学校读完本科。

两年后，又赶上一次抉择。适逢国际政治局势大变化，加拿大移民局启动了"特赦令"。凡是在加拿大的中国人，无论何时来、因何事来，只要签署一项寻求政治保护的声明，便可以直接入籍，免去审核及永居身份等待入籍的烦琐程序。我没有签。没有其他高深理由，只是不想说谎——我来加拿大不是为了寻求政治保护。这不免受到一些人的嘲笑，嫌我死脑筋。可是我认为，大节上不能含糊。

1991年7月，我完成了四年大学的学业，拿到毕业证。在李桥栋律师的安排下，我重返西雅图加拿大使馆。知道这件事的朋友们都担心，3年后，那位签证官还在职吗？可是，命运早已做好了安排。半夜2点我就开车前往西雅图加拿大领事馆排队，拿到了当日的8号。领馆9点开门，很快轮到我，我恰好被安排在3年前同一个签证官的窗口。他对我印象深刻，无须解释，看到我的毕业证就给我批了移民。他还告诉我，当年我走后，同事们都评论他太理想化了，像我这样的留学生，没有经济实力、朝不保夕，怎么能保证一定读完大学呢？他说，他不会看错人，相信我一定可以读完大学。

是的，他没有看错人。我来加拿大就像在下一盘棋。如果我学业无成，拿不到移民签证，必须返回中国，这盘棋就下输了。如果我学业有成，但申请不到移民，必须返回中国，这盘棋就下和了。如果我学业有成，也办好了移民，这盘棋就下赢了。1994年11月4日我入籍的那一刻，我就知道人生最重要的这盘棋我已经下赢了。

2 《黄河万里图》

1988 年促使我不惜耽搁移民申请进程、去西雅图"闯关"的三个原因之一的《黄河万里图》，与我有一段传奇般的缘分。

1986 年 3 月，160 米长的旷世长卷《黄河万里图》的绘者周中孚先生去世。周老生于 1911 年，早年间毕业于上海美术专科学校，师从刘海粟学油画。1933 年毕业后，回到河南创办艺术学校，在妻子（亦为上海美术专科学校同学）王漫汝女士的支持下，为中原培养了大批美术人才。日寇侵华时，他避祸于山林，改学国画。因此，他的国画写实性强，透视技法更倾向于油画，画风一丝不苟。后来我协助他完成《黄河万里图》时，亲见他的严谨——任何一张画中有败笔，立即撕毁重画，毫不留情。中华人民共和国成立后，周老担任《黄河建设》的美术编辑，立志要绘出黄河全貌。

1982 年夏天我为《郑州晚报》摄影时，参加过一次画家下乡的活动，为七八十个孩子与画家周中孚拍摄合影。这些孩子中绝大多数根本没见过照相机，可想场面的混乱。花了近两个小时，才算安顿好孩子们，完成了拍摄。大太阳底下，周老被晒得汗流满面。拍摄结束后，周老喊我来说话，说看我很有耐心，邀请我次日午夜 12 点去他家商量点事儿。我以为听错了，忙问几点，他重复一遍"半夜 12 点"。既然老先生发话，彼时 22 岁的我只能遵命，不能推辞，半夜就半夜吧。

次日半夜 11:50，我骑自行车到他们楼下。大半夜的，也不好提前去打扰，等到 11:58，我锁车上楼。刚到他家门口，尚未敲门，门开了，周老说："我准时开门，如果你在门口，就进来；如果你不在，那就错过了。"没有多余的寒暄，直接带我到他的屋子里，反手把门插上。我正在纳罕，周老翻起床上的铺盖，掀起床板——里面是满满当当的画稿！看我一脸困惑，周老直截了当地说："小鲍，这些是我画的《黄河万里图》。我花了几十年时间准备、绘制，现在需要整理、装裱，画得不好的重画、缺失的补上。我打听过，你们家里比较富裕，条件不错，你工作也不忙，我看你很有耐心，我想让你帮我来完成这些工作。"

那天夜里，我们聊到清晨 5 点钟。周老详细讲述了这幅鸿篇巨制历时数十年的艰辛创作历程。从 1950 年开始，他断断续续从黄河发源地走到入海口，一路走一路画，用速写、素描、彩绘

◎ 1980 年，为周中孚老先生拍摄的肖像照

等方式记录沿途的风土人情、重要建筑、河流状况等。"文革"中，周老为了绘画挨打、被批斗，老父亲受牵连精神失常，失手砍死了周老唯一的女儿。"文革"结束了，周老又背起画箱，继续作画。绘制过程中，他的师友亲朋、故旧相知，艺术大师刘海粟、画家娄师白、一代宗师蒋兆和、诗人臧克家、作家姚雪垠等名人名士纷纷为绘作写诗题词。周老找我的时候，画稿堆积，急需帮手。

　　从那以后，每周我至少要去周老家三四天。每次去了，便一头扎进周老屋中，门从里面插上，我们爷俩儿闷头工作。我们先从编号开始，编好号，再把画稿像拼图一样拼接起来。数日后发现画稿幅面大小不一，难以拼接。而且拼接起来很占地方，拿来拿去纸张容易损坏，不容易操作。灵机一动，我想到了拍照的方法。每次去周老家，我都会拍一批画稿照片，晚上回家连夜冲洗。照片小，粘贴、拆卸也方便。于是，改成用照片拼图，再去对应找画稿，方便很多。几十年来为了绘制出这上万张画稿，周老数度出生入死。整理时，周老边对照着墙上贴着的大幅的黄河流域图给照片排序，边给我讲难忘的往事。拼接过程中，发现缺失的画段，周老便翻阅原始素材，即刻补上。

　　装裱后的《黄河万里图》共32段，每段长5米，宽0.6米，总长160米。如此巨制由一幅幅画作拼接而成，难度可想而知。按照黄河流域地理地貌，周老将万幅画稿归为30段，取本段风景、风貌之特色、精华，在大的速写本上

◎ 1985年4月10日，在河南省博物馆展出的160米旷世长卷《黄河万里图》

用铅笔画出若干幅草图，再依草图设想正式绘至宣纸上。那真是构思时凝神静气神与物游，落笔则胸中丘壑尽在眼前。周老绘画，我则在旁边做些铺纸、研墨、晾画等辅助工作。周老家里孩子多，家庭负担重。画到后来，他没有钱买宣纸了。看他宣纸快用完了，我就骑车出去买。为了让我少花钱，周老让我买皮纸，因此画卷尾声部分是用皮纸绘制的。

周老健康状况越来越差，我们工作了大半年后，周老需要每周到黄河医院接受注射治疗。成天在家创作，每次去治疗时，我用自行车载着他，周老说就算是他出门兜风了。从周老家到医院，十几分钟的路程，我们爷俩儿一路上用河南话断断续续地聊天，现在想起来仍然宛如昨日。

国画一定要装裱。1984年年初，周老帮我联系到河南省博物馆学习装裱，并参与《黄河万里图》的装裱工作。装裱工、场地等由博物馆提供，我负责买装裱用的宣纸、绫子等材料。买材料花了多少钱我已经记不得了——家里的钱放在抽屉里，谁用谁拿。那时我已经辞职在家，全身心扑在《黄河万里图》上。装裱如此长的手卷，博物馆也是第一次尝试，从绫绢颜色、尺寸的搭配到浆料纸、裱褙纸材料的选用，都经过了慎重的考虑，既要好看又不能喧宾夺主。选绫绢颜色时，周老与周师母先初选了一次，两人各选了三种颜色。次日，周老拿出各种颜色的绫绢让我选三种。我只选了一种绿色的。周老说："再选两种。"我说："我就选一种。黄河的主题颜色是黄色，配这种绿色好看。而且绿色是生命的颜色，是最美丽和耐看的，寓意也好。"周老望着周师母会心一笑，拿出他们选的让我看——他俩选的里面也有我选的绿色。《黄河万里图》装裱的绫绢颜色就这样确定下来。

卷轴是一种古老的装潢形式。其优点是体积小，轻巧，易收藏，缺点是只能平放案头，不便张挂。而周老坚持要张挂在墙上展示。俗话说，"三分画，七分裱"，如何解决难题又不破坏装裱的美观呢？这可难倒了大家。我初学装裱，无拘无束，提出每一米上下各加裱出一个同色绫绢的小小的三角形

◎1980年，与"黄丁老人"周中孚老先生合影

便于张挂的解决方案。卷轴两面挂在墙上后，小三角上可以扎大头针，以辅助固定在墙面上。小三角被裱入的部分比较大，禁得住大头针的力度。周老听了

赞不绝口，表示同意。周老的肯定为我在装裱行业的发展增添了信心。装裱组6人用了大半年时间终于完成了全长160米的巨幅长卷《黄河万里图》的装裱。无心插柳柳成荫，幸好有这番装裱学习和操作，日后成了我最初在加拿大安身立命的重要手段。

1984年春天，周老住进了医院。他担心《黄河万里图》画不完了。我安慰他说："您一定能完成，否则就是画稿，不能成为作品。万里长征走到最后几步了，坚持就是胜利。"周老住单人病房，经过医院的同意，周老在里面搭起画案，最后两段作品就是在病房完成的。周老体力衰弱，无力用毛笔作画，只能用铅笔勾出轮廓，周师母帮助他完成，我负责将画稿及时拓好，拿回让周老在两幅画作接缝处补绘。在医院里，周老拉着我的手说："我一辈子的工资都用在画画上了，连看病的钱都没有了，家里为了给我治疗也欠了许多债。我最大的心愿是一定要看到这幅《黄河万里图》展出。"我说："周老，放心吧，您会的，一定会的。"我许诺，一定会帮他尽快完成装裱。

终于，是年夏天，周老在病榻前郑重地写下了"完成毕生夙愿，谨此呈现祖国"12个字，作为倾注了他半生心血的鸿篇巨制《黄河万里图》的卷尾结语。装裱工作也到了尾声。当我拿着周老的结语去装裱时，结语的墨迹尚未干。时至今日，每每想到周老的结语，我都为周老"春蚕到死丝方尽，蜡炬成灰泪始干"的为艺术献身的精神感动不已。周老的好友、诗人臧克家为画卷所题诗"江山放眼是苍茫，沉醉丹青两鬓霜。万里黄河归腕底，十年辛苦不寻常"，是对周老一生持守的真实写照。

1985年我离开郑州时，周老健康状况很差了，好在已经确定了6月在河南省博物馆展出《黄河万里图》。我去看望周老，他有两个嘱托：希望将来我能把《黄河万里图》带到全球展览，让世界了解中国、黄河、中国书画艺术；也让我想办法联系收藏家，展览后能让收藏家收藏《黄河万里图》，以偿还家里的外债，让周师母能有较好的生活。周中孚先生过世后，周师母与妈妈联系，写信给我，督促我尽快将画作取走，在国外举办展览、完成周老遗愿，另外，也避免有不轨之人打画作主意，难保画作全貌。见证过周老绘画的不易，又参与其中，我对实现周老的心愿责无旁贷。因此，在与格瑞斯、柏瑞先生等艺术展览界人士交谈时，我皆不忘力荐《黄河万里图》，询问展览的可能性。

对那时初出茅庐的我而言，筹办展览绝非易事。跨越语言障碍，理清各种要点，正式进入洽谈时，已经到了1987年秋季。柏瑞先生所在的位于不列颠哥伦比亚省省会维多利亚市的大维多利亚区美术馆最早伸出橄榄枝。他带我参观整个场馆，以面积大、影响力大及他们的重视程度打动了我，美中不足的是他们没有多少经费——画作的运输费、展览的保险费、人工费、中方参展人员的开销等，需要我来筹措。

为了筹措资金，我广泛地联系朋友，寻找各种可能性。1987年圣诞节认识了史蒂文的叔叔黄光远先生（米叔）[1]后，终于有了突破。米叔热爱中国文化，有资金、有经验，他帮我安排了他担任理事的温哥华艺术馆。展览安排在1990年2月，所有的费用都由他们承担。我只需负责联系周师母，将画卷安全运抵温哥华。天有不测风云。1989年国际形势巨变后，温哥华艺术馆受政治势力影响，取消一切与中国有关的展览。温哥华艺术馆虽签订合同，却没有任何实质性支出——这可能也是他们轻易终止合同的一个原因。

半途而废不是我的行事风格。既然我已经承诺周师母画卷要在加拿大展览，那么无论如何也要想办法展出。于是，我再次与柏瑞先生联系。没想到这一次，维多利亚方面不仅欣然承办，给的条件反而更好了，除了中方三位参展人员的费用需要自理，其他所有费用均由他们支付。好事多磨。尽管我需要支付画卷

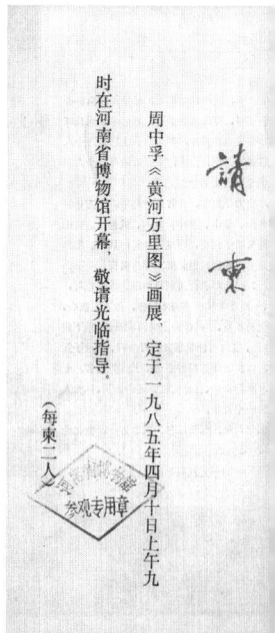

周中孚《黄河万里图》画展 定于一九八五年四月十日上午九

时在河南省博物馆开幕，敬请光临指导。

请柬

（每柬二人，参观专用章）

---

[1] 米叔的故事详见第二章第6节《你是米尔顿的儿子吗》。

周中孚画展 刘海粟

黄河万里图

河南省委宣传部
河南省文联
河南省文化厅

办

中国美术家协会云

周中孚和他的《黄河万里图》

周中孚同志（1911年——1986年），河南省修武县人，原为中国美术家协会会员，河南省文联委员，中国美协河南省分会理事，河南省老年书画研究会副会长。1932年毕业于上海美专，后曾在开封、洛阳、西安等地举办个人画展多次，从事美术教育工作多年。新中国成立后，在黄河水利委员会黄河展览馆工作。

周中孚同志初学西画，后转国画，致力于山水、花鸟画创作。他一面接受中国画的优良传统，一面又师法自然，曾到泰山、华山、嵩山、庐山、武当山、黄山等地写生。他的画，可谓中西融合，又勇于探索，他的一些作品曾在全国美展多次展出和全国性的刊物上发表。

周中孚同志生长在黄河岸边，从小热爱黄河，当年在开封艺术师范任教时，就经常带领学生到黄河沿岸写生作画。解放后，一直在水电部黄河水利委员会担任美术工作，对水电系统精神文明建设做出了贡献。他下定决心要绘制一幅《黄河万里图》，表现解放黄河的新面貌。于是，他西上黄河积石山，东下黄河入海口，不辞长途跋涉辛苦、反复观察和深入生活，积累了大量写生素材，用了五年时间，带病完成了这幅巨制——《黄河万里图》。在这幅长卷中，西自巴颜喀拉山起，跨越九省，黄河上的七座大型水库和水电站及下游沿岸的涝灌阵门、水泽田野、名山大川、古迹文化和风土人情均历历在目。《黄河万里图》，大处用泼墨泼彩，小处细笔勾勒，风格豪放、气象万千。全长160米，实为绘画史上所罕见，令人叹为观止。

遗憾的是今年三月初，我们去郑州告知他的作品将在北京展出的消息后不久，中孚同志终因久病医治无效而与世长辞了。因此，这次展览也就成了我们水电系统对这位忠诚文艺战士的深沉的悼念。

周中孚遗像

◎ 1. 1985 年 4 月 10 日，《黄河万里图》在河南省博物馆展出时的展览门票正面（请柬封面）

1|2

◎ 2. 1986 年 7 月 23 日，《黄河万里图》在北京市劳动人民文化馆展出时的展览门票背面（请柬内页）

运出来及两位中方来宾① 的花费，但是能完成周老的遗愿和周师母的嘱托，也算是值了。

画卷不能托运，必须由专人携带。而我的移民在没有申请完成之前又不可能离境，我请史蒂文（Steven Wong）② 帮忙。史蒂文的爸爸比尔（Bill Wong）是温哥华著名的具有百年历史的现代裁缝店（Modernize Tailors）的老板，为了运

---

① 周师母因身体原因不便出国，委托长子周洪先生全权代表，并请我妈妈随行担任翻译。周老的生前好友、时任中国版画协会副会长的莫测先生同行。后因周洪先生未能如期取得签证，仅我妈妈与莫测先生作为中方嘉宾参加开幕。

② 史蒂文是我在大学结识的终身挚友，他和我的故事详见下节。

◎ 1. 1985 年，周中孚亲临河南省博物馆《黄河万里图》展览展馆

1|2|3 ◎ 2. 1985 年，周中孚于《黄河万里图》展馆前留影

◎ 3. 1982 年，周中孚在北京看望老师刘海粟

输画作而特意设计、制作了两个帆布褡裢。褡裢两边各做 6 个长筒用以装画卷。细心的史蒂文去郑州的时候，在空褡裢里装满了既是加拿大的特产、又适合装在褡裢中的三文鱼罐头作为伴手礼。回程时，我特意给装满《黄河万里图》的褡裢也买了一张商务舱的机票。

1990 年 10 月 4 日到 11 月 24 日，长卷《黄河万里图》展览在大维多利亚区美术馆隆重举办。开幕式设在 10 月 5 日周五晚上 7 点。当天大雨滂沱，我很担心开幕式会场的情况。意外的是，不仅没有冷场，反而爆满，到会者超过 500 人，三级政要也到场不少。窗外萧瑟的秋气被通明的灯火、鼎沸的人声所冲散。来宾们兴致盎然地听柏瑞先生讲解画作和画作背后的故事，纷纷在画作前留影，现场热闹非凡。亚洲艺术馆同时还举办一场西洋油画的小型展览，我请妈妈、科林、格瑞斯陪我一起，抽出几分钟时间前去问候，尽邻里之谊，能

同期展出也是一种缘分。

　　次日，各大报纸纷纷对展览进行了报道。我做了剪报，寄送给周师母。师母收到后回复我："谢谢你，道平，谢谢你完成了周老的遗愿，我们全家都感激你。"展览后，《黄河万里图》也由收藏家收藏，我终于完成了对周老的承诺，周师母一家也因此过上了无债一身轻的安宁生活。2013年我去郑州看望已经是百岁老人的周师母。周师母满面红光，精神抖擞，谈笑风生，说多年来从未间断画画。

　　这些年，我常与朋友讲起周老绘制《黄河万里图》史诗般的经历。做影视的朋友惠君也深深地被周老的英雄气概打动，自告奋勇，2013年我们一同拍摄了关于《黄河万里图》的电视短片。季和表哥则调动他的北京龙尚国际文化传播有限公司投资电影《黄河梦》的拍摄，聘请著名剧作家、电影《焦裕禄》的剧作者方义华先生操刀电影剧本。方先生数次去郑州采访，花费了一年多时间完成创作。在影片研讨会上，方义华动情地说："30年前我写了焦裕禄，30年后我又写下周中孚。"

黄河是孕育中华文明的母亲河，在岁月的流逝中不断地更改河道、变换面貌。自《黄河万里图》问世之后，黄河沿岸的一些自然景观又已悄然变化。

C10 TIMES-COLONIST Thursday, October 4, 1990

John McKay photo

Long landscape
The Art Gallery of Greater Victoria is getting ready to display the world's longest landscape painting — all 160 metres of it. A

Painting of the Yellow River, which took artist Zhou Zhongfou 25 years to finish, will be shown from Friday through Nov. 25.

◎ 1990年10月，《时代殖民者报》对160米长卷《黄河万里图》在加拿大大维多利亚美术馆首展时的相关报道

周中孚先生的《黄河万里图》是一份极其珍贵的文化遗产，不仅在中国美术史、绘画史上具有不可磨灭的地位，而且具有重要的历史价值和文物价值。

『年度最佳出租车司机服务奖』

1987 年 5 月，终于收到艾米丽卡尔艺术与设计大学的录取信，不负科林的辛苦补习，亦告慰格洛莉娅的在天之灵。

入学考试时，颇有番周折。递交了语言学校成绩单及两封推荐信后，我被通知参加面试。卡德教授（Sam Cardar）是我的面试考官。当时我的英文水平还很有限，夹杂手势比画，竟也安然过关。卡德教授对我印象不错，聊得投机，我们还结成了终身好友。面试交谈给我的感觉是，学校希望学生喜爱不同的艺术，而非拘泥于某个单项。我的幸运之处也在此。本身兴趣广泛，报名摄影系，我也喜欢中国书画，自己也在学习书法，还会装裱，略懂鉴赏。年龄和经历也成了优势，尤其是在中国做过农民、工人，这些在卡德教授眼中，都是丰富的社会实践活动，较高中刚毕业的其他同学而言，我"更接地气"。

面试最后要进行摄影实操测试。发给每一位考生一台贴了号码的相机，让考生自由发挥，无论室内外皆可拍摄，在指定的时间内完成作品。其他考生都是拍摄静物、景色等，我则拍摄了考生。数年摄影经验的积累，我认为自己比较擅长抓拍人物。这次我抓拍的对象就是其他考生——或凝神静气，或苦思冥想，或蹲或站，或犹疑或欣喜，大家专注于考试，情态各异，生动感人。

成绩出来后，我的成绩名列前茅。但因我是非加拿大人，校方专门开会讨论培养一个外国人是否值得。那时加拿大的留学生业务还没有起步，而且绝大多数加拿大大学是公立的，要拿国家的经费。作为艺术类院校，艾米丽卡尔艺术与设计大学对一位学生花费的培养经费更高，大笔钱用在一个外国人身上，成了校方的难题。经过反复讨论后，校方的结论是"艺术没有国界，属于全世界"，我才得以被录取。

9月份开学，我光荣地成为艾米丽卡尔艺术与设计大学的正式学生。"光荣"并非虚词，是真实的感受。从1985年4月底在一片茫然中抵达温哥华，连浴帘都不知是何物、不懂"What's your name"的"傻小子"，到能就读于加拿大排名第一、北美排名前三的艺术类大学，两年内我完成了不知多少3级跳跃，自己都觉得不可思议。不过短暂的欣慰之后，是继续低头向前——学费、书费、生活费还要靠自己解决，还有买胶片等学杂费，一个学期也要四五千加元。

开学后，我与艾米丽卡尔艺术与设计大学的两位华裔员工之一的史蒂文迅速熟悉起来，并成为好朋友。史蒂文是生在加拿大的第三代华裔，不会说中文，对华人、中国文化却有天生的好感，练气功、学针灸，渴望多了解中国文化。他是版画系的工作人员，负责系里的教学支持。我没有工卡不能打工，不过如果学校需要我做工，可以申请学校内的工卡，这个相对容易。了解到这个信息后，我与史蒂文商量，他便热忱地向校方推荐我。

我是学校那一届唯一的从遥远、神秘的中国来的学生，加上我性格外向、活泼、爱交朋友，很快就成了学校的"著名"学生，校方也对我有所耳闻。入学时，我读摄影系基础班，和班里二十几名同学相处融洽，利用自己熟悉的电工、木工等特长，在学校积极主动地帮同学解决困难。比如：加高放磁带的架子，解决了个子高的同学弯腰下蹲取底层磁带的麻烦；就地取材，做几个简易的工具箱缓解工具箱不够用的窘境；暗房的水龙头漏水了，找来新的换上。桌子坏了，电视机不显示图像，食品贩售机卡住了，等等，无论哪个部门的问题，我都愿意出手相助。我很感谢下乡、去工厂的经历，让我知道如何在社会上生存。渐渐地，同学们在学校遇到什么难题都想到找我，而我只要在学校听到广播喊我的名字"Ping"，几乎随叫随到。

学校同意从 1988 年 9 月开学开始，将我安排到"继续教育系"（Continuing Studies Department）工作，每天从下午 6 点到 10 点工作 4 小时，时薪 4 加元，并发给我校内工卡。我开始在学校上班直到毕业。毕业时，学校希望我留校，提供的时薪为 16 加元（当时的最低时薪为 4 加元左右），但我拒绝了校方的盛情邀请，我想去更广阔的天地闯荡。

在学校上班做的第一项工作是做系里的校工，负责教学以外的所有杂务。那些工作对我来说都不是难事，我性子急，做事不喜欢慢，效率太高、做的活多，导致另外三位做同样工作的同学被解雇。这件事令我颇为内疚。加拿大的大学生大多是自力更生[①]，能获得学校打工机会的学生来自低收入家庭，没想到由于我的勤快断了他人的财路。

很快，我又发现了一个机会。学校的两座主要教学楼距离较远，并且要经过几条繁华的旅游区街道，走路通常要 10—15 分钟。晴天没关系，雨天就比较麻烦，尤其是再带着器材就更不方便。温哥华有半年雨季，被戏称"雨哥华"，雨天占的比重很大。我和史蒂文讨论后，向学校提交了配备摆渡车的详细计划，包括购买 12 座的商务车、培训 6 个 4 级驾照的司机[②]、列排值班表等。学校同意了，授权我全权负责。

摆渡车计划不仅为我增加了收入[③]，还带来几个额外的好处。第一，我相当于免费获得了 4 级驾照的培训[④]。第二，加拿大大学没有校园的概念，在两栋建筑物之间开摆渡车，就是在社会道路上开车，那么就超越了学校打工的范围，

---

① 进入 21 世纪后，尤其是最近 10 年，加拿大大学生靠家里资助的越来越多。像我的几个孩子读大学，学费和生活费都是由我们提供。虽然她们也打工赚钱，可是收入有限。回想我自己上学的艰辛，真是今非昔比。

② 加拿大的驾驶执照一般为 5 级。4 级相当于国内的"大货车驾照"级别驾照，需要专门培训，当时每个人的培训费是 500 加元。

③ 加拿大的薪资制度分为时薪制和年薪制。前者是聘用时谈定的时薪乘以实际工作的时间来计算薪水，是变动的；后者是固定的，不计算工作时间。我开摆渡车的时薪是 6 加元。

④ 我的 4 级驾照一直拿到我 50 岁。后来需要每年都进行体检，我才放弃。

需要申请工卡。由于是学校出面申请，我获得了在社会道路上职业商务载客驾驶许可证及工卡。第三，作为摆渡车调度，我负责排班，能给自己安排合适的时间，工作、学习两不误。

有了4级驾照和职业商务载客驾驶许可证及工卡，我便能开出租车。于是，我去学校对面的麦客隆出租车公司（Maclure's Cabs）申请成为一名夜班出租车司机。那时的出租车行规矩是车行负责出租车运行期间的加油、洗车、维修、保险等全部费用，司机没有工资，司机与车行对半分咪表收入，所有的小费归司机。我建议留学生如果能拿到工卡，都应该尝试开出租车，一方面练习语言、熟悉社会，另外就是赚钱非常快——车子跑几十分钟，至少几十块现金进账。从夜里11点跑到凌晨2点，一个月下来，小费及咪表分成加起来大约能到手2000加元。

温哥华治安良好，夜里跑出租的主要风险在于拉到应召女郎[①]和毒贩[②]。这两类乘客给小费都很大方，尤其是毒贩，不时就递过来5加元、10加元小费。20世纪80年代，艾滋病刚被发现，处于流行期，谈艾变色。我对于具体的传染途径其实并不清楚，只是内心深感恐惧，因此很不愿意搭载性工作者。应召女郎常要求拉她们去买饭或者送去某地，等待一小时，再把她送回去，有时会遇到在后座上直接接客的情况，我也毫无办法，只能开着车在空荡荡的大街上驰骋，对车里发生的事情充耳不闻、视而不见。拉到毒贩，需要如法炮制。毒贩会要求在不同的地点停车拉上他的客户，他们在后座交易。拉到毒贩更麻烦的是有被警察扣留的风险，也怕遇到他们在车内起冲突。

---

① 【编者注】20世纪90年代，加拿大司法体系对性工作采取"合法经营但禁止街头招揽及第三方组织"的有限容忍政策。而根据《中华人民共和国治安管理处罚法》第六十六条规定，卖淫、嫖娼属违法行为，公安机关依法查处并予以相应处罚。特此说明中外法律体系差异。

② 【编者注】20世纪90年代加拿大依据《麻醉品管制法》将海洛因、可卡因等硬性毒品交易列为刑事犯罪，最高可判终身监禁。但受执法资源限制及司法程序影响，温哥华等城市存在街头毒品交易现象。中国1990年已施行《关于禁毒的决定》，1997年《中华人民共和国刑法》明确贩毒最高可判死刑。两国司法实践差异显著。特注此时代背景供读者参照。

开出租车载客靠扫街和调度安排。为了避免拉到毒贩和应召女郎，我多采用接调度安排的方式载客。想多接到单子，就要动脑筋——我向哪个大街区行驶，会提前几分钟和调度说到了哪里，这样比较容易接到单子，效率较平均水平高一倍。我称之为利用时间差赚钱。

另一个"生财之道"是"及时感谢"。温哥华几个大酒店是客人比较密集的地方。我和酒店的门童关系都不错，时常在拉到客人时，给他们一两块的小费。日子久了，他们遇到客人去机场或跑远路叫车的，会打我呼机。机场虽不远，但是帮客人搬运行李等，客人给小费更大方。这样我就容易接到大单。

开出租车能赚钱、来钱快，吸引我的还有一点——可以当私家车使用，省却了我养自己的车的费用。白天上班上学很忙，朋友间有什么事情，我都安排在夜里去办，当时认为是一举两得。但是，现在回头反思，自己这样"假公济私"非常不妥当，是占了车行的便宜。尽管每晚我交的咪表的钱不少，远高于同业的平均水平，还为此获奖①，可倘若我不办私事，势必会为车行赚更多收入，而且车行不必支付我办私事时花的汽油费。那时虽然钱紧，却已不是赤贫，不需要为了饭食殚精竭虑，我却仍然做出这样不诚实的事情，还为自己的小聪明沾沾自喜，真是令人汗颜。

做校工和开出租车的时长加起来，足够每天8个小时了，再加上在格瑞斯的画廊兼职，我算是全职超时上班。为了督促自己抓紧时间，我尽量选早晨或晚上的课程。每天早晨7:30到8点离开住所去学校上课，中午12点到下午6点开摆渡车轮值②，不开车时我就写作业，6点到10点作为校工上班或者上课。晚上11点去开出租车，凌晨2点收工，3点左右睡觉。早晚没有课的时候，完成作业后，我就去格瑞斯画廊兼职。日复一日，大二及大三的两年，基本都是这样度过的。

---

① 我获得了出租车公司颁发的"年度最佳出租车司机服务奖"。收到200加元奖金后，我太高兴了，马上召集朋友们下馆子撮一顿，结果花掉300加元。

② 摆渡车司机是本校学生，旷工、临时请假、跟乘客吵架、突然罢工等状况都出现过，也有表现不好被我开除的。大四时，随着摆渡车的发展，从运营到法务，从失物领取到性骚扰等多方面都需要专人负责，摆渡车计划便由学校新成立的部门接管。

遇到合适的场地合作伙伴，我也和他们联手销售一些中国字画。如大二、大三时，我将字画寄售在温哥华的橡树岭商场（Oakridge Mall）里，不付租金，商场提取销售额的 25%。有一周生意火爆时，销售额达 7000 加元。如此长工加短工，赚的钱不仅够自己的学费、生活费，还小有积蓄，能担保表弟、妹妹来加拿大读书 [1]，且能负担妹妹的费用。1988 年 5 月，我花了 12000 加元买了一台大画面的玛米亚（Mamiya）相机，以充实自己的摄影设备。"工欲善其事，必先利其器。"有了好设备，承接的摄影业务便以大型活动为主。不过，朋友、熟人找我帮忙去拍照，我只要有空仍乐此不疲——时至今日，我仍然认为人与人的情谊比业务重要。

---

[1]　当时作为担保人的条件之一是银行账户上至少存有 6000 加元。

无论打工赚钱数钞票多么开心，我始终没有忘记自己的大目标——读大学并取得学位。尤其是在 1988 年移民受挫、与移民官达成以学位证换身份的口头协议后，我更没有退路，一心一意要毕业。

我的英文的听说读写虽已过关，但其中只有口头表达相对较强。[①] 我所喜欢、擅长的是创意，对于具体的设备操作兴趣不浓烈。综合权衡后我决定：我非学霸，不打算后续深造，能以尽量不错的成绩毕业即可。

入读大学时确定思路很有必要。发展需首先确定方向，否则容易南辕北辙。确定了发展方向，便知道在什么地方多用功，什么地方不需要投入大量时间。人的时间是有限的，一定要有选择地投入。比如在电影系学习时，我会操作设备，却不想做到如何精深，我的兴趣在理论课和创意上。班里摄制作业通常是几个人一起完成，我逐渐负责起了导演、制片人的工作，我去构思、动脑筋策划，同学们写剧本、拍摄、剪辑，我提修改意见。

开始读书后发现，即使不要求全 A，拿 B 也很不容易。尤其是大二转入的电影系，每届招生十一二人，

田忌赛马 4

---

① 感谢 YMCA 语言学校的口语强化训练。日后的商业生涯中，擅长表达也为我助力不少。

◎ 1991 年，在温哥华艾米丽卡尔艺术与设计大学毕业前，于影片剪接房拍照留念。如今，这个房间已经不存在了

毕业生只有五六人，淘汰率高达 50%，能毕业实非易事。[1] 不过话说回来，大一申请转系，原因之一就是听说电影系淘汰率高，激发了我迎接挑战的愿望——物以稀为贵。既然是我自己的选择，想要迎难而上，那就要认真应战。

　　学习不是拼体力，而是拼智慧。由于语言上的劣势，写论文写不过本地同学；东西方文化差异的存在，使得上课遇到文化相关的笑点时，同学们哈哈大笑而我笑不出来，缺乏共鸣。我意识到，想要不被淘汰、脱颖而出，必须学会

---

[1] 我也是艾米丽卡尔艺术与设计大学电影系迄今（2020 年）为止唯一持有中国护照的毕业生。

运用田忌赛马的智慧。如何以己之长攻彼之短？我的长处是什么？思来想去，我找到了自己最擅长、同学们都不了解的领域：中国文化。由此，不仅大学期间，在日后的诸多商业创意中，我皆以中国元素为出发点。

大二时，有项作业是拍摄一个 10 分钟内的动画小短片。考虑这类作业时，我需要在意的第一个因素是钱。那时还是胶片拍摄，学校提供场地、设备，但是胶片、剪辑配乐等后期制作费用要自己承担，差不多一分钟折合 100 加元，一次拍摄作业花费一两千加元很普遍。我必须保证自己做的东西便宜，一次制作成功，效果又好。我选定了拍摄"石头剪刀布"。这项拍摄用手势比画，制作简单，而且那时在温哥华，这项游戏还没有流行[①]，大家觉得新鲜、有趣，在课堂上放映时，反响热烈。

口语表达是我的另一个优势。大学完成作业时，我很重视提交作业时的陈述，扬长避短。大一的一个早晨，我匆匆赶到教室，发现自己忘记了一项马上要在课堂提交的 3D 手工作业。第一堂课上，同学们陆续上台展示自己的作业并讲解。15 分钟的课间休息，我走到教学楼外去盘算自己应该如何完成这个以"空间"为题的制作。目光逡巡时，学校的垃圾箱给了我创意——如果你想知道垃圾箱里装的是什么，必须走过去看看。那么人生呢？我从垃圾箱里找了一个废纸盒，在盒子里粘了几根鱼线，又放了几个铁垫圈，用黑胶带四处密封，再用圆珠笔在纸盒上扎了一个小孔。

再上课时，轮到我展示，我先让同学们依次看一遍里面有什么，大家都说是黑的，没有东西。第二轮，让同学们拿起盒子摇晃听到声音，让他们使劲儿看，响声从哪里来。于是大家展开想象，每个人看到的都不同，有人说看到美女，有人说看到百万美元。我说：这就是你的人生。同样的盒子、同样的内容，每个人看到的、感受到的不同，在于不同的想象。你想到什么，就是什么。所谓"视界就是你的世界"。不要管他人怎么说、怎么看，你看到的就是你想看到的。[②]

---

①　现在温哥华地区的学校里，这项起源于中国的游戏被命名为"纸剪刀石头"，很流行。

②　"This is your life. What you see is your life."

人生就是一个空间，就看我们怎么对待。对于其中的奥秘，90%的人看不到就转身离开，9%的人想停下来再看看，只有1%的人愿意努力去看，一定要搞个究竟。我就是1%中的一员。

这两项作业都给卡德教授留下深刻的印象。许多年过后，每当他向人介绍我的时候，总不忘提到我的作业多有趣。2020年夏天，我们一起吃饭时，他仍然提起我的作业如何给他以触动。艺术类作品在于创意，在于意义。我这样的做法可算"中为洋用"。大学四年，每当我将自己的创意展示出来时，都能获得高分。

我常常向同学和老师们介绍跟中国有关的话题，包括中国的历史、文化、发展。倒不是我对中国相关领域懂得很多，而是彼时的西方社会中许多人对中国的印象还停留在马路上走牛车的年代，他们对于我能出来读书也认为不可思议。让他们多了解中国，就是与我减少隔阂，并且能体现出我的价值——我知道他们不知道的，和我谈话能带给他们收获。

当然，硬币有两面，"中国文化"的思路令我与众不同，也让我受到无形中的观念的限制。低年级时，我曾拍摄过一个在学校"出名"的高分作业《现代艺术家》(The Modern Artist)，以讽刺现代艺术和艺术家。我找了一位主修现代绘画的同学来拍摄她实际作画的过程。她把颜料涂在脸上，拿画布蒙在脸上，拓出"一张脸"，修饰后即成画作。在影片中，这样的作品获得头奖，而用传统画法绘画的写实作品反而名落孙山。这个表达文化碰撞的小短片在学校中引发讨论。我是在用中国美术学院里踏实的素描、写生等基本功训练来套西方的艺术教育，忽略了西方教育中更看重原创性、创意、想象、自我表达这些元素。

随着与加拿大社会的深入接触，我的观念逐渐改变。大四毕业时，我的一幅绘画作品使用的也是现代绘画创作手段，不过仍然加入了中国元素。我用泼墨的手法创作了作品，算是对我四年来观念改变的总结。社会在改变，艺术也在改变。现代艺术是无中生有，这是社会进步的动力。社会不属于任何人，不会按照个体的心意去改变，个体应想办法改变自己去适应社会的变化。不要总是抱怨，抱怨表明对社会、对艺术、对学校的不了解。我这样顽固的一个中国人，经过四年的学习训练被改变了。我换了角度看这个问题——用油画布来印脸，是一种创意。我学会改变自己、改变观念以进入社会。学校带给我的这类教育远超于技能培训，让我懂得了在西方国家如何生存。

学校每周五晚上是"啤酒之夜"，学生们可以在校园里、饮酒、聚会。我不喝酒，但也一度是"啤酒之夜"的"明星"。我免费给学生们看手相，看得比较准，引得女生们排队让我看。其实我不懂手相学，我只是利用问答之间的察言观色和简单的心理学分析推测她们个人的情况、性格。看手相的游戏做了好几年，不仅令我学到大量俗语、俚语，还让我了解西方人的思维特征，利于我消除文化隔阂。这些收获后来在商业谈判中帮了大忙，尤其在合同谈判时。

我这个"明星"在"啤酒之夜"也遭遇了"暗算"。大学期间，我忙于生计、学习，无暇恋爱，以中国人的礼节与女同学保持距离。于是，同学中传言我是同性恋者。一个"啤酒之夜"的晚上，十几位女生埋伏在一间教室，将我骗入后，一哄而上，对我又抱又摸，又搂又亲，极尽挑逗。羞愤之间，我夺路而逃，冲入一间人多的教室。没想到这间屋子里的人聚在一起吸大麻。[①]一支大麻雾化器传递着吸。轮到我，我也只能吸一口。一口吸下去，几天都呼吸困难，从此我再未碰过大麻。此类意外虽是年轻人的荒唐，但也体现出加拿大社会的某些特点，在揭开社会遮羞布的同时，也逼迫我睁开眼睛面对现实。我对这个社会的了解也在主动、被动地加深。

和同学们在一起时，常有一个念头盘桓心间：我来加拿大时已经25岁，比出生在这里的人起步晚了25年，我如何能将这20多年追回，像本地人一样？我想到并付诸行动的便是加倍付出、严格控制和使用自己的时间。我要花更多的时间把不足补上。奋斗了4年之后，补不足的任务完成得不错，但念头却挥

[①] 【编者注】20世纪80年代，加拿大部分地区已出现对大麻使用的宽容态度，尽管当时大麻尚未合法化（加拿大联邦政府于2018年正式通过娱乐用大麻合法化法案）。在校园环境中，受西方反主流文化影响，部分青年群体存在私下尝试行为。反观中国，依据相关法律法规，大麻始终被列为严格管制的麻醉药品，任何持有、吸食行为均属违法。我国教育机构始终秉持"零容忍"态度，将禁毒教育纳入国民教育体系。二者形成鲜明的社会文化对照。特此说明，以助读者理解跨国文化差异。

之不去。我决定放下这个念头。如何放下？我打算把它拍成毕业电影，在电影中尽情倾诉，之后从脑海抹去。

于是，自编自导自演并担任制作人，我发挥自己善于编故事、讲道理的特长，拍摄完成了名为《迟来的先生》(Mr. Silly Gets Late)的毕业作品。影片开始于主人公的生日，结束于他夜间的休息。无论做饭、停车、上课、与女友约会等，做什么主人公都感到紧张，他认为是在浪费时间，为没有时间做自己想做的事情而焦虑。到了晚上躺下来睡觉时，他意识到每天这样担心所用的时间也是在浪费时间，不如索性丢开焦虑，顺其自然。影片打出字幕：人生属于自己的时间只有 6 年。看到最后的字幕时，全场鸦雀无声，方才被主人公的滑稽表演引发的爆笑消失了。放映效果出乎意料，更令我意外的是，作品获得了当年国际幽默短片一等奖。

这部影片所秉承的卓别林默片风格，与童年记忆有关。6 岁之前，我生活在上海祖母、外婆家。两家都有电影胶片和电影放映机。小时候，经常在家里看电影，对卓别林的影片印象深刻。记忆中最后一次在祖母家看片时，几个造反派冲进来把放映机从窗户扔到楼下。之后，我也离开了上海，回到郑州父母身边，结束了上海外滩、洋房、牛奶、巧克力的"小资生活"。

四年大学生活中，与教授们打交道是另一番难忘的经历。在国内时，我所接触的大学教授们文质彬彬、衣衫整洁，虽穿着蓝色、灰色的中山装，却像民国时期那些穿长衫的先生一般有谦谦君子的风范。但是在我所就读的艾米丽卡尔艺术与设计大学，那些教授的风范可是大不同。

这些教授的着装距离衣冠楚楚相去甚远，他们和绝大部分学生一样，也是想穿什么就穿什么。在北美住久了，我发现这是社会特色。上身着羽绒服、下身穿短裤、光脚踩凉拖的毫不鲜见。对待他人穿着打扮的礼貌态度是：无论见到什么，眼睛都不要眨一下，不要表现惊奇、诧异，更不能批评、议论，尤其不需要给对方提建议。若能对自己所欣赏之处加以赞扬，则双方皆大欢喜。

入读大学后，遇到的第一重冲突是着装冲突。我穿西装去上学，一些老师和同学看不惯，甚至被大卫教授（David Rimmer）在课堂上当面斥责："道平，你来错了地方。"与穿破洞装、戴着耳环鼻环唇环、头发五颜六色的同学们相比，我的西装、皮鞋、整齐的分头显得格格不入，但这也是我的个人偏好。无论在格瑞斯的画廊还是在学校上班，虽无着装要求，我都喜欢穿西装。说起来，我的西装情结有家族渊源。

那些『穿长衫的先生』

5

"文革"结束后，爸爸从箱子里翻出深藏已久的一批东西，包括皮质优良的尖头皮鞋、几十条被剪去内衬的真丝领带①、双排扣西服、西装裤等，那是爸爸年轻时在上海的衣物。小时候偷偷地看过老上海时期外公一家的合影，男士一律西装领带皮鞋，看起来有尊严、体面。在那个压抑的年代，对我而言，照片上的场景代表着富足、自由、美好。当这些东西真的出现在眼前时，我喜欢得不得了，刚开始在家穿，后来风气开放了，成了我的日常衣物。我个头不高，穿西装显得挺拔、精神。从年轻的时候起，我便认为穿西装才是男人的样子。来加拿大后，从去公园拍婚礼照片开始，只要是工作、出席商务活动，我一定会穿西装，从来不穿牛仔裤及便装出去见客人。

　　来温哥华一年以后，随着步入社会，当我还在为三五十加元精打细算时，却舍得花两三百加元去买西装。不可否认，我在意外貌。我认为，穿着合适，是尊重自己也是尊重他人。我始终相信商界那句箴言——"若想成为百万富翁，先以百万富翁的姿态生活，行走如他，言谈如他，直至你终成其人"②。如果我希望像一位成功人士，就应该从一开始便穿着周正、体面，符合社交规范，像一位成功人士。

　　大卫教授自然不明白我为何对西装情有独钟，在他眼里，我这样的学生不务正业，即使我去画廊从事的是与艺术相关的工作，也属于商业艺术，不是纯粹的艺术；纯粹的艺术应远离商业，艺术家应该不考虑钱财，内心只有创作。我当场反驳："谢谢提醒，咱们走着瞧吧。"③我不明白，为什么艺术家就要贫穷？为什么不能将作品变现？艺术品的价值与价格为什么不能匹配？艺术家的创作既为人们带来精神享受，又为自己换取应得的报酬，有何不可？

　　2005年，与大卫教授在街上偶遇，他已经退休，在温哥华租住一间老年公

---

① "文革"抄家时，造反派要把领带都抄走烧毁。爸爸说，领带把内衬剪去就不能用了，剩下的可以做成拖把，不要浪费。造反派同意了。在他们的监督下，爸爸把内衬都剪了。

② 【编者注】其核心思想与20世纪美国自我激励大师金克拉（Zig Ziglar）提出的"假装成功直至真正成功（Fake it till you make it）"理念相通。

③ "Daoping, this is a wrong place for you." " Oh, thanks. We will see."

寓,有时去印度拍电影。我请他共进午餐。席间,他回忆起课堂里的冲突。他说,我当时那样回复他,他感到受到伤害。我赶忙为自己年轻气盛时的口不择言道歉,老师早已原谅了我,并坦言:"我看惯了穷艺术家,看你穿西装我觉得不舒服。后来听说你做了很多事情,我感到很震惊。这些年我在想,也在与学生讨论,为什么艺术家一定要贫穷?我还应该向你道歉,你毕业时给系里联系了商业拍摄,我拒绝了,我说我们是艺术学校,不做商业。我也要感谢你这些年为学校捐助了那么多录影带。"

捐3/4录影带对我而言完全是废物利用,不值一提。我大学毕业后开办的"明星影视"(Star Film & Video Productions Inc.)每个项目都是中规中矩地使用全新的录影带,项目中用过的带子扔掉太可惜,我们便将录制过几分钟的影像抹干净后捐给母校、不列颠哥伦比亚大学和西蒙菲莎大学的电影系。公司也为学生提供实习机会。我不赞同艺术应远离商业,希望能让艺术学校的师生对商业不再陌生;学生毕业后如果想以此谋生时,能学以致用。捐录影带是小事,能引发大卫思考商业与艺术的关系并转变认识,实在是意外收获。

大卫并非唯一看不惯我的老师。一年级时,教摄影的约翰老师很不喜欢我。一次在课堂讨论作业时我没有提出来创意,我说我会直接交作业,他警告我说:"你这个作业如果不能按时交,就让你不及格。"我当时并没有意识到,他可能是因为我有时在格瑞斯的画廊与客人的交流不能及时结束、导致上课迟到而不悦,或是由于我总是直接交作业、不怎么参加创意讨论而认为我不积极,却误以为他是歧视华人所以歧视我,便毫不示弱地回应道:"如果你想保住工作,最好说话前多想想。"从此约翰老师更不喜欢我了。与约翰老师关系不好是促使我大一结束后申请转到电影系的另一个原因。

没想到,我申请转系后,我们的关系发生了转机。大一暑假前毕业班照合影时选位置没有注意,校长的后面正好是根柱子,校长看了照片不大乐意,却也没有办法。校刊上按照惯例需印刷合影,这事儿由约翰老师负责,他感到为难。我看了照片后认为自己可以处理,便和约翰老师申请,由我来重新冲洗一张照片。摄影系各年级有不同的暗房,随着我的摄影技术被大家认可,校方默许我可以随意使用不同的暗房，我便到高年级的暗房中利用完善的设备及我多年的暗房手工洗照片的经验处理了画面，将柱子从照片中去除。校长自然很满意，老师也能交差。

过几天的毕业典礼上，约翰老师代表摄影系老师发言。他在全校大会上说："我今天想和大家说一件事情，我想说'对不起'。我知道这一年，我对鲍道平很不公平。他是非常好的学生，也很努力，我要向他说'对不起'。"说完对着台下鞠了一个躬。众人皆诧异，我也很吃惊。老师敢于在公众场合向我一个普通的学生道歉，扎扎实实给我上了一课，我对加拿大人的坦诚相待、没有架子、平等尊重也有了更深刻的认识。

其实，我也需要反省，作为成年人应该如何与他人良好沟通、尽量避免不必要的误会。大二时，在几个系的艺术史大课上，玛格丽特教授编印的讲义中所写的凡·高绘制《向日葵》的年月与我在字典中查到的不同，我在课堂上公开质疑。在没有互联网的年代，我认为字典是绝对的权威，既然讲义里印制的时间与字典所记录的不同，那么讲义肯定是错的。贸然质疑激怒了教授，她说："不论你用什么字典，必须以我的讲义所写的为准。"期末艺术史考试，有一道论述题就是讨论《向日葵》，不可避免地要回答绘画时间。在是非面前，我常常很执拗，错就是错、对就是对，泾渭分明。我在试卷上写了字典上的时间，结果呢，50分及格，老师给了我49.5分。

我可以申请补考，可是如果老师再出这道题，结果是否还一样？我去找卡德教授商量。卡德教授查了我的分数后告诉我，尽管西方艺术史期末考试不及格，可是我的艺术史均分算下来是B，毕业没有问题。既然能毕业，那我也没什么顾虑了。对不是特别必要的东西不去纠结、死磕，是我的一个性格特点。说我傻也好，想得开也好，对待许多事情，我都是抱着顺其自然、怎么都行的态度。

毕业十四五年后，我带女儿回学校看展览，遇到了玛格丽特教授。她还记得我，她说："你给我留下了深刻的印象。考试后，我以为你会来找我，让我改分数。如果你来了，我一定会给你改。但是你没有来。"我解释了可以拿B毕业，毕业证重要，分数不重要，因此没有去找她。她说讲义早已改了，是她当时印错了，向我致歉。我也道歉说，不应该当着那么多学生的面直接说。

卡德教授是我在学校里最崇拜的老师，他待人温和礼貌，思维活跃，积极参与社会活动，与那类视商业如猛虎、追求纯粹艺术的教授大不相同，也是学校里为数不多穿西装、开奔驰的老师。入读大学时，我买了二手的保时捷。奔驰和保时捷在学校都属于另类，很扎眼。共同的对待商业的开放心态、对着装及车辆的一样的倾向，让我们有许多共同话题，再加上面试时对我的不错的印象，卡德教授和我的关系融洽。

卡德教授是设计界的俊杰。1986年温哥华的世界博览会，卡德教授担任艺术指导。1987年10月英联邦首脑会在温哥华召开时，卡德教授承担会场设计工作。他为会议设计了一幅包括英联邦各国的地图，找来族裔不同的20多名学生利用环保材料制作。作为学校中为数不多的亚裔，我被选中参与。最终完成时，只剩下包括我在内的6名学生。通过这件事，我学习了西方会场设计、布置的思路，对我20年后做展览有很大帮助；而卡德教授对我有了更多的了解和认可。正巧，会议希望学校派专职摄影师去，于是他推荐由我担任。第二年，英国首相丘吉尔的女儿玛丽·索姆斯来温哥华举办纪念活动，卡德教授再次推荐我去应征，我有幸被选中。

在英联邦首脑会做布展和摄影时，可能由于我是工作人员中唯一的"黑头发"，遇到数次安保人员额外的"关照"。有一位还直接问我："你怎么在这里？谁放你进来的？"开幕式那天，一位亚裔记者特意采访我，问我作为少数族裔是否感觉受到了歧视。我说没觉得被歧视，听说女王要来，安保工作严格是应该的。大约是听出我英语不熟练，他问我是哪里来的，我说是从中国来艾米丽卡尔艺术与设计大学读书的留学生，他马上让我谈谈对中国的看法。讲心里话，尽管我下过乡、吃过苦，但是我并不认为中国有什么不好，说中国不好就像说我父母不好一样，因此我对记者讲的也都是夸奖中国的话——这在当时不多见。文章发表后被米叔看到，了解到我正巧是史蒂文的朋友，便让史蒂文圣诞节带我去参加他家举办的派对。

英联邦首脑会结束后，主办方向艾米丽卡尔艺术与设计大学发来了感谢信，也肯定了我的摄影工作，卡德教授很开心。跟着卡德教授做设计，能学习到不少东西。卡德教授有了项目时也喜欢喊我参加。从上学到现在，只要在温哥华，无论多忙，对卡德教授的召唤我从来都是有呼必应，一定去做义工。在我看来，他能想到让我去帮忙，是对我的创意和动手能力的肯定，对我来说是一种荣誉。他对我的引导，不仅限于在学校学的那些技能，还包括以后我在艺术实践领域中做的许多项目。我从商后开的数家公司，凡是与艺术、设计相关的，都是请卡德教授作艺术指导。与卡德教授几十年亦师亦友的关系持续到现在，可以说是历久弥新、历久弥坚。

『你是米尔顿的儿子吗？』

如果让我用一句话总结迄今为止自己的经历，我想到的是"我很幸运"。来到加拿大后，我得到过许多人的帮助、提携、支持，其中对我影响最大的莫过于米叔——黄光远先生。黄光远（Milton K. Wong, 1939—2011），金融家、商业家、社会活动家、慈善家。他开了加拿大私人公司管理资金的先河，是加拿大曾经管理过资金最多的人，也是加拿大捐款最多的公益捐款人之一。他的英文名字译作"米尔顿"，他喜欢被称呼为"米特"（Milt），而我称呼他"米叔"（Uncle Milt）。

米叔担任过两届西蒙菲莎大学（Stmon Fraser University，简称 SFU）的校董，在不列颠哥伦比亚省创建了不列颠哥伦比亚癌症基金会（BC Cancer Foundation）和温哥华科技馆（Science World）[①]，并先后为它们筹集资金数千万加元，将温哥华国际龙舟节发扬光大并担任联合主席，同时也是救世军（Salvation Army）、基督教青年会（YMCA）、加拿大红十字会、辅助新移民安家的中侨互助会（S.U.C.C.E.S.S）、环保

---

① 【编者注】不列颠哥伦比亚省（British Columbia）是加拿大西海岸省份，英文缩写为 B.C.，当地华人社区惯称"不列颠哥伦比亚省"。此处不列颠哥伦比亚癌症基金会为该省官方医疗机构，其中文名称沿用本地华人习惯译法。温哥华（Vancouver）是该省最大城市。

◎ 1998 年，与米叔（黄光远博士）在温哥华岛上的合影

组织大卫铃木基金会（David Suzuki Foundation）、温哥华综合医院（Vancouver General Hospital）、提倡多元文化的麦克唐纳 – 劳里尔研究所（Macdonald-Laurier Institute）、诺贝尔化学奖获得者迈克尔·史密斯（Michael Smith）等组织和个人的长期、主要资助人，他所联合发起的不列颠哥伦比亚大学商学院的 MBA 和投资管理计划对不列颠哥伦比亚省的投资界影响深远，他还是温哥华科技馆的发起人及主要赞助者之一，资助修建了西蒙菲莎大学菲与黄光远实验剧场（Fei and Milton Wong Experimental Theatre）等。

他的公益事迹写也写不完，也因此获得了数不清的表彰，如温哥华城市自由奖、加拿大勋章、不列颠哥伦比亚省勋章等。为了纪念他，2018 年温哥华市以他的名字命名了"黄光远广场"（Milton Wong Plaza）。米叔是第二代华裔移民，他的父亲于 1908 年付了 500 加元的"人头税"移民加拿大，1913 年在温哥华唐人街创办了"现代裁缝店"，逐渐发展为唐人街的著名店铺。裁缝店成立 100 周年时，被拍成了纪录片，温哥华历史博物馆里有专门的介绍。1939 年，米叔作为家里 9 个兄妹中的老八出生了，从此开启他颇具传奇色彩的一生，成为金融界领军人物、公益明星，是华人社区的领袖人物。

对我而言，他是我生命中的光，是虹，是灯，是最重要的人之一，是我的人生导师、带我入行商界的领路人、诚恳的朋友、坚实的生意搭档，是我不是家人的家人。在他的纪念文集《火花》（*Spark*）所收录的我的回忆文章中，我写道："没有他的作为合作伙伴、投资者、导师的支持，我的发展会不及今天的一半。"这绝非虚词。米叔走的这些年，我常常想起点滴往事，感觉他仿佛仍然在人间。遇到一些问题时，难免要想，米叔会怎么考虑、怎么说、怎么做？我在自己身上能看到他的影子，我的许多习惯、行为、想法与他如出一辙，但是我知道自己远不如米叔优秀。米叔是珠峰，是我的榜样，永难超越。

第一次见到米叔是 1987 年在他家的圣诞派对上。米叔的习惯是每年圣诞前夜晚上 8 到 12 点在家里的花园里开大型派对。院子里请宴会公司搭起大棚，摆上丰富的食物，配有专业的服务员。客人来自四面八方，有米叔自己的朋友，有朋友的朋友。来的都是客，米叔戴着圣诞帽笑眯眯地走来走去招呼大家。米叔问候到我时，说对报上采访我的那篇没有批评中国的文章印象深刻，当下就和我聊起中国，我也就说了不少。也许是出于对中国的好奇，或者是因为我是史蒂文的朋友，米叔邀请我随史蒂文参加元旦他们家族的聚会。就这样，我很快成了米叔家的"编外人员"。

那时他已经开始在奎德拉岛（Quadra Island）建设度假村了，每隔两三周，他和家人会去岛上过周末，也常带我同去。从相识到米叔暮年，几乎没有间断。我们一起开长途车，我帮他修缮房屋，为度假村拍照，和他开快艇出深海钓三文鱼、抓虾、去海边捡蚝，我第一次打网球也是米叔在度假村教的。驾车、劳作、休闲时，也是我们聊天的时候。从米叔那里，我了解到商业、运营、管理、金融、股票、基金、并购、上市等系列知识，一环扣一环。20多年的浸染，跟随米叔，我堪比上了一所顶级商科学院，而米叔是我的终身教授。米叔也带我完成了从私人小公司到股份大公司的快速越级，让我能大学毕业仅两年便在温哥华市中心的金融街区开展自己的事业。

我在大学期间下决心自己创业时，米叔说："你要想做生意，必须非常清楚你的视野和目标。如果你只想养家糊口，最好打份工，不至于那么累；如果你想当老板，你要有大志向，生意要往大做。但是你要做大生意，必须做好随时被人起诉的准备。"米叔的这些话，我在55岁接手纳斯达克上市企业普利尔展览公司（Premier Exhibitions Inc.）后，体会得更深了。在连续5年官司不断时，米叔的这几句话是我的定海神针。米叔自己也是经历过大风大浪过来的。

1963年，米叔从不列颠哥伦比亚大学毕业后，在银行做理财做得很顺利。渐渐地，家族成员、朋友们都让他来做理财投资。没想到遭遇20世纪70年代金融危机，损失惨重，一时间亲友反目。米叔说"那时每个人都恨我"，他面临被起诉、被辞退，由春风得意转眼到落败不堪。就在他几乎绝望时，他的老顾客、木材大王勒基先生（John Lecky）找到他说："没关系，我再给你500万加元，你离开银行自己单干吧。我看好你，赔了算我的，不会怨你的。"米叔开办了黄氏公司（Mark.Wong & Associates），专做现金资产投资管理，还成立了加拿大第一只私人基金——后来被评定为加拿大回报率最高的基金之一的莲花基金。

业绩好了，又被曾经服务过的银行起诉，理由是他带走了客人。勒基先生去法庭陈诉，力挺米叔，说"黄氏理财回报率高，我的钱我愿意让谁去管理是我的自由"，米叔才化险为夷。1999 年，我在经营投资公司时被诉讼，米叔用他当年这段惨痛的经历来鼓励我，说只要做人做事清白，总会守得云开见月明。

米叔对勒基先生的恩情记了一辈子，也将提携后进的传统延续下来，惠之于我和其他年轻人。认识不久，我便对他说起《黄河万里图》，他很关注。为了让他有直观的感受，我请家人拍照后寄来，我拿到冲洗店缩小后粘贴起来，拿给他看。3 厘米宽的照片长达 8 米，在他家的起居室里盘绕如长蛇，米叔边看边走动——他思考的时候喜欢不停地踱步。转了几圈之后，米叔说："我帮你联系展出。"后来虽然由于国际风波，米叔联系的展览没有成功，但是米叔对我的支持、帮助由此开始，从未停止。

大学时认识米叔之后的周末，不随米叔上岛便是去米叔家做客。我的任何一点小进步，如办雕塑展览前卖空了所有的展品、运营大学的校车、开办明星影视公司，米叔都看在眼里，夸奖我聪明。米叔的肯定成为我坚持"我行我素"商业道路的动力之一。米叔喜欢做饭，客人来家里，一定是他下厨，他做饭速度快、味道好。他做的苹果派尤其是一绝。我们也喜欢去唐人街吃中国餐。米叔说，自从与我去吃中国餐，他才知道中餐不是只有炒饭、炒面、虾饺这几样。作为土生土长的华裔移民，米叔对父亲的祖国充满向往，他一直想去中国，但又没有勇气。1991 年夏天，我组织了商考团，米叔的华夏游终于成行，米叔夸我是他了解中国的桥梁。我向来不说中国不好，因为我认为，人无完人，任何国家都有优缺点，何必总盯着缺点不放？与其指责，不如多做些实事去改变。这一点让米叔很欣赏。米叔是一位温和的人，我从未听他臧否他人。即使点出我的不足，或者帮我修正英文中的错误，米叔也总是笑眯眯的，声音柔和，像谈心一样，让我感觉很舒服。

正是米叔的人格魅力深深地吸引着我，让我能摒弃其他方面的诱惑，专心跟随米叔。在大学毕业前，米叔将同在一个协会担任理事的梁先生引荐与我相识。梁先生拥有高科技玩具公司、电玩游戏设备公司及房地产公司。梁先生想进军中国的房地产市场，希望我能帮他破冰。通过亲友，我帮他联系了河南和广东的相关人士。1991年年底，他提出来让我跟着他做事儿，他完全投资，我除了高薪还有10%的干股可以分利润。尽管条件不错，但我对他这种"撬行"的做法看不惯。他明知我是跟着米叔在发展，又是米叔介绍我帮他的，怎么还能让我跟着他做事情？我向米叔讲了梁先生的邀请，米叔倒是很大度，他说："选择权在你，你跟着谁做都好，坚持下去就行。"我当然不会选择梁先生，否则就不来解释了。了解这段故事的亲友看着中国房地产市场一直火爆，有时难免替我惋惜。我毫不后悔。选择生意行当是大事，选择跟随的导师更重要。

米叔喜欢艺术，他的姐姐安娜（Anna Wong）是有名的版画家。我去米叔的公司时，看到偌大的公司墙壁上都是空的，便建议他将安娜的作品挂出来。年尾米叔款待客户时，还可以顺便在公司里办一场画展。办画展要做目录，那就要拍照。既然有了作品的照片，不妨用在米叔公司宣传册的设计中。米叔赞扬这些都是好点子，其实是因为我做画廊，这些本属于日常业务范围。米叔赞助了很多艺术家，也收藏了不少各类作品，从那以后，凡是米叔所在的办公场所，都有艺术馆的特色。举办年度画展和制作有着浓郁艺术气息的公司宣传材料也成了米叔的商业传统之一。过了两年，米叔在西蒙菲莎大学任教的女儿萨拉（Sara Wong）买了房子，要布置新居时，米叔派我去协助，专门负责安排墙上悬挂的艺术品。

黄氏公司自1981年成立后，业绩斐然。他的主要客户之一是汇丰银行。到了1996年年初，他所管理的汇丰银行的资产已经超过了汇丰银行的风险评估。当汇丰银行向他提出来收购或撤资时，米叔讲给我听，那时我们在一起做中财国际（China Capital lnl.）[①]。我认为，根本没有选择，只能是被收购。汇丰来接手时，很严格地将办公家具等都统计在资产中。我提醒米叔，艺术品不能算。这些米叔疏于考虑的细节小事，经常是由我来提醒。也因此，米叔做很多事情都喜欢

---

① 这是我于1993年在加拿大温哥华注册成立的股份有限公司，主要是为投资中国项目而成立。后于1996年停止运营。该公司与当前世界上其他任何国家及中国境内的同名企业无任何关联。

让我做参谋。米叔去买下"现代裁缝店"所在的大楼时，就由我陪着去。这座原属于洪门的大楼是当年孙中山来温哥华筹集革命捐款时演讲的地方。我至今记得，坐在中餐馆吃饭，冬日的阳光懒懒地照进来，米叔侃侃而谈，给我讲大楼和唐人街的历史，像叔侄两代人在说家族故事。听着米叔的故事，从餐厅窗户望出去，唐人街看起来也有些不同，也许是因为有了文化的关联便有了根的感觉。

从1993年合作创办中财国际之后，只要我在办公室，米叔中午没有会议时，我们总会相约一起吃午饭。时间长了，常有人问我："你是米尔顿的儿子吗？"我深知误会背后的分量，做事时非常小心，尽量避免给米叔带来麻烦。米叔操作基金时，为了防止让人以为我能获得米叔的内部消息，我干脆不炒股。少赚了钱，但也加深了米叔和我之间的信赖。米叔说："道平，你是我一生中最信任的人之一。"他有什么棘手的事情也会找我商量。比如，在20世纪90年代初，米叔的一位助理很美丽，他的太太听信谣言，误以为他们之间有问题，要求解雇助理。米叔不忍心冤枉助理。我每天在米叔身边，当然知道是谣言，但是越抗衡越容易让家庭分裂。人生很难总是公允，坚持不解雇助理，对家庭和助理都没有好处，与其两败俱伤，不如快速了结，助理也能尽早摆脱干扰。米叔听从了我的建议，解雇助理时支付了高额的补偿金。我也从这件事中获得了经验，以后几十年的工作中尽量小心，不过也仍有被误解的时候，被捕风捉影地炮制出花边新闻时，我就更理解米叔曾经的无奈。

米叔做公益很有一套方法。他的声誉良好，大家都很尊重信任他。米叔从不去"化缘"，但只要他说出"我想让你参与"，对方往往乐意加入。因此，凡是米叔发起的慈善活动，效果都很不错。1986年世界博览会结束后，许多场馆建筑拆除了，而作为加拿大馆的建筑被保留，打算做成科技馆。涉及巨额的修建、运营资金，米叔挑起了重担。他们做了预算，再按照预算需要倒推出需要多少本金做投资才能赚到满足预算的利润，由此发起筹集基金。经过一段时间的筹备，完成了本金超过8000万加元的基金组建，令温哥华科技馆能够开张。这就是米叔所说的："用自己的信誉做事情，比自己的钱做事情更重要。"前提是，一定要珍视、保护自己的信誉。这也是我从小受到的教育，在米叔的熏陶下，这一观念没有被商海中滔滔的物质利益所颠覆，令我有了安宁的生活。

别看米叔捐款都是大手笔，可是他个人生活相当节俭。有一次在岛上度假屋，我看到洗衣机里的袜子破了，随手要扔，被米叔制止了，他还开玩笑说："你不要忘记，我家是开裁缝店的。"米叔从来不买德国车，不像我，大学毕业后非奔驰不开。有个夏天我们去度假屋，米叔开的年代悠久的丰田皮卡半路抛锚了。我对米叔大加赞美奔驰的舒适，建议米叔换辆车，米叔说："德国车太费油了。"米叔生活很环保，他家里的车都是日本车。电动车推出后，米叔是温哥华最早换电动车的人之一。他也不买大牌衣服，衣服大多数是哥哥们做的。我也去现代裁缝店做西装，可是感觉手工做的不如大牌工厂做的有型。米叔不这么看，他认为，"型"不是一个大问题。普通的衣着，随和的态度，从外表看，米叔距离"亿万富翁"有银河系的距离。然而，他内在的价值无与伦比，他生活节约、克己、热心社会服务，完美地彰显了华夏文化和加拿大文化的精髓。

舍得做公益，米叔却很少施舍钱财给乞丐，他鼓励让乞丐们做工赚钱。在唐人街办事需要帮手时，米叔经常会在附近找一些无家可归者有偿帮忙。汇通支付的业务结束后，一些杂物要搬到他唐人街大楼的库房中。我开车过去装货时，米叔就去找了10个流浪汉帮忙，讲好了搬完东西每人给10块加元。不到半小时，我的商务车装满了，要结账，米叔发现他没带现金。我拿出来口袋中的现金分给他们。过了一会儿，领了钱的人去我们吃饭的中餐厅找我们说，给的钱不是加元，他们拿到银行去换，只换来一块多加元。我才意识到给的是人民币，赶忙道歉解释。幸好我常去的理发店在不远处，立刻去找理发店老板借了钱。他们拿到钱后纷纷要把一块多换来的加元还给我，我当然没有要。这个意外也让我对温哥华的无家可归者有了更深的了解。受米叔影响，我也不给乞丐施舍，但是如果遇到流浪汉通过"工作"讨钱，比如马路上给汽车擦玻璃，我是一定会给钱的。

在我的印象中，凡是外出就餐时有米叔在，都是米叔结账，他从来不会让其他人结账。一直到2011年，米叔查出来肾癌晚期。他推掉了全部工作。我们吃午饭时，我说："从现在开始，让我埋单吧。其实也是你埋单，因为用的是公司的钱，公司里有你的股份。"米叔笑着打趣我，"你最好这么做"。从中财国际开始，我与米叔合作密切，我们之间的情谊超过了合作本身。因此，在米叔的最后一段时间里，当他提出来缺钱，想把早年买的一块地低价给我时，我说："我不能这么做。"那块地拿出去卖了一个比较好的市场价，米叔缺的钱我也大致凑足了。米叔过世后，与米叔的家人结算分账时，发现米叔的会计吉米做账时别有用心，将一些私人之间的往来记录在合作账目中，甚至连春节时米叔给孩子们的红包钱都记录在案，算我的欠款，我的律师韩信（James Henshall）说"不公平"，我说："不要争，就按照账目结算吧。"米叔已经走了，我希望他安息。如果金钱能将米叔从死神手中夺回，倾家荡产我也在所不惜。

米叔对我说："我周围认识很多人，你非常特别，你在我人生中占据非常重要的位置。"在最后几个月里，他常念叨："以前，我的朋友成千上万，我现在没有朋友了，你是我唯一真正的朋友。"身体不好之后，他处理手上的投资、业务时，都是我陪他去。在一家他已经投资超过2000万加元的医疗企业开董事会时，米叔说："这100万加元是我最后的资助了，怎么花，要听道平的。"当时我只感觉到英雄暮年的苍凉。从2008年北美的金融危机后，米叔的投资收益大幅缩水，他压力很大。一些之前称兄道弟的人远去了，一些想从他身上攫取利益的人离开了，米叔深谙世态炎凉，但他仍然笑眯眯地做着该做的事情，不惊不慌，不怨不恨，尽显气概。

我最不愿意回想的是米叔的生病。2011年3月，中午我去找米叔吃午饭时，出了汇丰银行总部大楼的办公室，米叔去走廊上的洗手间。我注意到那段时间，米叔去洗手间比较频繁。他出来后对我说："我刚才小便中全是血。"我一听就知道大事不好，马上说："我们不去吃饭了，现在我陪你去医院。"米叔说下午还有个会议要开，我说："不开会了，先去医院。"我告诉米叔的秘书，米叔要去医院，会议缺席。在医院里检查了一个下午。过了几天，诊断结果出来，是肾癌晚期。听到结果时，米叔低头良久，抬起眼悠悠地对我说："道平，以后要靠你自己了。"他伸出双臂紧紧地拥抱我，说"我爱你"。从那天起，米叔开始做减法，处理手头的事务，身体日渐衰弱。但即使知道来日无多，米叔仍不改本色。肾癌导致米叔腰部不舒服，我找到一种高档按摩椅，说买给米叔，米叔嫌贵，不让我买。又过了一段日子，他说："你说的那把椅子，要不你就买吧，我腰痛得没法躺下去。"黑色的按摩椅为他缓解了些许病痛，米叔几乎日夜都不离开。

米叔很坚强。几乎凡是有可能的药物，米叔都试过。他不只是为了治病，也是为了测试药物。有一种德国的注射药物，据说以毒攻毒，药性非常强悍，很可能一针下去就起不来了，但也可能效果不错。米叔听说后，非常执着地要试。我劝他慎重，别冒险，他坚定地说："药物总要人测试，我是癌症协会的会长，我已经这样了，都不敢试，还要谁来试？"我很佩服他能那么开心地去测试各种新药，在这种时候，想的还是别人。米叔是英雄！化疗、放疗米叔也都做了，每周检查、治疗我开车带他去，那一年我几乎取消了所有的出差。治疗很消耗体力，米叔对我说："医生说我的癌细胞已经扩散。我也不知道自己还能坚持多久。"我鼓励他说："咱们的事儿还有很多没有处理完，你要给我时间。"米叔问："还要多久？"我说："最短也要到年底。"

那年12月份，我和米叔商量举办圣诞派对。米叔说，他身体已经这样差了，没有精力再搭大棚、办那么隆重的活动了。我说："大棚有没有不重要，关键是亲友们能来聚聚。"确诊时，医生说可能3个月就结束生命，最多能延长到6个月，而米叔已经坚持了9个月。最后时刻已在眼前。米叔想了想，同意了。我帮米叔发出去邀请，电邮的标题上写着"最后一次圣诞派对"。2011年12月24日晚上，宾客云集，大家知道是来送别的。没有大棚，天气寒冷，一位中年男士带来吉他，只要有人领唱，人们就跟着唱了起来。从8点到12点，亲友们拿着点燃的蜡烛，对着米叔的窗户唱着圣诞歌曲，一支接一支。歌声软软的、暖暖的，又带有几分肃穆。米叔穿着棉衣，头上仍戴着红色的圣诞帽，坐在那把按摩椅上，隔着玻璃向花园里的人们挥手，脸上还是他那标志性的浅浅又亲切的微笑。12点之后，窗帘缓缓拉上。我看着紧闭着窗帘的窗户，久久不愿离去。我明白，米叔的大幕也即将落下。

在他生命的最后时光，米叔说："道平，谢谢你，跟你在一起是我最开心的时候。"

米叔，谢谢你。

1988 年 5 月，丘吉尔的女儿索姆斯女士（Lady Mary Soames）前来温哥华主持加拿大的丘吉尔协会的活动。我经由卡德教授推荐后通过筛选，被协会聘请为活动的专职摄影师。

那次活动的场面与众不同。抵达餐厅时，嘉宾云集，几乎是清一色的西人。尽管来宾以老者居多，但每一位的服装配饰都一丝不苟。女士们珠光宝气，男士们大多穿着胸前挂满奖章的威严的军装。在酒店水晶吊灯的映衬下，场面辉煌，流光溢彩。人声鼎沸间，大厅的门忽然向两边打开，场面瞬时安静下来，聚集的人群自动向两边分去，让出一条通道。穿着燕尾服的协会主席布雷克（Lord Blake）手持权杖缓缓步入会场，在他的引导下，索姆斯女士款款而来。索姆斯女士身材魁梧，银灰色短发，英姿飒爽，着一袭宝蓝色晚礼服，佩戴饱满、圆润的珍珠项链和耳坠，凸显华贵。作为将门虎子，索姆斯女士面含浅笑，气势威严。

这个阵势还是头一次见。很快，我从强大气场的裹挟中挣脱出来投入工作中，噼噼啪啪地摁着快门，找各种角度拍照。拍了一阵索姆斯女士及各位嘉宾后，我开始拍各餐桌的合影。拍餐桌或者分组合影也是我的一个工作习惯——拍小群体的合影便于记录到会人

◎1988年，与英国前首相丘吉尔的女儿玛丽·索姆斯合影

士，也便于到会人士保留作纪念。拍了几桌后，遇到了麻烦。一位老者见我要拍他们那桌的合影，傲慢地问我："你是谁？为什么要拍我？"我连忙解释自己是官方请来的摄影师，并出示脖子上挂着的工作证。但他不为所动，依然傲慢地拒绝入镜，并示意身边的妻子也把头转过去。一桌上两个人不入镜，合影显然无法拍摄，我只得顺移到下一桌。

过了一会儿，索姆斯女士在官员的陪同下挨桌来敬酒碰杯。这样宝贵的机会自然不能错过，我忙跟着又拍了一轮各桌人士与她的合影。拍到刚才找麻烦那桌，我对那位老者说："请你离席，我才能拍摄。"索姆斯女士及陪同官员不明就里，面面相觑，我也没有解释，只是坚持请那位拒绝被我拍照的老者离开。同桌的人明白原委，有人对他说："请你最好先离开一下。"老者只得扶着桌子颤巍巍地站起身，慢慢走到一旁。虽然中华文化的传统是敬老爱老，看着老者艰难挪动，我也有些于心不忍，但是我认为尊重是互相的，对原则问题不应该去妥协。老者的傲慢无礼，我当时的感觉是在针对我的华人身份。既然老者不愿意被我拍入合影，那么无论什么情况下都不要被我拍入。我在坚持不让他入镜时，代表的并不是我鲍道平个人，而是代表着所有的华人。

小插曲波澜不惊地过去了，觥筹交错继续着。酒会结束前，索姆斯女士走过来问我："年轻人，你介意和我父亲丘吉尔及我一起合影吗？"作为摄影师，我们的职业操守是不能出镜、不能主动与被拍摄者合影，满场转却要像不存在一样，不能影响到活动。但是既然索姆斯女士邀请，我当然没有理由拒绝。于是请我的助理帮我们拍照。拍照时，在场的加拿大不列颠哥伦比亚省省长扎尔姆先生（Bill Vander Zalm）说，既然活动在本省，他作为省长应该出现在合影中。于是丘吉尔像居中，我与索姆斯女士和省长夫妇分站两边。合影结束，索姆斯女士与我闲聊了几句，邀请我去英国做客。有趣的是，当合影被正式刊发时，省长夫妇的那一部分被裁剪下去了。因此我保存的照片中有两个版本。在我为活动拍摄前就得到过提醒，索姆斯女士不喜欢"被合影"，凡是拍她与人的合影时，都要在她知情、愿意的情况下。看来这个提醒很有道理。

活动结束后，我收到了协会寄来的感谢信、拍摄证书和推荐信，与索姆斯女士的合影被放大后悬挂在艾米丽卡尔艺术与设计大学的门厅里。有这些强有力的背书，我的摄影一时小有名气，请我拍摄的邀约纷至沓来。

另一场印象深刻的大型活动是 1990 年为伦敦药房（London Drugs）的总裁——76 岁的雷钰棠（Tong Louie）拍摄他在星海酒店（Bayshore Hotel）举办的 50 年金婚纪念晚宴。雷氏与米叔家的黄氏和李氏被称为温哥华老侨三大家族。雷老先生与米叔皆为早期广东移民，两家为世交。米叔伉俪作为主宾前往，我很荣幸地以嘉宾摄影师的身份同行。米叔请我去，原因之一是看重我独特的摄影风格——我喜欢捕捉人物瞬间的神态、表情，我认为那样拍摄出来的人物才有动感、有灵魂。在采用胶卷拍摄的年代，由于胶卷及冲洗成本等原因，摄影师们通常是摆拍，而不会使用有风险的抓拍。即使在数码时代，抓拍的难度与成功率依然是对摄影师反应速度、构图能力的考验。也是基于此，米叔希望我能为他老友家的庆典呈现出别致的摄影作品。

雷老先生的晚宴是子女为他们筹办的"惊喜晚宴"，事先他们并不知情。当雷老与太太推开酒店宴会厅大门，热烈的掌声像暴风雨一般席卷全场，宏伟的大厅里高朋满座、近千张笑脸望向他们，横幅和鲜花气球烘托出喜庆的气氛，夫妻俩顷刻间热泪盈眶。我在惊艳的同时，抓拍了他们喜极而泣的瞬间。随后，音乐响起，他们的公子为父母献上钢琴曲，乐队在一旁伴歌。我想，多么幸福的家庭啊！以后我也要让我的小孩学习弹琴。[①] 雷氏、黄氏等华侨的成就令我看到华人成功的可能。即使从修筑铁路的劳工做起，只要勤奋努力，一样能取得显赫的成就，成为举足轻重的人物。关键是要敢于走出华人社区，不要故步自封，要敢于在加拿大广袤的大地上驰骋。我坚信，英文是可以学好的，像我来了几年，从"你叫什么名字"学起，如今不是也能跻身于此，用英文与人侃侃而谈吗？

这场活动开阔了我的眼界。如果说丘吉尔纪念活动让我见识到加拿大主流社会的"上层"，那么这次晚宴让我知道作为华人我也可以有更大的上升空间。

---

① 我的四个女儿都会弹钢琴，长女凯丽拥有不列颠哥伦比亚大学（UBC）钢琴表演系的学士学位。

这才是我想过的人生啊！许多感慨、理想、抱负皆在那个晚上产生，人生有了清晰的目标，明白了奋斗的意义。

我的座位是在主桌旁的副主桌，但我心情激动，根本无暇吃东西，全部的注意力均放在拍摄上。一个晚上，我拍了200多张照片。我为拍摄活动请了临时助理。我在会场拍摄时，助理将拍完的胶卷送去冲洗后布置在宴会厅外的大堂里。照片拍得多，贴照片的展板沿墙摆开，很壮观。照片上有编号，每张展板上贴着表格，想买照片的客人们可以在表格上的照片编号下面写上数量、联系电话。活动结束后，我们再联系客人，将他们订购的照片冲洗、寄送。照片受到客人们的热烈欢迎，我的"道平艺术画廊"的名片也几乎被客人们取光。

那次活动为我带来可观的收入和大量新客户，也为我与伦敦药房建立合作奠定了基础。日后，我在伦敦药房买胶卷可以先签单拿走整盒，再根据实际使用定期结算。在那里冲洗照片也是VIP，不用排队。拍摄业务扩大后，有时一天要安排三四场，分身乏术，我招聘了四五个摄影师。我很在意对摄影师的面试和培训，否则他们做不好砸了我辛苦培育出的招牌就麻烦了。道平艺术画廊的摄影业务延续下去，便成了我的"明星影视"中的摄影部。

若干年后，我将保留做样本的为雷氏夫妇拍摄的全套照片送给了他的家人。那时雷老先生已经过世，家人说，这些照片是老人拍过的最生动的一套照片，情真意切。[①]

---

① "非常感人，十分真实。（ Very emotional, so real. ）"他的女儿安茱亚（ Anndraya ）说。

8 艺术展览开幕前夜，我卖光了所有的展品

1989 年秋天，我在偶然间创造了一个温哥华艺术界空前绝后的奇迹——在艺术展览开幕前，将所有的展品售罄。我第一次独立策展，能取得如此不菲的成绩，有运气的成分，也与扎实的准备有关。

在格瑞斯画廊兼职做销售两年多，见识了大量艺术佳品，学习了不少西方艺术知识，也深刻地了解到画廊、展览运营的方法、技巧。1988 年，画廊商量下一年的展览计划时，我获得了实践自己的策展思路的机会。

那时格瑞斯年届七十，对画廊的业务拓展没有太强的动力，她的儿子杰弗瑞醉心于珠宝设计，也没有意愿继承画廊。因此，展览的策划趋于保守，格瑞斯更愿意稳妥些，做有名气的艺术家。在格瑞斯的候选艺术家名单中，我选中了彼时寂寂无闻的原住民雕刻艺术家邓普西（Dempsey Bob）。邓普西从 20 岁开始雕刻，精雕细琢，到办展览时，20 年间仅有成品数十件。我认为，这样的艺术家有前途，而且他的作品精美绝伦、独具匠心。与崭露头角的新人合作的好处，是其容易合作、艺术品升值空间大，但是新人的风险也高，可能卖不出作品，那样画廊做展览便会血本无归。

办艺术作品展览的一项大的花费是为展品拍照、印刷高质量的展品目录。主办方印刷目录的精良程度，亦是对艺术家肯定的程度。越是成就高的艺术家，主办方越舍得花钱印制目录。对初出茅庐的艺术家，有时候展馆只做张宣传单而已。一份用心制作的目录，是新星艺术家良好的起步，也是对艺术家成绩的有力的背书。邓普西展品选了32件，印制100册目录的费用需要2.5万加元。比照当时的房价可知[1]，2.5万加元不是小数目。如此巨额资金投在邓普西身上会不会颗粒无收？杰弗瑞尤其反对，他说："如果搞砸了，公司就破产了。"于是，我提出独立策展、投资与风险全担、利润与画廊平分的方案，并达成协议。

如何能找到2.5万加元呢？我想到了史蒂文。他特别热爱艺术，单身一人，收入不低，已经在温哥华富人区买了独立屋。我说服他，将独立屋抵押到银行，以年息2.5%贷款2.5万加元做投资，我付他年息12%的回报利息，并且将展品中一个市值约4万加元的黄金面具作为给他的全额抵押。我想，最差是我们一件展品都没有售出，那么按照协议，艺术家会提供几件展品作为补偿——几件展品总是可以卖出2.5万加元的。而最差的情况下，我们所赔的是自己的人工和画廊请的两位工作人员的薪水，这样的损失我还是能够承担的；邓普西赔的是几件展品，但是所换来的是第一次在专业艺术馆展出的能够扬名的机会。邓普西很大气，听了我的提议后爽快地答应了。每次投资前，我都会测算投资底线。尽管在他人眼中，我做生意喜欢冒险，可是我一直在坚守底线：无论多么诱人的利润，投资都不能超过我所能承受的极限。在商业的路上想长久走下去，有控制风险的意识非常重要。

出于对我的信任及有高价值实物的抵押，史蒂文毫不犹豫地接受了提议。一切进展顺利，等高档的目录寄给画廊的资深客户后，问题出现了——竟然无人问津。按照惯例，目录寄给老客户后，总有人会来询问、关注、预订，像这样石沉大海的事情格瑞斯还从未遇到过。分析原因，格瑞斯认为我将展品的价格定得太高。不同于常规的为了打开市场而低价倾销的思路，我认为，好的艺

---

[1]　1990年温哥华地区的房价大约是温哥华东区一室一厅的公寓全价4.5万加元，温哥华西区的独立屋全价28万加元，温哥华北区两室一厅的公寓全价6.5万加元。

术品应该卖好的价格，这是我从名画家史国良那里学来的经验。1989年史国良移居温哥华，当时一些名家如范曾在温哥华卖画是每张定价150加元，而史国良的画作在温哥华的售价是1000加元/张。卖一张是一张，画家"不掉价"。邓普西20年才做成几十样作品，件件精美绝伦，值得好的价格。

第一次做展览开局不利，始料未及，也只能尽人事听天命，等待奇迹了。没想到，奇迹竟然真的发生了，而且是在开幕前夜。

展览在周五傍晚开幕。周四晚上，我带领的团队在布置场地。晚上8点多，雨很大，无意间，我抬头看到展馆临街的窗户外，有一个人在狭窄的屋檐下躲雨。我开门招呼他进来避雨。他进屋后，我赶忙给他倒了一杯热咖啡以驱寒。他看我们在忙碌，就饶有兴趣地看起展品来。我递给他目录，并为他讲解。天性使然，说起来艺术品我就停不下来，一气儿带他看完了当时场地里已经摆好的每一件作品。他问，还有吗？我说"有"，带他去场地后面的防火储藏室里看尚未搬出来的展品。他从美国来，到温哥华后，发现加拿大的原住民艺术发展得很不错，很有兴趣多了解。我向他详细地介绍了邓普西，尤其对邓普西慢工出细活的创作做了评论——做得好、产出少，他的作品的升值空间巨大。他又问，还有吗？我说"有"，又带他去另一处储藏室看了剩下的几样展品。他兴奋地问道："要卖多少钱？"我说"哪一件"，他说"全部"。一听"全部"，我马上请来一旁忙碌的格瑞斯洽谈。

生意当晚成交，连夜签订合同，他留下一张大额支票，又请我带他去银行自动提款机刷了身上所有的银行卡，取出一些现金。签合同时才知道，他是亿万富翁，喜欢收藏。据说这些展品买回去后全部捐给了博物馆。

这份"战绩"对我而言是喜出望外，对格瑞斯来说是一份惊喜。她说："你做了良好的展示，那份目录也起到了极大作用。"史蒂文事后告诉我，那个晚上我给美国客户足足介绍了90分钟。这位美国客户也说他之所以能下决心购买，除了看中邓普西在作品中的用心，被优质的目录打动，更因为"我信任你，和你交谈我感觉很安全和舒服"。基于对邓普西作品的信心，我学习了加拿大连锁珠宝店伯尔克斯（BIRKS）的销售策略，向客人承诺说："我可以在合同上写明，20 年后你不想要，只要未损坏，我原价给你退货。"

他们的肯定转化为我的两条商业信条。自己经营公司后，我无数地对公司的销售人员说："卖什么产品不重要，重要的是推销你自己。当客户信任了你，就信任了你推销的产品。"另外，就是要做好先期包装。不舍得做先期包装，是不信任自己的产品。自己都不信任的东西，怎么能向他人销售？做好包装也是对客户的尊重，表明销售人员的郑重的态度，与着装得当是对他人的尊重一个道理。

次日开幕式非常风光。我们开了香槟，所有的展品都贴出"已售"的红条，会场里喜气洋洋。来宾们从来没见过未展售罄的事情，都以为我有什么独门绝技，纷纷来与我合影、交换名片，许多艺术家希望能和我们合作。画廊请的秘书忙坏了，打电话、发传真，通知收到目录的藏家们展品售罄的消息。货款到账后，我付了史蒂文本金的 15% 作为回报，远超出我们之前签订的年息 12% 的承诺。从此以后，史蒂文与我多次合作，在我需要资金的时候慷慨借贷。

我从这场奇迹所获得的收益在于信心。投资要信念坚定，要相信自己的眼光，敢于做大项目。这份信心不只是针对艺术，而是贯穿着我的人生。我对自己的眼光、与主流社会打交道的勇气也有了更大的信心。从此以后，我和谁说话都挺直腰杆、毫不胆怯。这次的成绩不是我运气好，而是我动了脑筋、运用了技巧——我将画廊、邓普西、投资人史蒂文结合起来，找到了适合各方的风险最低的合作方法；不吝投入地做足了准备工作；待人诚恳；等等。这才得以得到美国客户的重视。美国客户无疑是抄底了。到 2020 年年底，包括我们为邓普西举办的这一首次个展，他一共做了四次个展，而他的作品被温哥华机场、加拿大、日本、德国等重量级博物馆收藏。

二十九年后，我和太太去维多利亚博物馆看古埃及展览时，看到博物馆墙上挂着的一个日历上印着邓普西的作品。随手翻开，里面所有的图片都是我们那次展览的目录中的图片，自豪感油然而生，那种内心的富足感无与伦比。

在格瑞斯的画廊里做兼职时，我还帮杰弗瑞卖珠宝。杰弗瑞的珠宝定制工作室就在他妈妈的画廊楼上，主要为画廊那些收藏家客户提供服务。他设计了很多款式的首饰，拍摄了实物图片，让客户按照图片选择式样，他再去制作。我观察他的销售后，发现了他的一个误区——他为客户提供的是定制服务，却未能在推销时说清楚，于是主动请缨帮他向客户推销。

我的推销中，首先凸显"个性化定制"，告诉客户，可以按照他们的需求、愿望来设计、制作。客户提出了一些想法，杰弗瑞综合客户的想法、相貌特征、喜好等现场绘制出设计草图，客户认可后按此制作。客观地说，杰弗瑞现场画的设计草图基本上都是他之前设计好的款式，有时做些微调，但是销售中措辞表达不同，客户的购买感受便有了天壤之别。店里来的客户通常是要送首饰给妻子，在我的销售过程中，多次见到因为丈夫特意为自己定制个性化首饰而欣喜若狂的妻子。看着他们幸福的笑容、彼此深情的对望，我也跟着高兴。开心的客户喜欢给大额小费，我收的小费最多一次是用信封装的厚厚一沓，足足有2000加元。而杰弗瑞的收入也大幅度增加，不仅能在售价中加入个性化定制的费用，客户也多了不少。

卖东西要卖得客户心里开心，这是销售人员的能力，也是销售的最高境界。通过那几年卖首饰，我体悟到销售的核心内容，即如何销售到客户的内心。我性格外向开朗，喜欢热闹，与人打交道是我的爱好，和人沟通时愿意琢磨对方的心理活动，这些皆是一名成功的销售人员的基本素养，因此我擅长做销售并以此为荣。当有人讽刺我是"二手汽车销售商"①时，我不以为然，反而看作是对我销售能力的肯定，我会回敬对方："二手汽车销售商有什么问题？吉姆·帕蒂森（Jim Pattison）②就是卖二手车起家的。谢谢你对我的夸奖。"

---

① "你是二手汽车销售商"这句英文在北美是对人的嘲讽，相当于中文说人"能把死人说成活的"。

② 吉姆·帕蒂森是加拿大商界巨头、投资家、慈善家，涉足汽车销售、地产、零售业等多个行业，被认为是加拿大最富有的五人之一。

1988 年夏天，在格瑞斯的画廊里，我认识了张玉①。还记得第一次见到她的时候，那是一个炎热的夏天，她身着一条淡粉色曳地长裙，手握着画卷，步入画廊。远远望着她，陌生而又熟悉。高高的个子，瘦瘦的身材，一双迷人的大眼睛是那样美丽，美得就像是一首抒情诗。她周身洋溢着青春的活力与艺术家的气质。看到我是华人面孔，她直接开口说中文："我是从中国来的画家，你们这里能寄售画作吗？"说着递上手里拿着的画卷让我看。她画的是工笔仕女图，画得很不错。她说自己 3 年前毕业于中央美院，在国内高校任教，自费来到温哥华留学，现在定居于距温哥华 10 个小时车程的内陆城市垂弯（Trail）。这次是来温哥华考察中国画的销售市场，同时寻找合适的画廊举办个人画展。

画廊与画家是一种共生关系，画廊需要画作销售，同时又是画家的港湾，支持其创作。② 因此，画廊选画

---

① 此部分的张玉、孙林为化名，可见序末编者注。

② 一般来说，画家的画作在画廊寄售，售出后画廊提成若干；寄售期结束没有售出，则以双方事先约定的一定数量的作品冲抵寄售费用。对于有前途的画家，画廊也会帮忙找赞助者。赞助者多为经济实力雄厚的商人，他们的赞助是出于对艺术的喜好、对艺术家的赏识。相对于他们的经济实力而言，赞助的费用可谓九牛一毛，并可以冲抵公司运营成本或者抵税。因此，赞助者并非一定要寻求经济回报。

家比较谨慎，希望所选画家不仅作品品质高，也要有创作潜力与创作热情，专心于创作。张玉无疑符合这些特点，又同为中国人，我当即确认了与她合作的意向。几个月后，她又集中画了一批新作品，正式入驻格瑞斯画廊，由我负责管理、宣传、推广。她的作品丰富而深厚，精致而神妙，再加上我的精心装裱、配镜框，很受西方主流市场的欢迎。

合作没多久，张玉对我说，她为了在加拿大办理永久居民，选择了与比她大32岁的加拿大人办理假结婚，拿到身份后就离婚，他们是名义上的夫妻。但是，最近，加拿大丈夫频繁催促她要同居，理由是移民局已经开始注意他，给他打过几次电话，询问一些夫妻生活的过程和细节。那位加拿大丈夫说，这些细节靠编造往往会穿帮，因为移民局会分别盘问夫妻两人，很难编得滴水不漏、口径统一。两个人约好周末见面具体商量。张玉说她英文不行，想让我陪她去，并且为了避免那位丈夫有过多要求，她希望我假扮她的男朋友。我毫不犹豫地应允了，陪同她前往大温哥华地区的匹特草原市（Pitt Meadows）见那位丈夫。那位丈夫60岁开外，从年龄上确实容易让移民局怀疑。见面后，我这位"男友"负责翻译沟通。

随着寄售等活动，张玉在大温哥华地区认识了一些朋友。往返于垂弯与大温哥华地区也比较麻烦，她搬到了跟她学画的不列颠哥伦比亚大学女生克丽丝家中。克丽丝独居一所大房子，正好需要一位女性做伴，张玉则以免费教画作为回报。

凭借米叔的关系，我逐渐认识了一些喜欢赞助艺术家的商人。1989年下半年，终于为张玉找到了她的赞助人艾瑞克（Eric Sarvas）。艾瑞克是一家大型股票公司的经理，热爱中国文化。之前，他曾赞助一位中国厨师在大温哥华地区的西式高档餐厅中推广中国烹饪技术。他是米叔的好友，出于对米叔的信任，对我的工作也很支持，他提供的赞助较为优厚：赞助一年，为张玉租房并每个月支付张玉2000加元，为她举办一场画展，以鼓励张玉全心全意投入绘画中，不必为生活忧虑。当时一个月2000加元已属于"中高收入"，一位崭露头角的新手能获得这样的支持，着实不易。

张玉完成移民后与加拿大丈夫办了离婚手续。张玉比我大两岁，人也热情、直率。与张玉的关系日益亲密起来，我们渐渐地以男女朋友关系相处。她提出来退掉艾瑞克赞助的房子，和我租房同居。科林骨折基本康复，1990 年 5 月我从他家里搬到温哥华北区，租住了公寓。

但那时我在上大学，未来难以确定，且在我眼里，张玉像一颗熠熠发光的新星，似乎并不属于我的命运轨道。我们的关系与其说是情侣，不如说是伴侣。一个人在异国他乡，每天回到空荡荡的居所，心情是最低落的时候。直到现在，我也不愿意一个人待在房子里。张玉的陪伴让我的生活热闹起来。她帮我洗衣、做饭，晚上一起看电视、帮我辅导功课、讨论作业，吃饭的时候聊聊天，感觉像在家一样，带给我欢乐和温暖。自从 1986 年夏天剑伟去多伦多工作之后，朋友间的聚会减少很多，而张玉的到来，重新照亮了我的日子。在给家人的信里，我写道："我现在有个女朋友……当然，我与她目前看来将来也只是一个好朋友而已（虽然我们有时住在一起）。"

然而，"彩云易散琉璃脆"，夏末的一天，张玉和我长聊了一次，来了一场"世纪大揭秘"：

在来加拿大之前，她已经结婚了，丈夫就是在中央美院教书的画家孙林——孙林这个名字我知道，5 月份史蒂文去中国取回《黄河万里图》时，帮我带了两件电器提货单[①]，录像机送给周老的长子周洪，微波炉张玉让送给北京的孙林——她说是送给亲戚。他们两个都很渴望出国，便商量了一个长期计划，先离婚，张玉来到加拿大之后可以用假结婚方式办理移民，取得身份后再离婚，孙林再来加拿大，两个人再结婚。这样两人最终可以定居加拿大。这是一个多么宏伟、多么周密、多么敢想、多么漫长的计划。

张玉身负重担、鼓足勇气按照计划进行着。现在到了需要想办法让孙林来加拿大的时候了。张玉说，她再三考虑，以办画展的方式邀请孙林来加拿大是最简单、最安全、最快捷的。等孙林来了加拿大，他们再复婚。她拜托我以画

---

① 那时购买外国产的大件电器需要"指标"。提货单就相当于指标。

廊的名义邀请孙林来加拿大。

真相大白，我感到非常惊诧，但还是平静地接受了现实。来加拿大几年了，见识过新移民、留学生形形色色的艰难，想取得身份很难，留在国外讨生活更不容易，他们能有这些计划，想必也是无可奈何。很快，我给孙林发出了画展邀请。与张玉自然也分开了，帮她租下了另一处公寓，便于他们夫妻团聚。

1991年3月，孙林飞抵温哥华。我去机场接他，第一面印象深刻。他看起来比我大几岁，个子不高，留着清朝式的长长的辫子，加上嘴角两侧的小胡子，身着白色长衫，怀抱古琴，俨然穿越时空而来。后来接触中，发现他真是多才多艺，琴棋书画样样精通，还喜欢吊嗓子、玩票，站在舞台上不输京剧团名角。

孙林来的时候，正赶上在米叔公司办的由艾瑞克资助的张玉的画展接近尾声。画展开幕时，艾瑞克偕夫人来参观，夫人很喜欢张玉的画作，挑选了4幅。按照惯例，出于对赞助者的感谢，这些选中的画作或赠送或低价卖给赞助者。张玉同意赠送。参照在画展中每幅2000—4000加元的销售价格，4幅作品市场价也只抵得上几个月的赞助费。不过艾瑞克投钱赞助也没有考虑回报，他们很感谢张玉能免费赠画。

出于市场推广手段，我有意将90%的作品都贴上"售出"的标签，仅留一成作品销售，并都标出远高于实际售出价格的数字。这些都是艺术品市场的小伎俩，而孙林并不了解。他看到绝大多数作品已"售出"、售价又奇高，以为大赚，经我解释才明白。但是对于赠送4幅作品给艾瑞克，他却强烈反对。我说，艾瑞克赞助张玉1年，花费近4万加元，现在送4幅画，仅是表示心意而已。孙林却坚持，钱是张玉拿的，他分文未得，所有的画都是他画的，他犯不着送人！他说自从张玉来了加拿大，他没日没夜地画画寄过来，张玉根本画不好、也不会画，所有签了张玉名字的画作都是他画的！他这番话令我震惊。我确实见过张玉画画啊！难道都是在做样子？不过无论怎么说，他们夫妻之间的"合作"不应该影响对外的承诺，毕竟艾瑞克真金白银掏了一年。

在我的苦劝之下，孙林同意赠送艾瑞克4幅画。画展结束后，孙林提出，在送走赠送、售出的画作之前，先拿去摄影工作室拍照留念，便于将来做画册。

我认为提议很合理，便同意他把画作全部带走去拍照。未曾料到，他再也不肯将画作还回，许诺艾瑞克的画作还是给不了。

艾瑞克本人倒是无所谓，但是他太太对这个结果非常不满。矛盾越来越激化，他太太指责他一定与张玉有染，否则为何张玉会将承诺的赠送反悔？闹到最后，竟然与其离婚了。北美离婚时，不工作的一方会分掉很多财产，还可能需要对方长期支付赡养费。以艾瑞克的资产状况，为了离婚付出的财产代价也不会低。对艾瑞克的婚姻悲剧我特别内疚。倘若不是我去找艾瑞克，他不是出于对米叔的信任和对我的支持，如何能落到如此悲惨的下场？1993年，我和米叔一行人去中国考察时，在北京看中一款适合摆放在门厅的3米高的大玉龙船，特意买了送给艾瑞克。他要付钱，我坚决不收。送这件礼物仅表达我对艾瑞克的歉意——无论多少座龙船模型都无法弥补那场意外给艾瑞克带来的阴霾。

画展风波过后，生活又恢复了平静。孙林和张玉复婚，取得居留身份，他们意欲长期定居加拿大。靠什么为生呢？那时我已经毕业，做生意有了些收入，1991年秋天，帮他们租了店铺，开办了"京城画廊"，请上海来的雕塑家赵松帮忙刻了匾额，还借款给他俩付公寓首付，一方面是帮他们安家，另一方面也作为曾经与张玉一场情缘的馈赠。孙林想要打开北美市场，我用我的明星影视公司（Star Film & Video LTD.）帮他拍摄了个人纪录片《杰出画人》。拍摄花费了半年多，于1992年年初正式出版。

张玉、孙林、老赵和我，四个人爱好艺术，成天聚在一起。白天我们各自忙碌，晚上在一起聊天、下棋、吃夜宵。过了一两个月，随着张、孙二人关系恶化，张玉减少了与孙林共同出入。张、孙关系恶化的实质原因并不清楚，表象是孙林对张玉常常恶语相加，甚至动手。有时候当着老赵和我的面，孙林就表现得很暴躁，我和老赵赶忙劝架。有几次他们夫妻夜间动手，打得非常厉害，张玉打我呼机，我开车赶去营救。担心孙林情急行凶，每次我赶去时，第一件事是把他们厨房的刀具从阳台丢下去。对于那时孙林的心情不好，我的理解是他出国前后的反差太大所致——出国前是国内的名画家、青年才俊，花了极大的代价出来后，却寂寂无闻，达不到之前的预期。

画廊开业了，不知是孙林脾气不好还是生意上得罪了人，画廊遭人恶意炸毁，接着公寓又遭纵火，好在人都没有伤到，财产都买了保险，经济无虞。这期间，我与张玉终止了经纪人的合作关系。起因是某日他们到明星影视公司找我聊天，说到画展结束后他们食言没有将艾瑞克太太看中的画送给艾瑞克，我认为这样非常不对。画家作画固然不易，但是没有市场的追捧、赞助者的支持、经纪人的推广，画作只能束之高阁。孙林说："如果没有我们的画，你拿什么去办画展？没有我们，你什么都不是！"无论生意还是人际关系都是双赢才好，既然他们认为我作为张玉的经纪人已经成了他们的附庸，那么我认为，也就到了该终结合作的时候。我说："既然说到这里，那么我们的合作终止吧。请你们把我这里所有的你们的作品都拉走。我们还是朋友，但是我不会再为你们推广画作了。艺术家的人品很重要，没有好人品，我认为不会有好作品。"张玉试图打圆场，我很坚决："如果下周一我来公司，你们的作品仍然在，我也会全部烧掉的。"

也是这场合作令我认识到，我不适合做艺术经纪这样的长线投资。艺术家需要经纪人的包装、推广，没名气时经纪人要做大量工作、大量投入，一旦火起来，又不容易继续合作下去。日常与人相处时，我的性格中谦让的观念比较重，遇到经济利益纠纷时，我往往不愿争执。这样的性格显然不能控制局面。与他们的合作受挫确实让我有些灰心丧气，但是我也庆幸，在刚入行时便察觉到难以克服的弱点，能及时撤退，否则也没有后来那些在其他行业五彩斑斓的岁月。

1992年春天，公寓修复后，他们刚搬回去，又出了大事。一天夜里两点，我在老赵的居所和他下象棋时，孙林来了。他说了好几个理由，并把车钥匙递给老赵，让老赵去他们公寓楼下开他的车，他要开老赵的车离开。我听了觉得蹊跷，无论什么理由，都不用如此大费周章。自己的车既然能开，为何要他人去开？老赵不愿意，我也不同意，孙林只好悻悻然离开。

次日，张玉打电话找我，说孙林企图谋杀，被警察抓了，现在在监狱里。他俩已经貌合神离一段日子，各自在外面有情侣。头天夜里，孙林带女友回公寓，看到张玉和男友在他们的车里幽会。孙林与那位男士发生冲突，男士离开时，孙林故意开车撞伤对方。张玉报警后，孙林驾车逃离。他来找老赵"顶罪"未遂，被警察抓获。这真是始料未及。尽管当时我和老赵对孙林试图嫁祸于人、还是嫁祸好友的行为实在很气愤，可又不忍心看他费尽周折出国后遭遇牢狱之灾。几个人分析，既然张玉是报案的原告，最简单的撤诉方法是开庭时张玉不上庭。当时张玉没说什么，但是很快与我们断了联系，开庭时也没有出庭。孙林也自然无罪释放了。

1997年我开办友邦资本时，克丽丝联系我说，张玉来温哥华了，问是否可以见我。约好了在我们办公楼下见面，张玉执意不肯上楼，仅简单聊了几句。她说她去了美国，但是诸事不易，以做家政为生。此番回加拿大，她想要一些她的一幅画作的限量印刷版拿回美国销售。那批印刷品是史蒂文与我共同投资的。我打电话给史蒂文征询他的意见，他说让我来决定。于是我给了张玉100张。我们就此别过，再无音讯。

20多年过去了，之所以记述这段往事，是因为张、孙借助婚姻拆分组合完成移民的手段很有代表性；在国内有一定成就的人来到国外后的失落、失意、失望亦比比皆是。每忆及此，便对"假作真时真亦假，无为有处有还无"多一重体会。

张玉的画作是不是孙林代笔，始终不得而知。但是她能考上中央美院并毕业，想必也非等闲，却未能继续走专业道路，不免可惜。而如果不是张玉凭空失踪，孙林必将身陷囹圄，这又是怎样的悲哀？！他俩原本有一个美好的家庭，几番离婚结婚，就为了圆一个出国梦，结果付出了沉重的代价，最终以悲剧收场。是命运的安排，还是自己的选择？回头再看，出不出国不重要，重要的是用什么样的态度去经营人生。

对于张、孙二人，我没有什么不满、埋怨等负面情绪。不仅对他们，我对任何人都一样，至多是事发时有些评判，但过去就过去了，内心不会有芥蒂。人生短暂，"世事皆可原谅"。世界上有那么多美好的人和事情，喜欢都喜欢不过来，怎么还能有精力去不喜欢？

抵达温哥华之后，我来往的第一位家族里的亲戚是威力（Willy）叔叔。威力叔叔是秀卿姑奶奶的儿子，1972年从香港带着太太阿玲和一岁大的女儿玛利亚移民温哥华。

他学经济出身，移民前在香港的汇丰银行做部门经理，属于"金领"。可是抵达温哥华后，却没有"官复原职"。再做回原来的行业、职位，而是在邮局当投递员。直到现在，这也是许多中年人移民后的状况——有技术、有行业资历、有阅历的中年人移民后，一般都很难找到与原来岗位能力匹配的工作，很多人改行。像威力叔叔其实还没有语言障碍，在香港工作时也是用英语，却仍是这样的境遇。

新移民找合适的工作困难，有时候是陷入一个怪圈中。在加拿大，许多岗位需要进行本地技术培训。新移民来了，倘若能沉下心来学习几年，攻读语言、接受本地相应的技术培训、培养需要的人脉，并非不可能做回本行。但是，大多数人缺乏耐心。有的是急于赚钱养家；有的不愿再吃苦、受累，投入时间、精力、金钱；有的可能认为做什么工作都无所谓，只要收入好就好[①]。因此，他们匆匆投入找工作的行列，从不需要技术的劳工做起。而一旦开始某种工作后，更难有勇气、愿望中断工作去深造。我也正是从威力叔叔的状态中领悟到这一点，坚定了排除万难读完大学的想法。没有钱，宁可省钱，也不想做浪费时间、不能提升自己的事情去赚钱，把时间存下来学习。目标专一才能更快地抵达终点。

投递员的工作早晨 5 点上班、下午 1 点下班，挨家挨户走路投送，收入不算高，工作辛苦，威力叔叔一直做到退休，没有去换过。我想，这也与他的性格有关。他为人正派、热心、善良，但是根据我的观察，他不是那种喜欢变化、喜欢闯荡、挑战自己的人。读语言学校那两年，与威力叔叔相聚的次数比较多，如果不是去他家，就是他带我去唐人街的粥面馆"金橘园"吃饭。印象中，我们没有去过第二家餐厅。

考虑到都是上海人、有同乡之谊，路舅舅事业成功，也许可以帮到他，我有意引荐他与路舅舅认识，但威力叔叔回绝了，他说"我根本没有资格去认识他们"。这也给我一个警示，不要给自己的发展之路设限。很多时候，限制是自己给的，而非外界。当我们为自己周围竖起无形的墙时，便阻断了拓展的可能。几十年来我能在商界有所作为，一个基本的前提是我从不给自己设限，从来不说"这件事不可能"。可不可能，试试才知道。

我大学毕业时，威力叔叔一家作为家人参加了毕业典礼。[②]1995 年，爸爸妈妈刚来温哥华定居，本打算和亲戚朋友好好聚聚，未料到由于酒席座次安排而开罪了阿玲婶婶，此后断了交往。2011 年，美国的罗伊叔叔告诉我，威力叔叔病重住院了。没想到叔侄俩十几年未见，再见面竟然是在病房里。叔叔面色憔悴、病体枯槁，我也已是中年人。威力叔叔说入院有些时日了，须发凌乱，

---

① 加拿大的工作收入与蓝领（泛指体力劳动或技术工种，如建筑、维修从业者等）、白领（泛指非体力劳动岗位，如行政、管理、文职等）等关系不大，有的蓝领工种收入常常比白领、甚至一些金领（高技能高收入的专业人士，如高级 IT 专家、金融分析师等）还高。

② 大学毕业典礼时，威力叔叔和婶婶前来参加，送了花束给我以示祝贺。威力叔叔始终对我很关照，我们来往密切，他也很关心我的事业发展。威力叔叔病危住院期间，我去医院看望、为他理发，略尽子侄辈的孝心。2011 年，威力叔叔辞世。

很想理发、修面，我说："明天我带着理发剃须的工具来。爸爸在世的时候，都是我为他理发，爸爸还夸我手艺好。"次日我进病房时，却被护士拦下，原因是阿玲婶婶通知，不许我去探视。护士还给我看了婶婶提供给医院的我的照片。可能是我走后叔叔和婶婶通电话说过我去的消息了，而婶婶还没有原谅我。家属既然通知了，护士有绝对权威禁止我入内，多说无用亦无益。但是威力叔叔病已经这样重了，我还是想满足他的愿望。我去商店买了假发、胡须，换了身衣服，利用当年拍片化妆的手艺稍事修整，便顺利进入病房，为威力叔叔理发、剃须。收拾好后，叔叔很满意，让我拍照发给罗伊叔叔等亲友，请他们不要挂念。一周后，威力叔叔安详辞世。

秀卿姑奶奶健在时，威力叔叔寄回中国孝亲的钱都是叔公赠送的。叔公每个月从美国寄钱到温哥华，威力叔叔再以自己的名义转寄给母亲。叔公为人乐善好施，是家族中到美国较早、发展较好的，对家族其他成员提携不少。这也是他对我的一个重大影响。叔公在美国中央政府工作，不算富豪，但工作稳定，属于美国的中上等收入阶层。在北美"我最重要"、重视个人小家庭的风气之下，又因历史原因与上海家族隔绝几十年，他完全可以不照顾家族成员，但是他仍奉行老辈子"仁义礼智信，温良恭俭让"的优良传统，尽己所能地体贴亲友。甚至在被投靠他的晚辈借机侵占了不菲的财产后，仍无怨无悔地继续着善行。

1986 年，温哥华世界博览会期间叔公前来游览，那也是他第一次来温哥华。我当然担起导游的角色，陪他逛了足足一周，令他领略到温哥华的美好。从那以后一直到他 1998 年辞世，时常来温哥华小住几日。他喜欢温哥华的华人美食多、唐人街内容丰富，常对我说，比他所住的华盛顿特区的"中国风"浓烈许多。陪他逛唐人街，叔公总是流连忘返。看着他摆弄一个小玩意儿时醉心的神情，完全想象不出来叔公退休前在联合国任职多年，是"见过大世面的人"。不忘祖国、珍视祖国文化，是叔公对我的另一个重大影响。

叔公于 1933 年赴美国入读哥伦比亚大学。叔公被送出去读书，是因为曾祖父重视教育，尤其重视西方教育。曾祖父鲍哲泰 13 岁父母双亡，辍学后在老家宁波做小生意、出租渔船谋生。30 岁闯荡上海后，改行经营煤炭，生意兴隆。曾祖父出生于基督教世家，是虔诚的基督徒，他爱人爱己，参与了捐资兴建上海"清心堂"①、续修家谱②、兴建乡学、修复宗祠，为帮助家族成员及族中事务慷慨解囊，如注资参与鲍咸昌兄弟创办的商务印书馆等。无论生意场与"洋人"打交道，还是教会中与美国牧师的接触，或是经历商务印书馆初期以印刷英文教材的旗开得胜，皆令曾祖父认识到西方知识、文化、教育的重要性。伯祖早逝，祖父十几岁时被送往美国华盛顿大学，学成归国后方娶妻生子。

时局关系，毕业后叔公没有回中国，留在美国工作，一留便是半个世纪，直到1982年才得以回中国探亲。他曾在美国政府亚洲事务部门工作。由于日本对中国的长期侵略，而且叔公在上海时曾遭日本人唾面、辱骂，因此叔公对日本人极无好感，他甚至认为日本人就有侵略的血液。但是当美国政府讨论敦促日本投降的投掷原子弹的城市时，叔公投了东京的反对票。③我仍然记得叔公谈及此事时面色的凝重，他说："日本人不好，可是如果原子弹投到了东京，有可能毁了整个日本，那太残忍了。"从他身上，我看到一种正气。他虽然不喜欢某个国家，但是关键时刻还是能从良心出发考虑问题，而非在意个人感受。

受儒家文化熏陶，叔公也很珍视儒家文化。他出国时携带的行李不多，却有一本曾祖续修的鲍氏家谱。为了让美国政府了解中国文化，这本家谱被收藏于白宫的资料馆数十年，他对美国官员说："你们要在亚洲开展工作，要先了解亚洲文化的基础——家族观念。"儒家文化兴于周孔之制，而周孔之制的基础便在于家族。有无家族观念的确是中西方文化的根源差异之一。可惜现今在美国的包括叔公后人的鲍家数十位成员，不仅不懂家族文化，而且不识中文，家谱拿在手里如看天书。

① 宁波鲍家属于清末七大华人基督教家族之一。家族高祖辈鲍明诚联合族人捐助了"清心堂"的前身"上海长老会第一会堂"及"清心书院"的修建，鲍明诚的儿子鲍哲才担任牧师，故"清心书院"中设"思鲍堂"并作为教室以纪念。1923年，"清心堂"建成。

② 宁波鲍家的源流可上溯到夏禹，后从上党迁移到安徽，明代成化年间落籍宁波，乾隆年间始修本地族谱。1924年，鲍哲泰与族侄鲍咸昌等续修了族谱。

③ 为了尽快迫使日本投降，美国总统杜鲁门决定在包括东京的日本数个城市投掷原子弹，经讨论后排除了东京。

也是受叔公启发，后来我为人父后，要求孩子们一定学中文，至少能讲、能懂，也给每个孩子取了中文名字。我对孩子们说，中国是我们的母国，华夏文化是根，不能忘本无根，无源之水、无本之木不可能长久。

叔公的乐天思想也对我有影响。我自以为已经很想得开了，可与叔公相比还是略逊一筹。叔公20世纪90年代又回中国时，亲戚为他介绍了一位女士作续弦。结婚后，太太带着孩子移民美国，很快将叔公名下的房产、存款等皆转至自己名下，掌管财务大权，叔公每个月需要向太太申请零花钱，理由是担心叔公年迈糊涂。我知道后很为叔公不平，叔公倒是不在意。他说钱财是身外之物，只要手里有的花就行；有人管比没人管强，至少说明有人在意他。越琢磨越觉得叔公高明。对于一位年届八十的老翁，事情已经发展到那一步，争执、纷争有何意义？不如退一步海阔天空。数十年的商业生涯中，我亦遇到许多意外的情形，以此种从宽处着想的心态应对，往往逢凶化吉。

1988年，我首次去美国东部旅行，除了拜访华盛顿特区的叔公，还去看望了纽约的金伯母，再次感谢她当年慷慨借给我来温哥华的学费。1991年我还款时，金伯母说考虑到中国民众的收入，当初借出去就没打算收回。我执意要按照约定本利还清，她将我还给她的本金及利息给了二伯母家，用以资助其他家庭成员出国读书。金伯母的生活相当优渥。她先生是律师，在曼哈顿住着近400平方米的高档大公寓，附近还有休假用的农场，可以骑马。她买了昂贵的

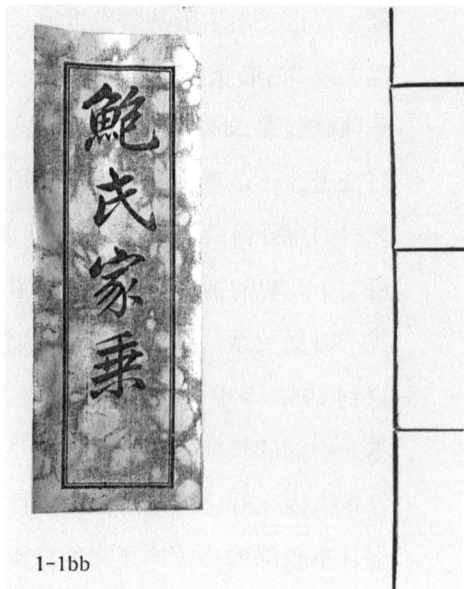

1-1bb

勾甫鲍氏宗谱卷首

原序一

重印弁言

中华民国十三年岁甲子仲夏下浣

　　时

十五世孙咸昌谱述

◎ 1. 勾甫鲍氏宗谱（鲍氏家谱）封面

◎ 2. 勾甫鲍氏宗谱卷首，即原序一，由顺治辛卯（1651）考中科举人
　　的七世孙鲍泓撰

1|2|3|4

◎ 3、4. 勾甫鲍氏宗谱重印弁言，中华民国十三年（1924）由十五世
　　孙鲍咸昌述

肯尼迪音乐厅年票，几乎每个周末都盛装去听专场音乐会。金伯母喜欢中国书画，平时还时常画画花鸟，生活得潇洒自如。

　　威力叔叔、叔公、金伯母、秀珠姑奶奶，他们的日子过得差别很大，人生状态各异。刚来加拿大两三年，与北美的亲戚们近距离接触后，给我带来观念上的冲击。北美的日子并不是出国以前所想的"遍地都是黄金，电话洋房，车比人多，牛奶比水还便宜"这样简单。在同一块北美大陆上，个体的差异也是天地之别。重要的还是在于自己的努力，世上没有免费的午餐。

第三章

大浪淘沙

总结明星影视的开办，十年经营没有给我带来多少收入，却是我一个不错的开始，让我也过了一把"影视行业瘾"，风光了一场"明星梦"。此外，明星影视还引发了我对尘封已久的家史的探寻，这更是冥冥之中的安排。

大学毕业后，我正式步入商界，开始了此后几十年的驰骋，或者确切地说，是在商业的汪洋大海中泅渡，运气好的时候领略阳光、海风，与周围的海豚嬉戏，感受游弋的自由自在；更多的时候是奋力挣扎，与狂风大浪搏斗，避免葬身鱼腹或沉尸海底的悲惨结局。不过，倘若给我重新选择的机会，我仍会义无反顾地跳入商海，再来折腾一番。

严格地说，我经营的第一家公司是1986年科林帮助我注册的"道平画廊有限公司"，这间画廊经营了五六年的中国画销售及展览和摄影业务。而大宗商贸活动则是由与剑伟合作的CWC公司开展。

1991年8月，CWC国际贸易有限公司组团去中国考察。团队成员包括米叔夫妇，加拿大知名企业家、加拿大百事可乐饮料大王艾比（Abraham Louis Gray, Aby），加州的基金投资公司老板吉尔福德先生（Guilford Fang），由我带队。

这是1985年离开中国后我第一次回去，欣喜、激动，当然还有几分衣锦还乡的自豪。从飞机上望向下面的茫茫云海，回想起当年飞机从北京起飞时，我以为此生与国内的亲友将再难见面而不禁潸然泪下，那时飞往温哥华的我孤独、迷茫，现在的我却能带领大亨们飞回中国去看市场，两下对比，内心翻腾。几年来自己的语言、学识、能力的进步不必说，我还作为担保人申请了表弟忠众、表妹岚岚、妹妹来加拿大，表妹又把舅舅舅妈申请过来，我也在计划三五年内等妈妈退休了，申请爸爸妈妈过来团聚。人生的图画在一笔一笔地绘制，未来的长卷渐渐铺陈展开。

回到中国后，我们去了北京、上海、西安、郑州、石家庄等数个城市，顺路游览了兵马俑等几处名胜古迹。大家对中国欣欣向荣的发展啧啧赞叹，我也为这五六年来日新月异的变化感到高兴。马路上人们行色匆匆，每个人都满怀希望地在"奔日子"，生活改善不少，四处都在大兴土木。到达北京入住长城饭店后，艾比问我："什么时候到中国啊？"我说："这就是中国啊，我们到了。"他感叹道："如果年轻20岁，我就留在中国不走了。"

两周考察结束回加拿大后，考察团的成员对中国之行非常满意，大家憧憬着在中国投资，尤其希望在基础建设方面寻求合作。① 中国潜在的巨大市场震撼了我，我与剑伟商量，应该将北美日常生活方面的先进技术引入中国，在中国制造、销售，不仅能获利，还能迅速提升中国人民的生活水平。身在多伦多的剑伟负责联系北美技术方，我则在温哥华与中方联系、去中国出差洽谈。很快，我们选择了杜邦公司的反渗透净水设备，并在米叔的引荐下取得了联系。

看到河南某地食道癌高发与饮用水质有关，我认为净水装置在中国应该有市场。杜邦公司的这套净水设备技术全球领先，几乎可以将水分子与任何杂质分离。美国军队在越战时使用过这种技术，效果很好。掌握了这些信息后，我制作了详细的中文说明，并首次将核心技术"reverse osmosis"翻译为中文的"反渗透系统"。联系到中国环保局后，我带着样品去北京演示。对方组织了一些专家学者，专门开了讨论会。

会上，为了检测净水器的功效，环保局的工作人员将少量农药、尿液等液体混入水中，经过滤后，检测滤出液体的成分。部分滤出液体送去检测的同时，我拿着剩余的滤出液体对参会人员说："我对结果丝毫不怀疑，检测结果肯定没

---

① 但是当时条件不成熟，并未立即着手操作，却由此引发了两年后我以中财国际为起点的长期的商业投资业务。

有问题。"说完将杯中的液体一饮而尽。全场震惊。少顷，检测结果也显示滤出的液体是符合饮用标准的纯水。一时间场内掌声雷动。

环保局的领导拍板，合作可行。双方畅谈了未来的市场推广，认为这样的产品对艰苦条件下的边防战士、对污染重灾区的民众等都很有实用价值，一定能有海量销售。他们督促我先寄去样品，再做一些测试后便可进入实际操作。我满怀信心地将 5 套不同尺寸的样品从加拿大空运到北京，谁知泥牛入海、杳无声息。在盼望消息时，无意中看到了 1992 年元旦时《中国环境报》最后一版刊登的中方的仿造品的全版广告。我们发去的资料、图片摇身变为仿品的广告词。令人啼笑皆非的是，可能由于粗心，产品照片还被印刷反了。

为了运作此事花费的时间、金钱白白浪费倒还在其次，令人遗憾的是我们失去了在杜邦公司的信誉，从此无法再与其建立商贸关系。

像这样有了不错开头的事情，我经历了不止一回。

1997 年，我经营中财金融①时，结识了河北省一家生产柞木家具的厂家。其中有款柞木凳子，品质优良、价格低廉。柞木家具在温哥华比较受欢迎，售价也不低。经过测算发现，中国的家具如果能打入加拿大，那么我能做到我的买入价格比市场零售价格低 90%。怀着开拓市场的壮志，我着手联系本地家具市场。大温哥华地区的家具零售基本上受控于几家大型批发总代理。我找到其中名列前三的大胜公司。老板是台湾人，讲普通话，沟通方便，对家具款式的审美也接近。拿着样品去洽谈时，旗开得胜，他订了 5 个集装箱，很快又给他们的美国分店订了 5 个集装箱，签订了合同、封存了样品、交了 20% 的定金，一丝不苟。拿到定金后，我立即飞赴中国安排生产事宜。

按照约定时间，集装箱顺利到达温哥华。出乎意外的是，大胜公司却不肯收货，理由是凳子面上条纹的颜色不同。硬木家具上漆时并未掩盖木色，突出的就是木质天然所成的深浅纹路的自然美，怎么可能颜色都一样呢？向厂家询

---

① 中财金融（U-Bond Capital Ltd.）是我于 1996 年在加拿大温哥华注册成立的独资公司，主要业务是帮助中国企业出海及当地企业投资理财。后于 1999 年停止运营。该公司与当前世界上其他任何国家及中国境内的同名企业无任何关联。

问，厂家说，做样品时，他们会尽量将色泽、纹路一致的配在一起，但是大批产品生产时不会有意调配材料。大胜公司老板却一定要求与样品一模一样，否则就算我违约。面对这样的局面，我无从辩驳，只能接受。大胜公司提出来两个方案：终止合同，我退回定金，他们念我初入此行，可以不要求我缴纳违约罚款；或者我将这些货物以合同价格的一半出售给他们。我当然不愿意半价出售。原本我只在成本价上加了15%的毛利，半价出售岂不是亏本？我相信如此物美价廉的产品我们公司也可以卖出去。

尽管大胜公司认为凳子不符合标准，但是我仍将全部货款付给了河北厂家，因为我并不认为这样的自然美有什么不妥当。我租了仓库、招了销售人员，全力推销。做了近半年，发现了症结所在——销售人员的业绩一直为零，大多数商店直接拒绝，个别店铺的工作人员表示：货是好货，但是不敢接。原来大胜公司早已给本省的家具销售店发了通知，任何店铺如果进了我们这批货，他们就会中断供货。大胜公司是业界大佬，货物齐全，有谁会为了一只凳子惹大佬不悦、遭到断供呢？这真是我不曾料到的。难道大胜公司就为了半价要货，便出此狠招？

先前在与大胜公司洽谈合同、验货交涉时，认识了一位从中国来的员工。于是，我私下与他联系，说了这番情况，他才和我交了底：当初签合同就是一个骗局。我带着合同兴冲冲离开后，老板对他们说："他现在笑着走，将来要哭着回来。别看他现在拿了20%的定金，将来他不仅要退回这些钱，我还会让他赔得倾家荡产，再也不敢踏入家具这行。"当我拿着样品去联系业务时，老板已经将我当作潜在的竞争对手，不愿意我将中国的货物引入加拿大。为了彻底打击我入行家具业的信心与经营基础，他们故意大量订货，再恶意退货。

不得不说，大胜公司老板这招成功了。了解到实情后，我决定放弃。尽管赔了一大笔，可是再坚持下去还要承担仓库租金和员工工资，而且我还要继续全身心地投入，面对的又是很难扭转的局面，没有多大意义。无奈，我找到了一家拍卖行，将10个集装箱的凳子免费送给他们去处理了。要知道，如果我将凳子当垃圾处理，除了雇车和装卸的人工费，还需要付垃圾处理费。

◎ 1996 年，法国里昂 Léon de Lyon 餐厅留影，在这里第一次体验正宗法餐"French fonnal table manner（法式正式餐桌礼仪）"

初入新的行当，运气也很重要。运气不好的开局，我也经历过几桩。

做柞木凳子生意之前，在合作伙伴——来自法国的赫拉德（Gerard Darmon）的建议下，我打算将原装法国红酒进口到中国销售。赫拉德喜酒、懂酒，熟悉一些法国的酒庄，选酒、进货不成问题。我虽滴酒不沾，但对红酒文化颇有好感，而且一直有一种将国外好东西引入中国的愿望。我认为自己来自中国，在中国有人脉，找到市场不困难。我们进行了为期两周的法国自驾之旅。一路畅游，在乡间拜访酒庄、在都市参观博物馆、吃美食、看美景，沿途参观了许多百年酒庄，谈下来几家合作酒庄，不虚此行。在法国葡萄酒主要产区——产量占据整个法国红葡萄酒产量 45% 还要多的南部的普罗旺斯，百年酒庄的原装葡萄酒出厂价仅为每瓶 1.8 美元。法国葡萄酒的出厂价格与市面上零售价格差异如此之大超出了我的想象，使我大开眼界。

带着样酒，我回到中国，托朋友联系到北京某大型国企的专门负责酒类进口的下属公司。双方交流愉快，我拿到了 3 个集装箱的订单及定金。一个多月后，当原装法国高档 XO、VSOP、VS、VO 及红白葡萄酒万里迢迢地海运到北京时，却没有人提货。再去找合作公司，已经人去楼空——那家公司竟然出事了，签合同的法人被抓入狱。海关发来催领通知说，如果再不提货，就要罚款。加拿大的酒类销售管理严格，我无法将如此巨量的酒以自用的名义运回加拿大，又不能退回法国，只得放弃。这算是遇到"人祸"，着实无奈。赔了货款，家里堆了几百瓶买来的各式样的酒，我又不喝酒，几十年来只得陆续送给朋友们享用了。

而 1996 年，还遭遇了一次"天灾"。与中国的贸易伙伴计划将加拿大质优价廉的鸡肉运回中国深度加工后卖到日本。他们有现成的日本市场，我能从这边找到供货商，航运价格也谈妥了，貌似万无一失。然而，当鸡肉从工厂提出来、在库房等待装上飞机时，发生了温哥华百年不遇的大罢工，运输行业几乎瘫痪。遇到罢工，政府或雇主毫无办法，只能谈判。谈判进行了两个月，最后那批鸡肉只能放弃。好在事先买了商业保险，没有太大经济损失。

吃一堑，长一智，家具、红酒、鸡肉等实体物品的跨国商贸我再未染指。太多至关重要的因素是我不能掌控的不确定因素，从中也更深刻地领悟到合同、商业保险的重要性。此外，也切实体会到天上没有掉馅饼的事情，自己摸索着进入一个新行业怎么能那么容易？在进入新行当，尚在试水、还摸不着头脑时，对轻松到手的"成果"一定要提高警惕。

1990 年，雕塑家、画家赵松先生应邀去艾米丽卡尔艺术与设计大学讲学，作为唯一会说中文的学生，我充当起翻译。我们脾气相投，又都有上海的渊源，很快就成了忘年交。老赵在为正福宗的温哥华谱啼藏寺做雕塑时，我经常和他在一起，陪他设计制作、开车去帮他买材料，一来二去便接触到正福宗。当时正福宗的北美总部还未搬去美国西雅图，温哥华还是主要道场。这是我第一次近距离与佛教打交道，感觉处处新鲜，我喜欢与上师们聊天，有时老赵也带我去听他们的法会。其中不列颠哥伦比亚大学硕士毕业的尊上师为人谦和、友善，给我留下深刻印象。

年底时，他们要找人义务拍摄 1991 年春节期间举行的大型祈福法会，现场直播之后再制作录像带出售，我主动请缨。在学校，我们做了不少拍摄作业，但是大型活动还没有实际操作过，我也不知道怎么算成本。我想，外面的商业价格中一般包含 20% 的利润，于是我对负责项目的上师说："你们去市场上询价，拿到的平均价格打八折，差不多就是成本价。万一预算不够，你们就继续对成本的支出实报实销，总之，你们付成本就好，我完全是帮忙。"

在数码产品出来之前，直播、拍摄制作录像带是高

一个做义工的机会为我带来一家公司

2

技术含量的行业,价格昂贵,专业人员难找。听了我的建议,师尊陆生严很高兴,他指着我对在场的上师、居士等人说:"小鲍啊,他前世是修行人。"也是从那以后,师尊对我越来越重视。比如在饭馆吃饭时,只要我在场,他一定会安排我与他及他最亲近的几位上师坐在一桌。尽管我不是信徒,那段时间也频繁参与他们的活动,成了他们团队的"编外人员"。与师尊打交道的感觉很愉快,抛开宗教身份来说,在日常交流中,他也确实有不少过人之处。他特别能体察别人的心意,也很善于用人,具有卓越的领导力。

得到拍摄任务后,我首先想到与我们学校摄影系的老师说。可惜刚一开口,便被教授大卫以艺术院校不能为社会上商业运营提供服务为由,彻底拒绝,不仅不参与,还禁止我用任何系里的相关设备、不允许我在学校与任何同学谈这件事情。现在回头看,也算因祸得福,正是当年教授的拒绝,才逼迫我自谋生路、催生出我的"明星影视公司"。我与同班硕果仅存的其他6位同学[①] 私下谈了情况,他们都很愿意参加。毕竟,社会实践经验对找工作和继续深造都有好处。事实也如此,拍摄法会成立的团队中担任我左膀右臂的布鲁克(Steven Brooks)日后成为北美最知名的游戏制作行业艺电公司(Electronic Arts)的拍摄制作总裁;负责剪辑的唐纳(DonMadonna)如今是温哥华北好莱坞后期剪辑第一人;那次大型法会实况拍摄,为另一位同学劳伦斯(Paul Laurence)日后进入不列颠哥伦比亚大学攻读硕士起到了决定性的作用,他毕业后留校任教,又担任系主任,后被约克大学聘为校长。

摄制团队需要从外面请几位专业人士,如录音师等,还需要负责维持秩序、布线、搬运等内勤,为此,除了应届同学,我也雇用了低年级同学和外系同学,一共从学校找来20多人。这么多人的摄制团队需要一个直接领导来带队,我看中了同学布鲁克。布鲁克来自温哥华岛上的乡村,人非常淳朴。我请他作为团队的经理负责对内事务,作为我的助手、统筹、总指挥;我则担任制片人,

---

① 电影系对学生淘汰率高,我们那届毕业时共7人,其中有位女生苏珊是中途转来的。4年大学生活中,最不愿意过新学年开学那几天,因为每年都有人退学,看到曾经熟悉的同学不再出现,我的心情总是很沉重。

负责对外接洽。

找好了人，我们去做租用设备的询价。那时温哥华影视器材租用公司主要有两家。他们服务全面，包括出租前的设备规划、拍摄计划、设备使用分配、摄像机的数量、录音设备的选配、灯光效果的配置等。只要告诉他们场地大小、希望得到的效果，他们会列出需要的设备清单。这让我们这些摄影专业还没有毕业的学生少走了不少弯路。预算出来后，我很吃惊地发现，后期制作的费用比前期租设备拍摄的费用要多很多。后期制作要租用剪辑房，一个剪辑房的设备大约要二三十万加元，昂贵的投入导致昂贵的租用费。剪辑设备必须由剪辑房指定的专业人士操作，这类人的时薪为 150 加元 / 小时（当时的普通工资不到 10 加元 / 小时）。设备、人员合计，租用剪辑房的费用是 300 加元 / 小时。

谱啼藏寺对外询价后按八折计算为 5 万加元，意味着我应尽量在此预算内做完直播及录像带的母带。与其花高价租用别人的剪辑房，不如拿这些钱付购买设备的首付，慢慢地把自己的剪辑房建设起来。与师尊交流后，他也赞同我这个想法，支持我开办自己的剪辑房，便于以后长期使用。谱啼藏寺同意先支付 5 万加元，给我些时间，容我建立剪辑房后制作完成母带。

开公司要找合伙人，否则就把我套牢了。尽管那时还没有什么具体的规划，但是受米叔的影响以及天性的关系，我并不打算将自己的全部时间放在一家摄影公司内。我向同学们提出来合作办公司的方案——所有的投入和风险由我承担，合作者负责具体技术操作及管理，延迟拿工资；等盈利后，首先按照基本工资支付合作者的薪水，剩余利润我们对半平分——同学们却无人回应。可能是由于未来的结果不如眼前的利润有诱惑力，大多数人喜欢有固定的薪水、旱涝保收。我则受家族影响，祖父、外祖父都是做生意的，祖父常说"宁做小老板，也不要做大经理"，外婆常说"无论大小，自己做老板才有出路"，我内心中一直有自己做生意的念头。刚来加拿大一年，就注册了"道平画廊"以谋生，如今有了这个机会，更不想放过。

我又去找布鲁克谈话。我说："你已经成家了，需要赚钱养家。打工没有出路，不如跟着我干。我们订个合同，保证不让你赔钱。但有一条你要保证，公司运营中不能有猫腻。我肯定不会亏待你，你也不要辜负我。我相信我一定能接到生意。只要有生意，至少你就有收入，不用担心生活。不管你参与不参与，这个公司我都要做。大学毕业后找工作的情况还是未知，毕业前就能有自己的公司，这不是更有保障吗？"我的坚定打动了布鲁克，他经过深思熟虑，最终同意跟我一起合作开公司，并建议公司取名为"明星影视有限公司"，即明星影视。自信是我的一大特点。我始终认为，要想让别人相信你，首先你要先相信自己。倘若你对自己、对自己的计划、对自己的产品等都没有百分之百的信心，别人怎么能相信你呢？

说来也巧，那年温哥华正在举办国际电子设备展销会，我在展览会上看到了影视剪辑人员用的新产品"视频剪辑机"（Video Toaster）——那也是他们从1987年研发以来的首次正式亮相。这是世界上第一台利用电脑技术研发的影视剪辑设备，对比传统剪辑房的大型设备，无论在价格还是体积方面，皆令人不可思议。我告诉布鲁克这个新发现，他却说："我没兴趣，你自己去看吧。"我发现了这个宝贝后，每天一早便去展销会"盯摊儿"，有客户时，我看他们操作演示；没客户时，我和他们聊天，了解设备的原理、性能，有时也帮他们买杯咖啡。尽管来问询观看的人不少，可是三天后展会结束时，他们竟然没有拿到订单。

我和他们商量："你们这台视频剪辑设备还要运回美国吗？花钱费力，还不如卖给我吧。如果你们卖给我，我就是你们的第一个客户。你们现在新产品

1|2

◎ 1. 1990 年在我的明星影视公司拍摄广告（右二为本人）
◎ 2. 1992 年在明星影视公司录音棚调音台前的工作留影

发布了，也算是零的突破，至少加拿大的其他客户感兴趣时，你们可以让他们来我公司观摩。"他们认为我说得很有道理，而且三天相处下来，对我这个黑头发的小青年印象也不错。我又和他们谈价格："剪辑设备展示了好多日子，也不是新的，打个对折吧，我分期付款。看了你们的演示，我对这套设备非常有信心，我相信有了它，我们公司肯定会赚钱。你们如果对自己的设备有信心，就应该相信我。"当时加拿大做商业拍摄的公司不多，最后一天时，我邀请拍摄团队核心成员来看这套设备，他们见到我的队伍，知道我是诚心想买，同意了我的建议。

新科技、新设备谁都没有用过，我提出了条件，他们负责剪辑设备的安装、调试并培训唐纳；我负责支付他们 7 天培训的食宿费用。他们接受了我提的条件。次日我就租了办公室，购买了全部视频剪辑机所需要的其他配套设备，开始了视频剪辑机的安装、调试、培训。租办公室时，布鲁克建议租在唐人街，因为那里便宜。我不同意，我说："我们的明星影视一定会火！咱们要租地点更合适的地方。"市中心不考虑，因为停车太不方便，会令客户不愿意过来。我选定了当时温哥华的第二个商业中心百老汇街（Broadway）。在那里我找了一间性价比不错的一楼的门面房，月租600加元。布鲁克和我干劲十足，刚开始几周忙于装修、布线，吃住在公司。为了省钱，每一块瓷砖都是我们自己贴的，2000多条线都是我们自己排布的。就这样，由于帮助谱啼藏寺做义工，无意间成就了我的一家公司，还是我的当行本色。而祈福法会的录像带的母带制作也在培训那几天完成了，皆大欢喜。

同样在无意之间，我们可能成了全球第一个、至少是加拿大第一个利用视频剪辑机技术剪辑影像作品的公司。作为第一个吃螃蟹的人，这次尝到了甜头！当同行还在质疑时，我们率先使用了低廉便捷的电脑技术，制作价格比同行至少低50%，制作速度也快很多，而且剪辑出来的画面变化也多——视频剪辑机的一大亮点就是善于做特效——以现在的审美来看，那些镜头不能算佳品，但是当时花哨是时髦，越花哨的镜头表明投入成本越高、属于"高档"，越是好作品。从这件事中，我意识到，一个行业中那些有杀伤力的竞争对手往往不是行业老手，而是空降来的新手。没有包袱、负担少，才敢于大胆尝试、相信、使用新技术。一旦形成自己的一套思路、习惯，便不容易突破，如加拿大那几家有年头的电视台，普遍采用电脑技术做剪辑要到20世纪90年代中后期。

客户从无到有，增加得很快。有了设备助力，我们出去接生意时的手段也不寻常。对一些大客户，如加拿大航空公司、加拿大邮政局等，我们的承诺是"保证满意"——做好了片子后，客户看效果再付款，不满意就修改到满意为止。"保证满意"是一种保障、一种承诺，是我们信心的体现。这个承诺非常适合政府、大型商业机构。由于常年给几所大学捐录影带，也向专业学生提供实习机会，那几所大学投桃报李，将他们一些宣传片、教学片业务交给我们制作。很快，国际高尔夫协会（International Golf Association，IGA）找到我们，聘请明星影视公司常年为他们全球比赛拍摄。IGA提供机票，明星影视公司派出两个人的摄影团队满世界飞。这些业务既能够维持公司运营，也为我们赢得了美誉。

明星影视公司接活儿不分客户大小，西谚所谓"不嫌买卖小，不怕账单大"①。广告之外，也承接企业宣传片及大型会议和婚礼、生日等一些家用录像的拍摄。婚礼拍摄特别受欢迎——常规公司报价上万加元，我们只需两三千加元。有些客人既想省钱，又想要录像，我们会用照片配乐制作成视频。1996 年温哥华的华人私营电视台刚出现时，也是找我们公司去做培训。收入虽未达到日进斗金，可是名气不小，几辆设备车出出进进，人员忙忙碌碌全球跑，颇有一番阵仗。

加拿大 20 世纪 90 年代允许开设个人电台、电视台，在电视台路线与服务路线之间，我们选择了后者，并开发了不少服务性项目。温哥华的北好莱坞刚建成，许多美国的电影公司来拍片。通常，电影拍摄后，要剪辑制作才能知道拍摄的总体效果。因为电影是用胶片拍摄的，所以要想知道拍摄效果，就需要较长的时间。我想了一个办法——在电影摄像机上面，放一个小的数码摄像机，同步拍摄，同时把录像片通过互联网传送给我们公司的剪辑房。这样摄影组几乎在同一天就可以完全看到拍摄效果，大大缩短了导演们等待正式样片的时间，便于他们决定哪个镜头要补拍、怎么补拍等。

业务蒸蒸日上，明星影视公司很快发展成有二三十人的中型公司。

---

① "No deal is too small, No bill is too large."

明星影视公司刚起步时，受到以加拿大国家电视台（CBC）为首的几家主流电视台的抵制。他们在内部发文，禁止播放明星影视公司制作的影片，其中一个理由就是我们公司出品的影片是用电脑制作的。电视台不播放，客户便难以再找我们制作广告片。这怎么行？我请了律师给他们发函，准备起诉。在和解庭调解时，主流电视台提出我们的影片质量差。他们认为，电脑制作的影片肯定不如用昂贵的传统剪辑设备制作出来的影片效果好，同时一定达不到行业标准。我说这是无知的表现。质量是否达到行业标准，可以用检测报告的数据证明，不能臆想。结果他们败诉并撤回了对我们的禁令。

早年第一次申请美国签证被拒时，我还是在律师的鼓励下才敢发函抗争。那一次虽然做好了打官司的准备，却没有步入法庭。这一次是我主动拿起法律的武器抗争，算是离法庭更近了一步。十几年后，我自己站到法庭为自己辩护，赢了一半官司。中财国际结束后，我就失业了。按照法律规定，我申请到了7个月的失业金。我用每个月领到的2500加元的失业金支付友邦资本有限公司的房租及助理马琳达的薪水。谁知，2003年，加拿大国家税务局（CRA）的工作人员联系我，询问几年前我领失业金后是否去找工作。我如实回答：没有去找工作，相反，我开办公司给其他人创造了就业机会。税务局说，我用失业金开办公司是欺骗行为，以诈骗罪起诉了我。理由是按照失业金申请的规定，领到失业金后应该去找工作，而我去开了公司，违法。

律师韩信建议我不要打官司，他说，那时即使我写了一封求职信也算求职了，而我显然未求职，那就最好老老实实地缴纳税务局要求的包括失业金本利及罚款的7万加元。我认为不公平，就上法庭自己应诉。我为自己辩护的主要理由有两点：应征现成的工作和创造工作机会，哪个对社会更有利？我给雇员发了薪水，雇员仍然需要缴纳所得税，同时也为国家创造了税收。法官说："你讲的都对，我也希望加拿大所有失业的人都像你这样。但是你还是违法了。法律规定，领取失业金的同时，必须要不停地找工作，而你没有去找工作，所以就是欺骗政府。鉴于你的情况，法庭的判决是免去罚款，只需偿还政府发的失业金本金及3%的利息。"加拿大的法庭讲道理，却也"认死理"。一次次的法律碰撞教会我，在加拿大经商、生活一定要熟悉并遵守相关法律。

公司步入正轨后，主要由布鲁克主管，他任总经理，我是董事长。

上大学受同学影响，布鲁克吸上了大麻①。1990年拍摄毕业作品《迟来的先生》时，我发现他的瘾已经很重了。有几个场景在他们家拍摄。拍摄中他突然消失、去卧室里吸大麻了。他说不吸大麻，脑子就不清楚。我说："这可不行，你必须要戒掉。"没过几天，他太太回家时看到他在屋里吸大麻，两个人发生争执，他太太打电话让我去调解。我过去之后，先把他的大麻拿走，又把他反锁在屋子里。大麻瘾的作用下，布鲁克暴怒，踢门砸门，用拳头把房间的墙砸了好几个洞，我就是不开门。他太太很紧张，我说："没事，只要他冲不出来，不打我就没事。"关了几个小时之后，布鲁克最终渐渐平静下来②。在家人与专业人士的帮助下，布鲁克历经数年逐步摆脱了大麻成瘾问题。大麻的戒除过程极为艰难，不仅对

① 【编者注】根据中国法律，大麻属毒品范畴，吸食、持有均构成违法犯罪。本书提及的药物成瘾个案旨在警示读者远离毒品，中国法律严禁一切毒品相关活动，滥用药物将面临法律制裁且严重危害健康。

② 【编者注】药物成瘾戒断需专业医疗支持，个人强行戒除可能引发严重身心损伤，请勿模仿。

大脑和身体造成了很大影响，且存在复发风险，其身心代价远超常人。

戒掉大麻后，布鲁克管理公司更加细致。他是技术型人才，喜欢自己动手操作，而且做起来非常投入。很多时候，客户已经很满意了，他仍不放心，还在孜孜不倦地熬夜修改，精雕细琢。这个特点对于拓展公司业务不利，限制了公司的更广阔的发展，公司一直维持在中型规模。

我做管理的风格则与布鲁克截然相反。我一直信奉"让专业的人做专业的事情"，管理者只要把控方向、带好团队。做商业产品，不同于个人的艺术创作，以客户满意为准，而非用自己的眼光来评判。毕竟隔行如隔山，每个行当的客户应该知道什么是他们想要的，我们只要按照他们的愿望去操作即可。从1993年做中财国际，我只是每个月去明星影视公司参加例会，有空闲时做做自己感兴趣的项目。

凡是客户是华人企业的项目，我一定要参加。公司里只有我一个华人，而当时华人业主，如餐馆老板等英语不大好，我负责当翻译及设计诉求的沟通。中西方文化的差异下，西方人同事不是很容易能了解到华人业主想要什么效果。此外，对于客户只提想法、需要公司出创意的项目，我很喜欢参加，如为温哥华日本餐厅TOJO①拍摄的广告。还有同学、朋友的婚礼拍摄我一定会参加，且常常是成本价赠送。偶然涉及选美女做模特的项目，我也很有兴趣参与。

从始至终参与的项目是陆生严主持的正福宗的法会拍摄。发自内心，我感谢正福宗及师尊对明星影视公司成立的恩情。倘若不是帮他们拍摄祈福法会的机缘，便不会有明星影视公司的顺畅建立。我很珍惜这段善缘，唯有以尽心尽力地义务拍摄法会作为报答。法会每周五都有，开始在温哥华，后来也在西雅图的彩虹瑞寺举办。无论在哪里，风雨无阻，我们的拍摄团队都会抵达。拍摄后，我们做好剪辑完成母带，并复制若干录像带，在下周五参加法会时带去现场，供正福宗销售。录像带售价100加元/盘，我们分文不取，承担所有的材料及人工成本。1991年夏天，正福宗计划办《正福报》，我专门聘请了从北京来的

① 这家日本料理餐厅本身也是一家很有创意的餐厅。他们将加拿大的食材与日餐有机结合，创制了"加利福尼亚卷""三文鱼寿司"等如今北美日本餐馆的必备菜品。

专业影视编导惠君来承办《正福报》。

1992年冬天的一个雪夜,我们在西雅图拍摄法会。法会上,师尊说法时说道:"昨夜梦到了菩萨,告诉我,我是莲生活佛。"当时我听得很专注,听到这句时,自言自语说了句"胡扯"(Bush shit)。一下子惹了大麻烦。会场很安静,我这句话声音虽不高,却被许多人听到了。坐在我周围的信徒们呼啦一下将我围起来,你一句我一句地对我进行声讨,有些人要动手砸录像机,有些人想打我。拍摄的同事们都是西方人,不懂中文,看到这个情形,只能手忙脚乱地收设备。我当然也没有喊他们帮忙。多年以来,我的一个根深蒂固的想法是,华人之间的事情最好自己解决,家丑不外扬,不要闹到其他族裔来参与。

关键时刻,尊上师从人群中挤过来挡在我身边,但他也不敢贸然劝阻信徒,要等陆生严发话。陆生严默默地坐在那里一言不发。群情激奋。场地里坐着的师尊的太太陆师母站起来开口了。陆师母平时对我也很好,她款款地对愤怒的信徒们说:"小鲍不是正福宗的人,他是来帮忙拍录像的。他不懂师尊的话,他也不学佛,冒犯师尊也是无心的。"又转向我,语重心长地嘱咐我:"你也不是故意的。这样吧,你走过去给师尊磕个头,赔个不是,就算了。"人群让开一条路。看看还在盘腿合十坐在那里的师尊,他似看非看我,面无表情。我走过去,合掌叩头,诚恳地赔礼道歉后,站起身走出了寺庙。尊上师跟着我,护送我离开。

同事们已经坐在设备车上等我了。我上车后对尊上师说:"今晚的事情真是非常对不起。我让你们为难了。以后我们也不来了,你们再找其他人帮忙拍摄吧。"尊上师安慰我:"别介意,过去就过去了。"我说:"我没办法再面对这位师尊、这些人。天下没有不散的筵席,我们的缘分也到这里了。所有我们拍摄的母带这几天都送到温哥华寺庙里。"没办法,我境界不够,看不到那些异象,也很难相信。

尽管这段缘分结束得有些意外,可是我的感恩之情没有变过,并且从未后悔过一年多对正福宗出人出力的义务支持。还是那句话,没有那场祈福法会,明星影视公司就不能那么快地出现。也正是因为我成功创办了明星影视并经营有方,才令米叔对我的商业实操能力有了信心,也才会与我合作创办中财国际、带领我在他那个层次的商业领域遨游。

明星影视公司经营了十来年，到了新世纪初结业。结业的主要原因是摄像剪辑这行对设备的要求越来越高，更新也越来越快。我们虽然业绩不错，但绝大部分收入都投入到设备更新中了。从 VHS 到 SUPER VHS、VHC、video 8、SUPER video 8、Beta cam、BetaSP、Digital Beta、Digital Beta camera，一路升级，不胜枚举，刚入手新设备又要更新到数码系列。除了摄像机以外还要购置相应配套的剪辑收录设备，常常一台专业的摄像机、剪辑机就是 3 万—5 万加元。尽管只是付首付，可也招架不住这种几乎要"日日新"的频率。我决定结业。

公司中期，我们便接到了当时全球最大的游戏公司艺电的温哥华实景拍摄业务，并且随着他们规模的扩大而不断增加业务。到了后期，艺电的业务成了明星影视公司的主要业务，由布鲁克亲自负责，并参与制作。他的精益求精也受到艺电极大的肯定。我与他及艺电商量，不如卖掉公司，他去艺电专门负责这项业务。艺电和布鲁克都很乐意。后来他升职为艺电公司高管直至退休。

公司设备打折处理，清算后剩余几十万加元。原本应该对半平分，布鲁克提出来他要买房，先借用我的分成，日后再还我。到现在，布鲁克已从艺电光荣退休，拿了不少股票，经济无虞，我们时而小聚，但我的那部分分成却迟迟未还。我也没有再催讨了。太太伊莲对我放款时手脚大、催款时开不了口的特点多有批评，可是我本性难移。我总觉得，钱财生不带来死不带去，够花就行。万事随缘，因果循环。

总结明星影视的开办，十年经营没有给我带来多少收入，却是我一个不错的开始，让我也过了一把"影视行业瘾"，风光了一场"明星梦"。此外，明星影视还引发了我对尘封已久的家史的探寻，这更是冥冥之中的安排。

1993 年，我带领商务考察团去中国考察 ①，经过上海时，我去看望了外婆。知道外婆那一年 90 大寿，我偷偷地为她安排了一个"惊喜派对"，以表祝贺。

我对外婆说，请她去外面吃晚饭。当我们的出租车在和平饭店门口停下来时，她仿佛想起了什么，她问："道平，你带我来和平饭店干什么？"这时门卫已上前拉开了车门。我搀扶着外婆，慢步走进了大堂。"等等，你知道吗？"她抬起头看着垂吊着大水晶灯的天花板，"解放前，只要我来，第一支舞，我不跳，谁都不能跳。那时候你外公的舞会都是包场的。"想起过去的日子，她脸上流露出发自内心的喜悦。

"欢迎，欢迎卞太太！"饭店乐团的鼓手鲍正桢老先生走过来招呼着我们进舞厅。饭店经理也特意走出来

----

① 【编者注】此次商务考察正值邓小平南方谈话（1992 年 1 月 18 日—2 月 21 日）一周年之际。邓小平在视察深圳、珠海等地时强调"改革开放胆子要大一些""市场经济不等于资本主义"，系统阐述了社会主义市场经济理论，直接推动 1992 年 10 月中共十四大确立社会主义市场经济体制改革目标。1993 年年底，上海浦东新区作为改革开放新窗口已启动三年建设，这些发展为作者所在考察团的商务活动提供了政策保障和市场机遇。1993 年 11 月，中共十四届三中全会通过《关于建立社会主义市场经济体制若干问题的决定》，标志着改革进入制度创新阶段。

4

明星影业，祖孙两代的不解之缘

◎ 1949 年卞家全家福。前排为外公外婆，二排左起为爸爸妈妈，摄于上海照相馆

迎接外婆。上海市南京东路 20 号的和平饭店一楼，每晚 7 点左右都会有爵士乐演奏。乐队一共 6 位乐手，皆是解放前的老乐人，江湖人称"和平饭店老年爵士乐团"，被誉为"世上最老的爵士乐队"。他们坚持演奏着二十世纪三四十年代老上海鼎盛时期的爵士乐名曲。当年外婆频繁出入舞场时，他们就在演奏，因此知道"卞太太"。

那个晚上，我也像外公一样为外婆做了一个包场。外婆在欢快的乐曲中和我跳起了第一支舞。许多饭店的客人、工作人员听说 90 岁的老婆婆还能跳舞，都好奇地拥过来观看。他们哪里知道，外婆在 20 世纪 20 年代毕业于自己投资入股的"两江女子体育师范学校"，专业之一便是舞蹈，还参加过舞蹈比赛。外公在旧上海做电影发行时，凡是他有意栽培的明星过生日、结婚或其他重大事件需要大场面时，皆由外婆出面，去百乐门等高档娱乐场所为明星包场，开场的第一支舞自然非外婆莫属。那天晚上她特别高兴，握住我的双手说："谢谢你，道平。从今以后我会忘去所有不开心的事情，也会原谅所有曾经对不住我的人。"那是她有生之年最后一次跳舞。

和平饭店是外婆心中的一个隐痛。1924年年底，外婆洪立蒸与外公卞毓英"私定终身"，结为连理。彼时，卞毓英在商界崭露头角，洪府上下都不看好这桩婚事，认为洪立蒸下嫁了。外婆出生于上海青浦的大地主家庭，从小性格外向，16岁时不愿听从媒妁之言拒婚，由姐姐接去上海读书，是旧时代典型的大户人家的新派小姐。

外公家在苏州，家境殷实，本来日子过得不错，但是他母亲去世后父亲续弦，后妈与父亲一起吸鸦片，爷爷手里留下的祖产被变卖了不少。后妈脾气暴躁，打骂前房留下的孩子是家常便饭。终于忍到能出走的年龄，12岁的外公带着9岁的弟弟卞毓麟来到上海讨生活，从街头擦皮鞋做起。外公勤劳、诚实、有商业头脑，没过两年，便被开亨达利钟表店的法国商人阿嘉利克看中，雇来做家仆——主业之一是为上海街头流浪儿办夜校，外公自己也在其中上课。夜校毕业后，阿嘉利克送外公去西雅图的华盛顿大学深造。祖父鲍咸镪与外公就是在华盛顿大学结下了友谊。学成之后，外公成为阿嘉利克的左膀右臂，管理并开办新的钟表店，担任中央大戏院经理。

外婆告诉我，1923年，张石川兄弟开办的明星影片公司举步维艰，找到外公求援。外公引入在美国学习的股份制的概念，将明星影片公司重组为上海明星影片股份有限公司，并控制60%的股权。从掌管"明星"的发行开始，渐渐发展为电影发行界的领军人物。外婆与外公结婚时，外公的事业起步不久，因此外婆被家人认为是"下嫁"。

婚后，夫唱妇随，外婆帮助外公稳固事业，两人还一起兴办学堂，但是两个人的婚姻关系却不是风平浪静。1929年夏初，跟随外公出门的仆人暗暗报信给外婆，说老爷在外面有了姘头。外婆赶往和平饭店时，正看到外公携舞女上了卞府车牌号为6699的汽车。因此，外婆再未踏进和平饭店大门一步。自由恋爱，顶着家族的压力成婚，山盟海誓转眼成空。回家后，外婆吞了5克拉的钻戒打

◎上海影星胡蝶与潘有声的婚礼，妈妈卞志滢（前排右一）担任花童

算自尽。哪知戒指太大，卡在喉咙根上下不得，管家急忙电话联系外公常去的几家夜总会。找到外公后，外公说正在谈业务，不能回来，让管家找他老友及生意伙伴、我的祖父鲍咸锵代为处理。鲍咸锵作为上海商务印书馆大股东、上海商业储蓄银行襄理，与外公在电影发行等方面有密切的合作关系。祖父鲍咸锵开着车、带着他的私人医生赶来卞府救助。医生不仅取出戒指，还确定外婆已经怀了第四个孩子。祖父对感觉前途迷茫的外婆说："这个孩子生下来我负责，算我们家的。"这个孩子便是妈妈，后来真成了鲍家的人——嫁给了身为鲍家三公子的爸爸。

从小就听外婆及家里人说，外公是"民族资本家"。1949年上海解放，外公主动将名下资产全部捐出，荣列上海民族资本家榜单第三名。但是外公做什么生意，我却不知道。1993 年与外婆聊天时，说到我从艾米丽卡尔艺术与设计大学的电影系毕业，和布鲁克成立了"明星影视公司"，外婆惊呼："你也成立了明星影视公司？当年你外公做的就是老上海的明星影片股份有限公司啊！"我这才知道外公原来与大名鼎鼎的"上海明星"有千丝万缕的联系。难怪我刚到温哥华后，妈妈写信让我拜访一位叫胡蝶的女士，说胡蝶结婚时，妈妈是小花童。1987 年，经岳华大哥安排，我与胡蝶女士见面。吃饭时，她还问及外公、外婆等家人的消息，我以为只是朋友询问，并未深想，哪里知道是这样一层关联。于是，有意与外婆长聊了几次外公做电影发行时的往事，也开始有意识地向妈妈、大姨、大舅等人打探相关信息。

10 多年后，在中国金唱片颁奖仪式上，我结识了北京电影学院的张会军院长。他对这段历史非常感兴趣。2009 年，我特意陪同北京电影学院的两位在读博士生前往上海采访了大舅，听他讲述了许多他当年的所见所闻。家族的卷幅在我眼前一点点展开，却又模糊不清。从那以后，探寻外公卞毓英、祖父鲍咸锵当年的商业事迹成了我一项业余爱好。

1993 年冬，我去香港开会，经赵毅傅的侄女赵女士引荐，拜访了赵毅傅。出国读书前，外婆便嘱咐过我："如果你将来遇到什么大的困难，可以去香港找赵毅傅。只要你说是卞毓英的后人，他一定会帮助你的。"此番拜访当然不是去求助，只是想多了解外公的故事。赵毅傅请我坐在他的劳斯莱斯轿车上长聊了两个小时，车子开出了郊外一圈圈兜风。谈话中，赵毅傅恳切地表达了几重意思：第一，询问我希望得到多少金钱的回馈，他都愿意满足，以感谢当年外公赠片、救助之恩。1937 年日本入侵上海后，赵家的上海天意电影公司撤往南洋以及香港拓展市场。外公将数部明星等公司拍摄的未及放映的影片赠予赵维翁，以保留华语影业的一脉香火。这些影片帮助赵家在新市场站稳脚跟。天意公司在香港遭遇黑社会欺凌，黑社会将他们在香港的第一个片场炸毁，还绑架了赵维翁。借助杜月笙的帮助，外公去香港摆平此事，赵氏兄弟得以重整旗鼓。第二，他深知外公当时在影业的地位，强调说，有人撰写中国电影史时曾要推举他为"中国电影第一人"，他坚辞。同时，他也希望谈话内容在他有生之年不要外泄。

重组上海明星影片股份有限公司后，正值上海电影业风起云涌之时，影业公司如雨后春笋纷纷冒出，最高时竟达120家。外公认为，无论多少家公司拍片、拍出多少部影片、影片拍摄得多么好，都离不开最后的放映。如果没有人放映，影片只能是停留在胶片上的死影片。而掌握了发行市场，才真正掌握了电影业的命脉。他决定以明星影片的电影为依托，拓展放映市场，于是与祖父鲍咸锵等成立了华威影片发行公司和华威贸易公司，做电影胶片进口及电影放映托拉斯^①。被《影戏生活》1931年的报道评价为："现在方才知道他们的确是中国电影界的大本营、大功臣。国产影片能够运往内地去开映，大多是委托华威公司代理的。因为内地的大小影戏院差不多都在华威旗帜之下。影片公司如果单独进行，要想出租片子，是多么麻烦呀。于是不得不仰仗于华威了。"

作为实力雄厚、经验丰富的公司，明星拍出了中国第一部有声电影，拥有胡蝶、周璇、阮玲玉等众多家喻户晓的影星，最高时年产160部影片，这些都是不可小觑的竞争实力。以接受入股才能拥有明星影片的首映权为条件，外公迅速开拓出数量众多的合资影院，形成了放映托拉斯。此外，外公也联合其他投资者，积极向外埠开拓，自建影院。如1930年，集资修建了当时青岛最大的、能容纳750名观众的、专门放映国产电影的山东大戏院（初名"青岛大戏院"）。那个年代，外资的电影院主要放映进口影片，国产电影只是点缀。修建中国人自己的电影院，在当时抢占电影院线和市场非常重要。如果没有中资开办的影院支持，国产电影业将无法发展。

外婆的终身好友林维中（原名林素斐）曾是田汉的妻子，我小时候见过她，喊她"田家阿婆"。由于这一层关系，1927年，明星公司拍摄了田汉的第一部电影《湖边春梦》。这部默片可谓中国电影史上空前绝后的前卫之作。电影描述的是虐恋文化类故事。如此惊世骇俗的电影能拍摄完成，与外公的支持应分不开。也是由此开始，外公大力支持田汉，介绍了联华、艺华、电通等一批影

---

① 【编者注】"托拉斯"是英文 trust 的音译，指的是垄断组织的一种形式，企业通过合并形成垄断。在电影放映行业，放映托拉斯通常指通过控制多家影院形成市场垄断的企业联盟。

业公司与他合作，助田汉走上了电影创作之路。而在田汉的引介下，后被称为"新中国电影文学的奠基人"的夏衍步入电影业。1932 年，夏衍加入明星公司，开始了中国电影的"左转"。是年，也被称为中国电影的"左转"元年。夏衍领导了上海的左翼电影运动，于次年在上海成立电影文化协会。明星公司拍摄于 1933 年的电影《狂流》是夏衍任编剧的第一部电影，也是中国电影史上第一部"左翼影片"。明星、联华、艺华、电通、天一等电影公司后来都成了左翼电影的摇篮。

中华人民共和国成立后，许多旧事唯恐避之不及，不敢再重提。这些年越了解，越清晰。没想到这些已经成为历史的事件竟然与外公、外婆有关；也没想到祖父与外公的情谊那样深厚，亲情之前是友情与商业合作的关系。有时候我觉得家史像小说情节，我的使命之一便是寻访过去。如今，通过发动亲友找寻资料、访查求证当事人，漫漶的画面正在一笔笔被补上。

死里逃生的高速梦

我与米叔正式的商业合作始于 1993 年的中财国际。从 1987 年圣诞结识以来，跟随米叔获得了不少理论知识，懂了不少道理。俗话说"是骡子是马拉出来遛遛"，我很渴望能有机会展示自己的能力、实现想法和商业创意。

中财国际的场地和启动运营资金由米叔提供，我则以自己的人力与创意入股。用"中国"来为公司命名，是由于我的目标明确，就是要投资中国的项目。我是中国人，我的长处是对中国市场的了解。我们的口号是"为中国搭建桥梁"①。米叔和我都愿意为中国做些事情，且 1989 年外资纷纷从中国撤离，造成资金缺口，我认为这是一个逆向前行的机会。我们希望将中国的项目与北美的管理、技术、资金结合起来，优势互补。

有米叔做后盾，资金不是问题，重要的是项目可靠。要做就做大的，这是我从一开始就抱定的商业理念之一。假设两个项目的利润率都是 5%，投资 1000 元的项目与投资 1000 万的项目，产出的绝对值差距巨大。既然都是全心全意投入，花同样的时间、精力，为何不做产出多的大项目？大项目需要大资金——一定要有 OPM②的

① "Gate way to China."

② OPM 战略，Other People's Money，即"用别人的钱赚钱"。

概念，就是不能只局限于自己能力，需要利用他人的资金做投资。有好的项目、好的团队，就可以吸引好的资金。做生意更重要的是看人的好坏，资方投资的不只是项目。好的生意人是用信用做生意，吸引大家一起投资。

公司成立伊始，我便动用所有的人脉、关系、渠道，在中国大面积撒网，找寻可行的项目，全国各地跑着看项目。经过近一年的寻找、接触、考察，选定了建设中的高速公路。

为何要合资兴建在建的高速公路项目？我认为，这样的项目合作更容易取得双赢。对投资方而言，项目已经在建，省去了立项分析、背景调查、人员配备、项目管理等，仅在建成后验收、按照约定投入资金即可。这个项目是政府的，合作应该会更稳定。况且，完全外资进入，难免水土不服，不论是当时中国各方面"内外有别"——对中资、外资收费不同，还是独资运作需要的庞大的团队的不可操作性，皆是巨大的拦路虎，不如中外合资便利。

对于中国方面，全国各地在轰轰烈烈地开展基础建设，需要大量资金，应该多多进行 OPM 的操作，用境外资金推动本土发展。尽管合作期限内投资方会按照股份分取利润，但是不要怕他人赚钱，要看到由于投资方注入了资金，政府可以抽出来已经投入的钱去投新的项目，用建一条高速公路的钱去建十条，而且分成结束后高速公路仍然留在中国。

运用这套思路，经过几个月的斡旋，我终于说服相关各方，令合作成形。接下来是两年多的法务谈判。由于中加双方法律、社会制度、文化等差异巨大，谈判进行得异常艰苦。比如谈合同，加方准备的合同是中英双语版，合同数量之巨需要两个人搬运；而中方递上来的合同只有薄薄一沓纸，是政府规定的标准合同，仅能做填空、不能修改。再比如，中方按照标准合同，要求投资方提供银行资金证明，完全不明白数十亿元的投资款怎么可能从银行开具存款证明？就存款证明的不可能性这一点，中方至少换了两个律师才接受。

与中方合同谈判的同时，我们也在说服加拿大的几个意向投资方。按照北美的生意规矩，谈生意的第一步是看可行性报告。原以为高速公路已经开工，开工前势必有可行性报告，翻译成英文即可。但是，中方的可行性报告却不符合加拿大的要求，不够详细，连过往车辆的统计都没有。我们聘请的毕马威（KPMG）财务公司认为，没有过往车辆的统计数据，就无法计算出项目投资的回报率。既然需要，我也只能后补。

我们印制了统一的表格，在当地雇用了250人，4人一组，分别站在马路两侧，每500米安置一个统计点，4小时一班，24小时不间断历时30天实际检测，以画"正"字的方式记录过往车辆的车型、数量。统计了高速可以替代的国道、省级及县级公路的车流情况。统计的表格堆满房间，再雇人处理统计表格。以此为基础，逐渐完成了毕马威财务公司要求的可行性报告。高速公路通车项目完成时，我将这些原始表格单独配装了镜框，赠送给项目相关人员，以作纪念。

项目操作过程中，我开始组建团队。发现自己的金融知识储备不够，便招聘到拥有哈佛大学和多伦多大学教育背景的弗莱彻（Jim Fletcher）担任总经理，我任副总经理。弗莱彻拥有金融学位，有投资实践，写出优化的合作方案，令项目推进如虎添翼。米叔说，想做大生意，必须要有好的律师、会计和家庭医生。中财国际需要专门的律师，米叔找到了律师韩信。约韩信在咖啡馆见面，他了解了公司和项目，在1993年随我们去中国考察后成为公司的特聘律师；1995年做高速项目时，他索性退出了原本律师事务所的股份，来做公司的全职法律副总裁。与韩信的合作默契、愉快，后来他也成为我的私人律师和所开的其他公司的法律顾问。2015年，韩信的儿子从法学院毕业后，他特意让儿子去我公司做事，正赶上我的恐龙王公司（Dinoking Tech Ltd.）反向并购美国纳斯达克上市公司普利尔展览公司。小伙子工作认真勤勉，做满一年后去英国深造，读了企业法博士。毕业后专做上市公司的收购、并购业务。

我还请了职业生涯中第一位秘书安娜。招聘秘书时的月薪是1200加元，安娜面试后犹豫了，她特意打电话解释了拒绝的理由——她在商场卖鞋每个月有1800加元的收入。放了电话，我意识到安娜有责任心，即使不来也能有回复，属于闭环操作，这是一些硕士、博士应征者都不会有的，便又打电话请她考虑。在我看来，安娜来中财国际上班是更好的选择，我强调一点："我相信我们这边有发展，你没有学历，商场销售不能与国际运营的商业公司相比，看问题要有发展眼光。"安娜听从了我的建议。她就职后表现得相当优异，以一项三，几乎拿下了中财国际的全部内勤工作。原本只会粤语不会普通话的她，几年后普通话流利。中财国际结业时，韩信律师和我都很想请她去新公司上班，可惜那时我们已经支付不起与她能力匹配的薪水了。安娜目前在一家保险公司任副总裁。几十年的公司运营中，另一个激励我奋斗的因素是拥有高效、友爱的团队合作。看到团队成员不断成长，有了更好的发展，我会引以为傲。

1994 年 2 月 26 日，中财国际与中国某省政府签订了"修建一条收费高速——某高速公路的合资协议书"，并被省领导接见。1995 年 10 月 18 日，高速公路第一段建成，1996 年全程通车。中财国际验收合格后，执行合同，完成股份收购。这是中国第一条中外合资的收费高速公路。本来我以为从此开启了在中国的合资修路模式，但是后续却发生了意想不到的波折。

高速公路通车了，却不能收费。收费用的 ETC 系统是我专程去美国考察多次后引入的，不仅不用停车就能扣费，同时还能测出车重，便于管理超重车——山西来的车以运煤车为主，常常超重，对道路安全使用非常不利。尽管这条高速公路的建成大大提高了煤炭外运的速度——从以前两天拉一趟提升到一天拉两趟，提高了运输效益，可是司机们不愿意交高速费。据说地方民众为了抵制收费，多次闹事。始料未及的是，主管部门表示无能为力、束手无策，竟然将高速公路的收费无限期搁置。现在回看这段历史，中国高速收费的观念确实推进了几年甚至十几年，民众才从抗拒转为服从，这需要相关观念在全社会的普及。然而，这些普及工作远非一两家公司能做到，更何况是外资公司。

之前设想的"借钱修路"的中国高速梦破碎了。我所有关于这类项目的设想都不可能有第二次实现的机会了。尽管经过系列弥补性操作，几年后高速项目的股东们决定在亚洲股票市场上市，但是我的相关商业设想失败了，也令在北美投资界刚刚建立的微薄的信誉受损。

总是失之东隅，收之桑榆。梦碎了，倒是没有白做。尽管离开中国来加拿大留学时我已经 25 岁，却没有接触多少社会。此番创业，与各方人士打交道，经历多种挫折，长了见识。这个项目也是我进入北美投资界的敲门砖，学习到资方的思维模式。对我而言，这个项目完成后，带来的认知、能力提升比经济收益重要得多。切实一步步走完了从公司成立、找项目、项目洽谈、资金运作、实施、投资等全过程，收获了一手的、大量的在中国和北美经商的经验。1994年，我在阿尔伯塔大学商学院作了题为《拿钥匙的人不在》的主题演讲，分享在中国的商业运作中一些独特之处。

项目能上市算是"死里逃生"，而在项目运作过程中，我还有一次真正的死里逃生的经历。

那是1995年的一个晚上，某省领导在省委招待所宴请我们高速项目组的外商代表。无酒不成席是传统——在中国不喝酒也很难社交。"来来来，欢迎我们远道而来的加拿大朋友。"我还没有反应过来，领导刚刚还装满酒的杯子已顿时见底。"好，我先喝了三杯，大家都端起杯子。"领导再次提议。对于强行劝酒我一时不能接受，在加拿大几年，我好不容易克服了"中国式客气"，竟脱口而出："我从来不喝酒，也不喜欢喝酒。"领导喊来服务员，说："服务员，来，你帮鲍先生端着酒杯，鲍先生不喝你不能走。"场面十分尴尬。一位陪同人士说，"我替鲍先生喝吧。""不行。"领导断然回绝。我看着16人的餐桌，又望望四周空无一人的餐厅。看来这杯酒不喝真的是不给领导面子了。我端起酒杯，"谢谢领导，祝我们合作成功……"没想到嘴唇刚抿了一下酒杯，我就仰面倒下、不省人事。

当我清醒过来的时候，已在医院的病床上了。"我这是在哪儿？我怎么了？"望着床边的白衣护士，我以为自己在做梦。"张大夫，外宾醒了！"护士大声向外叫喊着。门外进来了几位医生。"鲍先生，没事，没事，您可能有些食物中毒。"我很纳闷，怎么会食物中毒？我还没有开始吃饭呀。我猜测是酒杯和酒有问题，但也没获得确切答案，医生们只说是食物中毒，没说中了什么毒。省里对我还挺重视，安排了三位医生治疗，每次吃药都需三位医生认可、签字。我就这样糊里糊涂地在当地医院享受着"省委领导的专用病房和待遇"。5天后，一路警车开道，救护车把我安全送到了北京去交通部签订正式合同，又享受了一次"国宾"待遇。

为何遭遇"食物中毒"，我想不出原因。是与其他公司的商业竞争所致？或者仅仅是巧合，酒杯不洁被我赶上了？不得而知。这次意外，我未深究，与其他不顺利一样，被我看作人生中不可避免的小波澜。俗话说"大难不死，必有后福"，渡过小劫，想必日后能更好一些；还有机会体会了高干病房、警车开道的领导待遇，这次"死里逃生"也算是一场奇遇吧。

6

宾戈，宾戈，美丽的肥皂泡

1993 年 4 月，我第二次带领商务考察团回中国，这次是以中财国际的名义。同行的有米叔夫妇、加拿大盛大（Great Canadian Casino）总裁霍根（John Hogan）、世界最大的游乐机制造商 IGT（International Game Technology）常务副总裁保尔（Paul Park）、北美建筑设计业专家瑞特（Lee Rights）等。此行的主要目的是去河南洽谈中国娱乐城项目。

在北美生活几年后，我发现"宾戈"（Bingo）① 这类游戏在这边很受欢迎，在学校、老人院、教堂等群众性聚会中常作为娱乐项目出现。② 而在当时的中国，这些

---

① 【编者注】宾戈是一种基于数字匹配的群体游戏，起源于 16 世纪意大利乐透，18 世纪传入北美后改为现制。玩家购买数字卡，主持人随机报数，率先完成特定排列者胜出。因规则简单、社交性强，常被用于教堂筹款、社区联谊等非营利场景。其低门槛、即时反馈（间歇性强化）易诱发心理依赖，尤其对老年、社交孤立等群体而言。加拿大成瘾与心理健康中心（CAMH）2001 年研究指出，宾戈玩家病态赌博率约 1.2%，重复参与可能升级至其他博彩形式。

② 【编者注】内华达州 1931 年赌博合法化后，拉斯维加斯依托税收优惠吸引资本，形成"赌场 + 酒店 + 演出"综合体模式，北美博彩酒店兴起。尽管创造就业，但犯罪率上升、病态赌博等问题引发批评，如 1994 年《美国公共卫生杂志》统计赌场 30 公里内家庭破产率增长 7%。在加拿大，慈善宾戈（Charity Bingo）在部分省份合法，但收益须用于教育、医疗等公益领域。

活动属于模糊地带，尚无明确的法律限定。[①]

正巧霍根去找米叔谈投资，希望中财国际在拉斯维加斯建一座五星级的特色娱乐酒店。我提出来拉斯维加斯没有中国元素的娱乐酒店，而受到语言、饮食等差异的影响，许多华人在西方人为主的场所中感到不自在。倘若有一家致力于服务华人的酒店，比如服务员懂普通话、粤语，提供中餐、热茶，室内布置是中式情调，让华人感到宾至如归，一定大受欢迎。这一创意受到霍根的欢迎。这个项目中，我的任务是做设计，回中国购买有地域、民族特色的室内装修的工艺品等。在讨论拉斯维加斯的项目时，我也提出来在中国推行宾戈等娱乐游戏的想法。霍根很认可，在他的引荐下，我们与 IGT 建立起联系。

改革开放后不久，IGT 便想进入中国市场，却限于语言、文化、法律、思维方式等差异，始终没有如愿。中财国际希望成为连接外资与中国市场的桥梁。在这样的思路下，双方很快达成合作协议，于是有了这次商务旅行活动。活动进展顺利，受到国内投资方的热情接见，并很快签订了建设"郑州娱乐宫"项目意向书。

郑州市中心地段的郑州电影院重建为三层高的"娱乐宫"。此外，我们采用北美流行的小厅放映，重建了两个环绕音响的电影放映厅，让"娱乐宫"名副其实。1995 年 2 月建成后，等待系列手续通过后，8 月获得"开办试点"的许可证，开幕营业。娱乐主题是"孙悟空三打白骨精"等中国传统文化元素，奖品使用积分卡。积分卡可以冲抵娱乐宫门票，也可以去亚细亚百货商场兑换商品。新鲜有趣的游戏一时间成了市民们的新宠，我们也期待让这个项目在其他城市落地开花。可惜好景不长，娱乐宫很快遭遇内忧外患。

开业几个月后娱乐宫收到要求停业整顿的通知，理由是有人倒卖积分卡，属于变相赌博。经调查，竟然是 IGT 从美国请来的华裔经理黄先生的亲戚所为。

---

① 【编者注】20 世纪 90 年代对群众性娱乐活动与赌博的边界存在阶段性争议，但 2006 年明确"开设赌场罪"，2018 年《关于规范网络游戏运营加强事中事后监管工作的通知》禁止一切形式的赌博游戏。根据中国现行法律，除福利彩票、体育彩票外，任何形式的博彩活动均属违法。中国法律严禁任何组织或个人开设赌场、参与境外赌博。

黄先生上任以后，迅速召集了十几名他在国内的亲戚来娱乐宫上班，利用职务之便，违规牟利。一年后，黄先生因患肺癌去世，局面更难维持。

就这样，"娱乐宫"昙花一现，匆匆退场。从获利角度来看，中财国际没有多少战果，但是从项目的意义来说，它为中国博彩业的实践及法律的完善起到了推动作用，是名副其实的"试点"。常有听过这段故事的朋友问我：怎么敢去想完善法律方面的事情？为何不做些容易做的项目，而要去开先河？诚然，开先河的风险确实太大，但是我认为，推动社会进步是每一个人的责任。既然我看到了其他国家的一些可以学习的地方，为何不能在中国试试？

赚钱是经商的目的，但不是唯一的目的。与大公司合作做大项目，我的眼光、思维都能提升许多。跟着有钱人去投资才能赚钱，宁为牛后不为鸡首。这个项目中，我们的合作者无论IGT还是瑞特皆为业界大佬，能与他们共事，是在做事的同时获得培训。

娱乐宫项目还有"意外收获"。瑞特由于此项目来中国数次，竟然爱上了中文、中国文化。考察时是他首次来中国，中文一句不会。神奇的是，两周考察结束时，他已经能用中文点自己爱吃的菜了。据我观察，他学语言很勤奋，白天在饭馆中听到菜名，他跟着练习，晚上休息时，再把这些句子用自己的方式记录下来。次日，他会尽量多地说出来，不管发音是否标准，错了也照样说。如此这般，他的中文进步神速。宾戈项目结束几年后，我与他偶遇，他竟然能说一口流利的中文，还能用中文和我聊天。可见一个成功的人必定有他的独到之处，他的成功也绝非仅凭运气。

1995年8月，娱乐宫开业时，中财国际应市政府之邀参加了郑交会，带去了"镭射城堡"。这是加拿大阿尔伯塔省一项新的设计独特的科技专利产品，我们购买了一套在温哥华试营业，效果非常好，孩子们呼朋引伴地排队来玩儿，回头率高。在郑州全国商品交易会上，这套产品也广受关注，带去的样品被文化部下属公司订购，与我们谈合作。对方出货款的一半，提供场地，我们负责另一半货款及运费、安装、培训，门票收入分给我们40%。两年后，项目在国内某公园落地，正式营业。但对方以希望先拿回成本为由，迟迟没有给我们付款，后来就不了了之了。

从 1993 年建立到 1996 年结业，除了高速公路、娱乐宫、镭射城堡，中财国际投资过啤酒厂、制药厂、水泥厂、化工厂、果品加工厂、三星酒店烂尾楼等，做过北美的家庭防盗报警设备、科勒品牌、双树（Double Tree）酒店管理、IMAX 巨幕电影等的中国总代理，都是轰轰烈烈开局，以石沉大海收场。理想丰满、现实骨感。

那段时间公司热热闹闹，开销也大，每年机票花费就要一二十万加元，项目调研、撰写可行性报告、聘请专业顾问等花费不菲。虽然盈余不多，公司也并未亏损，做出结业的决定出于几个原因。米叔的资产管理公司被汇丰银行收购，他要搬到汇丰银行指定的办公场所，原来租用的办公室不能再保留。同时，经历了数十个项目的实践后，我们不得不承认，在快速发展中，中国市场、机构的变化幅度也很大，超出了我们能控制、承受的范围。此外，秉承加拿大的商业风格，抑或我的性格原因，我从来不给办事人员、官员私下送礼，自己又不吸烟、不喝酒，这也是一个不利于在中国做市场的个人障碍。

如果以曲线图代表人生各时段，那么中财国际的曲线与我的第一次婚姻的曲线几乎重合。1993 年公司成立时，正是我新婚之时。而我与南希的相识，也恰好是在 1991 年酝酿出中财国际的那次回中国的商务考察后没多久。

郑州晚报
ZHENGZHOU WANBAO

国内统一刊号：CN41-0002　　郑州晚报社出版　　第5431号

1993年4月
28
星期三
癸酉年闰三月初七
郑州地区天气预报
今天夜里到明天：
晴间多云
风力：偏北风3级左右
温度：最低13℃　最高25℃

加拿大温哥华市企业界访问团抵郑

陈义初张世诚副市长昨晚会见访问团

本报讯　昨天上午，常务副市长陈义初、副市长张世诚在市府三楼会议室会见以 M·K 王氏联合有限公司董事长、总经理 米尔顿·K·王为团长，CWC 国际贸易公司副董事长鲍道平为副团长的加拿大温哥华市企业界访问团一行12人。

参加会见的还有省交通厅、市计委、市外来投资办、市文化局、二轻局、经济开发区等有关方面领导。

常务副市长陈义初首先代表市政府对代表团的来访表示欢迎。接着，陈义初向客人们介绍了我市的投资环境，希望加拿大有更多的企业家来郑投资。访问团副团长鲍道平宣读了温哥华市市长的信，表明了温哥华想在贸易、经济合作方面促进发展的愿望。鲍先生还介绍了来访问成员所感兴趣的投资方向。

访问团向郑州市政府赠送了礼品，常务副市长陈义初也向访问团成员回赠了礼品。

（本报记者 许聪）

◎ 1993 年 4 月，《郑州晚报》有关温哥华代表团访问郑州的报道南希刚大学毕业，自费从上海来加拿大留学，在语言学校读书，业余在餐厅打工。她善良、勤快、细心，为人体贴。那段时间，爸爸来温哥华探亲休养，住到次年秋天才回中国。我正处于创业期，东奔西走，照顾爸爸的责任多由南希承担起来。虽生长在上海，但因父母是北方人，她很会做面食，爸爸很喜欢吃。

1992年夏天，南希的签证快到期需要续签，爸爸建议，如果我们结婚，南希就可以申请移民，不必为签证烦恼了。于是趁着爸爸在温哥华，我们登记结婚，举行了西式婚礼。在教堂举行过仪式后，借史蒂文家的花园办了庆典聚会，请了乐队，浴缸里放满了啤酒。两个宾客喝多了酒动起手来，还惊动了警察。

比起我的移民申请，南希的申请异常快捷，结婚后我递交了申请的次日，南希的身份就被批复了。三十而立，大学毕业，开始创业还收获了爱情，喜不自胜、春风得意，我做起工作也干劲十足。更难得的是，南希对我的工作无条件支持。开办明星影视公司之初，我的收入全部投回公司添置设备，刚结婚的两三个月，家用靠南希在餐厅打工支撑。1992年年底，明星影视公司运营好转，我买了第一套房，总算有了自己的落脚之处。1993年年底，女儿凯丽出生。生活繁花似锦。未料到，岳母的到来会带来巨大的改变。

来探亲的岳父母到达之后，岳母一定要留下来，不肯回中国，并对我日渐不喜，各方面都提出了否定意见，最后发展到强迫南希与我离婚。面对母亲"你没有丈夫可以再找，你没有妈妈可就没有了"的以死相逼，南希和我也很难有其他选择。凯丽尚在襁褓之中，无缘无故地受此劫难实在情理不公，我抱着一线希望提出来先分开卧室一年，再考虑离婚，希望岳母能收回成命。不幸的是，一年之后，岳母仍要求我们离婚，说这样南希才能继续学业——他们送女儿出来是读书的，不是来结婚的。凯丽太小，我申请孩子的抚养权也未被批准。1995年年初，我们正式离婚。考虑到南希去上学需要经济支持，我提着自己的衣物离开曾经温暖的家，净身出户。一年后，南希想卖了房去多伦多上学，我帮她办妥手续。

离婚时，我叮嘱南希：既然为了读书而离婚，那么无论求学路途多么不易，也一定要把书读完。况且，将来想在加拿大安身立命，没有本地学历也很困难。

六七年后，南希读完了本科、MBA，又回到了温哥华，在银行任高管，我也结束了几年来为了探视凯丽在温哥华和多伦多之间的奔波。

2016 年，凯丽以钢琴演奏、经济统计双学位毕业，工作勤勉。在加拿大皇家银行工作一年多后，她破格申请 MBA 成功，2019 年在不列颠哥伦比亚大学读完了 MBA。深造后，她在公司的职位立即被提升，薪酬也比之前多了近一倍，凭借自己的能力，凯丽已经在温哥华市中心买了公寓。这也再次印证了我信奉的"教育是改变一个人处境最快捷的方法"。我和南希虽很少见面，但也像朋友一样保持联系。前几年，南希的妈妈问我：为何当初离婚时我不再反对？倘若我坚决不同意离婚，没准儿婚姻还能继续下去。我说，何必互相难为？放手是一种尊重，万事随缘吧。

西谚常说，"这就是人生"。起起伏伏，跌宕不平，无论彼时是彷徨迷茫，还是灿烂辉煌，只要有明确的目标、能坚持下去，最终都将走向自己的心之所向。也许，那也是命运注定的前方。

7 友邦，友帮，帮人帮到底

第一段婚姻结束后，我搬去父母的公寓中借居。[①]
中财国际的发展大势已定，米叔即将去汇丰银行赴职，
担任加拿大汇丰银行现金管理公司董事长。我要在结束
中财国际业务的同时，考虑自己的工作发展。那几个月
的感觉是自己如坠谷底，先前普照在生活中的阳光消失
了，日子仿佛进入温哥华漫长的雨季一样，生活黯淡、
滞涩。

1995 年春季，我成立了独资的友邦资本公司。做
友邦的时候要兼顾中财国际，我印了当时流行的折叠式
名片，封面是"友邦资本"的中英文名称及 LOGO，内
页罗列着当时还在进行业务的中财国际下属的数家公司
及我自己的明星影视公司。为了在业务谈判中有回旋余
地，特意给自己定了"副总裁"的职位，其实刚开始公
司只有我一个人。于是，揣着两盒名片，提一个小行李
箱，拎只公文包，带着脑袋，买张单程机票，我飞回中国，
做了半年的"皮包公司"，满载而归。如同打不死的小强，
我又"活过来"了。

在中国的半年，我在全国跑，起初以商业咨询、策

①　我们结婚后，申请了双方的父母团聚，批复得很顺利。1995
　　年 1 月，我的父母移民温哥华，我为他们买了两室一厅的公
　　寓。

划为业，为想打入北美市场的中国公司做规划。很快，有做商业移民的朋友找我合作。了解到流程后，我专注于做前端，即帮助客户前来加拿大考察、在加拿大注册公司、开设银行账号、租用办公室等，辅助他们走上经营的轨道。但是对于加拿大工作签证及移民我只是协助——术业有专攻，处理文件等不是我感兴趣和擅长的。时间精力有限，不可能做所有能做的事情，不可能赚所有的钱。与人打交道时，许多人知道要拣选交往的对象，其实赚钱更需如此。另外，我坚决不碰客户的钱。我只负责搭建公司，所有资金往来都是客户与银行、商家等直接对接。对于个别整皮箱带来现金、挥金如土之人，我则敬而远之，担心他们的钱来路不明。

生意开办起来，有些客户担心自己经营困难，想拉我做合伙人，一般我都推却了，实在是自己感兴趣的我也会入股，温哥华少林面馆即为其中之一。

在北美出差多次，发现机场里没有供应热汤水的中餐。吃汉堡三明治不是不行，可总觉得吃不饱，差点意思。能否打造一个中餐连锁店，在北美机场处处开花呢？在河南生活多年，我最喜欢吃羊肉烩面那类的汤面。汤面操作不困难，适合做快餐，开个面馆的想法油然而生。怎样让面馆醒目，能吸引客人，尤其是华裔之外的族裔？我想到了大茶壶。四川、北京、天津等地的倒茶师傅拎着长嘴茶壶远远地将茶水注入茶碗的场景令人着迷，值得让世界了解。

1995年新乡市商业代表团来加拿大商务考察，正好他们也希望在温哥华为新乡开设一个"窗口"，一拍即合。我当即想到了开个"少林面馆"，将河南大名鼎鼎的少林与河南历史悠久的面食结合起来。① 代表团的刘先生想要通过这个项目移民，双方展开了合作。不仅按照常规帮他们完成了考察、注册公司所有的手续，作为入股，我租了场地、做完装修，用我的信用额度买了房子、配置好了够10个人居住的家具及日常生活用品、做好按揭②，再转让给他们以供餐馆人员居住，完成前期准备工作。有人说我傻，我这样做不仅少赚了租金，

---

① 现在有"盗用"少林品牌之嫌，但是当年是出于推广中国文化的目的。

② 20世纪90年代，买房贷款还很严格，外国人无法贷款。对于本国人来说，贷款总额度有限制。

还浪费了自己的贷款额度，完全可以买了房再租给他们，但我却不以为意，大家合作一场就是交朋友，交朋友应多考虑付出。

1996 年 6 月底，少林面馆开业了。《星岛日报》以《中原面来温设连锁店，发扬传统中国食文化》为题做了报道，刊登了刘先生、我及其他几位人士的合影。面馆主要经营河南风味的羊肉烩面、胡辣汤、醋熘土豆丝、道口烧鸡等。长嘴茶壶倒茶表演也深受主流媒体的追捧，被命名为"少林功夫茶"。面馆经营的食物味道好、形式新颖、价格平实，生意供不应求，不仅帮刘氏夫妇办成了移民，还陆续帮几位厨师办成了移民申请。为了推广这一模式，我去找移民局协商，如果我们做 50 个少林面馆、投入 2000 万加元资金，在加拿大各国际机场开店，移民局是否同意给专向的移民配额。可惜经过了许多次深入的谈判，结果还是以"不同意，不接受"而告终。没有一定的移民保证，鼓励国内资金来开餐馆的投资风险太大。无奈，像高速梦、宾戈娱乐一样，我的又一个宏大的商业构想失败了。不过我倒也不气馁，失败的正向意义是至少让我认识到什么不可行。这也是每次经历失败的心态。失败是成功之母。我总认为，失败是难免的，成功是难得的。

面馆由刘氏夫妇具体经营，我很少过问。2000 年，刘太太来找我哭诉，说他们夫妇感情破裂，闹离婚，辛苦这么多年，没有存私房钱，面馆的股份登记在刘先生的名下，离婚以后，她连经营面馆的资格都没有了，将一无所有。她说，不如我把手里的股份送给她，面馆生意勉强够维持，从开业到结业从未分红过，那些股份放在我这里也没有用。我很同情刘太太的遭遇，也无从安慰，既然她张口提出来，出于同情，便同意了，当即给律师韩信打电话，请他完成转让手续。

不久，我听说少林面馆转让了。既然我已经不是股东，转让自然不必通知我，可是仍然感觉很突兀。更令我意外的是，面馆的老同事事后对我说，刘太太拿到我的股份后摆酒庆祝。刘太太很是得意她用几句话和眼泪便要来了面馆25%的股份。深入了解后我才知道，面馆何以生意兴隆却不盈利。原来，刘氏夫妇与办移民律师的太太合作卖美容、健康产品，所有投资都是面馆来出，对方占干股。律师给的回报则是办理面馆厨师的申请时，收取他们每人数万加元的手续费，再与面馆分账。面馆卖了几十万加元，刘氏也终于还清了当年说好次年偿还的我名下的房屋贷款，这件事算是画上了句号。

像这类商业梦想折戟、赔钱赚吆喝、朋友也未交到的事情在我身上发生了不止一次。我倒无所谓，当时心底会有波澜，但很快会平复。尽我所能，帮人帮到底，我做到问心无愧，至于对方如何就不是我能够掌控的。每个人要负责的是自己的人生答卷。私认为，比我有钱的人有的是，比我潇洒、生活开心的生意人不多。

客户高先生考察加拿大后，"发现遍地黄金"，处处是商机。他先做了几宗将加拿大商品卖到中国的贸易，效果不错。接着，他发现加拿大的面粉蛋白质含量高，又筋道。可他并非简单地贩运面粉，而是买了一批面粉后运到中国，在天津找了一家合资方便面厂，用加拿大的面粉做了高品质的方便面再返销回加拿大。加拿大面粉价廉物美，中国的加工质优价低，高先生将两方面的优势结合起来，产品又是亚裔爱吃的方便面，好吃不贵、食用方便。市场被迅速打开，大统华等华人超市及一些西方人超市都成了他的客户。

既然有了渠道，卖一样商品和卖一百样商品差别不大。高先生拓宽业务，转而做起从中国进口木耳、香菇等百余种干货、调料等特色食物的生意。再后来，在本地组织生产生鲜产品，直供超市。20多年来，高先生运来的货物不知喂饱了多少加拿大人的"中国胃"。高先生这样的客户才是友邦的理想客户，也是加拿大社会真正希望引入的人才——商业移民加拿大，不是来与本地人竞争工作岗位，而是为本地创造新的就业机会。高先生的成功也符合西谚所说的"睁开眼，闭上嘴"，即到了一个新地方，不抱怨、多看、多想。

从 1995 年注册到 2001 年正式结业，友邦的客户中，有像高先生这样在新的国度大展宏图的，也有创业失败无功而返的，多数是办完移民后生意被关掉或卖掉。百舸争流，大浪淘沙，能在异国生意场站住脚跟着实不易。

开办友邦期间，我与伊莲喜结连理。与伊莲的姻缘是万里牵线。1996 年年底，妈妈在郑州的同事来加拿大探亲，在温哥华短暂停留两日，她想来顺道拜访妈妈，需要我去她的亲戚家接她过来。电话打来时，我正在开圣诞派对，一屋子客人。巧在她亲戚离我家车程十几分钟，半小时能打个来回。接到她时，她亲戚家的表妹伊莲也跟着来了，这样我们便相识了。经历了一场失败的婚姻之后，我对恋爱、结婚已有了望而却步之心。但世间也许真有一见钟情，初见伊莲那一刻，脑海中闪出的念头竟然是"这是我老婆"。客人走后，我对妈妈说，这个姑娘是我老婆才对。

伊莲家和我家还颇有些渊源。1986 年妈妈去香港开会时，也是这位同事托妈妈带一件唐三彩的马给香港的亲戚褚先生。妈妈怕托运损坏了，一路抱着唐三彩飞到了香港。褚先生非常感动，带妈妈游览香港，又都是上海同乡，相谈甚欢。褚先生便是伊莲的爸爸，我的岳父。可惜见到伊莲时，岳父已经驾鹤西去。伊莲和她妈妈及 80 岁的外婆三人定居在加拿大。有这一层关联，我也理应多尽心照顾伊莲一家，往来自然多起来。伊莲从小画油画，想申请转学去读艾米丽卡尔艺术与设计大学。作为往届毕业生，又在学校打工 3 年，对申请的一些注意事项了如指掌，我又成了她的指导顾问。没用多久，我便荣升为伊莲的男友。交往一年多后，1998 年 7 月终于抱得美人归。

可能恋爱太顺畅了，办婚礼时遇到惊险。订了五星酒店的婚宴，喜帖发出去了，我们去市政厅登记结婚，工作人员却说我还没有离婚，不能办理结婚文件。原来，离婚有法院判决还不够，仍要到市政厅办理手续才合乎规定。这可怎么办？3 天后就是婚礼了。我当然很抱歉，觉得对不起伊莲。给律师韩信打电话，请他马上帮我办离婚手续、再办结婚手续。韩信表示为难，正常的情况下，一个手续办完需要 7 个工作日。我嘱咐韩信，无论如何要试试，万一能行呢？一颗红心，两手准备，我想，实在不行就打印一张"结婚证书"在典礼仪式上做做样子，婚宴后继续补办手续。向伊莲的妈妈请示，岳母大人很镇定，听到后虽然难以置信，但还是表示能够理解，同意了我的做法。

忐忑不安中，盼到了大喜的日子。就在教堂大门打开、音乐响起，来宾们纷纷扭身回头望向门口，等待新娘入场时，我也紧张地注视着门口，忽然，感觉到有人在背后拍我。扭身一看，竟然是衣冠楚楚的韩信。他笑吟吟地将一个扎着漂亮的大红丝带结的信封递给我。镶着金边的红丝带肯定预示着好消息，可我仍不敢相信，打开一看，果然是办好的结婚证书！韩信高兴地说："这是给你的礼物。"来不及向韩信郑重道谢，穿着婚纱的伊莲已经在干爹的护送下，一步步向我走来。在洁白婚纱的映衬下，伊莲像一个发光体一样令我头晕目眩，那一刻我的身心充盈着喜悦，仿佛拥有了整个宇宙。

佛家常言："是你的走不掉，不是你的求不到。"和伊莲携手至今，共渡难关，互相陪伴，养育了凯琳、凯欣、凯颐三个女儿，一家人相亲相爱。如果幸福可以算作"成就"，这就是我最大的成就。

8 互联网浪潮中的次贷危机

经营中财金融时，接触到不少需要投资的客户。有过两三年中财国际的投资经验，我考虑继续从事投资理财业务。赫拉德是注册会计师，从明星影视公司开张便担任公司及我的会计师，他做投资有经验，有专门的投资团队，人品端正，我们也很合得来。我这里有需要投出的资金，他懂投资，两个人合作不正是各取所需吗？1996年下半年，我从中国回来之后，与赫拉德合资注册了西银基金（Western Active Capital Corp.）。合作条件是我负责募资、他负责对外投资与借贷，项目年回报率要求不低于18%，我们承诺投资者12%的回报。

设想得很完美，合作方案写得很完善，赫拉德的团队业绩的历史表现优秀，可是现实操作不理想。不到一年，300多万加元投出去了，回报寥寥。分析原因，发现很简单——钱来得容易，放出去时对项目甄别不够。中财国际投资前，一定会做专业的可行性报告，花费不菲。可行性分析做得认真，才不容易投空。而西银基金做投资时，前期分析显然不够。尽管分散到每个项目只有几万到几十万加元，可是几十万与几百万、几千万的投资实质是一样的。所谓"没有付出，没有收获"，工作不到位，想出成绩，那是在撞大运。

好在及时发现了症结并刹车。运营不到一年，我们终止了这类分散投资，投出去的钱打折收款，尽量将损失降到最小。加入早的投资者拿到了回报，而大部分投资者遭受了损失。尽管对业绩失望，投资者们也没有太大怨气。投资毕竟有风险，钱贷出去时就做了承担风险的准备。西银基金的操作流程正规，所有投资公开透明，有账可查。业绩不佳是放贷失误，而非挪用投资或中饱私囊所致。

项目没有盈利，西银基金便无相应的收入，公司运营费用一直在倒贴，对我来说也是不小的损失。对待亏损，我习惯于快刀斩乱麻，赔了就赔了，继续往前走。资本的战场切忌亡羊补牢。西谚说："好钱永远不要跟着坏钱走。"[1]当发现投资失误时，要舍得撤走，壮士断腕。资本的撤退和坚持有时是一种博弈。有的人会说，也许再多投一些就盈利了。我不赞同。该撤退还是该坚持，要看项目的核心内容及团队的好坏。这两点有了问题，投再多的钱也于事无补。

1995年到2001年，互联网发展迅猛，形成全球性的投资互联网的热潮。1997年下半年，西银基金转向做互联网业的投资。当时有两个项目很好：一个是赫拉德与几位朋友合作开发的软件公司SW（SoftWax）准备上市，另一个项目是一个在线约会的网站。局限于固有的传统观念，我不相信约会能从网上开始。无论开发商怎样展望未来，我皆难以被打动。最后选择了为SW融资。

根据加拿大的股票市场规定，新上市的公司IPO需要有至少300名持股人，内部所购股票在一定的时限内不能自由买卖。券商负责一半融资，剩余的靠私募集资。在加拿大证券会规定的时间内，西银基金为SW的原始股募资数百万加币。募资之所以如此迅捷，主要原因是SW的企业培训管理软件已经开发成功并已开始销售，第一单客户是西蒙菲莎大学，售价25万加元。他们计划向全世界推销，市场潜力大，而且公司中几位董事和我也很熟识，知根知底。

SW于1998年顺利上市，并在两个月内融到数千万加元，股价从原始股的0.45加元涨到1加元，买了股票的亲友都很高兴，等着解冻后抛售赚钱。万万没有想到，上市不到一年，公司运营出现了极大的问题，股票暴跌。痛定思痛，

---

[1] "Don't throw good money after bad."

不仅产品设计有缺陷，市场推广和销售也出现了问题。

第一，编程语言不具备可持续发展性。SW的软件是用DOC语言编写，开发、编写耗用大量人力，成本投入太大。公司雇用了百余名程序员，租用了好几层写字楼，规模大，烧钱快，没有大量资金持续投入难以为继，几千万加元根本不够。

第二，软件设计理念太超前。这款软件适合高校、邮轮公司等大量员工培训的企业使用。新人加入后，按他们所在的级别给一个密码，登录后他们便可以在电脑上学习相关资料。软件与菲利普相机捆绑，将图片自动上传、转化为数字格式，实际上首创了数码相机的概念。新人无论在哪里，都能借助互联网，实时看到更新的、图文并茂的培训内容，方便、可靠，节约人力资本。但是，在电脑还在用软盘、弹出的光驱尚被一些人错当成电脑配备的放咖啡杯的架子的互联网刚刚起步之时，如同我不能接受在线约会，绝大多数潜在客户也不能接受在线培训。几十名业务员，包括我自己，全球飞着推广软件，现场好评不断，却皆无下文。而这些机票、酒店住宿费等差旅费掏的全是真金白银。

卖给西蒙菲莎大学那一单之后，无论怎么推广，业绩几乎为零，越来越看不到明天。1999年，SW被加拿大证券会停牌，西银基金也随之结业。与赫拉德达成处理方案，他退出合作，我负责收尾，公司运营损失的70多万加元由我独自承担。西银基金的办公场所租用赫拉德的公司。赫拉德免去了应收的租金，算是分担了部分损失。我们也还是好朋友。①

眼见SW的股价昙花一现，当初买了原始股的投资者自然非常失望，有些人不免埋怨我，说为什么我知道SW出了问题，却不通风报信告诉他们。可是，我不能泄露任何消息，不然就有可能成了"内部交易"了。内部交易是违法的。包括我的妈妈、舅舅等一批亲友，他们中不乏拿了养老储蓄来投资的。其中最惨痛的一类以我的岳母为代表，她是将住房抵押到银行后贷款投资。投资血本无归，房子差一点被银行收走，扎扎实实地遭遇了次贷灾难。这也是我付出血

① SW破产后，赫拉德和女友搬回了法国。2005年他回温哥华办事时，约我喝咖啡。当时他中风康复中。那是我最后一次见到他。几年后他去世了。

的代价学到的教训，又一次提醒我：不能只看利润、不考虑是否能承受风险。

在经历 SW 股灾之前，我发自内心地认为次贷是一种聪明的投资方式——房子还住着，用银行的钱赚钱，这不是理想中的"睡后收入"嘛。因此，在融资时，一些亲友都采纳了这个想法。为了方便操作，西银基金直接与 CIBC 一家分行建立快速通道。没想到现实给了我一记闷棍。唯一庆幸的是，股灾发生在我们婚礼之后，否则很可能我连老婆都丢了。岳母和伊莲的外婆一直与我们生活在一起。我为她们养老送终。有时候提起投资失败之事，岳母说："如果你岳父还在世，他是绝对不同意我做这样的投资的。"我则笑嘻嘻地打岔："钱丢了，但您是做了双重投资，不是投资到我这个好女婿吗？"生活中如意事十之一二，不如意的事十之八九，凡事要多看好的一面，日子才过得有意思。

乐观归乐观，惨淡的现实仍必须要面对。我向投资者们表达我的歉意，误判了 SW 的发展趋势是我的失败，可我确实不是有意为之。岳父母的一位世交董先生也投资了 SW。2001 年，董先生因癌症晚期进入了临终关怀病房。董先生的太太已经去世，独子在香港，只有我们算是他的亲人了。我去病房帮他理发时，他感叹："人生一世，每个人都不知道生命终结时的情景。"说到 SW，董先生说，他这个年龄了，根本不需要投资；投 SW，仅是为了扶持朋友的孩子。对于亏损，董先生反而安慰我："都过去了，不要往心里去了，从中吸取教训就好。"

看到我的亲人们也被套牢，绝大多数投资者接受了倒霉的结果，却也有例外。发小梅茜比我早两年出国，去美国读书、发展，我们一直保持联系。我向亲友推广 SW 的原始股时，她介绍给了她的美国男友、房地产商麦克。麦克购买了 20 万加元的 SW 的股票。在与 SW 签股票认购合同时，麦克说，他工作繁忙，没有时间了解 SW 项目，既然是我推荐的，我是梅茜的好友，他相信梅茜就是相信我，所以希望我作为 SW 的担保人在合同上签名，并在合同上补一句"保证回本"。梅茜也说，麦克是出于对我的信任才投资 SW。我没有多想，便同意了。SW 破产后，麦克向加拿大法院起诉我金融诈骗、贪污等。

起诉案在业界沸沸扬扬，米叔听说后开门见山地问我："外界传闻你设了一个骗局,是吗?"我如实描述了整个事件,米叔说:"这种情况下,你不应该担保。哪有人能担保别人的公司一定赚钱?在北美,签名可要小心。签名比借钱还要慎重。"他又很严肃地说:"我希望你去应对官司,勇敢地出庭。如果你是无辜的,法院会还你清白。如果你有罪,打官司的费用你自己付。如果你没有犯罪,你的法律费用我来承担。"米叔的意思我完全理解并同意。我与他关系紧密,坊间既然有人会认为我是他的儿子,那么我的名誉直接影响到他的声望。他管控巨量资金,容不得半点闪失。当时有朋友建议我申请"个人破产"。在加拿大,只要一个人破产了就没有人再告你了,因为告赢也拿不到钱。我没有那样做,因为我有信心,自己没有犯罪。

官司打了两年多,法官裁定我绝非诈骗;但既然签了名担保,就需向麦克支付 10 万加元的赔偿。10 万加元的赔偿加上差不多数额的应诉费用,我花了 20 万加元买了一个深刻的教训——签名担保必须十分慎重。米叔为我支付了这笔费用。我非常感激米叔,当时许多人让他远离我,说我是骗子,我那段时间也自觉地不去找他,不想连累他。他本来可以从此与我断绝往来,但是他支持我走完了这段艰难的路程。

我也向米叔及世人证明我的清白,我没有违规犯法,没有做对不起米叔和自己良心的事情。做理财公司,赚钱是尽义务,赔钱是罪人。理财投资失败被投资者骂,在我看来,也算天经地义。但骂我可以,却不能造谣中伤。1997 年,朋友告诉我,不列颠哥伦比亚大学中国学生会某干事在大学派对上说我是个骗子。我直接打电话过去问这位干事:"我们认识吗?"他说不认识,是听某人说的。我严正地警告他:"既然不认识我,没有打过交道,那么你对我的不好的评价就是造谣。请不要信谣传谣,否则我要找律师起诉你。"我也告诉他,你说是某人说的,我会联系某人查证。找到某人,某人的回复类似,又说是另一个人说的。找到另一个人,对方说完全是误会。谣言止息。朋友评价我,别看是属鼠的,却有牛脾气。没办法,遇到不公正的事情,我脾气上来了,容易不依不饶。

1991 年回中国考察时,我在北京的赛特商场排队打电话,两个中东模样的人过来就插队。站在一旁的保安不吭声,我非常不满,走上前制止。那两个人不仅不听，还要横，骂我是穷鬼，拿出两张 100 元人民币扔在地上说赏给我的，转身要走。我挡在他们面前，让他们把钱捡起来，给我钱我欢迎，但不能这样侮辱人民币。他们开始用英文骂人，我用英文说："你们这样的人就在这里咋呼，如果你在国外，早就进监狱了。"保安还是不敢管，我向围观的群众说："他们不捡起来人民币，你们会不会让他们走？"群情激愤，那两个人也不敢再耍赖，捡起来钱交到我手里，灰溜溜地走了。我把钱交给保安，让他交到失物招领处。这类闲事我见了就忍不住要管。曾有人担心，说我个头不高，容易被揍。倒是还算好，管了几十年闲事儿，没有遇到多少麻烦。这个世界总是邪不压正。

9 人在江湖飘，哪有不挨刀

有人的地方就有矛盾。涉及钱财时，更免不了有"动刀动枪"的大矛盾。

1992 年，明星影视公司正式注册不久后的一个深夜，我开车路过雕塑家赵松租住的房子，下意识地看了眼他的房间，发现灯还亮着。这么晚了，他还不休息？我停下车去他的房间外敲门。老赵默默地开了门，没有往常见面时的欢愉之色。"你怎么了？有什么事儿吗？"他摇摇头说没事儿。看他蔫搭搭的状态，不像没事儿啊。再三追问下，老赵才说："明天晚上 8 点钟，有人来家问我要钱，说我现在做的这单设计的活儿是他的朋友介绍的。如果我不给他佣金，他要杀了我。其实他朋友只是介绍我认识了这个客户，生意是我自己谈出来的。另外，他要的太多了，比我的全部的设计费都高。"我对老赵说，别急，明天晚上 8 点我过来看看。

次日晚上 8 点，那个人还真来了，并且带了一个高大彪悍的黑人。我坐在旁边看报纸，没吭声。黑人也沉默不语。那个人和老赵僵持到 12 点，还不打算离开。我放下报纸，对那个人说："你说老赵给不了你这么多钱，你会杀了他。我看他今晚肯定是给不了你钱。现在只有两个选择，要不你离开，要不你杀人。你杀人的话，至少要杀两个，可能还要连我车里坐着的两个兄弟也杀了。"我车里没有人，这么说不过是装装门面，给他们一个台阶下，"但是我有个建议，明天早晨你8点到我办公室来，我给你一张支票"。说着我递过去名片。那个人顺坡下驴，马上说："鲍总，久仰大名。"管他是真的久仰还是客气，递过来的橄榄枝必须接住，我说："你知道我就更好了。明早8点你如果不来，这事儿就结束了。现在我要回家了。你们如果还不走，我会打电话报警。"那个人没说什么，冲着他的搭档做了一个手势，两个人离开了。

老赵担心他不会去公司找我，我说他一定会，如果想动手早动手了，不会耐心坐4个小时。第二天早晨8点，他果然去了公司。我将写好的支票递给他，让他签个收据。收据上写明拿到这张支票，与老赵之间的事情一笔勾销。他看看支票说了声"谢谢"，提笔签了收据。支票上我开的金额是2500加元。我说："在温哥华，你这样客客气气就对了。这里赚钱多难啊，谁赚的不是辛苦钱？都是中国人，搞这些内斗，何必呢？"

出国这些年，最见不得的就是华人整华人。窝里斗不仅互相伤害，还会让其他族裔看到华人社区不团结，降低对整体华人社区的印象。社会地位是靠自己争取的。争取，不是单纯地遇到歧视、不公平去抗议，也包括自己的良好表现。自己做好了，其他人自然尊重我们，华人的社会地位也自然会提升。

有了老赵这次经验，处理赫拉德的危机时我更胸有成竹。1998年秋季的一个周末，我的BP机忽然收到赫拉德发来的信息："紧急！请速来某某处，我需要帮助。他们要杀了我。"我和伊莲说，赫拉德出事儿了，我要去帮忙。我想，这事儿肯定与SW投资有关。不像几年前老赵那次被威胁索要钱财，这次涉及的钱数不少，我得做番准备。哀兵必胜，背水一战，我豁出去了，打算采用"置之死地而后生"的谈判思路。那阵子，老赵恰好在为一个墓园做设计，我马上给他打电话说，要立刻赶过去买几块墓地。老赵推荐了墓园中风水最好的6块墓地，我来不及细看，匆忙写下首付款支票，拿上收据，直奔赫拉德说的地方。

那是一家位于温哥华市中心的财务公司。进去之后，看到赫拉德低头坐在长长的会议桌的最里端，神情沮丧。他的左右两侧分列着五六人，一个个剑拔弩张的样子。一尘不染的会议桌上放着一把匕首。空气凝重得像铅块一般。其中有人问我："你为什么要来？"我说："我是他的合作伙伴。现在据说你们要谈钱的事情，我不知道你们投入了多少钱，但是你们可能知道，SW原始股中的一半是我集资的。你们现在要谈判，谈判什么呢？我来听听。"另一个人说："SW要倒闭了，赫拉德却在法国给他前妻买了公寓，这边还给情人买了一个公寓。别人的钱我们不管，我们放进去几百万加元。我们公司集资的钱要他还回来。他要讲清楚。"

我坐下来指了指长桌上的匕首说："麻烦哪位先把刀收回去，这是违法的。如果我现在打电话叫警察，你们统统要被带进去问话。"有个人探身悻悻然地收起来匕首。我继续说："我今天来，就做好不回去的准备了。现在房间里有他还有我，你们要杀人，只好杀我们两个人。杀完这两个，楼下停车场还有我太太在，她送我来的。我岳母也是投资人，她知道我们来这里了。另外，走之前我也告诉助理了。你们如果动刀子，要杀一批人。我相信，还没等杀完，你们就在监狱里了。有什么事情，好商量。打打杀杀是黑社会做的，我想在座的都不是黑社会的。我看你们一个个西装革履，有家有业。如果你们真想杀人，何必开会？你们十几位中，可能只有某一个人想借助武力，可惜只要一动手，其他人都要受牵连，你们的家庭也要跟着惹麻烦。我不相信你们会杀人，你们只是想和赫拉德开个玩笑。"

他们没有人说话。我拿出买墓地的收据放在桌上。"我刚买了墓地。一共买了六块，两块是给赫拉德和他女朋友准备的。"有人的眼睛瞄向收据，屋子里的紧张空气松动了一些。我接着说："SW的原始股，我自己的母亲、岳母、舅舅买了，我的投资公司也买了。说到生气，我最应该生气。我和赫拉德相处多年，他一直是我的会计师。我可以负责地说，他的公寓是用自己的钱买的。他在这边做会计师事务所十几年了，他并不穷。你们认为他花的钱是你们的，那是误解。你们可以公开查账。如果查出来他偷窃了，他会受到惩罚，会被送去法庭。如果他用了公司的钱去买公寓，法律会制裁他。你们这样做，有失你们的身份，比较可笑。"

说完我站起身，又说："我要请赫拉德回家吃饭。有什么事情，下次再谈。

咱们走吧，赫拉德。"那十几个人仍然没有吭声，赫拉德站起身默默地跟着我离开了房间。坐到我的车里，赫拉德低声说"谢谢"，我说"不客气"，也算有惊无险，这些人毕竟还不是黑社会的，能听懂道理，容易说通。

2003年经营汇通卡在北京办公司时，我自己遭遇了"黑社会"。公司开在京汇大厦，占了顶楼的两层，员工五六十人，看起来有些气魄，可能由此便被一些人盯上了。

公司刚开没几天，伊莲说，有个女孩打电话到家里，说和我发生了男女关系。第一次接到这种电话，伊莲自然非常震惊，在家大哭。岳母很冷静，打电话过来问我。经我解释，她们也明白这是子虚乌有。可是，那个电话不依不饶地三天两头打过去。我让岳母把电话号码记下来，等女孩再来电话时，告诉她："电话已经记录了，请不要再来电，这是违法的。如果再来电，我会报警。"岳母照此办理，刚说完，女孩把电话挂了。又过了一会儿，女孩打过来说，和我"发生关系"的不是她，她只是受人委托，她以后不会再打电话了。我和伊莲说，不如带着孩子过来住一段时间，也来北京看看。伊莲带着凯欣、凯颐过来陪我，留下上幼儿园的凯琳和外婆在温哥华。

我想，太太和孩子过来了，不能再给我搞这些桃色谣言了吧。谁知一波未平，一波又起。一个上午，公司来了四位年轻人。为首的说："鲍总，我是小李。来找您没别的事儿，就是受朋友委托，来帮忙拿点钱。"小李30多岁，说话客客气气，一口字正腔圆的北京话，看来是老北京。我莫名其妙，还很认真地问他："谁委托的？拿什么钱？"小李笑了笑说："不急，您慢慢考虑考虑就明白了。您来北京办公司，少不了有事儿。咱们如果合作好了，以后您有什么麻烦，一个电话打给我，我准帮您解决。"我明白了，这是想收保护费。

说完了，小李带着他的兄弟们出了我的办公室，去前台后面的一间接待室里打牌去了。接待室是玻璃幕墙，人员进出都能看到。小李他们几个跷着二郎腿、哼着小曲，打牌、抽烟，还肆无忌惮地评论公司女员工的外貌、着装，一坐就是一天。第二天又照常过来，比上班还准点。这可怎么办？我跟中方的合作伙伴老周商量，老周说他去问问。问过之后，老周说，小李说，是和我的个人恩怨，是我欠别人钱,别人委托他们来催款。我说:"我究竟欠了谁的钱?"老周说:"他们不说。"

老周给我找了一个律师,建议走法律途径。律师说:"这类事情不好办。报警呢,警察肯定来抓。但是,他们没打人、没碰你,抓了几个小时就会放出来。放出来后,就算结下梁子了。他们可以找外地来的打手把你打一顿,或者把你绑架了、活埋了,你在明处,他们在暗处,防不胜防。"律师说得有道理,不能打草惊蛇。律师又说:"这些事不能走普通的法律渠道。如果你真想解决,这么办吧,你给我20万人民币当定金,我找人帮你处理。"这更不靠谱。与其给律师20万,我还不如把20万直接给小李呢。我又找在北京经商多年的表哥,表哥也说,最好自己搞定,不要报警。表哥让我问问他们,要多少钱,不多就给点钱得了。我说:"不行,已经问过米叔了,他坚决不让给钱。他说,给了钱,他们过一段时间还来,因为他们知道你怕他们了。"

问来问去的,已经过了一两周了,这帮人从四个增加到六个,有恃无恐。我仍在想办法,没打算报警,警察却来了。一个自称是朝阳区管辖京汇大厦的"片警"来访,"鲍先生,我是负责你们这里的片警,你们外资公司来北京做生意,我们欢迎,特意来认识认识。您这里有什么事儿尽管和我说。我的电话号码您记下来"。说完了,他又龇着牙花子说:"哎呀,不巧,我手机刚丢。您看您这里如果有多余的手机,是不是方便借我使两天?"我不知道哪个派出所管我们,也无从辨别这个"片警"的真假。可是看他这个架势,不是来工作的,否则何以对接待室里那五六个小混混视而不见?而且首次登门就要"借"手机,我很怀疑他和小李是一伙儿的。我说:"没问题,我刚花了9800元人民币买了最新款的索尼手机,你拿着用吧。"说着,我把放在桌子上的手机的电话卡卸下来,将电话递给他。他还真不客气,拿起来就装兜里了,又说:"谢谢,我用几天就还你。哦,另外我这里还有些收据、加油的票什么的,我们派出所也不给报销,我留着没用,您公司留着吧。"我连说"不用",他还是将装满了票据的厚厚的信封推到了我面前,告辞了。

这唱的是哪出戏?留下票据是让我冲抵账目?还是要我给他报销?我给

一个在公安系统工作过的朋友打电话去讨教。听我说了，朋友说："知道了，你别管了。"没到中午，这个"片警"又回来了。"鲍总，我的手机找到了，电话还您。真是太感谢了。"我说不客气，问他收据怎么办，他连忙说"我拿走，拿走"。看来还是得多问有经验的人。警察的到来启发了我——公司需要保安或保镖。我打电话给文化部的一位朋友。之前他们去温哥华杂技演出时，我帮了些小忙，临别时他特意嘱咐我，来北京有事儿别客气。文化部与保镖行业没有什么必然联系，我也是临时抱佛脚，给他打电话试试。这位朋友还真够意思，帮忙推荐了受过专业训练、从特种部队退役的几位保镖。我请了其中一位姓杨的年轻人做保镖兼司机。来上班时，小杨说的第一个注意事项是："鲍总，如果出了问题，你别离开车。你别出来，听我的安排。动刀子我不怕。我对付他们十个八个的完全没有问题。"后来听他说，他们一批战友都在这个行当，有问题彼此照应。

向小杨介绍了情况后，我们商量了一个方案。我给他两万元人民币作为调查经费，请他找他的兄弟们跟踪这几个混混，摸清家庭住址、平时都做什么、家人一般的行程规律。知己知彼才能百战不殆。一周左右的时间，小杨完成了调查。他说，其他人没什么正当职业，小李在华侨饭店五楼的一个房间长期赌球。他们来公司捣乱时，停在京汇大厦地库的两辆车号也查清了。我们约好两天后和这几个人揭底。

揭底那天，我安排老周及公司员工下午再来上班。早晨，小李他们一踏入公司大门，小杨马上通知他前来帮忙的朋友去地库将小李他们开来的车的轮子卸了。我请小李来我办公室谈话，他带着那几个人一起晃荡进来了。我说："小李，你来了好几周了，影响也不好。咱们谈个解决的办法。我打架动刀的时候你还没出生呢。"我的话还没说完，他的一个伙计一拍桌子，吼我："你嘴还挺硬，我 10 万块钱可以要你一条腿。"我回他："我一分钱不花，要你两条腿。你不要和我叫。你知道你妈妈现在在干什么吗？你不一定知道吧。我告诉你，在某某菜市场买菜。不信你可以回家问问。你们家在哪儿住我都知道。我既然来北京办公司，就做好了准备。小李，你不是要钱吗？你让小兄弟们都下去，我跟你好好谈谈。"那个拍桌子的伙计又嚷嚷起来，小李抓住他的衣服，一把把他推到走廊里去了。

小李还是明白人。我说："你让其他人先下去。和气生财。如果你的兄弟们还能开着车回家，你明天过来拿钥匙，公司就是你的，我回加拿大，东西全部送给你们。"小李一听话里有话，让他的人下去在车里等他。小李和我东拉西扯起来，没几分钟，他的伙计给他来电话了，说车轮子被卸了。小李吃了一惊："车轮怎么了？"我说："车放在不该放的地方，轮子被卸不是很平常嘛。车没事儿、人没事儿就万幸了。"小李瞪着眼睛看着我。

我继续说："我也不管是谁让你来找我要钱，要多少钱了。我给你两万人民币，这事儿就了了。"小李推辞，说怎么能拿我的钱呢。我说："你也别客气。这几个人跟着你来了几个星期，你总要给他们一些零花钱，大家都不容易。多了我也没有，这两万你拿走，以后不要来了。"

小李恭维道："我看出来了，您也不是一般人。"我改用河南话说："你别看我整天西装领带，当年我们知青下乡，打架玩儿命很平常。都是一条命，谁怕谁呢？"小李接过去钱又是几句客套话："鲍总，从今儿起，咱就是哥们儿。您在北京有任何麻烦，只要给小弟打个电话，小弟万死不辞。"我淡淡地说："我没什么问题。我又不嫖又不赌，下班老老实实回家。倒是你那个赌球要小心些，现在抓得紧。"他没再吭声。

这事儿就算圆满结束，小李再也没有出现，我也未遇到其他麻烦。小杨留下来做我的专职司机，一直工作到 2005 年我离开北京公司。

俗话说，林子大了，什么鸟都有。混迹社会，遇到什么人都不稀奇。有这些难得的际遇也算一桩乐事，让我能更深入地体验人生别样景致。

第四章

发明网上支付

从 1997 年春天到 2001 年秋天，保利卡公司走过了萌芽、发展、辉煌、挫折、光荣退役的历程。近 5 年中，我与伊莲恋爱、结婚，3 个女儿凯琳、凯欣、凯颐陆续出生。随着大家庭的形成，我的人生也翻开了新篇章。

在我的职业生涯中，令我自豪的不是利润收入，而是我所做的项目是前所未有的、世界上独一无二的，以及我对行业所作的开创性的贡献。保利卡便是其中之一。而保利卡的诞生过程颇具戏剧性。

1997年春季的一天，我和伊莲聊到我去理发时等待的人太多，我说："应该开设专门为男士理发的理发店。不要洗头，减少环节。来了就剪，剪完就走。许多男性对发型没有那么讲究，搞得太复杂没有必要，浪费时间和金钱。婴儿潮出生的人即将要退休了，这些人对钱很认真，他们应该就属于目标客户，他们只要便宜。我们开一种快速理发店，5—10加元剪一个头发，开成连锁店。"伊莲很赞同我的想法，我也打算认真推进。倘若思路可行，可以改做长线投资——首付购买一些地段好的门面房，只要店里的营业额能支付店里的开支就可以了，那么将来房价升值就是利润所在。这也是麦当劳的模式。

我不懂理发，自然要找专业人士咨询，我想到了莫妮卡。莫妮卡是20世纪70年代香港来的移民，在温哥华开了多年的美容美发店，还开办美容学校，规模在大温哥华地区数一数二。电话里听了我的想法后，莫妮卡很兴奋，她约我次日晚上7点去学校找她。

到了学校后，莫妮卡说："我的销售课马上要开始。你就在教室里等我，顺便听听，下课我们去吃饭，聊你的理发店生意。"那几年，销售行业在温哥华非常流行，北美的各种品牌在温哥华的华人圈都能找到代理。华人勤奋，对这种看起来边用还能边赚钱的事情当然不会放过，几乎每天都有华人找我参加销售会议或推荐产品给我。大家如此青睐我，主要原因是我这个人性格活跃、不拘于"面子"、敢说敢干、认识的人多。来了十几年，我常请客开派对，好管闲事儿，喜欢牵线搭桥，爱打抱不平，大家送我的绰号是"7-ELEVEN"，意思是我像便利店一样方便，是信息集散地，有事儿找我一般不会落空。莫妮卡找了我不止一次，她是做销售的老手，一直想让我和她一起做销售，可我太忙，这次我算是"自投罗网"，主动送上门了。

不过既来之则安之。教室里有饮料、茶点，吃吃喝喝，听听课，也没什么损失。莫妮卡不愧是销售大腕儿，口才好，有激情，道理讲得通透，不仅学员们听得入迷，我也听得津津有味。下课时，不少学员抢着去签单，成为她的合作者。

签合同的人散了后，已经快11点了，莫妮卡请我及她团队的几个主要干将一起去吃饭。这几位干将也有些来头，原籍中国台湾的移民弗里曼之前是公司高管；杰克夫妇是不列颠哥伦比亚大学的健康食品博士及医生；文森特是一家大型房地产公司的副总裁。落座之后，我说："今天我请客。"莫妮卡说："怎么会让你请客！我们请你多少回你都不来。这次你过来了，我们一定要和你好好谈谈。"我说："谈谈没问题，但是我还是请你们吃饭。你们赚钱不容易。"

听课过程中，我对莫妮卡推荐的产品使用的销售方法进行了分析，脑海中也形成了一个新的金字塔形的销售系统方案。我对他们说："你们这些产品客户群体局限于女性，太小了。"我的设想是推广一种包罗万象的打折优惠服务。只要加入这些服务，成为我们的会员，就能在许多商店，甚至是北美的任何商店享受折扣。而且这种打折服务要让所有参与者尝到甜头，不仅是顾客能得到便宜。我的分成也高，公司留45%，各级销售拿55%。

他们都是销售方面的专家，听了我初步的想法，马上明白这套系统对销售人员来说更实惠。我说："你们都可以加入，成为公司的顶层，但是有个条件，每个人要具备能够搭建起万人规模直属分销渠道的能力。"他们是资深销售大户，下属人员都上万。仅他们4人远远不够，我让他们联系更多的够资格的人员来做一级销售。做销售的大户手里人脉广泛，需要好的新产品开拓新战场，这样才能有效调动手里的人脉资源。他们几个人很激动，当场同意加入我尚在蓝图中的方案，并很快开始联系他们熟悉的北美其他大户。没多久，公司里门庭若市，每天都有来自美国、加拿大的销售大户来找我洽谈。那时电脑不普及，大户们来的时候都是拖着装满了资料的文件箱，以证明自己符合资格，蔚为壮观。

几个月内，我已经掌握了北美前10名的销售大户，见识了这个领域的明星及追随他们的粉丝。其中最有名的当数卡尔加里的金融博士马克姆。他开课租用的是上万人的体育馆作为场地，出入跟随保镖。交流的过程也是不断帮我拓展相关知识的过程。我请莫妮卡他们几个人常来给我讲解各个销售品牌的系统原理——知己知彼，有助于我查漏补缺、完善我们这个系统。我认识到，公司在搭建销售团队时，首先要在北美分区建立各大区，依靠各大区的团队领导再分层推进。我想起在教堂里看到的寄售的厚厚的"打折券册"。那时打折券还是纸质的。有的营销公司将本地一些商家的打折券汇总后印制成书（The Entertainment Coupon Book）与教堂合作，放在教堂出售，书款的60%捐给教堂。购买者相当于既为教堂捐款，又拿到了打折券。他们既然可以把打折券印制成书，那么我的打折服务就能体现在一张卡上。由此，一家直销公司（Direct marketing Company）"保利卡"（Consume benefit card）诞生了。

加拿大允许直销（Direct Sales），由直销管理局（Direct Sales Bureau）专管。有些销售大户表示怀疑，认为这条路走不通。我却不担心。直销也是有层级的，不可能每一单业务都是只经过一个销售员便从厂家到达客户手中。那么，直销公司内部的层级怎么算？保利卡的销售就是雇用销售人员将卡直接销售给客户，只不过雇用的不是单一层级的销售人员。我不怕销售人员因为这是"直销"而不来推广。产品好、服务好、盈利系统合理，自然会有人来推广。我有信心。有了这个基本思想，一开始我们的宣传资料、推广课程、情况介绍便说的都是"直销"。也正因为刚开始的路线正确了，才避免了后续许多麻烦。

保利卡甫一推出就很受欢迎。没几个星期，警察找上门来了。有位客户家里很贫穷，她买卡被丈夫发现后，丈夫很气愤，去警局举报我们诈骗。警察来了解情况。我向警察说明后，又调出这位客户的消费信息给警察看。客户虽然花了100加元办卡，但是几周下来打折已经省了近200加元，说明保利卡确实有用、有价值，不是欺骗。不过我们还是主动退了客户的办卡费。警察走了之后，政府又来查，说有人举报我们是传销。我说："第一，我们是直销公司，没有任何证据显示我们是传销；第二，我们的销售人员层级有限，仅7层，完全符合一般的销售公司的层级设置。"直销管理局的官员们不置可否地离开后，再也没有联系过我们。就这样，我们成为北美第一家拓展直销的公司。我们也开客户培训会议、进行层级管理、有丰富的奖金制度，但是我们从创立之初打的就是直销公司的牌子。

保利卡并不是第一张优惠打折卡。它大受欢迎的秘诀在于它是全球性的、全行业的打折卡，从衣食住行的日常所需到金融、法律、医疗等各领域的专业服务，应有尽有。到了1999年3月时，保利卡的商家不仅在加拿大、美国遍地开花，并已拓展到澳大利亚、法国、德国、印度、意大利、日本、俄罗斯、英国以及中国台湾等国家和地区，至少在上百个城市中可以使用。仅在不同国家注册域名就花费不菲。我算过账，以我自己的消费为例，在温哥华市，一年至少可以省一两千加元。卖东西一定要卖自己认可、有信心的东西。否则就是欺骗顾客。对自己推广的产品、所做的业务有信心，对自己有信心，事业才能做大、做好。

◎ 保留下来的保利卡及配套地图（加拿大温哥华与中国香港），见证"一卡在手，走遍全球"的时代之所以能迅速拓展，要感谢广大销售人员。从在温哥华推广开始，我们就鼓励销售人员去签约商家。公司负责印刷标识签和资料，并未去签商家，但蓝底烫银的保利卡的标识却贴得满大街都是[①]。我们推广"与赢家合作，才能成为赢家"[②]的理念，保利卡能享受的折扣商家越多，卡片越实用，销售人员推广起来越容易。同时，每签一家店铺，销售人员至少可以获得 5 加元佣金。签商家在北美并不难。北美有佣金的制度与传统，许多商家给介绍生意的中间人佣金。持保利卡的人去消费，相当于公司介绍客户过去，商家将要给公司的佣金直接作为折扣打给客户，商家没有什么损失，客户获得了实惠。加入保利卡优惠系统，商家自动拥有了巨大的客源，同时也可以代销保利卡。凡是商家售出的卡，同样可以享受这些卡消费的提成。如此一来，商家也有动力，形成了良性循环，雪球迅速滚大。

◎ 商店接受保利卡的标志牌

---

① 后期改成黄色底色的标识。

② "Winners work with winners." 这是保利卡公司的口号，也是我的座右铭。几十年来，凡是我经营的公司内，都会见到这句话。

保利卡的一个核心理念是让大家都获利。在公司运营时，我时刻实践着这一理念。

那个年代，互联网还没有那么发达，来自各地的销售人员每天的销售培训都需要依赖 1-800 电话系统。北美的大型接线公司多在美国的新泽西。[①] 我请新泽西地区的销售经理找了一家信誉良好的电话接线服务公司，使之为我们服务的同时成为我们的折扣商家，在接线电话赚电话费时还能提成。唯有如此紧密的合作才能保证服务无忧。一旦电话线路出了问题，他们应该比我们还着急。

推广中，我们也注意到要先舍，再考虑得。比如，在机场的推广是免费送温哥华地图。那时没有 GPS，没有智能手机，人们在陌生的城市中行动需要依靠地图。保利卡地图包括温哥华、列治文等，四周印着一些重要的商家的图片，背面印着合作商家名址，并附有保利卡

---

① 【编者注】1-800 电话系统诞生于 1967 年的北美免费电话服务，以区号"800"开头，主叫方无须付费（话费由接听企业承担）。在互联网普及前，它是企业连接全国客户的"电话门户"，就像今天的在线客服和直播带货热线，只不过全靠人工接线员完成咨询、订单和售后服务。新泽西州因毗邻纽约金融中心、电信基础设施完善，成为巨型呼叫中心聚集地，巅峰时期某栋大楼里甚至同时坐着 3000 名接线员，处理来自全美的电话。

入会的表格及免邮资信封。地图放在机场出口的免费旅游指南信息架上，供抵达温哥华的旅客随便取用。旅客喜欢就加入保利卡，消费几天一定可以赚回买卡费用；即使在街市上消费不足，去了机场的免税店依然可以打折；对于实在不想加入的旅客，也至少能获得一张免费地图，方便使用，没有任何损失。"你没有任何损失"——这句话我不仅在推广保利卡时常说，也是我几十年商业推广中打开客户心房的金钥匙。花100加元入会，无限期享受不断增加的打折服务，怎么会有损失呢？保利卡签约的商家不断增加，刚开始每两个月就要重新印制一批资料，后来多到印刷品根本承载不下，客户如想获取打折店铺名录，除了看店铺所贴的标识之外，也可打热线电话查找。

保利卡地图能进机场仍是"借力"。我一直遵从"让专业的人做专业的事"，并不会为了省钱而事事亲力亲为。"貔貅型"只进不出的商人绝不会是好商人，也很难做大。钱是流动的，让周边的人、相关的行业赚到钱，业务才容易拓展。从创建保利卡伊始，我便找专业的市场推广公司来做保利卡推广资料的设计，并未因不舍得投入而随便凑合。这家公司与机场有合作关系，他们在旅游指南信息架上摆放印有旅游景点的地图。受此启发，便有了我们的印有打折商店的保利卡地图。

设计公司的运营程序也是如此。在"金字塔构想"获得莫妮卡等人的肯定后，我开始找人来实现构想。去列治文购物时，看到一间不大的办公室里挨挨挤挤地坐着4个年轻人。当时已经是晚上了，他们仍在电脑前忙碌，非常专心。我敲门进去，找老板接洽，谈定由他们开发软件。[1] 他们刚大学毕业，开始创业，工作专业、勤奋，在半年内便将我的种种构想落实到程序中，基本上与销售大区布局、注册美国的公司、申请美国各州的营业执照及购买保证金等同时完成，及时启动了保利卡运作。请专业人士貌似"花费高"，实则是事半功倍。

借力，是我乐于也是擅长的。我相信，能达到双赢的联合一定是最好的合作。历史悠久的马克药店是我们的合作商家。我与他们商谈，在他们店里开辟

---

[1] 公司老板托尼后来回到香港做欧洲奢侈品中国专区的网站。公司骨干海青回国后又回来，如今是多伦多一家上市公司的董事长，我们正在开展新的电商合作项目。

保利卡专区，寄售多种流行的、通过直销方式售卖的保健品、健康食品、化妆品等。这些产品是我们的一些重要的销售人员卖直销产品时为了凑业绩而积存的。通过专区寄售，既帮助公司人员减少经济压力，又让马克获利，同时马克还能销售保利卡，得到客户的购物提成。作为回报，我提出让马克将每周两次在1470AM频道购买的健康脱口秀直播时段从下午4—5点延长到4—6点，延长的一个小时转给保利卡。我们安排了一个工作人员与马克对接合作，共同设计节目。在节目中，每隔10分钟，插播15—30秒的合作商家小推广，介绍某家店铺。我们向被推广商家收费200加元，6个推广商家的费用不仅够支付一个小时的电台钱、负责广播的专人工资，还略有盈余。相当于不花钱就拥有了一档固定的电台节目。

下午4—6点的听众主要是家庭主妇和下班在路上的男士。保利卡的客户主要是家庭主妇，她们购物多，在意打折信息，同时也有空余时间愿意加入推广的行列。但是，家庭主妇的财务自由度低，需要得到丈夫的支持。通过电台广播让夫妻双方同时获得保利卡信息，有利于他们信息同步，减少为了购买、推广、使用保利卡而产生的矛盾。隔三岔五，我在节目中聊聊天，做些抽奖活动，增强互动。马克做广播有经验，节目设计很用心。内容、词语皆针对英语人群的中老年人，背景音乐采用乡村音乐，最后一句广告语翻译得很讲究，将"一卡在手，走遍全球"翻译为"这张卡适用于太阳底下的每一样东西"[①]，以富有磁性的男性声音播出，颇有绕梁三日之感。

为了让保利卡不断增值，我们也在努力拓展，力争签到太阳底下每一个消费行业，并拿到最大折扣。如西方流行的分时度假村，保利卡客户只要一个人去参加一场四个小时的分时度假说明会，便能全家享受两晚免费度假村住宿。这个优惠适合家庭过周末。周五抵达度假村。周六上午夫妻两人分工，一个人去听说明会，另一个人带孩子玩儿。如果不购买度假村的分时计划，则周日下午两点前离开即可。会员们很喜欢这一项目，不常旅行的家庭在度假村免费住

---

① "Everything under the sun."

两天，喜欢旅行的客人购买分时计划还能拿到优惠。何乐而不为？在保利卡巨量会员的吸引下，北美前三名的分时度假村都参与了这一计划。又如，北美民间的法律事务繁多，民众对律师服务的需求量大。我们找到了一家律师联盟合作，凡是会员聘请他们的律师皆有打折。保利卡推出一年多之后，会员享受的折扣优惠金额已经超过 1 万加元。

不同于加拿大的全民免费医疗，美国民众的医疗大部分是商业化的，由大量的保险公司承担。我们去找保险公司商谈。保险公司替客户缴纳加入保利卡的会费（打折后为 50 美元），并可以获得客户的消费返点。凡是保险公司的客户，免费获得与保险公司所提供的医疗卡绑定的保利卡。保险公司与保利卡共享双方所有的打折权益。

◎ 2000 年 3 月，《神州时报》刊登的保利优惠卡广告

折权益。对保险公司的客户来说，除了保险公司原有的打折商家，还能享受保利卡带来的打折服务。保利卡在不到两年的时间内，与美国的 2000 多家酒店、1 万多家药店形成了合作。

那几年真是轰轰烈烈。走在大街上，放眼望去，商户门上贴的都是保利卡的标识；收音机里有专门的"保利之声"；来自北美各地的顶级销售经理提着成箱的现金来替下线缴纳入会费、办理手续；如果我在温哥华，日程中的一项重要内容是坐在办公室等着与销售大户合影；许多城市请我去做讲课，食宿全包，热情接待；我的电话课程每周安排一两次，额定听课 500 人，场场爆满，销售人员抢线听课成了公司内部的趣闻；而我们的销售人员不乏律师、医生、博士这些高学历、专业人士，也有军界、政界人物。

业务海量之后，提成发展到销售人员拿60%，公司留40%；再后来发展到公司只留20%作为运营支持。2000年3月31日，在列治文的丽笙酒店（Radisson Hotel）召开了公司周年庆"保利之夜"。加拿大、美国的大销售商带着他们的团队骨干皆来参会，世界各地都有赶来祝贺的合作者，商界、政界、演艺界朋友也有不少前来捧场，嘉宾云集，数百人的会场摩肩接踵、水泄不通，莫妮卡、丹尼、杰克、弗里曼等几位温哥华公司销售元老送来了直径一米的大蛋糕，致辞讲话、开香槟、切蛋糕，场面像举办婚礼一样热闹。

随着业务量扩大，保利卡结算功能的改进迫在眉睫，必须由线下卡改成可以直接在线交易的借记卡。所谓线下卡，就是卡片不能直接进行交易。每天商户按照卡号将客户消费单传真到公司，公司的数十名数据处理人员将客户的消费金额记入系统，系统运算后，得出各级销售人员的提成所得并每周归至相应的账户。保利卡从最初的纸质"入会证"改为塑料会员卡，又晋级为存有会员信息的数据卡，隔几个月变换一番模样，虽然升级过十几次，但是这些仍然是线下卡。1999年迫于交易量激增，终于到了需要破茧成蝶、升华为借记卡的时刻。

这时我想到了源于欧洲的聪明卡（Smart Card）。那时很多地方，如香港"八达通"公共交通系统已采用聪明卡作为车票形式。但是调研发现，方便简单的聪明卡在北美行不通，因为与北美已有的利用电话线传输信息的读卡系统不匹配。我们不可能去推广新的读卡系统，只能利用现有的读卡系统将保利卡嫁接过去。而北美普遍采用的线上系统是各银行的借记卡、信用卡。与银行谈合作比登天还

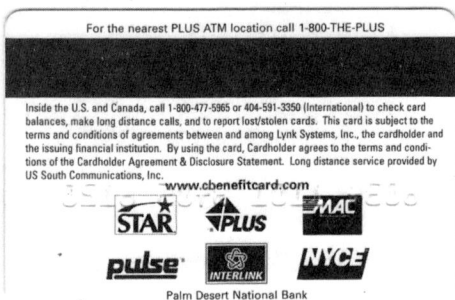

◎ 1996年保利卡正反面

难，且不说业务合作的可能性，仅北美多如牛毛的相关法律也很难满足。

一筹莫展时，我发现了银行卡背后的"秘密"。每张银行卡正面印的是银行的标识，但背面却有几个莫名其妙的商标，如 PLUS、MAESTRO、NYCE、STAR。这些是什么意思？顺藤摸瓜，通过查找银行卡的运用原理，找到了奥秘。原来，银行卡是各家银行自己印发制作的，结算服务却是由第三方提供的。银行卡背后印着的"莫名其妙的商标"就是第三方结算公司的标识，表明该银行卡对应着哪家或哪几家结算公司。不同的银行卡对应不同的结算公司，采用不同的计算机结算系统，由此也限制了不同银行 ATM 机不能通用。公司雇请了两名律师，搞清楚了第三方的门道。既然由第三方做结算，那么我也可以直接找结算公司合作，避开银行发卡的环节。北美做国际性第三方结算的有规模的公司有十来家，其中在当时最大的当数维萨卡（Visa）背后的 PLUS。如果保利卡能与这几家大型结算公司合作，岂不就成了 ATM 机通用卡？既然 PLUS 最大，我首先想到去找 PLUS，但 PLUS 根本不理会。我不气馁，采取以迂为直的办法迂回进攻。

这些第三方结算公司一般通过代理公司与他们的客户接洽。代理公司常常会负责几家结算系统的业务。我找了一家比较大的国际信用卡结算代理公司，直接上门洽谈。我给总经理画了保利卡的金字塔系统，讲解了会员及签约商家的规模，解释了运作原理。保利卡改成线上卡后，就能先充值再使用。客户用卡消费时，直接从卡中扣钱，系统便

◎ 2002 年汇通借记卡正面和背面

能直接计算出应付给各级销售人员的提成。先充值再消费意味着巨大的沉淀资金。更何况，美国有数千万的人还没有在美国开银行账户，他们打工拿了现金

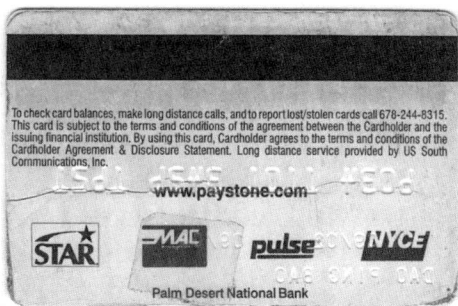

没有办法存放，很不方便。有了在各处可以消费的保利借记充值卡，他们便可以将现金或支票通过世界各地的 ATM 机存入保利卡中，便于携带、管理、存放，消费还有折扣。这些资金又有多少？保利卡在美国与数家保险公司合作，与保险公司推行的医疗卡结合，极大地拓展了客户覆盖面。接待我的总经理听完眼睛都直了，马上请出来 CEO 和我进一步细谈。

我给代理公司开出优厚条件：代理公司与保利卡签了第三方结算系统，我们便在代理公司指定的合作银行开户，用以存放沉淀资金，由代理公司负责管理。资金由代理公司管理，他们自然会解决结算过程中的问题，而且也安全。代理公司找到的第三方结算系统越多，保利卡的充值范围便越广，沉淀资金当然也越雄厚。在此促动下，我们很快签到了 6 家第三方结算系统，包括维萨卡后台结算系统 PLUS 的最大的竞争对手、万事达卡（Master）的后台结算系统 Cirrus。"围堵"之中，PLUS 主动加入进来。维萨与万事达强烈排他，能在保利卡上聚首，也算世间绝无仅有。就这样，2000 年，保利卡交易的后台拥有了世界最主要的 7 家结算系统提供的服务：PLUS、Maestro、STAR、MAC、PULSE、NYCE、Cirrus。可惜限于卡的尺寸及印制要求，卡背面只能印刷 4 家结算系统的 LOGO。就这样，保利优惠卡升级为保利借记卡。

我的目的终于达到了——方便使用。保利借记卡在北美大街上的任何一台 ATM 机上都能取钱、存钱，并在各行各业能刷保利卡消费的商家中都可打折使用。保利借记卡顺利完成线下卡与借记卡的转换，不仅能充值、提现，公司还可以根据客户的交易量调整手续费。2000 年，我们还研发出语音识别保利卡交易账单查询服务技术，客户激活保利卡时除了按键输入数字，也可以语音输入。保利卡的业务范围从优惠卡拓展为金融服务。这次华丽转身也令我更深刻地认识到，北美真是一个非常公开的社会，不需要"走后门"，说"遍地黄金"一点不假，只要动脑筋，就有生存机会，就能赚到钱。

大学毕业后，米叔鼓励我去不列颠哥伦比亚大学读MBA。作为不列颠哥伦比亚大学的 MBA 项目的发起人、赞助者，他常去做讲座，并亲自带学生。MBA 对于从商的作用我当然清楚，可是我对自己的英文学术写作没有多大信心，也不想再投入很大精力补习英文写作。我的英语几乎是从零起步，仅用两年时间便达到大学入学语言要求水准，除史密斯夫妇的用心栽培之外，我自己是竭尽全力。好不容易读完大学，我要全身心地去工作，赚钱谋生、开创事业。因此，对米叔的话基本上言听计从的我，唯独这次例外。

然而，命运总是自有其安排。我虽无缘不列颠哥伦比亚大学教室的 MBA，却在几年后扎扎实实地跟随沃顿商学院毕业的商业奇才沃克先生（Berly Wolk, 1929—2014）补上了功课。1997 年，一位叫迈克的商业人士找到友帮金融，提出在互联网上开公司的想法，希望友帮投资加盟。我 1995 年在郑州做过宾戈娱乐宫，对这方面了解得比较清晰，这个案子我们没有接。迈克又提出一个建议："道平，我看到你就想到一个人。你和他特别像，不是一般地像。你们就是一类人。你一定要去认识他，认识他之后你会受益无穷。"迈克推荐的就是沃克先生。从海军预备役中尉的职位退休后，沃克先生在

费城小镇免费的 MBA

3

经营自己的家族企业的同时,在美国费城的詹金顿市(Jenkintown)办起名为"更好的世界(Better World)"的"会所",义务为大众做商务咨询、在沃顿商学院做客座讲座、每周做一次商业广播节目。迈克说他可以带我去见沃克先生,条件是我须负担他来回机票及两日住宿。迈克索要的这笔"介绍费"不算少,而且也是第一次有人向我开这样的口。他敢开口要,从一定程度上说明了沃克先生的分量。

1997年冬季的一个大雪天,我跟随迈克去拜访沃克先生。沃克先生的会所占据了小城市中心最高楼的最高一层。称其为"会所",是因为沃克先生不是在经营公司,无论上课还是咨询全部免费,中午还负担来自世界各地的政界、商界及学界的几十位前来咨询的人员的午餐——在楼下一家品种丰富的自助餐厅,大家用餐、聊天,由会所工作人员负责统一结算。会所里有四五名正式雇员,负责来访接待、见面安排,帮助访客代订机票酒店,甚至还可以帮助访客打印、复印文件,等等。数不清的生意人或者想做生意的人前去求教,沃克先生几乎来者不拒,唯一的条件是"小生意不要来找我"。他的口号"Go big or go home(或者做大,或者回家)",与米叔说的"要做就做大"同理,后来也成了我的商业精神之一。倘若有公司上市了,送股份给他,他不推辞,但是不送股份、仅是来"取经",他也欢迎。

第一次步入沃克先生的"王国",颇感新鲜。会所上下两层有十六七间大小不同的房间,客人登记后,一般按照所从事的行业或来访的目的被带入不同的房间。这样的安排并非随意,体现了沃克先生教授的一个理念——现代化的商业需要互助,信息要共享,单打独斗很难再做大事。因此,来自世界各地的访客在会所不仅能够获得沃克先生的指导,同时能互相交流、互相启发,有些还能达成合作协议。这里是信息中心、是人脉资源集散地,无数宝藏等你自己去挖掘。有些年轻人来了就不想走、喜欢长期留在那里,从早听到晚。我每次过去也会珍惜机会,陪他到晚上8点钟下班,等他将白天所有访客带去的资料归类整理完毕后,同他下电梯走出大厦后道别——沃克先生多年的习惯是晚上无论多晚都要回家与太太一起用餐。

晚上回家，沃克先生并不是完全休息，他通常工作到夜里两三点钟，处理当日的"作业"。访客来访前，助理会像医院准备好病人的病历一样，准备好访客的资料。如果是新人第一次到访，则会建立档案。每个访客都有一个小时与沃克先生面谈的时间。访客介绍自己的想法、生意，沃克先生会同时在白板上记录要点，做出分析。访客说完情况，沃克先生的"诊断结果"也出来了。他会告诉访客，哪些地方不足、哪些地方要发展、去找哪些人、做哪些改动等。同时，坐在旁边的助理会及时找到相关的信息，比如要去找的某个人的联系方式。有些一时找不到的信息，助理会持续跟进。沃克先生晚上的"作业"是对白天会谈的总结和深入思考，有什么补充他会写入档案，让助理去接洽。等访客下次来，沃克先生拿着档案核查进展，给出新的指导。

早晨6点钟，沃克先生准时去会所上班。他的办公室大而貌似杂乱，他却身在其中有条不紊。除了单独接待访客，有时也会像上课、开会一样安排群体见面。群体见面时，他仍然会按照访客行业或问题需求安排彼此的座位，同样是为了有效互动。他讲话时口若悬河、毫无滞涩，一语中的、切中要害，令听者恍然大悟、茅塞顿开。言谈中，他能随时根据谈话内容，从看起来无序的书籍、文件、资料中迅速、准确地找到他所需要的东西。他的举手投足、只言片语都让人着迷，甚至连空气中仿佛都飘散着商业诀窍。其间他可能会接打电话，就连电话内容也与谈话不无相关。他特别擅长信息匹配，随口就能说出诸如想在某地做什么生意应该找谁联系之类的关键点。从事咨询工作多年，他的学生、合作者遍布全美各行业，大多是行业魁首。总之，进入沃克先生的领地，我的感觉是必须要竖起所有的神经来捕捉信息，应接不暇，大脑始终处于高度兴奋的状态。

对于访客们提的问题，沃克先生知无不言，言无不尽。他没有任何利益诉求、个人目的，因此大家对他毫无保留地敞开心扉。他极善于合纵连横，结合最新的科技、经济动向，对比相关行业，往往从一个问题切入，联系到理论及大量相关案例，给出精妙分析。可以说，沃克先生帮助访客架构起发展空间、指明便捷的前进路线，但访客一定要能理解并信赖他的智慧。我常常怀疑沃克先生是"外星人"，他迅速得出的论断直截了当，他能预见新事物的发展、理解当下的需求，他有着超人的思维和嗅觉。

当时保利卡刚起步，沃克先生的指导不仅拓宽了我的眼界，亦给我了非常重要的启发，给出许多实操指南，让我明白了大量关于北美经商的注意事项，包括如何利用美国不同的州的税务政策注册公司，怎样规避一些常见的法律漏洞或政策陷阱，等等。保利卡提供的连锁酒店打折，全美国法律咨询服务优惠，旅游机票、船票折扣等的创意皆出自这里。也许由于我是为数不多的"黑头发"，每个月都挤出两天时间去"听课"，或者是我的热情、乐观、率直与沃克先生的性格确实很像，沃克先生对我青眼有加，格外喜欢我，对我提出的要求百分百满足。我说需要开拓美国的非裔市场，沃克先生马上向我推荐了非裔社区领袖；我说要拉投资，沃克先生随即给我了几位华尔街投资人的联络方式，并帮我即时拨通了电话。保利优惠打折卡和保利借记卡、汇通借记卡能迅速在北美铺开，在美国纷繁复杂的联邦和各州法律下顺利生存，尤其是汇通支付能迅速挂接美国的 ATM 机，与沃克先生的指点分不开。沃克先生的推荐不仅是给了电话号码及帮我打个介绍电话那么简单，更是一份重要的背书，是打开市场的金钥匙。凡是他推荐的合作者，我去洽谈时都能直奔主题，签合同很迅速，省却了对方对我的了解或背景调查。

在认识沃克先生两三个月后的一次拜访中，听我说到保利卡公司的目标是希望在美国纳斯达克上市，他拿起电话就拨打。聊完之后，沃克先生说："你明天下午 4 点去纽约吧。我已经帮你约好了卡尔，他是我的学生。他是券商，在IT 及公司上市方面做得很好。"

次日，我带着助理梅琳达，按照与卡尔的约定来到位于纽约华尔街上的一个门脸很小的酒吧。到了门口，我不免心生疑惑，这种地方能谈出什么花样来？门口两位非裔彪形大汉对我们再三盘问，还简单地搜了搜身，才放我们进去。进去一看，里面还真不小，人山人海，全是西装革履的 30 多岁青年人，有男有女，穿着三点式的酒吧女郎穿梭其中。在温哥华，这类地方我也陪客户、访客去过，但纽约到底是世界一流大都市，夜店的规模、豪华程度远非其他城市可比。这一次算是见识了纽约华尔街的酒吧文化。

室内灯光昏暗，女郎们涂了荧光粉的肢体在眼前闪烁，摇滚乐震天的鼓点能敲空脑中固有的一切，令人仿佛进入异次元世界，感觉在这里什么都有可能发生。女郎托盘里放的多是威士忌、伏特加类烈性酒，旁边放着酒吧流行"一口闷"（shot）的小杯子。卡尔有华裔血统，高大有型，相貌帅气，窄窄的细格子的西装裤下一双姜黄的大皮鞋分外扎眼，典型的雅痞打扮。他为人热情，鼓励我们多喝，顺手扔几张大钞在托盘中为大家埋单。我本来不喝酒，也是在那次才知道酒吧里原来还卖无酒精啤酒，竟然有几年还喝上了瘾。

在招待我坐在 T 型台旁近距离看完了一场脱衣舞秀之后，卡尔又在座位上为我点了一名脱衣舞娘。看他一张张地往舞娘腰间细细的尼龙系带里塞百元美钞时，我颇为疑惑，不知道要做什么。塞了 5 张之后，舞娘笑吟吟地转向我，伸手将我从座位上拉起。我如堕云雾，又不能表现出怯场，只能镇定地跟着她走，后悔刚才卡尔手搭在我肩上、凑在我耳边说说笑笑时，我没有听仔细。舞娘将我带到了后面的包间区。在一个包间中看了 10 分钟她的独舞表演、奉上 500 美元小费后，被她满意地牵手送回座位。卡尔高兴地拍拍我，我大有上梁山交了投名状的感觉——这算通过了"检验"，生意可以继续谈了。并非所有被领走的客人都会被舞娘送回——小费给得好的，舞娘才会花时间表达一下温情。

卡尔说，每天股市收市后，下午 4 点他都会来这里，放松、见客户、谈生意。然而，当晚除了喝酒看脱衣舞，我们什么也没有聊。次日一早，卡尔到酒店见我，才正式谈生意。两个小时后，卡尔同意投资数百万美元将保利卡推向股市。谈得如此容易，纵然与互联网的泡沫正在日益增大、保利卡的发展欣欣向荣有关，但不可否认的是沃克先生的推荐给投资人起到了定心丸的作用。

遗憾的是，无论保利卡、汇通支付皆无缘上市，我也未能向沃克先生赠送股票。几乎每次拜访时，都会遇到他收到赠予股票的函件。沃克先生说，他从来不借钱给人，遇到实在需要帮助的人，他会直接送股票给对方。这些他人赠予的股票最常见的"命运"是被沃克先生择时卖掉，用以资助社区、捐助医院等。我问过他，他靠什么赚钱。沃克先生耸耸肩说，他出生那年，他父亲开办了一

◎ 1999 年，在美国新泽西州与沃克博士的合影

家印刷厂，20 世纪 50 年代初濒临倒闭时，他设计出夹在报纸中的杂志式广告册，由此振兴了企业，福特、克莱斯勒、通用、麦当劳、汉堡王等都是他们的客户，他的家族企业拥有 21 家公司，分布于美国 4 个州，有员工千余名。2001 年年末，为了让米叔更好地了解网上支付的前景，我请米叔同我一起去拜访沃克先生。见识了沃克先生的工作场面后，米叔也问过我，沃克先生靠什么为生。听我讲解后，米叔对沃克先生很佩服，他说沃克先生是冒着大风险在做义务服务，因为有人可以以"听从沃克先生的建议而造成亏损"为由起诉沃克先生。

1999 年 11 月，我特意带专业相机去给沃克先生拍照。照片中有两张他特别喜欢。一张是为他拍的单人照，他签字后贴到了会所进门的信息墙上。信息墙上放着很多资料、名片，供访客根据需要自取。墙上也贴了我的那句"与赢家合作，才能成为赢家"的座右铭——听我讲过后，沃克先生很欣赏这句话。另一张是我们的合影，沃克先生在上面题字"新一代支付已经诞生"，这是对在线支付概念诞生的庆贺。两年来，沃克先生目睹了我如何通过不断更新保利卡的形式、内容而最终形成了在线支付的观念并有效实践——几个月后，由 7 家结算系统支持的保利借记卡正式推出。沃克先生特别看重在线支付的理念，他开玩笑说"以后我要没有生意了"，我问他为何，他说："在线支付必然带来在线销售，都在线销售了，商场就要关门，我发明的商场里的销售岛（Mall Kiosk）还有什么用？"沃克先生很喜欢保利卡，他不仅自己用、送给访客和亲友用，还找商界大佬拿着保利卡一起合影。

沃克先生被称为"市场推广天才（Marketing Genius）"。所有新产品、新发明，最终都需要投放到市场去，会所也因此成了新事物的首秀舞台。1998 年，莫桑石的培育刚刚由美国诗思公司（Charles & Colvard,Ltd.）实现技术突破，尚未投放市场，我便在沃克先生的办公室亲见。作为犹太人，沃克先生与美国犹太商圈关系紧密，许多犹太裔的新发明、新发现、新创意都是在他的办公室里最先问世的。那个月我去拜访沃克先生时，他单独招呼我进办公室。办公室里，诗思公司的代表正襟危坐。与我简单寒暄后，他从桌面上放着的一个小黑包中拿出一块黑色的丝绒铺在桌面上，再小心翼翼地拿出几粒"钻石"。像做实验一样，用随身携带的测试工具进行了全面测试并向我们展示结果，显示的数值均优于钻石。然后，他微笑地注视着我，放慢语速，一字一顿地像宣布宇宙的秘密一样，轻声说："这是可以推向市场的莫桑石。"莫桑石的观感不输于钻石，价格却远低于钻石，是难得的钻石替代品。诗思公司希望我借助在中国的关系，帮他们推广中国市场。洽谈之后，当场给我数枚包括 3 克拉、5 克拉级别的市价不菲的样品。我们没有签合同，甚至连收据都没有写，仅仅是由于我是沃克先生推荐的人，诗思公司对我便百分百放心。

过了几个月，我又在沃克先生的办公室见到了"谷歌地图"。同见到莫桑石那次一样，我仍被沃克先生单独招入。办公室里依然仅坐着一位客人。不过这一次，客人看起来没有那么轻松。等沃克先生关门坐下之后，客人从桌子下面拿出来一个不算大的黑箱子。打开来才看出来，竟然是一台电脑。也许是感觉到了我的惊奇，客人边接线，边风趣地对我说："这不是你在市面上见到的电脑，这是我自己制作的。不好看，但是好用。"沃克先生介绍说，这位客人是他的多年老友，他是参与 IBM 个人计算机研发的 12 人小组成员之一。难怪拿出来的电脑不一般呢。

客人打开一幅图片，让我看是什么。我看了看，图片是从卫星上拍的一张照片，看轮廓像是一块空地。客人笃定地用鼠标一下一下地点着图片，随着鼠标的点击，图片上模糊的轮廓也一点一点清晰起来。他对我说："你现在看到的画面是在旧金山机场。"他把画面又放大一点，我看到了一张长椅上坐着一个人在读报纸。这时他再次把画面放大，哇！我惊奇地发现报纸上的内容很清晰。我的第一反应是"这个技术可以让军队拿去打仗"。客人坚定地摇摇头说："不会的，我不会把它交给军方，不会让它去杀人。"我请教客人的名字，他长叹一口气说："抱歉，我不能告诉你，我正在逃亡。"前一天，他被某大电脑公司"请去"，强行令他将这个技术交出来。"没办法，我不交他们不让我走。我只有交给他们了。不过，我离开后，启动了炸弹，他们什么都没有了。"说着他做出摁按钮的样子，耸耸肩表示无奈。"炸弹？"我不解地问。"是啊，当你设计软件时，一定不要忘了埋下炸弹。"我问他，这个炸弹技术叫"压缩"吗？他回答："不是，现在还没有取名字。"

数年后，"谷歌地图"上线时，我惊呼"重见故人"。不过，我不知道谷歌地图是否与那位神秘的电脑大神有关，也不知道这位大神后来的去向。但是，大神所说的"炸弹"帮了我大忙，助我从一桩生意的僵局中及时解脱出来，全身而退。大神当时还叮嘱我，如果做 IT 生意，千万别做生产软盘的生意，别看时下软盘风行。他说软盘很快会过时，电脑的更新换代会越来越快。那几年，我倒是真的在尝试做 IT 业生意，可惜无缘请大神与我们合作。

1994 年办中财国际时，有人问我："你们中财国际怎么没有 .com？"我那时还不知道 .com 为何物。了解后，一下子被互联网迷住了。友邦资本成立之后，在做传统生意的同时，我也学着在互联网上"冲浪"，试图找到互联网的金矿。

那几年，互联网相关的生意我主要尝试做了三项。一项成功了却没有赚钱的是出售设计网页的模板。模板设计不难，但价格竞争激烈。这给我一个教训，做IT生意，拼的是创意，太容易的没有前途、做不大。一项发现问题及时放弃的是聪明卡。我在看到北美普遍的读卡器不能读聪明卡时便放弃了——我想，我可能有足够的钱去制作聪明芯片借记卡，但是我不可能有足够的资金去开发北美所有的POS机来读我们的聪明芯片卡。但当时不少人怀着更大的勇气试图在北美普及聪明卡的读卡器，可惜全军覆没。一项尝试了没有成功的是域名注册。20世纪90年代，大家都在争先恐后、绞尽脑汁地抢注网站域名。起初，我想以数字代替字母注册域名后再出售域名，可是几个我喜欢的数字的排列组合后，注册域名费就要数亿美元，显然无法运作。接着，我想以常用的姓氏作为顶级域注册独特的域名以出售，却无法获得域名管理局的批准，只得作罢。

跟随沃克先生的学习持续到2003年夏天我回中国推广汇通支付。我回中国后，有时候仍能接到老先生热情洋溢的电话——当他遇到什么与中国市场有关的案子时总想让我知道。忆及往事，耳边似乎仍能听到沃克先生略高昂的、有些沙哑的声音，那总拖着长腔的说话语调。沃克先生为人幽默，嘴上总是叼着上等古巴雪茄，聊天时喜欢开开玩笑。我曾问他，为何要选镇上最高大楼的顶层做会所办公？他说："这里离上帝最近，便于和他讨论问题。"如今，沃克先生已驾鹤数年，想必上帝也与他聊得很开心吧？

涅槃的灰烬中，看到了汇通支付

就在保利卡事业热火朝天时，美国遭遇了 2001 年的"9·11"事件。有人说，"9·11"改变了美国国运甚至世界格局。这些宏观的判断需要专家研究，我能肯定的是"9·11"改变了保利卡的命运，让兴旺发达的保利卡事业突然降至冰点。

"9·11"之后连续近两周停航、邮局歇业，直接影响了保利卡的寄送——保利卡是在我们位于温哥华的公司总部内完成制作，再寄给缴纳了会员费的持卡人。保利卡不能按时寄到、刚交了钱的客户拿不到卡片，引发客户的投诉，客户要求退款。直销客户之间互传消息，谣言四起，说公司要倒闭，一些保利卡使用情况正常的客户也跟着要求退款。投诉电话打到警察局、政府监管部门，警察和官员都被招来了。火上浇油的是，一些用信用卡缴纳费用的客户利用信用卡六个月内有条件下取消支付授权的原则①直接要求撤回会费。信用卡公司受理申请取消支付投诉时，往往站在客户一边，加上几天内投诉的人数激增，干脆冻结了我们在信用卡公司的账户及押金。有的用户直接找到总公司，堵在门口不离开；走廊上站满了要求退款的人，年轻女性员工都不敢单独

---

① 信用卡公司一般都规定，六个月内付出的货款，如果客户声明不是自己主动购买，可以撤回付款并退货。

从公司走出去；停车场拥挤、电梯爆满，公司所在的大厦的物业也联系我们询问原因。公司专门请了十几个人来处理投诉，忙得焦头烂额。办公室里满目狼藉，似乎真的是大厦将倾。那段时间，公司承受了上百万美元的退款及退款潮所带来的压力。

紧接着，美国政府推出了金融界的KYC（Know Your Customer，实名制）政策，要求任何收款方必须确认资金来源，即确定付款方的姓名、身份，不得收取来路不明的款项。这简直是要了保利卡的命！保利卡在美国的蓬勃发展不仅在于打折覆盖面广，更重要的是随着与数个全球性主要结算系统合作，它的充值卡已经升级成为"借记卡"，可以进行网上支付。会员可以在世界上任何国家的ATM机上使用保利卡，可以查询现金余款、用保利卡账户进行转账、支付商家账单等，对于没有银行账户的用户极为方便。而且当时保利卡充值的广告语"不需要证件、不需要信用担保（No ID required. No credit required）"完全与KYC大相径庭，成了致命伤，我们首当其冲成了需要被整改的一个目标。

如何整改？我们不可能改变世界，但是可以改变自己去适应世界。突发的"9·11"带来的冲击也可以转化为新的商机，造就新生事物。正是新生事物在推动社会的发展。灾难令邮局停业，导致社会几近瘫痪，凸显了线下交易的脆弱。在我的定义中，凡是依赖实体物品存在的都属于线下（off line）。保利借记卡虽然可以利用互联网在ATM机、POS机上操作，但它仍然需要一张实体的卡片，没有卡片便无从操作，仍属于线下卡。任何看得见摸得着的物品都有其"生命"，正因为有"生命"，便不能永远延续、不具备无限价值。反之，只有完全脱离实体在互联网上存活的才是线上（on line），因其无生命性才得以长久、无实体限制而自由存在于互联网中。

电子商务（E-commerce）那时正悄然兴起，我认为，电子商务如果要在全球普及，必须要有符合电子商务需求的电子商务支付平台。我提出来电子商务支付平台（E-commerce payment platform）的概念。当时人们认为互联网太不安全，不可以有金钱交易，但是我认为，网络是人设计的，黑客也是人，我们完全可以投入更多的精力让互联网变得安全。电子商务的支付应属于线上支付（on line payment）。线上支付要满足三个条件：即时支付（Real time cash transaction），无国界限制支付（No territory required），无货币性支付（no currency required）。比如，打电话过来要求通过互联网实行支付的，仍属于线下支付。只有付款人和收款人双方都完全在互联网操作的支付才算线上支付。脱离了 ATM 机、POS 机的线上支付依靠什么呢？我想到了电子邮件——电子邮件几乎是人人必备的互联网设置，而且是唯一性的——于是，我们成为电子邮件汇款（email money）的创始者之一。与银行合作后，"电子邮件汇款"的提法逐渐改为电子转账（E-transfer）。从古到今，人类经过了三种形式的支付：第一代以物易物，第二代现金支付，第三代信用卡支付。我所做的是第四代支付方式，即为"电子支付"。这样一步一步，被称作人类社会第四代支付的电子商务支付平台这个行业的系列概念及操作完善起来，我也被称为电子商务支付平台行业的创始人。

我悟出这些理论、实现了电子邮件汇款的技术后，保利卡的"夭折"不再是事故，仅是客观存在的一个状态——在保利卡涅槃的灰烬中，电子商务支付平台这个新事物出现了。

工作中有任何不寻常的事物、收获、挫折，我都会第一时间告诉米叔。电子邮件汇款问世时，我有意用戏剧性的方法向米叔演示。平常中午一起吃饭，都是我去他公司找他，这一次我在大堂等他，特意请他下楼来。见到米叔，我递给他一张印有他名字的保利借记卡："这是你的卡，你拿着它可以去任何一家银行的 ATM 机上取钱。""你在开玩笑吗？"米叔笑着问我。我也笑着说："我是认真的。"过了几分钟，米叔带着满脸困惑回来了："这张卡确实能用！我试了几个银行的 ATM 机，都能识别，但是里面没有钱。"我说："我现在就给你转钱，你再去试试。"我通知办公室从互联网上转了 100 美元到米叔手里的卡上，他又去了自己任职主席的汇丰银行的 ATM 机提款。这次他回来得更快。手里拿着一张 20 加元，他只说了一句："我投资。"

我做什么都会告诉米叔，所以保利卡的发展全过程他是知道的。但是，知道和切实体会还是有分别的。米叔深谙银行繁复的系统规则，当他亲手拿着一张我们保利卡公司签发的借记卡插到不同银行的 ATM 机上竟然能被识别、看着卡片从没有钱到被充值还能提款时，彻底震惊了，这在新世纪初的金融体系中是天方夜谭。他感觉到世界已经变了，"这是付款的革命"。

当时在沃克先生的推荐下，3 家上市公司要找我合作。不过既然米叔对这个项目有信心，且我由于 SW 融资引发的官司也结束了，证明了我的清白，米叔能够安全地以资方进入这个项目而不会损毁他的名誉，我当然不选择其他家。我们的新公司取名为加拿大汇通支付科技有限公司（Paystone Technologies Inc.）。旧时代的婉约、含蓄在互联网的新时代已经不合时宜。新时代中，不要让客户去猜谜。汇款就是"pay"，"stone"取意石头坚硬。要做就做行业中坚，公司业务坚如磐石。保利卡公司注销，所有资产、技术及遗留问题由汇通支付接续。米叔了解我，知道我总喜欢同时做几个项目，他特意提出，合作汇通支付期间，只能专注于此，我的其他项目必须停止。此外，他提出来公司只与我合作——之前保利卡的股东要退股，但是作为大股东的我的所有投资不能撤出公司。我深知新公司不是短平快牟利的公司，它是在塑造一个行业，需要不断投入资金，因此我要求我的股份锁死、不随资金进入而变化。我们非常默契地达成协议，汇通支付的时代由此开启。

保利卡公司的股东包括第一级销售人员、华尔街的投资者等，持股者有 70 多人。大家了解到公司状况后，基本上都接受了退股方案，唯独弗里曼不愿意退股，他说买股份并非为了赚钱，完全是出于对我的支持和信任，无论公司怎么转变，他都愿意跟着我走。与他再三讨论，又赶上他决定回台湾养老，最后高价收购他才同意退出。他离开温哥华前要请我吃饭，我说："吃饭无所谓，如果你愿意，我想买下你的手机号码。"他的手机号码数字组合好记、口彩也好，其中包括数个相连的 8——对数字号码我总是很痴迷，8 是我的吉祥数字，这个号码我心仪已久。加拿大的手机号码拿回台湾也不能用，弗里曼当然乐意出售。就这样，保利卡公司在没有亏损的情况下快乐结业，原有客户转移至汇通支付公司，打折服务在收尾中继续。

从 1997 年春天到 2001 年秋天，保利卡公司走过了萌芽、发展、辉煌、挫折、光荣退役的历程。近 5 年中，我与伊莲恋爱、结婚，3 个女儿凯琳、凯欣、凯颐陆续出生。随着大家庭的形成，我的人生也翻开了新篇章。

第一个吃螃蟹的代价

汇通支付公司成立后，花了半年的时间处理保利卡公司的遗留问题。比如，协调与维萨信用卡公司的关系——之前的会员退款潮中，维萨公司已经将我们列入黑名单。

同期，公司内部也在激烈地争论什么是在线支付。我提出来的在线支付、电子商务支付平台的观念并不能被大多数人在第一时间接受。1997年，航空界的星空联盟创立。1999年，寰宇一家航空联盟诞生于米叔的办公室。当时还不能在互联网买票，网络的主要任务是信息发布、咨询。我认为，机票要能网购才行，只有网上能交易，才能有电子商务，积分系统也才能推广开。许多人认为我的想法是痴人说梦。我的态度是"如果不相信我的理论，那么我们就不必讨论"。这样的说法得罪了不少人，不过也为我节省了大量打嘴仗的时间。天性倔强，我长期以来的态度就是相信我就信，不信不强求，即使在推广保利卡时，我也不会为了说服别人而浪费时间，不与杠头争辩。我该说的、能说的都说到了，选择权在对方。加拿大航空公司的网上售票的理念是我们公司首先向他们介绍、与其探讨，并为他们设计了在线销售电子机票的解决方案。为了便于合作，汇通支付公司聘请了熟悉加航体系的原加航副总裁来做副总裁。

我坚持必须在一开始先搞清楚概念，这样才有可能最终实现。碰撞之后，能接受我的观点的人留下来，不同意的则离开。一些热心加入的朋友由此离开，但也吸引来一些有共鸣的人加入团队。几个月后，我们最终确定要成为第一家为电子商务提供支付的公司（E-commerce payment solutions company）。米叔让我来写公司计划书。他说："计划书一定要自己写，不能假他人之手。因为只有你自己最清楚你的产品设计，你的远大理想。公司的目标和宗旨，从开始到后来常发生很大的变化。计划书写完了做参考，8—10年后，真正落实的能有10%与计划书一致就很不错了。"——汇通支付结业时，我回顾了计划书，技术方面我们都做到了，而市场推广不足。此为后话。

公司一边营业，一边改进，业务方向从打折服务转向在线充值、交易支付、电邮汇款等。汇通支付不再招收打折卡的新客户，而是推广在线汇款业务；能提供ID的新客户可以收到汇通支付的借记卡，不能提供ID的新客户则收到汇通支付的数据卡。

新业务中的第一个挑战是如何完成在线充值。为了防止洗黑钱，首先否定了收取现金的方式；鉴于保利卡的退款之痛，我们也不接受信用卡充值。最后剩下的只有绑定客户银行账号。KYC规则已经开始执行，客户注册时需要鉴定客户身份，还需要确定客户提供的银行账号和汇通支付账号是他本人的。设计出一套可行的鉴定方法着实花费了一番心思和时间。我们是私人公司，推广的是没有实体接触的、互联网上操作，所有流程需要在几分钟内完成，且客户遍布全球——这些限制决定了公司不可能花费精力和金钱做线下的背景调查。如何完成鉴定呢？

聪明人善于将已经有的东西放在一起，重新组合，以解决自己的问题。我要做聪明人。我的任务就是放眼全世界来想办法。视野决定方向，办法还真找到了！我们设计的信息系统中要求客户登记电话。但是，如果客户并没有电话，只是盗用了他人的电话号码呢？受当时北美的电话语音信箱的启发，我想出来通过系统向客户提供的电话发送校验信息的方法。又如何确定客户的银行账户确实是他的？系统随机发送几分钱到客户提供的银行账户中，再让客户回告收到的金额与系统核对——我们只给三次核对机会。有了准确的客户账户，银行才能协助核查。但汇通支付不可能与每一个银行对接，我们仍采取借力的原则，与北美、欧洲、亚洲最大的洲际第三方银行结算公司合作，几乎覆盖三大洲的全部银行。在这些措施的护航之下，汇通支付接纳的客户能够符合KYC原则，并确保客户有能力完成一定数额的充值、支付、汇款。

◎ 2002年12月，《环球华报》人物专栏有关我的采访报道

达到KYC的标准花了近一年的时间，汇通支付终于实现了线上支付的可能。从2002年9月开始，公司彻底结束了保利卡业务，不做打折，专做在线小额支付。在此之前，2002年夏天，在不列颠哥伦比亚大学访学的上海交通大学的胡海鸥博士找到我，提出希望更多了解汇通支付背后的相关观念，以创作论文。我与胡博士深谈数次，胡博士做了大量的研究工作，证明了关于在线支付等理论的前瞻性、趋势性、可行性，并发表了论文。有了理论研究的支持，公司对汇通支付的发展和推广更加有信心。

在汇通支付公司成立几个月之后，随着技术难题的一个个攻克，我已经开始了面向世界各大银行的"环球演讲"。选择银行界入手也是经过一番论证。汇通支付在线支付平台的电邮汇款功能适用面非常广泛，公司需要确定业务重点。

© 1988 年，与英国前首相丘吉尔的女儿玛丽·索姆斯合影

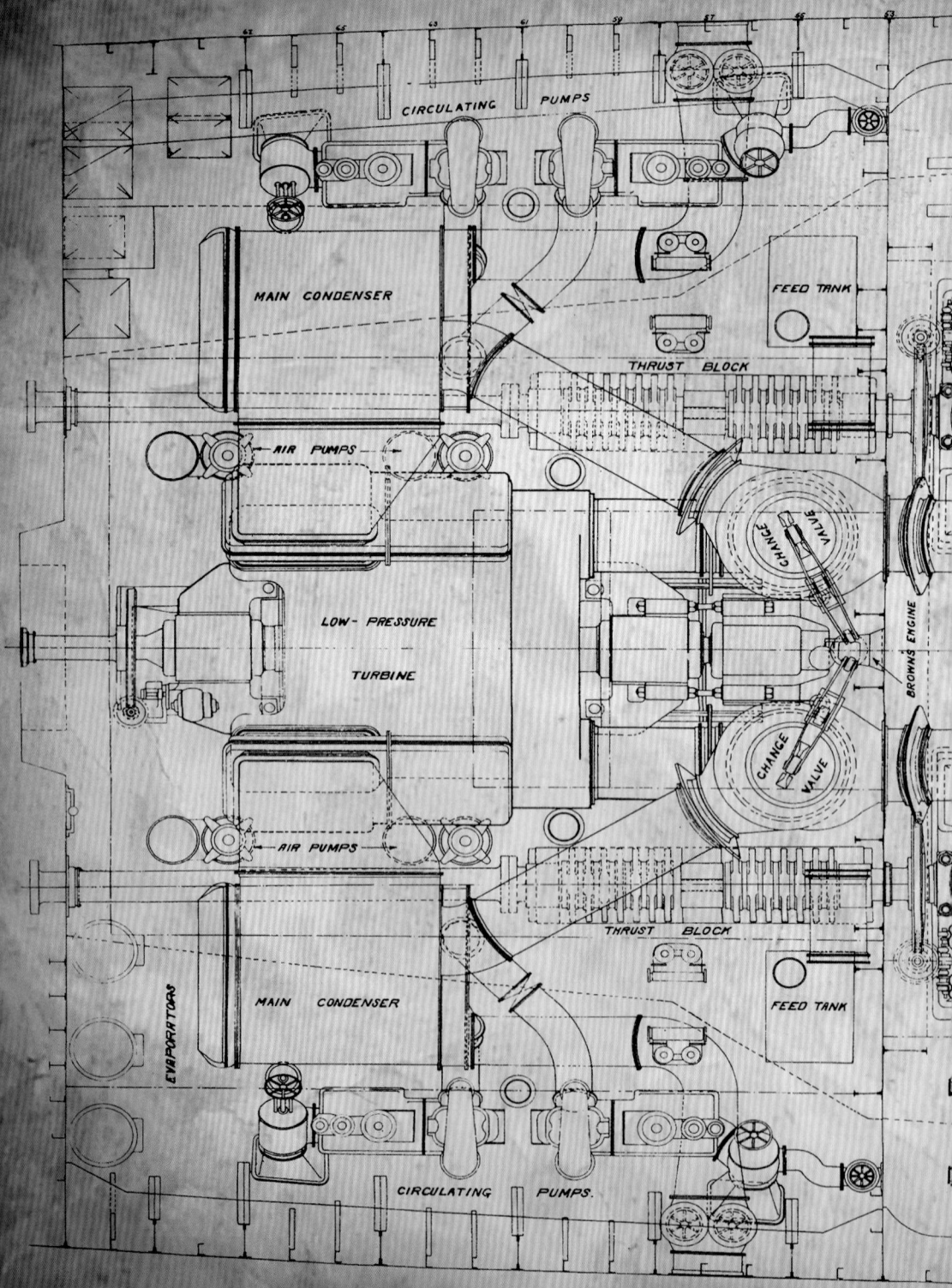

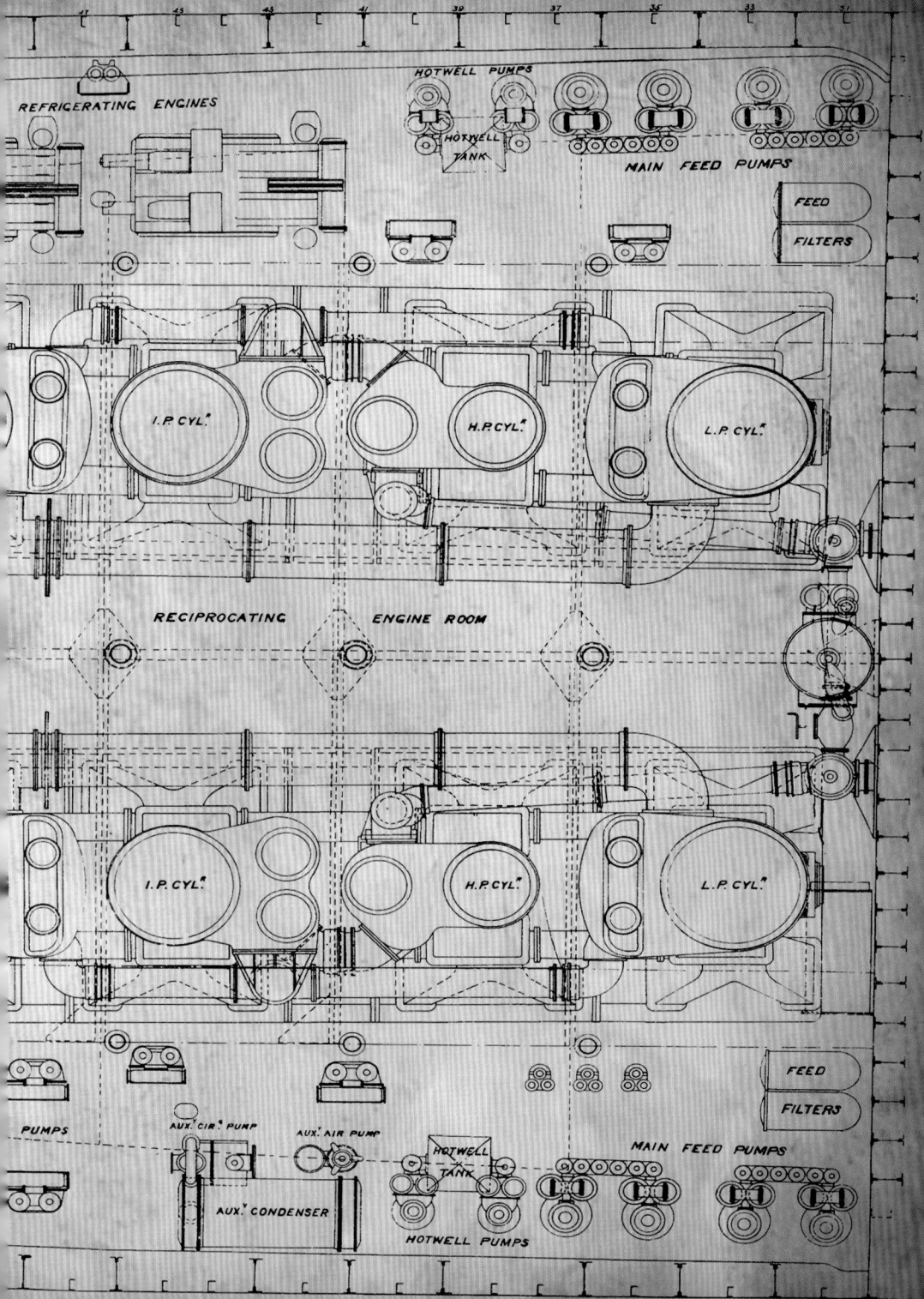

QUEEN ELIZABETH II
PLATINUM JUBILEE PIN
PRESENTED TO

Mr. Daoping Bao

In celebration of Queen Elizabeth II and her unprecedented seven decades of dedication to the United Kingdom, Canada and the Commonwealth. This commemorative pin is awarded to honour individuals like you who have made significant contributions to your community and Canada.

With heartfelt congratulations and sincere gratitude.

The Honourable Yuen Pau Woo
Senator for British Columbia

$\frac{1}{2}$

◎ 1. 加拿大颁发给我的英国伊丽莎白二世女王白金禧证书，以表彰我对加拿大社区及国家的重大贡献

◎ 2. 与证书一同颁发的英国伊丽莎白二世女王白金禧徽章

米叔有一家公司做进出口，常常要付给中国公司百十加元的样品费。国际小额汇款通过银行汇款，一样要走完繁杂的手续、收取固定的汇款手续费，费事、费时、费钱。因此，我们认为，在线小额支付应该是汇通支付的一个市场方向。业务甫一推广，便招来两家客户。一家是属于英国女王名下的英国赌场，另一家是贩卖成人电影的互联网公司。博彩业和三级片行业确实是两个小额支付的大行业，但是我们认为是灰色地带，决定不去碰触。我想，支付和汇款最频繁的、最光明正大的地方应该是银行，米叔又非常熟悉银行界，所以决定与银行合作，我们为其提供互联网的第三方服务。我们定义自己是小额支付公司，是全球最早运营利用电子邮件转账的在线付费及汇款的公司，是"第三方支付"这个行业的奠基人。

米叔负责联络，我负责带着电脑满世界飞，去向各银行介绍线上支付、电子商务支付平台的理念，讲解互联网小额支付对商户的作用及深远的意义，解释为什么银行应该要与像我们这样的第三方支付公司合作——电子支付体现在即时性、无国界限制、无货币性的三大特点与银行现有的法律、运营规则等各方面皆格格不入，汇通支付能做到恰恰是由于我们不是银行，才能做到。我的演讲在各地引起轰动，业界刮起了旋风。

但是，有一点是我和米叔都忽略了的——银行界是正规军，内心并不欢迎业外竞争者加入，本质上他们是抵制我们的。这就如同我开友邦资本时，向北美市场进口柞木椅子，被原有的市场老大设局"捉弄"一样——市场老大不欢迎任何新的、有竞争力的人加入。于是，出现了我到处宣讲，众银行惊呼、赞扬，却不同意合作，同时纷纷模仿的群雄逐鹿之局面。类似于第三代 POS 机出现时，各银行自立门户，不愿意相互合作，更不愿意第三方支付公司介入的状态。

某几个世界知名银行在听过我的介绍之后，转而抄袭我们的创意。当汇通支付上线时，汇丰银行也已经研发及推广他们自己的产品，不料上线后遭到起诉而关停，因为违反国际的银行规则。他们再次问我，汇通支付借记卡是如何制作出来的，为何它可以用在数额庞大的遍布全球的 ATM 机上？为什么汇通支付可以做到的事情他们银行不可以做？我给的答案还是同一个：汇通支付不是银行，是第三方支付平台，所以才能跨越地域、银行、国界。银行本来就应该找我们合作，而非拿了我们的想法、无视我们已经成熟的系统，自己再劳民伤财去搞研发。

类似的事情还有许多。总体来说，推广初期，花的最大的精力是取得银行的信任。如果汇通支付进入市场不是从银行入手，如果我们在纽约开公司，后来公司的命运也许完全不同。华尔街的理念是包装一切，是完全的生意，通过他们的介入，汇通支付可能直接被推向股市，有更广阔的天地。而与银行的磨合非常艰难。银行不仅怀疑我们的合法性、互联网的安全性，嫌弃我们是不具备悠久历史的新公司，又担心我们做大后会抢占他们的市场。没有信任的合作举步维艰。另外，在2003年，汇通支付公司曾收到谷歌愿意出巨资收购我们的计划，米叔没有动心。当时美国的在线支付公司贝宝（Paypal）卖给在线拍卖公司易贝(eBay)的价格是15亿美元，当时他们只做易贝内部的付款交易，从技术层面来说不能与汇通支付相提并论。如果当时卖给谷歌，汇通支付应该不会在两年后被加拿大政府强制关闭。对我而言，谷歌出价是大手笔，但米叔没有把那个价钱看在眼里，再加上米叔多年的财务总管、公司的财务总监吉米也反对出售，我们便回绝了谷歌。当然，时光不能倒流，后知后觉仅能说说而已。

创新要付出代价。作为数次第一个吃螃蟹的人，我深深感到能在市场上盈利的往往不是发明者而是善于运用者。但是，世界上如果没有那些奋不顾身、勇于创新的人，便没有后继的运用者。也许像我这样的人，做创新者是一种宿命。在创新中我没有获得多少利润，却收获了莫大的快乐。

作为第三方支付平台，汇通支付联系着收款方、付款方。公司建立伊始，我们就在讨论市场定位及推广方向——谁来用？用在哪里？是先培育付款方的人群，还是先开拓收款方的市场？这是一个先有鸡还是先有蛋的问题。

对于"鸡"——各类商家，公司做了普遍撒网式和各个击破式两类推广。撒网式推广主要是通过参加商业展览、IT展览交流会等介绍汇通支付及相关理念。一些保利卡的老友，像如新、安利这些大型销售公司及马克药房等很快便使用了汇通支付的服务。不仅出于对旧谊的信任，更主要的是使用了汇通支付后，方便在互联网上销售。之前完全陌生的商家则对线上支付的新技术反应平淡，看到都说好，却签约不多。然而随着时间的推移，几个月后，我们提出来的全新的观念就逐渐被认可、接受，越来越多的商家默默地完成注册。商家的加入带动了消费者的加入，壮大了汇通支付的个体使用者——"蛋"。

在汇通支付的运营中，我切身体会到IT界发展之神速——每三个月就会天翻地覆一番。如果开办IT公司，一定要有充足的钱雇能人、多雇人，将研发速度提升到尽可能快，因为任何创意如果不及时落地，就很容

『一卡在手，走遍全球』

6

易过时或者被抄袭、模仿——这一点在与大客户接触时，我感受颇深。

我们与苹果公司洽谈，建议 iPhone 下载歌曲要收费，既保护原作者版权，又有利润；提出在苹果手机内置第三方的收款系统。限于利益冲突，手机厂家不应该销售歌曲的同时收款，这样便失去了销售的公正性，客户有理由质疑并非自愿购物而是被误导或被购物。苹果公司接受了收费的观点，也测试了汇通支付为其所做的演示版，却未采纳第三方收款的想法，他们开始自主研发，可惜进展缓慢，10 年之后的 2012 年，苹果推出了 Wallet。对于手机未来的发展方向，我认为不应该仅停留在接打电话、发送短信这些语言交流方面，而应充分地利用其个人属性、移动性成为收付款的工具（移动 POS 机）、信息集散中心（集电台、电视台、报纸等媒体于一身）。这些在当时看似前卫的想法，其后数年间陆续成为现实。我们为停车公司设计的演示版的命运类似。当时不被接纳，后来他们设计出自己的支付系统。

类似这样的事情还有一些。像与银行接洽一样，与某些大型集团公司，如汇丰银行、花旗银行、加拿大航空公司等的合作洽谈常因对方决定自主研发而"无疾而终"——汇通电子商务支付、互联网汇款的理论被对方转化为具体的项目支付、行业支付。不过，从积极方面来看，至少我们的观念被接受、推广、运用起来。

对当时这类局面，我的评价是诸侯割据。汇通支付提供的是线上支付平台，令商户和个体使用者都能享受到前所未有的服务。商户能够通过线上支付收取客户的钱，从而实现在线销售。个体使用者则可以进行国际即时汇款、网上小额支付、ATM 机充值提款等操作。汇通支付还能令个体使用者利用手机缴纳停车费、在电脑或手机上有偿下载音像制品、在线同步付费玩游戏及购买游戏内部购置装备等。值得一提的是，汇通的 ATM 借记卡除包括银行借记卡的功能之外，还能用它通过电话、互联网管理持卡人的汇通支付账户——在互联网还不是很普及的当时，电话管理为持卡人提供了很大的方便。总而言之，汇通支付的在线支付平台相当于联通全球的空中高速公路，而各种具体的、区域性的利用互联网的支付是地面高速公路。地面高速公路跑得再快，也不能跨越太平洋。如果想跨越大洋，在各大洲通行，则必须与汇通支付这样的全球性系统相连。可惜继汇通支付之后，全球的空中高速公路再也没有被建立起来。因此，我感叹，尽管网上交易火爆，但是距离电子商务的实现还有一段距离；有朝一日，无国界、即时性的电子货币出现，电子商务才能真正产生。我的预测是20年以内一定会有1—3家符合在线商务需求的电子结算平台现身。电子商务结算平台产生之日，就是电子货币诞生之时。

对于预想中的"鸡"谈着谈着就"飞了"，我们也找到一个可能的原因——别看美国和加拿大比邻而居，是"一个母亲的两个儿子"，但之间仍有隔阂，尤其在一些美国人的眼里，加拿大不值一提。很多美国人不知道温哥华在哪里，甚至误将华盛顿州的温哥华市当作加拿大的温哥华。考虑到这个因素后，我们注册了美国公司，再去与美方公司接触时，都是以美国公司的面貌出现。

与加拿大的联邦宪法为上不同，美国各州的法律权限很大。为了在美国顺利开公司，我们花了不菲的律师费。公司在美国不同的州请了律师团队，协调各州的情况，制订如何在美国布局的方案。同样，汇通支付想做成全球化的支付，也必须与相关的各国律师建立法务合作。5个、10个律师在不同的国家、不同的城市一起开电话会议是常有的事。有一次温哥华总部召集国际会议，竟然有22个来自世界各地的律师同时在长途电话上。急得财务总监在她的办公室来回走动，她知道这些都是专业律师，平均收费每小时500—900美元。那次会议我们开了整整两天，每小时要花费数以万计的律师费。花费虽大，也为我们带来了超值回报，避免走弯路、死路、不归路。我也从中学习很多，为日后在经营上市公司普利尔时，能较为顺利地应对无休无止的官司奠定了一些基础。

和维萨、万事达等几家大型信用卡公司的合作未果则另有原因。我去与维萨公司会面，两三次就说服了他们，他们同意将小额支付交给我们来做，因为信用卡在处理小额支付时是亏损的。信用卡结算的流程要涉及数家金融机构，每一家都有相应的手续费。当支付额度小于某个数值时，信用卡公司收取的手续费还不够他们付给流程中合作机构的费用，因此造成亏损。汇通支付的流程简单，仅牵涉两家机构，自然有竞争力。那时互联网支付刚兴起，网络上90%

的支付都属于小额支付。维萨公司与我接洽的高层感叹："我们占据 70% 的市场,不担心其他信用卡公司的竞争。但是,我们担心你们这样的第三方支付平台。你们将是我们最大的竞争对手。可能有一天,市场会全部被你们占领。"他担心的事实迄今尚未实现。当维萨采纳了我的提议、停止与 Paypal 就小额支付合作后,eBay 起诉了他们。维萨只得继续赔钱进行小额支付。我们注册的微支付网站 VisaMicro.com、MasterMicro.com、AmericanExpressMicro.com 域名也就无用武之地了。

"蛋"的找寻——个体使用者市场的推广发展迅速。除商户带来的消费者之外,汇通支付在民间汇款方面非常受欢迎。遍布世界的菲律宾外劳家政服务和常年海上漂荡的邮轮船员特别喜欢利用汇通支付给家里汇款。首先,汇款手续费低,仅有传统汇款手续费的十分之一,而且使用起来非常方便,尤其是国际汇款。传统的国际汇款每次都需要填写繁复的表格,汇通支付只要一次简单注册,之后发电邮写数字即可。历史悠久的西联汇款(West Union)虽然有其优势,但是存在着时间和地点的限制。而汇通支付在自己的电脑上就能随时操作,汇通支付会员可以在任何时候、任何地点汇款及收款。随着汇款业务的兴旺,衍生出来的新业务是网上换汇。通过与大型换汇公司合作,我们在换汇方面也取得不错的利润。

汇通支付的盈利节节攀升,可是投入也在海量增加。想要"一卡在手,走遍全球",建立全球的支付高速公路,必须有强悍的软硬件系统支持。从公司创立起,我们的资金便主要用于搭建服务器和开发电邮汇款软件。在保利卡与结算中心接触时,我就去看过与结算中心数据库直接相连接的代理公司的服务器。他们的设备在一个巨大的仓库里,向地下延伸数十米,四面水泥加固,里面密密麻麻排着机组。保安防范严格,整体规模、气势宛如好莱坞大片。硬件设备用是 IBM 或者 Sun Microsystem,数据库只用甲骨文公司的。参观之后,我便对投入这行需要的资金的量级有了概念。我们搭建的数据库当然没有这样宏伟,但是第一套系统建完也投入了数百万加元。而且一套系统根本不够用,为了防止地震、水灾、战争等不可预见的灾害,我们花了一年的时间先后在多伦多以及美国、欧洲、亚洲等放了多套系统。

　　钱也花了，时间也花了，我才意识到，自己建服务器实在不是明智之举，租用是上策；需要我们自己做的是搭建团队，严防黑客。当然，防黑方面汇通支付做得很杰出，不能说 100% 保证，但可以保证 99.99% 的安全。这也是一开始我就反对银行界等不信任互联网支付，我的观点是：黑客攻击、计算机系统和互联网技术都是由人开发的，既然漏洞能够被发现，我们就必然可以建立有效的防范机制。永远乐观，对未来保持希望，而不是未雨绸缪地否定。尽量及早发现问题、隐患是必要的，可是没有必要陷入焦虑、担忧，有问题处理即可；实在处理不了就想办法绕行；绕不过去就另辟蹊径。这是我一贯的事业、生活方法论。

　　遍布各大洲的服务器、防止黑客攻击的功能强大的软件、参照银行系统所设置的部门、聘用的主要人员都有银行从业背景、操作符合银行相关法规，因此我说，汇通支付与北美银行最大的区别在于没有银行的执照。在监控用户账户安全方面，我们的系统很敏锐，能将异常消费及时报出。遗憾的是，北美的警察体系反应不够迅捷。系统监控到某账号活动异常，比如 30 分钟之前在温哥华加油，之后立即出现了洛杉矶的消费记录，说明账号一定被盗用或者非法使用。报案后，警察却迟迟不行动。这样的事情不止一两次。

　　在加拿大的 NRC（国家研究中心，National Research Council Canada）的安排下，我数次前往韩国，为韩国政府的科技部门讲解在线支付的理念和运用，以及即时现金支付与手机数字支付的风险区别。韩国的电脑游戏业发达，相应的游戏内的交易支付需求量大，智能手机业走在世界前列，但是韩国所推广的手机支付尚处于初级阶段，属于手机公司代收费用的阶段——客户使用手机消费后，并非实时支付了货款，而是将货款记录在手机账单中，月底手机公司将账单发给客户，客户接到账单后，即使立即付款，货款到达销售方账上，距离客户消费也有 5—6 个月，甚至要 9 个月之久；而且还不可避免地有逃单现象发生。我为政府人员多次解说这种付款的不可持续性、会导致销售公司被拖垮的危害，但是他们一直到危机爆发才切实认识到，决定在三星手机中内置汇通支付的系统，将原有的代收费的数字记账付款改为汇通支付的在线支付。尽管最后汇通支付平台被加拿大政府勒令结业，导致汇通支付未能在三星手机上运行，却对于韩国的手机支付起到关键的引导作用。

不同于保利卡那种满大街都是合作商户、买卡的用户不计其数的热闹沸腾，汇通支付的轰轰烈烈在我看来是"低调的奢华"——它开创行业、勾勒蓝图、将人们认为天方夜谭的想法转化为现实，引领了一个时代的到来。

2002 年 9 月，我决定回中国推广汇通支付。米叔起初不赞同，他说："北美这边还没有看到光明，你又去中国花钱。我们应该把钱放到一起做一件事，不要分散资金，这样效果会更好。"我坚持去中国推广是因为：IT 界更新快，不能等，北美和中国的市场推广应同步进行。中国政府对金融机构的掌控比较集中、行业管理集中。在中国，是"行"或者"不行"的问题，只要领导层认可了，就有可能推行。攻克几个总公司、总部，就会拿下全国的市场。所以，中国的市场更容易拓展，不像在北美，每个州法律不同，规则太多，谈判像蚂蚁啃骨头。另外，中国是一片空白的大市场，一切从零开始，轻装上阵容易发展。北美发展得早，已经形成系统，既得利益集团、行业不愿意轻易放弃已有的市场，更改现有规则不容易，传统的包袱太大，处处掣肘。

至于投入资金的问题，我很有信心，我对米叔说："我到中国，不需要公司投入一分钱。"米叔认为不可能："怎么能不花钱呢？吃喝住行一年下来也要几十万美元。"我说："我自己解决。7 天内，我投入 40 万美元，专门用于做中国市场。"米叔不相信，但是他忘记了，我跟着他多年，已经学会了 OPM——用自己的信用、用别

北京，我来了！

7

人的钱做商业。不到一周，我找到了投资商。[①] 米叔很惊奇，我说："项目好，就不担心找不到投资。做商业，就是要有自信。如果我自己都不相信自己能找回投资，那么说明项目不好。"当我认准一件事情时，我一定有 200% 的信心。

于是，如同 1995 年春天开办中财金融一样，我再次揣着两盒名片，提一个小行李箱，拎只公文包，带着脑袋，买张机票飞回中国，不同的是，这次脑袋中装满了关于在线支付、电子邮件汇款、手机支付等最先进的观念及运作措施。而且这一次我是满怀信心、期待，渴望将这些最前沿的技术引入中国，为中国信息、金融、通信等行业尽已所能作些贡献。

从 1991 年大学毕业后，我频繁地回中国出差，忙碌时几乎全年的三分之一都在中国。做汇通支付以来，在公司市场部的安排下，已数次来中国与有关部门做过接洽，其中五六家机构提出了与汇通支付在中国展开合作的意向，这也是我决定尽快在中国开展业务的原因。

抵京后，联通公司的股东李光安排，在亚洲大酒店为我组织了一场讲座，邀请了银行、邮政系统的管理部门人员及他的一些商界朋友参加。李光人脉广，我的分享题目也新鲜，会场爆满，原来留出过道的位置也加放了椅子。讲座中气氛活跃，与会者听到那些新观念感觉不可思议，提问、讨论热烈。

中场茶歇时，周山过来找我。他是军人出身，

◎ 2003 年 10 月，《大华商报》（图 1）和《环球华报》（图 2）有关汇通网上支付技术的报道

———

① 这笔投资是在菲律宾拥有多个大型商场、酒店物业的华裔徐先生投入的。汇通中国公司成立后，这笔投资连本带利还给了徐先生。

身材高大，说话底气十足，透着一股干脆利落的劲儿。老周单刀直入，问我是否与国内的企业签了合作协议，我说有五六家政府机构、企业在谈，还没有具体敲定。他说："我是做风险投资的。你别跟其他人签合同了，我和你合作吧。晚上我们详谈，一起成立公司。注册资金我可以放 3000 万人民币。"我点头说好，就这样三言两语达成一致。初次见面，老周给我留下爽快的好印象，而且他也符合我心里中方合作人的条件——有资金、有商业经验、年纪比我大两岁、懂得我在讲什么、能感受到未来世界。在我的讲座的下半场，老周已经完成了北京汇通科技有限公司名称注册和域名注册。他的敏感度、办事的迅捷与我脾气相投，令我刮目相看。我在北美时，有任何商业灵感，都是先注册域名。商界不乏聪明的头脑，可是做成事情靠的是天时地利人和，域名的作用尤其不可小觑。

当晚，老周请我吃饭、做足底按摩，顺便就把事情谈了。也是由此，我迷上了足底按摩，从中国做到北美，从那时做到现在，无论工作多么繁忙，隔一段都要抽出时间做足底按摩。没几天，老周找到朝阳区京汇大厦。25、26 层恰好有家公司搬出，我们搬入，内部布局、装饰调整后即可工作，省却许多装修的麻烦。老周的团队包括林威、李光。他们团队以资金入股，我是技术入股。老周代表他的团队出任总裁，负责行政、财务、人力资源等，我是副总裁，主抓技术及配合市场推广，北京汇通科技有限公司由此成立。

对于汇通支付在中国的发展方向，我坚持首先需要找银行合作，将汇通在线电邮支付落地。公司成立后，我们联系了中国人民银行。拜访之前，我已经想好了切入点——中国的银行在温哥华开了几十年，为什么仅能成为商业银行，不能针对当地老百姓服务？无非是因为政策、法律对经营范围的限制。而只要与汇通支付合作，进行网上操作，完全可以避开这些困难，方便两国民众的金融往来。

为了生动说明汇通支付的方便，我故伎重演，用令米叔"惊艳"的方法对去拜访的司长如法炮制。会议室中，我当众发给司长一张汇通借记卡。司长先按照卡后的服务电话确认卡内是否有钱，电话自动回复，引导他注册了汇通账户，告知他账户余额为零。同时，我用电邮汇款的方式给办公室主任汇去20美元，办公室主任注册了汇通账户，接收款后，再电邮转给司长10美元。司长收到电邮后，将10美元存入他手里的汇通卡，然后拿着卡下楼去大堂的中国银行的ATM机上取款。不到10分钟，司长拿着六十几元人民币回来了。众皆哗然。有人嚷嚷说"这不合法""怎么可能"，司长说："不要说鲍先生不合法。我们应该问的是，为什么我们中国的ATM机能接受鲍先生私人公司发放的汇通借记卡，并同步折汇取出人民币？有本事，就不要让我们的ATM机给他们公司发的借记卡里吐钱，而不是反过来说他合法不合法。"司长又问我："你们能做什么？有什么是你们能做到而我们做不到的？"我便将烂熟于胸的国际电邮汇款服务的先进性、可操作性、便利性等全都讲述一遍，司长及与会者听得津津有味。

我也对当时中国各银行"百花齐放"发卡的方式提出否定："我不懂银行业，但我看到世界上大银行，如汇丰银行、花旗银行等，都没有自己去发信用卡。为什么呢？他们肯定是有一定原因的。就算有足够的时间和资金去制作和发行自己银行的借记卡，也不可能让分布在世界各地的ATM和POS机都能接受你发放的借记卡。不能收卡，等于零。为什么中国的各银行都发自己的卡，结果是连中国境内都不能通用，更别说出国了。你们是不是能统一起来，先发一张能在中国境内通用的卡？同时，也需要引入国外的结算系统，如Plus这些。应该让维萨/万事达这样的信用卡进入中国，政府只要控制好外汇即可。只有这样，中国的卡才能走出去，中国人也才能走出去看世界。"中国人民银行的锐意进取精神可嘉。2003年，我看到了银联卡在中国诞生。

在与政府机构、国有集团积极接洽的同时，北京汇通也在努力开拓个体用户市场。抓两头是我在中国经商的体会——大生意离不开与政府的合作；同时一定要普及化，中国人多，能普及就能成功。1992年，米叔在纽约召开北美快餐连锁业拓展中国市场的研讨会，麦当劳、肯德基、赛百味等大公司都出席了。与会者提出，中国人当时月薪约100美元，怎么有可能花4—5美元去买一个汉堡包？我的解释是："在中国很多人愿意花钱去尝新鲜。汉堡快餐不是一顿饭的问题。有些家长，就是自己不吃不喝，也会带孩子去吃一顿汉堡。这就是中国巨大的市场。"他们表示不理解。中西方沟通障碍不是语言的因素，更多是文化、逻辑的差异。1995 年做宾戈娱乐宫时，北美的合作方不理解，认为中国的娱乐行业不发达，市场不大。我也给出同样的"尝新鲜""供孩子去开开眼"的解释。因此，我对推广中国民间市场的体会是：所推商品一定要出新、出奇、有亮点，有流行的可能性。

我提出来的一个重点产品是 E 红包。红包在中国社会生活中不可缺少。如果把红包放在网上变成生意，发红包、收红包时便要成为汇通支付的会员，在外因推动下内因启动，那么市场不就打开了？公司招了一批由清华大学的高才生带领的技术人员开发 E 红包。我要求公司各级领导都必须是高学历、名校毕业；招聘员工时，要求年轻、有干劲、聪明、有时代感。IT 设计时间急迫，任何创意不能尽快实现便会被抄袭、模仿。我们没有时间从新手开始培养、去教给他们怎么做，只能是告诉员工做什么，要求他们自己能上岗后就上手工作。对年龄有要求是看中年轻人思维活跃，容易接受新事物，因为我们也没有时间去说服员工相信、服从公司的理念。几个月后，我们设计出了针对不同

◎ 当时的演讲刊登于 2004 年
12 月 20 日《计算机世界》

人群、不同目的的两三百款 E 红包，包括致谢卡、祝福卡、生日卡、祝寿卡、贺喜卡等——只要生活中有需求的，基本都能在我们的设计中找到。

政府机构中，陆续与邮政总局、光大银行、浦发银行、联通等签订了合作意向书或协议书。找邮政总局，是注意到他们已经在与西联汇款合作——说明他们有与国外企业合作的意识，这一点很重要。邮政总局也很积极，派了专门团队与我们讨论，2003 年 12 月便签订了电邮汇款的项目书。与机构、企业合作，我更看重的是对方的思维、意识是否够新，有了意识才有动力，否则接洽时很

◎ 2004 年 12 月"首届中国电子银行发展战略研讨会"合影（第一排右五为本人）

容易遭遇信任危机，还要从培养信任、同步意识做起。在与银行的接洽中，经历了一些波折，如某银行先行使用了"一卡在手，走遍全球"的观念，改换为自己在国内市场推广的口号。而光大银行领导集团思想跟得上趋势、做事光明正大，与他们的合作也很顺利，签订了协议要推出阳光汇通卡。联通开通手机业务后，有意向在联通手机中固化汇通支付。

2003 年 9 月 29 日，在"北京 2008 首届奥林匹克文化节"上，我做了题为《北京 2008 数码奥运中实现数字奥运"一卡通"的技术手段及应用》的演讲，提出利用汇通支付面向全球在线销售奥运门票的解决方案。

2004 年 11 月 25 日至 28 日，由《计算机世界》报社主办、我们公司协办，在厦门举行了"首届中国电子银行发展战略研讨会"，邀请到中国各大银行支付部门的主管专员。讨论了三大主题：如何在银行业务创新中对电子银行业务和电子银行部进行更有效的战略定位；如何选择更有效的业务平台支持电子银行业务的加速成长；如何解决目前电子银行业务发展过程中遇到的电子支付、网银安全、身份认证等相关问题。会议上由我，对外经贸大学信息学院院长及金融信息化、电子商务专家陈进教授和中国金融认证中心曹小青副总经理分别作了题为《在线小额支付的应用》《电子银行的标准化之路》《电子签名法与网上银行业务》的报告。当我发言时，某银行副行长说："我们在中国有 30% 的市场，我够了。我不需要走向世界。"我当即不客气地要求他离场。已经到了 IT 时代，不是愚公移山的节奏了——今天达不到，明天就没你什么事儿了。还在原地沾沾自喜怎么能行？

那几年，几乎每天都有找到公司来谈项目合作的，公司一片欣欣向荣。可惜，花无百日红。烈火烹油时，公司出现了危机。

8 往事如烟，往事并不如烟

北京汇通公司的收场非常富有戏剧性。时至今日，当我讲述这段故事时，仍有一种观看 007 电影的感觉。可惜我不是 007，我只是一个总是怀揣梦想总是碰壁，却从不死心又总是满怀激情重新开始的普通人。

2005 年上半年，老周自己的生意特别忙，经常不在公司。趁着系统再有一周即将在光大银行上线，林威上演了"逼宫"，提出让我们加拿大技术方降低持股。他的理由是几年来他投入了 800 万人民币，而作为技术入股，我们加拿大方拿 49% 太多了，应该让出来 5%、占到股份 44%，我们同意了。几个月后，林威又提出来让我们将股份让出 14%、占到 30%，这一次我不同意了。当初是我与老周签订的合同、说好的股份，怎么能说变就变？林威又提出来，如果我和他联手挤走老周，我还可以保持原有股份，并能担任总裁。我更反对，做这样有违良心道德的事令人不齿。

我决定退出。林威的为人不适合合作，更不适合做金融业。即使他收回刁难，我也没有信心再与他进一步推进汇通支付的使用。涉及钱的运作，任何杂念都会造成隐患、带来大问题。退出前，我向米叔征求意见。米叔听了我的讲述后直接的答复是："你回来吧，再待下去太危险，安全第一。"合作初期，我请米叔去新加坡

◎ 2001 年，新加坡汇通支付平台会议场地留影

见过林威。林威招待我们入住他管理的城市俱乐部（Town Club）。米叔被他所住的"总统套间"的豪华程度吓了一跳，连连说要换普通客房，说自己不需要如此奢侈的住处。次日，米叔坦言，他不信任林威。我问理由，他说："你看他的牙，他连自己的牙齿都管不好，怎么能管好我们的企业？"这是我第一次听米叔有这样的观点。我还说，不要以貌取人。他说："你走着瞧。"我将米叔对林威的评价对老周转述，老周笑笑没说话。没想到，几年后，米叔的话竟应验了。

　　林威有如此野心，绝不是一两日能形成的。2004 年年底，林威及其助理随小姐搬到北京常住，并从外地调来一部宝马代步。他们清查了公司账务，重点盘查了我的支出。又从新加坡招来一位做过军队网警的 IT 人士担任公司的

CTO，逐渐掌握了技术。选了系统上市的关键时期，又趁老周出差不在的时候与我摊牌，可能他认准我毫无办法，只能在他的两套方案中二选一，但是我偏偏选了第三条路——走为上策。

做了决定后，我买了日期最近的返回温哥华的机票，清退了办公室和住所。老周回公司时不明就里。趁着老周来我的住所帮我打行李时，我对老周说了来龙去脉。老周听后非常气愤，他说投资的钱并非林威个人的，他们是一个团队。他问我为什么不跟他商量了再决定撤出。我其实是不想惊动他，怕他脾气上来了搞出什么乱子，再给他增加更多麻烦。我安慰老周："没关系，林威既然能提出来，说明他认为已经不需要我了。他如果不承认我们加拿大汇通支付公司拥有的技术价值，只看到在中国投入的800万人民币，不考虑我们在加拿大投入了上千万加币才能拥有这些创新技术，我再强留下来也没有意思，还不如尽早结束。"

次日下午，登上飞机后，我"按下了炸弹的按钮"——打电话给我从温哥华请去的技术负责人艾伦，告诉他立刻启动系统中隐藏的"炸弹"程序。所谓"炸弹"程序，就是曾在费城的沃克先生办公室中，向那位不愿透露姓名、发明"谷歌地图"的IT大神学习的保护软件不被随意抢夺的反抗手段。幸好之前了解到这项手段，在为北京公司设计程序时，预先设置了"炸弹"，才得以保证我不卑不亢地全身而退。飞机抵达温哥华时，林威已发现系统消失，又约我回北京谈判，我拒绝了。

3年来，我以北京的工作为重心，与温哥华的家人聚少离多，甚至连2005年5月份父亲过世都未能及时赶回奔丧，造成了我永难磨灭的伤痛。朝阳般冉冉而起的北京汇通公司就这样陨灭了，我三年的心血和时间也付之东流。但是，乐观评价，至少成为中国日后在电子支付行业的蓬勃发展的良好开端。

在北京期间，我还无心插柳地做了另一件对中国发展有一定助力的事情，那就是向银行界介绍了征信机制。当时银行放贷业务兴盛，业务员甚至主动去找客户放贷以完成工作任务。在与中国银行介绍在线支付那段时间，我也指出这样无节制放贷的危险。我的建议是首先停止对购车的贷款，同时要借鉴西方经验，着手建立客户的信用审查系统。并在季和表哥的帮助下，与中国企业评价协会合作成立了北京中企国信征信有限公司，对企业实施信用评价。可惜当时社会意识还是不够，工作推行困难。但是，毕竟也算促进了中国的征信体系的建立。

办企业、开公司，创意重要，资金、市场重要，合作的人更重要，所谓天时地利人和。我从北京汇通公司撤回温哥华后，又在温哥华总公司遭遇更大的内耗。

2004 年年末，米叔聘请了会说中文的威廉姆来总公司担任副总裁。请威廉姆来的缘由是米叔为了报答当年助他起家的恩人勒基先生。勒基先生于 2003 年年初去世。去世前，受"9·11"影响，他所经营的 Canada 3000 航空公司破产，债台高筑。米叔帮他处理了不少烂摊子。威廉姆跟从勒基先生多年，勒基先生临终前，请米叔照顾威廉姆，为他安排一个职位。威廉姆在商界工作多年，有大企业管理经历，财务出身、懂中文，应该是难得的人才。那时我常年在北京，总公司能有人来做具体的管理工作，是一件好事。为了帮助威廉姆尽快进入行业，在厦门举办"首届中国电子银行发展战略研讨会"时，我特意安排威廉姆出席，增加他与业界的互相了解。

倘若我一直留在北京不回总公司，可能也相安无事。2005 年夏末秋初，我回到温哥华后，我们之间的摩擦越来越多。威廉姆上任后不久，便提出来要关闭汇通借记卡。我很惊诧，为何运营良好要关闭呢？我向威廉姆解释汇通借记卡的独特性，像这样与全球最主要的 7 个结算中心建立合作、让维萨与万事达公司同时出现的、能在世界各国的 ATM 机上通用的第三方私人支付公司发行的借记卡，是我们首创的，以后很难再有后继者。因此，我强烈反对关闭汇通支付的借记卡。

2006 年，随着我们与上海浦发银行合作关系的建立，公司的网站急需提供中文版，但是威廉姆认为很难实现。他上任后，从外面聘请了一位新的 IT 经理。在一个周五的例会上，那位 IT 经理不知是为了迎合威廉姆还是能力有限，竟然也说公司网站推出中文版是大工程，需要半年、预计花费 20 万加元。我当然不买账，我说："今天是周五，周一你们上班时，将会看到我们公司网站的中文版上线。"会后，我就安排公司人员着手制作。周一早晨，大家在上班时果然看到了中文版网站。威廉姆立即解雇了那位IT经理，但与我的隔阂也更深了。

威廉姆几乎裁掉了一半老员工，一些重要职务招聘新人加入。面对这些，我倒是很坦然。每个人有自己的管理、用人之法，看问题的角度也不同，表现在行动上自然不同。但没过多久，威廉姆找我摊牌，要求我离开公司，理由是一山不容二虎——我在公司时，他下达的指令无人听从，我的存在妨碍了他的管理。威廉姆也向米叔提出同样的要求，说我如果不走，他就离职。鉴于这样的情形，我也不想留下来让米叔为难。那时恰好由于帮朋友忙，我被牵连到恐龙展览中，我想这也许可以开出新的生意。我对米叔说，我的办公室再让我用一年，一方面我协助公司把系统继续搭建好，另一方面也创建自己的新事业。威廉姆对我说，即使我不再在汇通支付办公，我的办公室他也不会占用。他确实没有占用——我去自己的新公司恐龙王公司上班后，他将我那间办公室的隔墙拆除了，与原来的一个小会议室合并。

内耗的直接危害是妨碍公司发展，直至导致汇通支付的结业。2005年年初，加拿大政府要制定关于互联网金融的临时法规，向相关公司、机构征询意见。当时我在中国，威廉姆负责此事，并未与我沟通。秋天我回到温哥华时，政府的临时法规已经实施，要求所有与汇款有关的企业应具备银行执照。汇通支付由于没有银行执照，必须在两年内关停。公司当然不会坐以待毙，展开申诉和说明情况。作为汇通支付的技术创始人，我比任何人都更了解相关的概念、情况，但是威廉姆仍然不让我与政府联系。多次沟通中，政府方面表示，当初征求行业意见时，你们为什么不就自身情况做具体说明？立法已经形成，就只能遵照法律要求关停了。当我参加董事会听到不得不关停的消息时，我提出来将公司卖掉，至少可以收回一些投资。威廉姆不同意我插手，坚持他自己来负责。作为空降的非业内人士，他很难说服其他公司收购汇通，最后只能结业。1800万加元的投资，沉入大海。

2007年结业时，我们与阿里巴巴、上海浦发银行、菲律宾的一家大型汇款机构的合作业务皆运营良好。汇通支付提供了阿里巴巴 B2B 网初期的国际支付的技术支持。菲律宾的机构与汇通支付合作后，营业额扩大数倍。浦发银行大厅里像过年挂灯笼一样，成排成列地悬挂着汇通支付的彩色广告帖；柜台汇款表格上，顾客可以直接勾选传统汇款或电邮汇款。电邮汇款深受客户喜欢，浦发银行与我们的结算很快由一天一次改为一天四次。我们还在浦东机场和豫园开办了外汇兑换门店。尽管生意兴隆，却迫于结业压力，只能将技术逐渐过渡给合作方，以保证对方的业务能不受影响地继续开展。

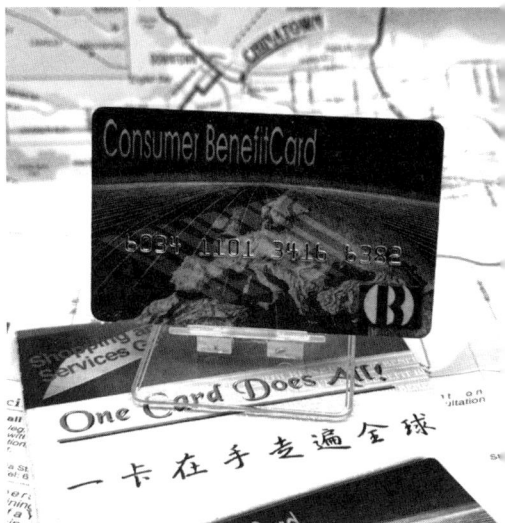

◎ 可能是唯一完整保存下来的保利卡

汇通结束后，威廉姆失业了。他来找我，表示愿意来我的恐龙王公司上班，但是我没有接受。我和他没有什么个人恩怨，只是看不上他的能力——他的狭隘让汇通支付分崩离析，也让米叔的投资付之东流。

为了保证汇通借记卡的持有者有足够的时间取回卡内余额，汇通公司对外结业后，我又接手了退款工作，在我的恐龙王公司内安排专人负责收发电邮、接打电话、办理退款，一直到 2008 年年底才彻底收尾。往事如烟，汇通支付这个在"9·11"之后萌生出来的、具有划时代意义的、革命性的支付产品悄然终止。然而，往事也并非完全烟消云散，汇通支付虽短暂存在，却没有消失，它的创意、思路、具体操作措施等永远地留在了行业中。汇通支付于我而言，是一段新时期支付的革命，更是一段人生经历，刻印在我的生命中。在我家里，一直留着当年汇通支付发行的借记卡，以兹纪念。

第五章

仿真恐龙大玩家

河南省汝阳县 2007 年出土的亚洲第一龙"黄河巨龙"作为已出土恐龙中的"巨无霸"之一，以 2.9 米臀部宽度成为恐龙之王，是我们展览的头牌，在公司发展史中也常常"榜上有名"。除前面所讲的与 2009 年的汝阳龙合影事件、2011 年的火烧汝阳龙之外，2010 年还为了首次将汝阳黄河巨龙化石送到美国去展览，公司亏损几十万美元——这在恐龙王公司所有的展览中，是绝无仅有的。

阴差阳错，我闯入了恐龙世界

有时候想想，将人生比喻为一场探险非常贴切——尽管每个人的结局都一样，但沿途的经历却各不相同，且充满变数。不知道下一站会到哪里，会遇到什么，需要应对什么挑战，将带来何种结果。我的人生更是如此，无论当初高考意外落榜、偶然获得来加拿大的机会、入读大学、结识米叔，还是一次次事业的建立，皆是意想不到、意料之外。

2005 年 9 月一个明朗的早晨，开车上班的路上，我边听音乐边欣赏路边的红叶，朋友艳姐打来电话："道平啊，在温哥华吗？有件事想请你帮忙。"我赶忙靠边停车："在温哥华，我刚回来没几天。"艳姐说："赶得早不如赶得巧。这事儿看来找你就找对了。"大连博物馆的一个 200 平方米的恐龙化石展览正在蒙特利尔展出，10 月份展览结束必须拆除。运出来一趟不容易，博物馆希望这批恐龙化石能在温哥华展出几个月再回中国。但是他们在温哥华找不到合适的场地及合作单位，请我帮忙找找。"好，我一定尽力，一会儿到公司后我就着手联系。"我当时想得很简单，恐龙展览是普及知识，孩子们一定喜欢。这样的事情应该帮忙。

虽然答应得痛快，可是我心里也不托底儿，因为多年前做《黄河万里图》的展览及在格瑞斯的画廊销售和策展时的经验告诉我，展览馆、博物馆、画廊等场所的展览计划一般都是提前一两年就做好的，很少能临时插进去展览。我在脑海中仔细地把温哥华有可能承办的场地方都过了一遍，想到了故事馆。位于温哥华煤气镇的故事馆新开没多久，他们做游客生意，地下一层是一个讲述华人劳工为加拿大修建铁路的历史故事展览，地面上那层我记得空空荡荡，不是正好可以拿来做恐龙展览吗？想到就做，我马上拨通了故事馆总经理丹尼（Danny Guillaume）的电话。"道平，这个展览我已听说了，最近好几拨人找我说想举办这个展览，但是我们现在没有精力，也没有人手，更没有经费。"丹尼在电话上说道。"新展览不仅能有新的门票收入，还能给原来的项目带人流，温哥华已经 10 年没有举办过恐龙展览了，应该有不错的市场。"我回答。他听到我那么有信心，沉默了一会儿说："让我考虑考虑，明天给你答复。"第二天，接

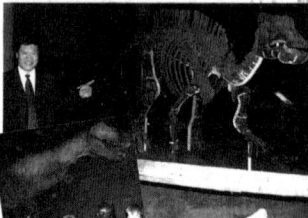

$\dfrac{1}{2}$ ◎ 2005 年 11 月，《星岛日报》（图 1）和《明报》（图 2）有关仿真恐龙化石展的报道

到了丹尼的回复说同意详谈合作细节。真是踏遍铁鞋无觅处，得来全不费功夫。没想到一个电话，事情就解决了。我随即与蒙特利尔那边负责恐龙化石展览的张先生联系。张先生说他英文不行，还请我继续帮他与丹尼对接、签合同。

合同采用了展览的常规合作条件。合同约定，大连博物馆派专人来温哥华布展、撤展，蒙特利尔的策展人张先生负责提供来人的食宿、机票、人工费用。故事馆提供场地、日常运营，雇用保安，负责广告宣传及展览的铭牌设计等。双方平分展览六个月的门票销售额。张先生与故事馆很快签订了合同，我作为义务帮忙者，也算顺利完成了任务。

过了两周，蒙特利尔的展览已经结束，恐龙化石正在运往温哥华的途中时，丹尼找我，展览的合同是签了，但是故事馆没有筹措到经费。先前他比较乐观，认为前期投入不大，有了门票收入就能解决财务困境，可惜竟然连前期的投入都未筹措到。张先生也说，他那边没有多余的钱来垫付。丹尼预估布展、广告费等双方投入大约需要 60 万加元。张先生对展览很有信心，说蒙特利尔的展览一张票卖十几加元，来了几十万人，他们还只是在空地搭了大棚，不像故事馆是在温哥华的市中心。我想，如果蒙特利尔能有几十万人的流量，温哥华来10 万人参观应该没有问题，一张门票收 12 加元，10 万观众门票收入可以达到120 万加元，投入 60 万加元不会亏本。征得双方同意，我开始帮他们找投资方。由此，我也正式加入，成为联结各方的中枢，并负责展览设计。就这样，我从做义工变成展览主办方。每张门票 12 加元，其中 0.75 加元分给我，剩余的 11.25 加元中，投资方拿 60%，展品方与场地方各分 20%。皆大欢喜，展览的筹备工作正式开始。

在与各方沟通接触中，我逐渐了解到传统的恐龙化石展的形态——将化石、骨架摆在那里让人参观，看展品前的铭牌。这多么枯燥啊！怎么能让小孩子流连忘返？作为 4 个孩子的家长，我认为，展览与教育相联系，让孩子喜欢看，才能蓬勃发展。科学性固然很重要，但是如果缺乏趣味，孩子们不会喜欢。刚接手那几天，找投资人及琢磨如何让展览有趣是我的工作重点。很快，两方面都有了突破。老朋友李国栋从小随家人从香港移民至此，人脉广泛，听我说到这次展览后，表示愿意作为投资方介入。至于展览的趣味性，我突发奇想，想到了将展览做成北美流行的"表演（Show）"的形式，设计一场舞台剧。以舞台剧的方式讲故事，一定受孩子们欢迎，也符合故事馆的基调。作为电影专业人士，设计舞台剧不难，难的是如何找到主角——活灵活现的、会动的仿真恐龙。

会动的仿真恐龙主要有液压泵和电机两种驱动方式。经过比较，我决定定制两头由电机驱动的仿真恐龙。买了机票，直奔四川自贡。全世界三大恐龙化石出产国是美国、加拿大、中国。自贡是中国一个主要的恐龙化石出产区。20世纪80年代已在恐龙挖掘现场建起自贡恐龙博物馆，是与美国国立恐龙公园、加拿大省立恐龙公园齐名的世界三大恐龙博物馆之一。恐龙业是当地的支柱性产业之一，与恐龙相关的商品几乎在当地都有厂商。到了自贡，谁也不认识，我找谁呢？借助互联网，搜索到自贡做仿真恐龙的"元老"滕本路。去他的工厂见面，谈得很顺畅，定下来数万人民币做两个原来大小的仿真恐龙，三角龙和霸王龙各一个。哪里知道，签完字不到一个小时，他们说重新核算了成本，要加价20%才做得出来。我说好，改了价格。半天后，工厂又联系我说，成本还是算低了，需要在新价格上再加价20%。考虑到离展览开幕只有两个月了，平衡了时间与需求，我再次同意了更改价格。订货落实后，我启程离开成都经北京回温哥华。不料飞机刚刚降落在北京机场，滕本路又电话追过来，提出再加价20%的要求，这一次我放弃了。

没想到电动仿真恐龙的水这么深，有规模的资深企业竟然如此不讲信用。我四处打电话打听消息，看看哪位能推荐可靠的仿真恐龙制造商，但大家纷纷表示与这个行业没有接触过，爱莫能助。在北京停留两天，准备返回加拿大时，事情发生了转机。季和表哥送我到机场，车还没停稳，他的一个朋友打来电话说，通过中国企业家协会找到在广州做电动仿真恐龙的台商陈里光，据说这个人做的质量很好。想到自贡的经历，我有些犹豫。表哥是成功的企业家，处理问题富有经验，他鼓励我给陈先生打个电话，确认一下在这么短的时间内生产制作出两只大型仿真恐龙的可行性。

陈先生听说我要在加拿大展出电动仿真恐龙，很高兴，承诺生产制作没有问题，并保证15天完成，给出的报价我也可以接受。我说约时间见个面，陈先生说，明天他要回台湾，如果见面最好就是今晚。他本来晚上有饭局，倘若我去广州见面，他就舍弃饭局等我。我听了陈先生的这番话，第六感觉很好。

毫不犹豫，我立即改机票、买机票，晚上 10 点多到了广州机场，出租车按照他给的地址将我送到了广州动物园。原来他不仅是仿真恐龙制造商，还在广州动物园常年开设恐龙科普馆。陈先生说，他在偶然的机会下了解到日本的仿真恐龙在美国展出大受欢迎的消息，便投入动物仿真制作中。1992 年来大陆建厂，与日本公司合作开发仿真机械恐龙。1993 年，仿真恐龙在自贡恐龙博物馆展出，之后开始全国多个城市巡展。而且巧合的是，他之前的合作伙伴就是那位一再提高报价的滕本路先生。

真是无巧不成书。我们相谈甚欢，当场签了合同，随即按照合同约定转给他定金。不过，我提出要求，是按照我提供的尺寸制作——以 1902 年美国蒙大拿州出土的霸王龙和三角龙的化石为依据。我要求的是真实尺寸，要真正的按照一比一原尺寸仿真制作，而非业界通常的"按照真实比例"来制作。为了"仿真"这两个字，十多年的恐龙展览中，我们投入了巨大的精力、财力。如在夏威夷展览时，场地方就质疑，为何日本公司的仿真恐龙展览安装两天，你们的展览要安装 12 天？直到他们见到我们的展品时才恍然大悟——我们的恐龙展完全还原了恐龙时代的盛况，在北美的恐龙展览行业中从来没有见过那么巨大的 16 米长、8 米高的仿真恐龙。除了几个 3—4 米长的小型恐龙是预先在工厂安装好的成品，其他的一比一尺寸的恐龙都需要现场一段段手工拼接组装而成。当然，观众的反应也截然不同。让观众看到恐龙时一定要"哇"地惊呼出来，是我期待的效果。不能令人啧啧称奇、叹为观止的展览，我不做。

有了资金，故事馆开始组建团队，由副馆长南希带队，请来写故事的白露（Terrassa White）、负责设备的副总经理罗博（Rober Limon）、电影编导萧布什（Sel Percy）及做市场推广、管理等一批人员。大家干劲高涨，完善剧本、挖掘文创小商品、设计铭牌，进展顺利。

意外接踵而来。恐龙如期海运到达温哥华，我接到货运码头的电话，集装箱吊装时不慎从高空脱落被摔裂了。眼看开幕时间即将来临，再做好也来不及运来了。咨询陈先生，他说只要恐龙体内电机没有损坏，问题就不大。但是，他们必须派人来温哥华维修及安装，机票食宿由我们承担。虽然合同中没有写，但我貌似也没有选择。安装的人员来了，集装箱也送到了展馆门口，却发现故事馆的门不够宽也不够高，恐龙的身躯运不进去！市中心治安不好，集装箱放在外面，晚上还要请一个保安守护。经过与展馆的再三沟通，决定拆门。拆起来谈何容易！这可是临街的大门，拆门就需要拆部分的水泥墙，又无形中增加了一项 12000 加元的工程。

费了九牛二虎之力总算把两只仿真恐龙请进了故事馆。有一天正在紧张地安装着，突然领队的小郭跑过来告急："鲍总，室内展馆的房顶不够高，差 12 厘米，霸王龙的头抬不起来，怎么办？""怎么可能？霸王龙是根据量好的高度尺寸生产的呀！"我纳闷地回答。原来，量尺寸时，忽略了恐龙叫的时候要抬头。不抬头，尺寸正好；一抬头，顶到了屋顶。屋顶没法拆，只能改程序，去掉了仰头叫的动作，改成头垂下来左右摆。这时，我意识到，温哥华的恐龙展需要有能够维修自动化控制箱的专业人员。一旦出现故障，可以及时来展馆处理。我朋友丁郭介绍，他哥哥丁方就是自动化专业的博士。经过丁方评估，认为现在霸王龙所用的控制箱如果出现故障他完全有能力维修。我这才感到踏实些。

恐龙刚刚安装完毕，故事馆的副总经理罗博说，两只恐龙还是不可以用，因为加拿大要求所有的电器标准必须符合北美 ULC 标准，中国制作的这两只恐龙电器用的是英式 CE 标准。电器标准不合规，保险公司不受理投保。十万火急，咨询行家后，我们花了 4000 加元请来了测试实验室公司 (Testing Laboratories Inc, ETL)。经过连夜的电器安全测试，最终通过贴上了 "ETL" 标志，化险为夷。

终于度过九九八十一难，找演员、彩排、场地布置都完成了，开幕在即，我着手安排三角龙出街游行做广告。多年开奔驰车，与奔驰专卖店关系良好，我向奔驰专卖店总经理思缇韦曼（Stuart Pence）建议，赞助我们一辆最新款的 SUV 奔驰作为拉着三角龙每天游街的车辆。他高兴地同意了，并提供两名年轻的司机轮班驾驶。我们将两名司机装扮成《夺宝奇兵》中印第安纳·琼斯的风格来开车，载着摇头摆尾、眨眼吼叫的三角龙在温哥华大街小巷兜风。两位帅哥和会动的三角龙成了展览最好的移动活广告。12 月 15 日开幕时，观者如堵，场面热闹。大

Q & A

um's Breedon Grauer checks out a life-sized triceratops, which he is driving all over Vancouver to promote the new exhibit.

PHOTO BY BILL KEAY/VANCOUVER SUN

inosaurs find a home at Gastown's Storyeum

◎ 2005 年 12 月，《温哥华太阳报》有关温哥华煤气镇的故事馆恐龙展的报道

连博物馆孟庆金馆长一行 12 人出席了开幕式，对展览赞不绝口。

舞台上，科学家讲述霸王龙历史时，幕布突然脱落，霸王龙出现，吓得观众一片惊呼。20 分钟的节目看完，观众沿着场地走，能看到属于国家一级文物的 157 块恐龙化石及 130 多件侏罗纪晚期和白垩纪早期的鸟、鱼、植物、昆虫化石，还有 11 具完整的恐龙骨架。为了激发孩子们的兴趣，我们特意设置了一片"考古现场"，在沙子里预埋一些"化石碎片"。孩子们找到"化石"后，拿去搭在旁边的"考古学家帐篷"中询问，"考古学家"就孩子找到的化石做具体讲解。四五十分钟的展览结束时，孩子们一个个兴奋不已，对恐龙、化石、考古等产生强烈的兴趣。离开前，还会围着门口的"迎宾员"三角龙拍照留念，恋恋不舍。

◎ 2006 年 2 月，前来参观的孩子们与首次在温哥华展出的 1∶1 尺寸电动仿真三角龙模型的合影

　　我的四个女儿也非常喜欢。凯丽 11 岁、凯琳 6 岁、凯欣 5 岁、凯颐 4 岁，各有自己对恐龙和展览的兴趣。凯丽已经从科普的角度来学习了，看化石时很细心；凯琳、凯欣、凯颐则喜欢看舞台剧，对电动恐龙看得津津有味。学校和童子军也组织孩子们来参观，那几个月，故事馆的恐龙展成了几个孩子空闲时间的主要游乐场。

　　恐龙展的一切似乎都非常完美，但是我们却迟迟未从故事馆分到合同上约定的门票款。丹尼找各种理由推迟、拒绝。我去办公室找他，他总是不在。事后南希说，每当我去展馆找丹尼时，我前脚进，丹尼便从后门离开。我知道故事馆现金流一定出了问题，与律师商量，是否可以提早结束展览合约，拿回恐龙化石，律师反对。后来我了解到，从 12 月 15 日开幕到次年 9 月 15 日如期结束，展览门票收入 100 多万加元。丹尼告诉我："非常感谢你为这次恐龙展所做的一切努力和付出，市场反应很好，社会效益也很大，展览很成功。遗憾的是，我们必须用恐龙展览的收入支付故事馆长期以来的部分亏损。因为负债过多，只能宣布破产倒闭结业。"这才真是晴天霹雳！政府的信托部门已经介入，我们找律师去沟通，在贴破产封条前，费了几番周折才将恐龙展品撤了出来。化石拆装仍然要中方人员前来操作。张先生说，他没有拿到门票分成，无法支付中方人员的费用。责无旁贷，只能是我来支付，说什么也不能让中国国家的化石受损。同时我还需要支付从中国来拆展人员的费用，又买了两个旧集装箱装置拆下来的电动恐龙。

　　展览收场了，故事馆倒闭了，化石运回中国、恐龙入柜，花团锦簇谢幕，曾经齐心协力的团队分崩离析，集资的李先生、展品方张先生对丹尼的强盗行为非常气愤，也对我颇有埋怨。帮忙帮成这样的结局，我当然更气愤，然而我明白，气愤也没有用。如果起诉，花钱费力，很可能徒劳无功。与其为泼洒的牛奶哭泣，不如从长计议，考虑明天的方向。展览尾声时，我在会场遇到一个可爱的小姑娘，她来看了几次，她问我："先生，展览结束了，这两只恐龙要去哪儿？它们还会回来吗？"我当时郑重地回答她："它们不会消失，会回来的。"这个回答不是为了应付小姑娘，而是出于我的本心——仿真恐龙展览也许是一个不错的新事业，我要开拓出世界上独一无二的恐龙展览。

念念不忘，必有回响

温哥华故事馆恐龙展览的"败局"对我而言，是新的动力。如果说之前我已经打算深入恐龙展览行业，那么故事馆破产导致的竹篮打水一场空更促使我下定决心。道理很简单，尽管经济亏损，但一年来的心血没有白费，换来了知识、经验、见识，展览大受欢迎也证实了我们在传统的化石展览中加入 1∶1 仿真电动恐龙的做法是成功的，倘若我继续，这些就是无价之宝；反之，便是做了无用功。眼下是赔了钱，但我做下去，"亏损"就是先期投资。

纵观加拿大国家电视台、城市电视台、《加拿大太阳报》、《星岛日报》、《世界日报》、《明报》等中英文媒体，不论大小，对这次展览的报道都集中在两只电动恐龙上，也从侧面肯定了仿真恐龙的前景。展览中这两只恐龙的各种相关费用加起来约 6 万加元，我和李国栋商量："如果你跟我一起做，就算你的投资。如果你不做，这两只恐龙我给你 7 万加元买下了。"国栋选择了后者。我租了场地，安放好两个装满了恐龙"躯体"的集装箱，着手组建公司。做事情靠团队，开发项目先搭好人员的架子，是我一贯的经商思路。不要怕花钱请人，要相信众人拾柴火焰高。

我将创建全新仿真恐龙展览的想法对米叔讲了。我说："我来做。办公室除了我现在的那间，再帮我安置一位员工，并且支付一年的工资，算你的投资。"米叔同意。考虑到与故事馆的合作除了丹尼的背信弃义，其他环节都很愉快；他们的人员素质也高，经过这次展览也熟悉了流程；故事馆倒闭后，人员集体失业，我决定先从他们那里选人。首先选了副馆长南希。南希在故事馆的年薪是 5 万多加元，我提出给她年薪 6 万加元。2006 年，公司注册之后，我的公司名片中又多了一张新成员——"加拿大恐龙皇有限责任公司"（后简称"恐龙王公司"或"恐龙王"），我也由此开始其后十几年的恐龙世界之旅。米叔之外，我还请了擅长市场策划、推广的桑尼（Sonny Wong）及跟随米叔多年的财务吉米按照干股加入。①

两只恐龙不能总屈就于集装箱，必须尽快找到新的舞台。我着手联系温哥华地区的相关机构，如温哥华知名的史坦利中央公园、大温地区唯一的兰里市动物园、大型商场、车行等。列治文的一家车行提出来恐龙可以免费摆放在他们那里，我想了想没有同意——集装箱已经买了，宁可付几个月场地租金，也不能贪图一时的便宜掉了价——一旦开了免费的头，以后收费就困难了，谈何经营生意？况且，我对这两只电动恐龙的价值很有信心，不相信不能赚钱。还是那句话，做生意要以自信为前提。

没过几天，故事馆的人传来一个惊喜的消息，加拿大最大的多伦多动物园的副总裁安妮（Anni Yang）联系他们，问谁是恐龙展主办方，并留了电话，让主办方与他们联系。按照电话号码我打过去，无人接听，我留言后安妮未回复。等了两天，我又打过去，依然留言。又等了一天，安妮还是没有打回来，我再次打过去留言。半天过去了，安妮仍然未回电话，我索性一不做二不休，几乎每隔 10 分钟就打过去留言。终于，安妮回了电话，她连说抱歉：你们的恐龙展览在全加拿大都很轰动，多伦多动物园派她去温哥华一睹究竟。了解了展览面貌后，他们计划 2007 年 5 月 1 日到 10 月 5 日举办大型恐龙展。作为政府资助的动物园，对外招商需要经过招投标的过程，因此，他们希望我近日去多伦

---

① 按照北美的习惯，次年公司有收入后，连本带利偿还了米叔投入的一年的办公室及南希工资的费用。北美由于税法的关系，一般的投资都是按照借贷的形式投入并偿还。

多见面并参加投标。"没问题，我们做一些准备，下周多伦多见。"我平静地回答，并且感谢她对我们的信任。

我感觉到机会来了。我请桑尼做计划书。桑尼比较谨慎，他认为我们是注册没多久的新公司，不具备与多伦多动物园这样的大型国家企业合作的资历。我倒不这样认为。虽然我们恐龙公司刚刚成立，但是故事馆的展览已经证明了我们的实力，否则安妮也不会邀请我们去多伦多见面。我说："成不成我总要试试。不去怎么能知道结果呢？他们对我的展览感兴趣才来找我们，我有坚定的信心，只要我们的计划做得好，我相信一定成功。"桑尼做计划书是高手，我只提出一个想法——恐龙是庞然大物，我们的计划书尺寸也要做得比常规尺寸大。从内容到形体，我设计了一个市场从未见过的电影与实物相结合的、沉浸式的大型室内与室外相结合的恐龙展，并分别注册室内的展览品牌为"恐龙出土（Dinosaurs Unearthed）"，室外展览的品牌为"恐龙来袭（Dinosaurs Alive）"。展览尺寸大、恐龙尺寸大、内容品种多、科技程度高，要让多伦多动物园的董事们拿到手上后眼前一亮，要做出来人们从未见过的计划书。当然，价格也必须是最高的。

桑尼、南希和我带着制作精良的巨无霸的策划书去了多伦多，与动物园董事会进行了投标说明会。捧着桑尼做的别具一格的计划书，董事们爱不释手，我从行业宏观角度进行了计划阐述，南希讲了故事馆展览中的观众们的反应如何热烈，说明会在欢声笑语中结束，安妮说几天之内给回复。

等了一周，杳无音信。我主动给安妮打过去，对方还是电话不接、留言不回，我还是不断拨打。南希看不下去了，批评我太急躁，她说："你性子这么急，不停地催促，谁还愿意与你合作。"我说："这不是性子急的问题，这是基本的自信和自尊。计划书我们做了，多伦多去了，说明会开了，他们要不要合作应该给我们回复。她如果告诉我们结果，我不就不打了吗？"打了两天，安妮终于回了电话。此次投标的公司共3家，另外两家是从1987年开始做气压恐龙的日本老字号加藤心展览公司（Kokoro Exhitits）和美国知名机械恐龙制造商比林斯制作公司（Billings Productions Inc.）。他们两家几乎占领了北美全部的恐龙展览市场，Kokoro 以博物馆、科技馆等室内展览为主，Billings 拿下了动物园、游乐场等室外展览。此外，他们两家中最高的报价不到 40 万加元，少的仅有十几万加元。她说董事会认可我们是加拿大团队，米叔、桑尼这些人都属于业界翘楚，这样的成员在团队中是对团队无形的背书；对我们的计划也非常感兴趣，但是我们 180 多万加元的报价高得离谱，他们想让我们过去再谈谈。

我和南希再次前往多伦多。为了提高沟通效率，我请安妮务必安排动物园所有的决策人及董事会成员参加会议。会议上，我从多方面进行了分析：

我们的报价是 188 万加元，确实不低，我自己也知道。但是，我的设计很宏大，包括了 100 万加元的专题影片制作及沉浸式恐龙展览。恐龙展览单独的报价是 88 万加元，为了表达诚意，我们再给一个优惠，只要 80 万加元。其他两家公司的仿真恐龙是气压的，而且尺寸小。我们的是电动恐龙，而且都是人们从未见过的按照恐龙原大一比一尺寸制作的，是名副其实的仿真恐龙展。在展出效果上不能同日而语。我们虽然是新公司，但是加拿大本土的公司，肥水不流外人田，希望获得动物园的支持，以帮助加拿大公司在这个行业中更好发展、做世界恐龙展行业的老大。多伦多动物园在北美属于前十名，我们的恐龙展不仅要做到世界前十名，还要做到第一名！只有第一名，才有长久的发展。

我又接着说："我们恐龙王公司的计划书是无费用展览计划书。"动物园财务副总裁迪克斯激动地问："道平，你说什么？展览是免费的？"顿时全场与会人员的目光都射向了我。"是的，其实大家仔细算一笔账，你们是不用花一分钱就可以举办一个高科技恐龙展。"我不慌不忙地回答着。董事们感到很疑惑，有人说："不是要给你 80 万加元吗？难道不用给了？"我说："是的，如果我们合作，你们是支付 80 万加元。可你们要想想，你们每年的客流量是不是 300 万人次？现在的门票 20 元，是否可以向政府申请多加 1 元钱到 21 元，所有入园参观者都能免费看恐龙展？多的这 1 块钱就多了 300 万，对吗？另外，你们有会员制度，如果人们知道会员可以免费看恐龙展览，一定会增加会员卡的销售。还有，有了恐龙展，普通游客的数量会不会跟着提高？"董事们有的说增加 3%，有的说 5%，还有的说增加 10% 都可能。市场部认为增加 5% 没有问题。"按照增加 5% 计算，增加门票收入是 315 万加元。公园里一个参观者平均消费 7 加元，增加的人流相应增加的消费是 105 万加元。还有停车费收入的增加呢？所有这些加在一起，扣掉费用、税，打个对折，净收入能多 400 万加元。去掉付的 80 万加元，多赚 300 万加元没有问题吧？"

与会者纷纷点头称是。我继续说："办恐龙展为动物园带来的经济和社会效益是显而易见的，你们也是算过账的，所以才决定要办。你们有两种选择，可以用贵的，也可以用便宜的。不过请不要忘记，俗话说一分价钱一分货。我们是唯一制作一比一真实尺寸仿真恐龙的（life size），是按照化石骨架真实尺寸做的，其他公司都是按照比例缩小了做的（life like）。你们也看到了，温哥华展览中我的霸王龙和三角龙的大小。是真实尺寸的恐龙吸引孩子们？还是按照比例缩放的受欢迎？还有，无论选便宜的还是贵的，你们都要花钱打广告。一样的广告费花出去，获得的利润是不一样的，这个你们也要考虑到。"

出于充分的自信，也为了让他们有信心，我最后抛出了撒手锏："我投入恐龙展示行业，目标是做成这个行业的第一名，要用我的创意去开创恐龙展览的全新局面。我是艺术家，不是纯粹的商人，我更在意的是展示的效果。我保证会做出来让你们满意的展览。不满意你们不用付钱！你们不需要付定金，到时候看到展览感到满意，再给我钱。但是有一点，如果展览你们满意，要拿出 100 万加元来做广告。"与董事们一起的讲解会开了 3 个小时才结束，大家再次高高兴兴地道别。

回到温哥华，我马上买了回中国的机票。我对米叔说："我要回去定制恐龙了。现在已经是 10 月底，明年 5 月 1 日恐龙展览开幕。最多 6 个月的时间要在中国制作出 16 只原大尺寸的电动恐龙、32 件恐龙化石标本及 12 条恐龙骨架，还有各种配套展具。科普教育知识材料的整理和制作说明牌也是一项艰巨的工作！还有运输、安装，时间太紧张了，我必须马上去中国。""多伦多动物园还没有给你答复说同意，你这样做风险太大。另外，你不要定金，钱从哪里来？"米叔摇摇头说道。我说："钱的问题我自己解决。合同我一定会拿到。你等着看吧。"米叔说我疯狂，我说："我同意，我是疯狂。今天的世界就是我这样疯狂的人才能成功。你别担心。"英特尔公司创始人、乔布斯的偶像安迪·格鲁夫不是说，只有偏执狂才能成功嘛。

我在温哥华机场候机时，安妮的电话来了，通知我动物园选择了我们作为合作方。关于合作条件，她很会表达："我们决定尊重你的建议。等你们把'恐龙来袭'展览在明年5月1日布置好并准时开幕，如果我们满意了，我们会在开幕式上跟你们签合同并全额付款。"我告诉她，我已在温哥华机场，准备回中国制作展览。她很吃惊："什么？你怎么知道我们一定不会拒绝你？"我说："我确信你们不会拒绝，你们如果拒绝我的提议，说明你们是傻瓜。你们接受了提议，才是正常的。"她笑了，我可以感觉到那是她发自内心的高兴。

◎ 2006 年 1 月，《明报》有关我的采访报道

在挂掉电话之前，安妮问我，加拿大探索频道听说了这件事后，想采访我拍纪录片，如果我同意，他们在北京的团队可以在中国做采访。我婉言拒绝了。广播开始登机了，我拉着旅行箱，带着满怀的信心，登上了飞机。当下，我需要专心做事情，不需要任何人的采访。事情做好了，报道自然来了；事情做不好，再多的报道也没有用。

3

排除万难，追求高仿

飞机起飞了，我从与安妮通电话的激昂中冷静下来——想要开创前所未有的恐龙王国、要做行业老大，仅仅靠激情是达不到的，应该怎么做？做什么？望着舷窗外的云海，思路逐渐清晰。高仿、唯一性、有科普、有趣、环保、震撼，这些词涌入脑海。高仿与唯一性成为我首先需要应对的挑战。高仿，这是展览的核心竞争力，尽最大努力让参观者身临其境；唯一性，一家展览公司同时具有一比一的仿真恐龙与全面的化石标本，再加上个性化的灯光效果设计，成为唯一的恐龙科普展览公司；有科普，我们的恐龙展一定要具备科学普及的功能，让参观者，尤其是孩子们，获得准确的科学知识；有趣，展览要寓教于乐，让观众不仅当时看得津津有味，还要看完了意犹未尽，引发对科学、历史的兴趣；环保，展览设计处处体现环保、节能，推行绿色地球的观念；震撼，做强做大是我素来的商业理念，只有做到让观者震撼，展览才能长盛不衰、持续发展。

有了关键词，展览的一些细节原则随之确定。展览要将电动恐龙展示与化石、骨架展览相结合，这是此后我们独特的"里应外合"的方针。我要制作展台摆放化石标本，并用玻璃罩将化石标本罩住，体现出对恐龙化石标本的重视，凸显展览的规格，改变化石展览那种质朴的土里土气，要让它"高大上"，向艺术展览的形态靠拢。展台采用木质，隔离带用麻质、竹质，尽量避免用塑料、化纤等人造材料。为了便于搬运，我们的展台是独特的嵌套式，设计时可难坏了设计师麦露丽（Melanie Greenwey）。麦露丽是我在艾米丽卡尔艺术与设计大学的校友，有着十几年博物馆展览设计的丰富经验，可是我们的展台还是成为她设计生涯中所遇到的极少的难题之一。她说："道平，你的要求太高了，那么重的恐龙化石和易碎的玻璃罩必须要与木制组装式展台成为一体运输。这是我从未见过的。"在我们的共同努力下，兼具艺术性和实用性的展台终于诞生了。为了充分展示环保性，展馆效果灯源采用节能的 RGB 的 LED 灯。

抵达北京后，是飞广州还是飞自贡？我选择了自贡。陈先生接了故事馆展览中的霸王龙和三角龙订单后，依靠的生产团队是从自贡调去的。温哥华恐龙展的拆装领队是一位叫郭启洪的年轻人，我们相处得很愉快。拆卸时，小郭抱怨说，陈先生拖欠他们不少工资，半年前来温哥华安装的工钱还没有付清。当时我打电话给陈先生，陈先生说，给我的恐龙报价低了，他没有利润，无法支付工人工资。问他需要多少钱支付工资，他说 3 万人民币，我立即给他转了 3 万人民币，他承诺小郭他们回中国后，肯定结清工资。在继续与陈先生合作之前，我需要确定工资拖欠是否解决。这关乎企业主的诚信。诚信不好的人，不会成为我长期的合作伙伴。

在我入住的自贡酒店里，小郭告诉我，拖欠的工资依然没有拿到。我马上拨通陈先生的手机："陈总，为什么你还没有付清拖欠小郭团队的工资？上次你不是承诺我会付清的吗？""我，我……"陈先生吞吞吐吐地说，"生意难做，资金周转有些困难。""这不是理由，我已经多给你 3 万了，你应该专款专用。如果你明天午夜 12 点之前还不给他们钱，我们就无法继续合作了。做事先做人，你承诺的要做到，这是原则。"第二天，陈先生那边没有任何动静。"鲍总，你不要再帮我们向陈先生要欠款了。我们已决定，无论他给不给我们欠款，我们都不会再去广州跟他做了。"小郭气愤地说。过了午夜 12 点，我再次给陈先生打电话。电话里，听到他喝得醉醺醺的。小郭拿过电话，明确地告诉陈先生，不会再与他合作了。

持续需要产品又没有合适的厂商合作，与其把制作费给别人，不如自己设立工厂可靠。我邀请小郭和他的长期搭档贺剑坤加盟。平时小郭主要负责机械、组装方面，小贺做美工。复制当年与布鲁克开明星影视公司的合作模式，小郭和小贺算一半股份，我算另一半股份。我负责提供全部资金，赔钱是我的，赚钱双方均分。大家诚恳合作，不要弄虚作假。之前陈先生给他们的工资是1000元人民币左右，在我们的新公司他们不拿工资，可以先支取生活费，分红时扣除。北美的市场我负责，中国及全球其他地区的市场他们可以去开拓。"恐龙展览的制作标准听我的，你们负责生产，3年内保证你们买房、买车。"我鼓励他们。他们30来岁，有闯劲、有志向、吃苦耐劳，但是他们没有做过企业，只是需要机会。小郭、小贺对这些条件毫无异议，次日我转款、注册了自贡亘古龙腾科技公司。同时我聘请了知识渊博并具有数十年丰富管理经验的刘文渝做管理指导并任副总经理。我们的企业名字中的"亘古龙腾"就是出自刘文渝。

俗话说，家和才能万事兴。小郭、小贺想要挑起工厂的运营，他们的个人家庭首先要稳定。小贺还是单身，小郭的太太是自贡市里的，亲戚们大多数是公务员或者经商，有些轻看来自农村的小郭。我在自贡最好的酒店设宴，让小郭广邀他太太家里亲友赴宴，同时小郭宣布自己已开办亘古龙腾公司、当了董事长。给小郭印了名片，举办了堪比婚宴的盛大的聚餐。我也借此机会了解到小郭身边的亲友关系网。酒宴上，我发现郭总的小舅子甘景居是个不错的销售人才。小甘在成都读大学即将毕业，学经济，人活络，他受做生意的父亲的影响，交际能力强，精通酒桌文化且有海量，一斤白酒穿肠过，面不改色心不跳，非常适合跑市场。我邀请小甘毕业后来公司上班，并拿出我名下10%的股份作为干股送给他。有了小甘的加盟，奠定了亘古龙腾在当地的基础。

接下来，一面找场地、租厂房、雇员工，很快组成了百人规模的工厂；一面开始设计多伦多动物园的恐龙展。小郭、小贺做恐龙近10年，经验丰富，借助外聘的博物馆的恐龙专家的指导，咨询了自贡恐龙博物馆、北京自然博物馆、中国古脊椎研究所、河南省地质博物馆等，最终筛选出16种具有代表性的恐龙作为我们首展作品的主题，工厂开始制作。恐龙的尺寸、外形、动态、颜色等细节均按照恐龙专家公布的科研标准严格执行。就这样，两周的时间内，仿真恐龙、恐龙骨架、恐龙化石标本、仿真亿年植物、手工展柜、特制展示牌、大型背景喷绘等均布置完毕。

自己制作的好处是可以尽情地向着高仿努力。比如，市面上的霸王龙的前肢是前后摆动的，无人质疑。接触了学术界之后，我了解到由于骨骼的限制，霸王龙的前肢不可能前后摆动，应该是左右摆动。于是马上修改了我们所有的霸王龙的动作，重新设计电路并逐一更换修正。随着对恐龙了解的深入，我们的恐龙逐渐增加了眨眼睛、腹部随着呼吸节律而鼓动的动作。这些皆遵循严格的科学依据，而非拍脑袋想出来的。对恐龙的声音我也下了一番功夫，走访专家，根据不同恐龙各自的喉部骨骼特点，论证每一种恐龙的发声特征。借助小甘的意见，我租用了自贡电视台的录音室，用 16 声道的音频混音器给不同的恐龙制作出各自独特的叫声。

最直接影响电动恐龙仿真程度的是控制箱（Programmable Logic Controller，简称 PLC）。当时为了赶时间，电动恐龙的控制箱采用了传统的电子管线路板焊接而成。这样的设计可以满足短期展览的要求。但是，缺点是需要专人现场负责管理，不便于远程展览的维修。在多伦多动物园展览时就暴露出这个致命问题。后来我们组建了电器小组，研发出了行业首个插件式集成电路板仿真恐龙控制箱，满足了北美展览的要求。新的控制箱不仅维修方便，而且通过将原来的一块线路板控制所有的动作一起动改为一块集成电路板控制一个动作，大大地提升了仿真程度。过去一块线路板控制，电源一开，点头、眨眼、摆尾一起启动，显然不真实。分别控制以后，恐龙从容多了，可以一个动作一个动作地慢慢来，而且动作也流畅自然，克服了卡顿。

花了几十万人民币和两三年时间，符合我内心标准的集成电路板的控制器才研制完成。完成之后，我立即安排将已经制造好的几百条恐龙分批更换了控制器。这是一个大工程。每一只恐龙要修改体内线路，需要增加至少 40 条电线。我们的展览排期衔接紧凑，旧展览结束就要赶赴新场地布展。更换线路不能延误布展时间，确实是一个挑战，一场场更换如同打仗。可是当战役结束，当亲耳听到观众发自内心的赞叹"太逼真了（so real）"那一刻，所有的耗费和辛苦都如同浮云从心头飘过。不过也是由于太逼真了，几乎每次展览都会遇到孩子被吓哭不敢继续看展览、家长要求退票的事情。仿真恐龙有动感感应装置，除了程序设计的动作流程，在人经过时受到感应也会发出吼叫、做动作，有些低幼龄儿童难免会以为是真的。

我们的恐龙展览的另一大支柱是出土自中国的珍稀化石标本和恐龙骨架及全面的、与时俱进的相关知识材料。为何选择从中国出土的化石和恐龙骨架？当初也是费了一番心思。世界三大恐龙化石出土国家是美国、加拿大和中国。三个国家出土的化石种类各有特色。北美的展览中，美国和加拿大的化石不算新鲜，而中国的恐龙化石还蒙着一层神秘的面纱。此外，仍然遵从大学起就将中国元素作为自己设计中的独门秘籍的差异化生存原则，我决定将中国恐龙化石的故事讲到国外去。

想输出，先要输入。一连数日，白天，我泡在宏伟的自贡恐龙博物馆里看化石、恶补恐龙知识；晚上去走访自贡恐龙行业的各位高手、专家。我深深地意识到，自己是新人，恐龙领域中接触到的任何专业人士都是我的老师，我愿意花时间去实地学习、交朋友，只有多听、多看、虚心求教，才能尽快进入行业。做恐龙展览的那些年，公司和我自己都将紧跟科研动态当作重要任务。凡是学界的最新研究成果，我们都会在下一场展览及为展览编写的"课外教育指导（Education Guide）"中体现出来。在北美，教育局都有一定的经费支持学校老师带领孩子们进行校外参观，开拓眼界、补充知识。北美展览场馆会定期邀请老师、教育机构代表来参加与教育有关的展览的预告说明会，介绍展览的内容、特点，发放"课外教育指导"等材料。

北美的恐龙化石允许在一定条件下进行买卖，而在中国只能按照严格规定和流程向相关机构申请进行标本复制。方向清晰后，我在国内购买了36件珍稀化石标本和11个恐龙骨架的复制标本。传统工艺都是用石膏或树脂复制标本，我认为质感与真实化石还是有区别。为了仿真，在化石周围的材料的选择上，

◎ 在河南地质博物馆化石复制现场与专家们的合影（右一为本人）

我决定采用真实的石头，并且是来自出土地点的、质地相同的石头。这样制作成本固然数倍地增加，但是仿真效果绝佳。我们的化石标本拿在手里很有分量，如三角龙的角骨等大型复制品重到要两三个人才能抬得动。

制作沉重的化石标本费工、费时、费钱，拆装也不方便，但是为了高仿的效果，我不惜代价。我还做了另一个不惜代价的疯狂之举——将自贡恐龙博物馆中展示的大型挖掘现场拍照，先以胶泥做模型，再翻橡皮磨具，最后内置钢架用树脂翻出令人震撼的大型挖掘现场。树脂的"地表"尺寸为单边长2米的正方形，一块块完成后运到多伦多动物园拼装，最大限度地还原了挖掘现场，让参观者切实了解到恐龙化石的出土过程。这不仅得到动物园方面的惊叹，展览中也特别受欢迎。

任何事情都有限度，为了追求高仿，我也走过弯路。恐龙展览中，要配备同时期的仿真植物。多方打听，在深圳选定了一家产品可以假乱真的工厂。我对厂家提出的要求是"越真越好"，他们也确实遵从了我的要求。为了求真，他们用真的树干、树皮做了植株主体，忽略了海关检疫的要求。制作完成后要起运，遇到的第一个麻烦是中国海关不许出关。必须经过熏蒸，对所熏蒸物品盖章才准放行。对于树皮这些碎块，显然不适合逐一盖章，只能是整个集装箱熏蒸，之后集装箱整体盖章。整箱熏蒸花费大幅增加，我们也只能接受。为了节约时间，又多付了手续费请熏蒸厂家带设备来码头熏蒸。费尽周折，终于被中国海关放行，到了加拿大后，由于同样的检疫原因而不被允许入关。解决的方法是要按照加拿大规定再次熏蒸。第二次支付了整箱熏蒸的费用，按照加拿大的熏蒸要求操作后才予以放行。

去夏威夷儿童科技馆展览时又遇到麻烦。这些仿真植物已经在加拿大、美国多个地方展览了数年，进入夏威夷仍然需要检疫。夏威夷的动植物检疫有自己的熏蒸要求与标准。展览开幕在即，为了节约时间，我选择了最便捷的方法——当着海关的人面打开集装箱，请他们挑出来不符合入关标准的仿真植物当场销毁，由我们支付销毁费。入关后，在夏威夷当地购买替代品。就这样，一步步地边做边学，全球巡展多年后，对世界各国、各地的海关检疫法有了充分的了解——一次次的熏蒸费、销毁费就是所付的学费。但是比起来当年多伦多动物园备展、布展过程中"支付的学费"，这些钱算小巫见大巫。

多伦多动物园的展览是我正式进入恐龙展览业的"首秀"。像鲤鱼跳龙门一样，做完了多伦多动物园的展览，我从新手历练为老手。而为了跳过这道"龙门"，我付出了巨大的代价。

准备多伦多动物园展览的半年内，工厂每周拍照发给我确认进度，我则频繁穿梭于自贡、北京、河南、温哥华等地，有时候刚回家两天又要返回工厂。无论在哪里，只要是醒着的时候，我的大脑都在呼呼运转，全部身心扑在了展览构思上。终于，我们将仿真恐龙、化石标本、恐龙骨架、仿真古生物植物、挖掘现场等有机结合；按照电影场次的设计方式，设计出参观时长约45分钟的有趣味、有故事的科普展览；请专门的研究人员根据恐龙化石绘制出铭牌中的高清3D恐龙图像并安排专人撰写了准确的说明文字；画好灯光、音响的位置图，做好展台、玻璃罩等辅助设备，像蚂蚁筑窝一样，从0.2米长的中华龙鸟化石标本到22米长的仿真马门溪龙，从0.1米×0.04米大小的铭牌到30米×6米的背景喷绘布，中加两边的团队一点点将展览各项用品按照计划准备齐全。出厂发货了！

联系海运公司时，才知道按照当时中国的法律规定，工厂生产的产品不能随意运往海外。那天我正在北京，接到自贡亘古龙腾工厂的电话。"海关需要开箱检查货物，看看有无违禁品。"郭总声音滞涩。"该检查就检查吧。"我没当回事，依法出口也是应该的。郭总无奈地说："不是怕他们查，是太贵了。每个集装箱的开箱检查费要1万元人民币，这批货物共12个集装箱，可是一笔大费用啊！"检查费确实有些贵了，我让郭总等我过去再说，随后给北京的一位懂行的朋友打电话咨询出口检验的相关国家规定，并连夜赶回自贡。次日，约了海关指定的那家开箱验货公司，费了好一番力气，最后没有收开箱验货费。

海关验货完毕，货物仍然不能运出，这次是没有税单的缘故。税单是什么，从哪儿去获得，我们一头雾水。向有经验的人士打听，才知道税单怎么买。赶紧聘请了一位有经验的会计来处理税单问题。会计计算后，让我们去税务局买几万人民币的税单。急忙向银行约款、取现金，提着一包现金赶到税务局时，税务局已经下班了。不过为了照顾我们的时间紧迫，他们安排了人员加班，还请了银行的人员同来加班验钞。终于拿到税单了，再次准备起运又被拒绝，这次是因为工厂没有进出口权。进出口权无论如何在几天内是办不下来的，幸好又有高人指点，我们找了一家有进出口权的第三方代办公司代办，货物才终于能运出。有了这次的教训，往后的货运我都是请代办公司代理，省时省力。

集装箱到达之前，自贡工厂派来的12名工人先期到达。他们要住半个月，住酒店显然太昂贵。我采用10年前开少林面馆的经验，租了一栋城市屋，买了防潮垫、睡袋、锅碗瓢盆等用具，请了一位家政人员为他们做饭，算是基本解决了生活问题。工作进度我不担心，最怕出意外。有一天中午我们在工地外面吃午餐，一位工人突然晕过去了几分钟。据了解，他在室外山坡的风口上，一口气吃了8块肯德基炸鸡，可能吃得急了肠胃不适。他自己说是水土不服，四川人离不开辣椒，来了多伦多吃辣椒不够。无论什么原因，幸好很快恢复，虚惊一场。

有过故事馆展览的安装经验，这一次我未雨绸缪做了不少准备。早在自贡刚建厂，桑尼就找了一家温哥华专门做布展的莫玛维策展公司来对接。他们工作细致，从生产日程到最后撤展，计划具体到每周甚至每天，需要雇请的人员、

◎ 2007 年，世界第一只 1：1 仿真马门溪龙在加拿大多伦多动物园展出

操作步骤等都罗列清晰。价格也不菲，全部做完需要 15 万加元。我们公司也组建了布展团队，团队成员要求有开铲车、叉车等专门的执照。自贡工厂派出的安装人员也挑选完毕。人员集合到多伦多才知道，所有涉及安装操作的工作都受当地工会保护——意味着，在多伦多安装时，只能雇用当地工会组织的成员。温哥华的莫玛维策展公司转变为管理协调的角色，我们布展团队配合管理，但是谁也不能动手操作——在公园的范围内，即使一只榔头掉地了也不能弯腰去捡——除非当地工会成员。中国工厂来的安装工作人员倒是可以留用，不过用多少中国工人，就要雇用同样数量的本地工人，无论工作是否需要。工会组织在加拿大相当强大，不可小觑。工会反对的，工人们绝不会赞同；反之亦然。许多行业不加入工会便不能入全职。

故事馆展览时，我已经了解到加拿大要求执行 ULC 标准，在中国市场上购买的灯具不符合这一标准。另外，第一次做大型展览，尽管有了预想，但仍然需要在现场实地勘察后确定灯的规格和数量。因此，我们把灯具准备也布置给了莫玛维策展公司。谁知开始布展时发现，灯具店很难在短时间内凑齐上百只同一色温的 LED 灯。LED 灯又不能被替代，因为展览在大棚中，小孩子随意走动，所以只有选用没有热度的 LED 灯才能保证安全。租赁公司倒是有，但价格奇高。租灯还要同时租用灯架，都是按照天来计费。全部的灯和灯架半年租用费要 15 万加元。受 9 天的布展时间所限，不可能去太多地方搜求。我问租赁公司，是否有可能通过他们购买 LED 灯？他们说，可以买，必须提前 4 个月告诉他们，租金的 70% 可以折成购置款。我认为这个条件还不错，尽管暂时租金高一些，但相当于提前支付了购灯款，也还能接受。我们在中国购置的几十个喇叭也限于 ULC 的问题而不能使用，便一同在这间公司租用了二三十个喇叭。

等到布展结束前，我通知租赁公司，决定购买这批灯具，他们拒绝了，说买灯可以给打九折。我很吃惊，租用前许诺可以将租金冲抵货款，付完租金后就改口了？对方振振有词地说："当时我没有确定、合同也没有写，没有写合同的就不算数。"想想他们说的也没错，谁让我当时没有做决定？我常说，这个世界上没有骗子，只有傻子。15 万加元的租灯费就算我缴的智商税吧。不过有了他们这一课，倒是促使我去深圳找到一家工厂，按照我们的要求生产自有品牌"恐龙王"的 RGB/LED 灯。定制的灯品质可靠、能满足展览的各种要求、彰显展览档次。10 多年来，生产了数万只"恐龙王"灯。不仅自用充足，有些博物馆也向我们订购，连公司和我家里都换上了优质、节能的"恐龙王"灯。此外，经过这次的教训，以后的十几年里，所有的喇叭都是在美、加当地购置的。

除了给莫玛维策展公司和租用灯具的钱大大超出预算，小意外也接连不断。恐龙安装之后，被告知仍然不可以启动。前车之鉴，这一次制作时，所有的电机原件都是采用符合 ULC 标准的，但是公园管理方说，即使原件符合要求，仍需要对原件组装后的产品进行整体测试。毫无办法，唯有花一大笔钱雇请专业检测公司来现场检测。

加拿大非常重视各种劳动保护装置，一些危险的行业，如电工、建筑工人、高空作业等，装备都很完善。展览开幕前三天，突然接到多伦多劳工管理委员会通知：他们去施工现场检查，由于中国工人不按照劳工法操作，必须停止作业、退出布展场地。我立即从温哥华赶到多伦多解决问题。原来，被勒令停工是因为中方的工人没有穿规定的"铁头鞋"。穿"铁头鞋"的要求事先我们并不知道，加方管理人员也没有说过。赶忙带着中国工人去劳保用品专卖店每人买一双，每双120加元。安装之路的每一步都是用钱铺出来的，不过，我们也随之学习进步不少。以后我们公司内部的要求也是严格遵守法令，比如任何人进入仓库，必须佩戴安全帽、护目镜，换铁头鞋。

在中国准备展品时，还准备了一个集装箱的文创商品。观察自贡博物馆礼品店的销售后，我去义乌按图索骥地定制了六七十种礼品店中的畅销品，从钥匙链、拼图到T恤、帽子等。付完款要发海运时联系多伦多动物园，他们说礼品店没有地方存放那么多货物，要求我们选一些单品少量发给他们，他们再补货。集装箱运到温哥华公司的仓库，由白露负责与动物园礼品店对接。她在温哥华机场礼品店工作多年，非常有经验。

配去的货物销售不错，不到一周就来了补货单。但是，我们发现，这些补货走快递，费用太高；走平邮，速度太慢。不能及时补货，又算我们违约。无奈，我只能雇了长途货运车，买了一个集装箱装上文创商品，一路开到多伦多。动物园还不错，免费提供了一个场地放集装箱。长途运费花了6000加元，与集装箱海运过来的运费一样。集装箱放在了动物园，发现还是不能及时补货——若想及时补货，需要专门派专人驻场对接。动物园的礼品店有常年合作的固定供货商，我们的商品销售属于见缝插针，销售量不高。为了几件补货雇专人显然得不偿失。衡量再三，只能请礼品店补货时从集装箱自取，我们放弃了结算。

尽管其后几年开设了数百场展览，可惜各展览场所的礼品店的情况都与多伦多动物园的差不多，那一集装箱的文创商品始终销售不畅。做了几次之后，文创商品便从卖改为赠送，直到2014年在温哥华展览时全部送完。

多伦多动物园的领导直到开幕前一个月、集装箱到了加拿大、见到恐龙成

The Province

VANCOUVER, BRITISH COLUMBIA | FRIDAY, SEPTEMBER 28, 2007 | WWW.THEPROVINCE.COM

SPOR
FINA

WEATH
Mainly su

Minimum out
Lower Mainla
$1.0

STANLEY PARK
JURASSIC

VANCOUVER: Parks boa
proposes installing up
30 robotic dinosa
near the miniat
train ride i
bid to attr
400,000 m
pay
visit
NEWS

— PROVINCE PHOTO

◎ 2007 年 9 月，温哥华《省报》头版有关斯坦利公园仿真恐龙展的报道

品的照片，才敢开始做广告。但是，广告效果很好。在开幕的那天，展馆外面
参观者的队伍绵延不绝，一眼望不到头，展馆里面人山人海，摩肩接踵。现场
展示震撼，动物园日进斗金，赚得盆满钵满。而我们拿的是固定费用，成本超支，
尽管办的是 1500 平方米的大型展览，却只打了一个平手，"赚到的"仅仅是那
16 只仿真恐龙的展览费，还不如同期在维农举办的 300 平方米的小展览。

　　第一次从自贡回来不久，就收到欧根那根科技馆的展览邀请。他们也是看
过故事馆的展览，喜欢上了我们的恐龙。科技馆位于离温哥华 3 个多小时车程

的维农市。我们去商谈时，受到科技馆的热情接待，他们肯定了恐龙展览对孩子及地方文娱生活的重要性，带领我们看了场地，表示完全配合场地及布展要求。唯独有一点，他们没有经费。

恐龙展刚启动，我更看重市场占有率，同时，也是怀着做公益的心，我想，越是小城市越需要恐龙展览这样的活动，这样的小展览即使赔钱公司也能承受，便提出来一个折中方案——门票分成。我们负责展品准备、布展及维护，科技馆负责广告、日常运营管理和门票销售。门票售票后扣除展览成本，我们拿60%，科技馆拿40%。维农是小城市，展览应该可以辐射到车程15分钟以内的居民。开幕后，场面火爆，每天人流不断、门口排着长龙，科技馆不得不安排一周7天开放、增加人手。当时维农的人口不足3万，6个月的展览来了两万多人，当地媒体积极报道，银行也给了赞助，展览可谓名利双收。

展览时，正在不列颠哥伦比亚大学的欧根那根分校做访学的阿尔伯塔大学恐龙专家菲利普斯·科瑞教授（Philip John Currie）前来参观。他对展览的科普性、趣味性给予很高的评价。他对我说："你做得非常好！我们大学的研究就缺乏你这样的人。我们的科研成果需要有人推广向社会，这样才有价值。"对展览的设计理念，他也完全赞同。"最需要你们服务的就是这样的小城镇。这里的科技馆没有经费，无法举办大型科普展览，当地人没有多少钱，也没有多少热情开车去大城市看展览，导致信息闭塞。你们的展览为小城镇的居民，特别是孩子们带来了科学知识，启发他们了解世界。"科瑞教授的肯定给予我极大的信心。之后，我们专门为小城镇设计了200平方米的恐龙展览，社会效益极佳。

通过对维农和多伦多的展览效益的对比，我们定下来此后的设展条件：我们提供恐龙展览及地灯，安装费用（包括我们派去的工人成本）和其他所需设施由当地展馆方负责。条件简化后，免去了与各国法律要求的冲突，省却了不可预知的多种额外开销，节约了我们的成本、保证了利润。而这几条宝贵条件的确定，着实来之不易啊。

追踪羽毛恐龙

2007 年 5 月 18 日上午 10 点，多伦多动物园的"恐龙来袭"展览开幕。9 点多，米叔、桑尼和我进入展览场地，看到外面排的长队见不到队尾。加拿大地广人稀，很少见到排长队的现象。不只我们看到这样的盛况感到新鲜，动物园的人也说他们是第一次见等着参观的队伍如此壮观。9:30，场地内工作人员仍在争分夺秒地做完手头残余的布置工作，多伦多动物园的董事会成员们与我们聚在展厅的中央展柜旁，以展柜为桌子，签了合同！半年前我在温哥华机场候机时听到的安妮电话中的承诺终于成了现实，被米叔等亲友称为"疯狂"的我的半年拼搏以成功告一段落。

当大家向我鼓掌道贺时，我激动的心海中泛起的是恐慌和焦虑，我知道新的航程必须立即起锚。——半年后，16 只巨无霸恐龙和其他摆在 1500 平方米场地内的林林总总的各种物品将被撤离，我需要为它们找到新家。在为多伦多动物园制作展品时，一门心思要实现自己的策划，轻装上阵，"攻下"这个展览就算赢；而展览开幕后，一下子成了"有家有业"的人，面临的"战场"是全球大门紧闭的动物园、科技馆、博物馆。敲开下一场展览的门，是我接下来的目标。

公司市场部向能找到联系方式的北美的博物馆、科技馆、动物园发出制作精良、说明详细的介绍恐龙展的信件、电邮。数周后，仅个别动物园有回复。市场部工作人员经过调查后向我反馈，博物馆以文物为主，不与我们这样的科普娱乐展览打交道；科技馆看重科技，认为电动恐龙属于玩具。难道我们娱乐与科普有机结合的、生动有趣的展览在他们眼中成了四不像？倘若如此，我们以后的市场就仅仅局限于动物园了吗？我不甘心。冷静下来，我仔细思考，什么是我们展览的核心价值？什么特质能获得博物馆、科技馆的接纳？我们展览中的科普性如何才能更突出？一个答案浮现——羽毛恐龙。

准备多伦多展览期间，白露读到最新的北美恐龙报道时，惊奇地告诉我："道平，你知道有的恐龙长羽毛吗？霸王龙在幼体时期是有羽毛的！"尽管我们没有继续深挖，但是"你知道霸王龙有羽毛吗"成为展览时的一句广

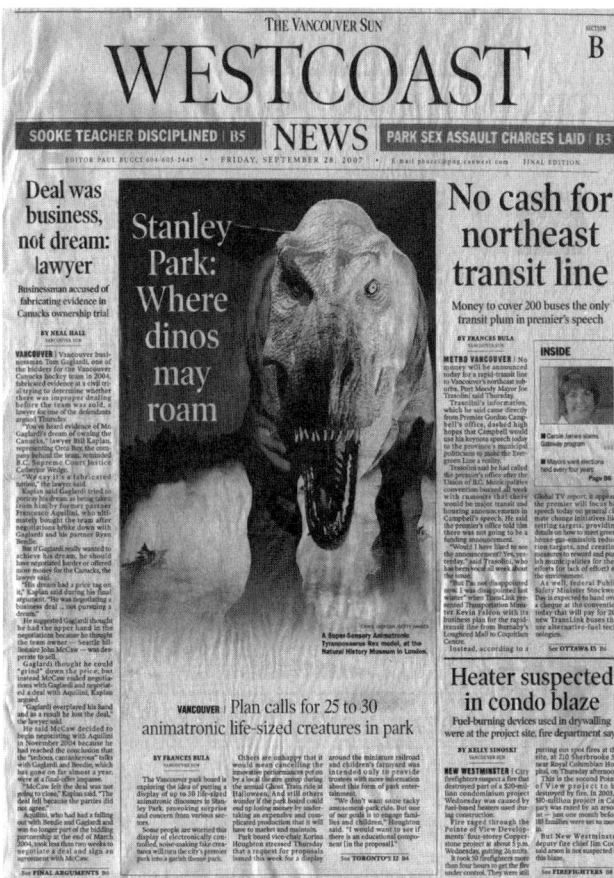

◎ 2007 年 9 月，《温哥华太阳报》有关斯坦利公园仿真恐龙展的报道

告语。科瑞教授参观维农展览后，邀请我听他的讲座，我得以了解到羽毛恐龙的考古进展及部分鸟类是由恐龙进化而来的相关知识。当我向科瑞教授深入请教时，他说"羽毛恐龙的研究中心在中国"，建议我回中国考察。既然我们展览中的化石标本、恐龙骨架都是来自中国，那么再将几乎是中国独有的羽毛恐龙作为展览中的标志性内容，也非常合情合理。

西谚云"能从高处入手，就不要从低处开始"①，这个道理我很认同。科瑞教授说北京的徐顺博士是羽毛恐龙领域的专家，我决定去找徐顺博士。可是，谁是徐顺？十几年来在北京积累的人脉也不算浅，竟然没有人认识徐顺。扩大询问范围，问了能联系到的各类相关人士，终于在打了二十几个小时的电话后，问到了徐顺所在的单位——中国科学院古脊椎动物与古人类研究所（简称"古脊所"）。给古脊所打电话，电话却打不通。找到地方就好，电话打不通没关系，我可以直接过去找。

找到古脊所，传达室不许随便进入。我说要拜访徐顺博士，传达室工作人员让我等在那里，电话通知徐博士出来见我。徐博士见到我说："我不认识你。"我急忙解释："我们是不认识。我是慕名前来拜访您。"大致介绍了公司情况和恐龙展览的特点、将羽毛恐龙作为展览重点来推出的计划，徐博士听完了说："对不起，我不能和你讲话。"我很吃惊："为什么不能讲话？"徐博士说："你们是商人，我们是做学术的，我们跟商界没有来往，也不会把研究信息给一个商人。"我说："徐博士，您完全说错了。学术研究正是应该借助我们这样的展览推广出去，让人们特别是孩子们了解。难道国家出钱让你们做了那么多研究，就是为了要把成果锁在抽屉里吗？既然我从加拿大来了，你的办公室不方便让我进去没关系，我们站在传达室这里聊聊也好啊。"徐博士并未被我说服："我确实很忙，没时间和你讲这些。你的这些想法去和博物馆、展览馆说吧。我们的研究是保密的，仅与科研机构对话。"看徐博士态度坚决，不便勉强，我只好说："好吧，那就算了吧。"扫兴而归，我并没有死心。转身离去时，我心想，我还会回来，终有一天，我要来谈科研、学术。

不过，对我这个学艺术出身的商界人士来说，想与古生物学界人士谈学术绝非易事。恐龙的学术知识我可以努力补习，但是敲开学术界的门还需要引路人。这个时候，故事馆的罗博帮上了忙。离开故事馆后，罗博去了一家大型博物馆布展公司。在迪拜施工的罗博听说我在北京需要结识恐龙专家，便向我介

---

① "If you can reach the top, don't start from the bottom."

◎世界上第一只1:1带羽毛的幼年霸王龙仿真电动模型在美国博物馆展出

　　绍了他们公司驻北京的中国同事李威博士。李博士曾在中国自然博物馆供职，熟悉学术圈。我与李博士见面后，详细介绍了我们的恐龙展览和我的想法，李博士很支持。在李博士的引荐下，我终于获得了与古脊椎动物研究所接洽的机会。

　　随着与专家们的深入接触，我对恐龙的痴迷也日渐加深。做恐龙的科普展览已经从商业的标新立异转变为我的使命，颇有"天将降大任于斯人"之感。当我发现美国、加拿大、中国这三大恐龙发现国的恐龙博物馆、科技馆里的藏品仅局限于本国甚至本地的发现时，更有一种情怀油然而生——我不仅要将准确的恐龙知识介绍出去、普及开来，让来之不易的知识进入大众特别是青少年的头脑，也要作为沟通美国、加拿大、中国恐龙学界的桥梁。怀着这样的心态，我拜访了辛辛那提博物馆中心（Cincinnati Museum Center, 简称CMC）。

　　辛辛那提博物馆中心是美国恐龙研究的权威机构之一，他们也重视科普活动，如每年假期组织学生去挖掘恐龙化石。因此，我认为他们的门更容易向我们打开。博物馆在馆藏展览之外每年需要举办短期的临时科普展览，因此对我们这样的展览公司并不排斥。展览部的高管戴夫（Dave Duszynski）接待了我。听完我的介绍后，戴夫对我们的展览很有兴趣，他特意去多伦多动物园看了展览，切实体会了我们展览的特色。可是，参观了展览之后，戴夫明确指出，他们与动物园不同，他们是以科学为主、娱乐为辅。多伦多展览的科普程度很适合动物园，对他们而言显得浅了。

既然强调科学，那么我正好有机会推介羽毛恐龙。我说："你们这么大的博物馆，竟然没有羽毛恐龙的内容。现在学界基本形成定论，承认了一部分鸟类是由恐龙进化而来。羽毛恐龙是非常关键的环节。如果学术研究没有到这一步也罢了，既然已经有了这样的新发现，你们也知道了，就应该向参观者，特别是学生介绍这些新发现。否则对孩子们不公平。"戴夫完全认同我的说法，组织了相关人员，安排我去辛辛那提博物馆中心做展览的主题说明会。

密集的拜访中，辛辛那提博物馆中心的态度已经从是否接纳我们的展览转变为我们的展览肯定要做，只是如何做才能更适合他们的要求。展览也从我们的推销转变为双方合办——当我有任何新想法，当我无论在北京、自贡、河南有任何新发现，都随时与戴夫及博物馆的几位专家交流、讨论。

在一次交流中，我突然想到，最直接的了解是亲眼所见，为何不带他们去中国看看？于是我提出来邀请他们去中国实地考察，与中国学者面对面交流。尽管经常参加国际学术会议，但是学者们交流更多是局限于会上对论文的讨论，并无私交，会议结束各回各家，交流渠道随之关闭。几位专家对我这个建议热烈响应，很快我们就动身去了中国。美国专家们被刚刚命名的汝阳黄河巨龙所震撼，惊诧于近距离观察羽尾龙化石中胃部残留的石子，中国的羽毛恐龙研究的进展也令他们倾倒。中国恐龙学界很了解美国这几位专家的分量，同样珍惜这一"亲密接触"的机会。近半个月的时间中，两国学者充分沟通，不仅就学术问题做了开诚布公的讨论，也达成一些学术、教育的交流意向，建立起联系。此番考察，令两国学界对我更加认可，奠定了恐龙王公司与两国学者们保持紧密联络的基础。我被大家戏称为"不是学者的恐龙专家"。

我这个"恐龙专家"不可能去挖掘、考古，也不会写论文，可是我懂得如何拍纪录片。也许是我是电影专业毕业的缘故吧，在与古脊所的接触中，突然一个念头逐渐形成——我要拍一部关于羽毛恐龙的纪录片，讲述鸟类如何从恐龙进化而来。2010年年初，与中央电视台合拍完成了中英双语版的《飞翔的足迹（Traces of Feathers）》。以后的展览中，纪录片同时在展厅播放，纪录片的精装版碟片在礼品店销售，也很受欢迎。然而，限于结算的不方便，销售的款额我们并未收取，全部捐给场地博物馆，不过羽毛恐龙总算"飞向"普罗大众。

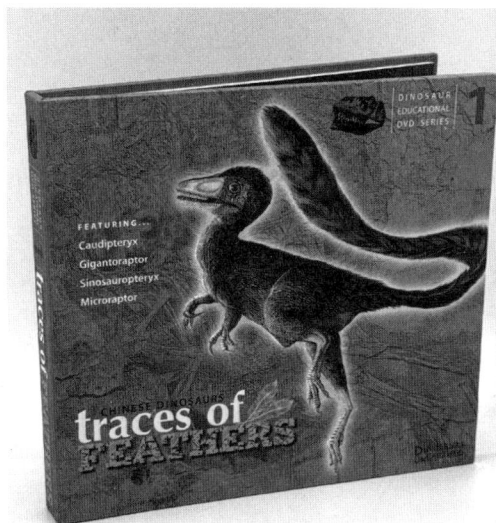

◎纪录片《飞翔的足迹》精装
DVD封套（本人制作）

我们还系统编辑了关于羽毛恐龙的知识材料，作为"课外教育指导"的一部分。从多伦多动物园的展览开始，严谨、详尽、有趣的"课外教育指导"便成为"恐龙王"展览不可分割的一部分，在展览中分发给孩子们，使得孩子们既能依据"指导"中的介绍有效地吸收展览中的知识，又能通过完成"指导"中的题目巩固知识点，事半功倍。

6

『满意度170%！』

2009 年 2 月 14 日，"恐龙出土"拉开序幕，开启了在辛辛那提博物馆中心为期 7 个月的展览。辛辛那提博物馆中心非常重视这次展览，将开幕的时间安排在他们主办的大型国际性古脊椎动物学术会议期间，会议日程中包括参观我们的展览。

学者们参观那天，我特意等待在羽毛恐龙化石展区。一位来自俄罗斯的教授站在尾羽龙化石标本前看了很久。他说他是冲着这几块化石标本才来的。每年给学生讲课时，他都会讲到尾羽龙化石，可他只见过书上印刷的，这次是第一次看化石标本。说到这里，他目不转睛地盯着化石标本，头轻轻地摇着，反复低声说"不可思议""不可思议"。灯光透过玻璃罩反射在他的脸上、眼镜上，映射出的是虔诚、动容的神情。他的神情是对我不惜成本的投资的最好回报——当我在古脊所花几十万人民币买下学界最著名的小盗龙、尾羽龙、孔子鸟、华夏鸟、长翼鸟、燕鸟、辽宁鸟、中华龙鸟 8 块羽毛恐龙化石标本并在海外独家授权展览时，公司上下无人赞同——当时还不知道多伦多动物园之后下一站在哪里，不知道下一笔收入在哪里，更不知道何时能收回投资。大家认为这样贸然斥巨资完全没有必要。没有这些标本，我们的展览已经很精彩了。有了这些标本，也无人保证我们的展览能持续不断。南希问我"为什么要买",我说我能看到明天。不过,平心而论,支持我孤注一掷的是从小到大一以贯之对标新立异的追求,凡事我都希望自己做到独一无二,希望自己能开拓出一条新路。我不是真的看到了明天,我是坚信有了与众不同的化石标本才可能有明天。

8块"镇展之宝"只有一套,分散在大型展览中。辛辛那提博物馆中心的展览里,空前绝后地放了6块,并破例令小盗龙和尾羽龙的化石标本同时出场。更惹眼的是此次展览中推出了5种仿真羽毛恐龙。这是羽毛恐龙的仿真形象在全世界首次亮相!羽毛恐龙需要确定羽毛的颜色、羽毛的形状、在体表的分布,有的还需要确定羽毛的数量,仿真的难度极大。每一种羽毛恐龙的羽毛状况,我们都是采用专门研究者的研究结论。展览中还真遇到懂行的。那几年,帝龙被发现也长羽毛,我们与时俱进地做出新的帝龙。布展时,特意将之前学界认定的没有羽毛的帝龙和最新被确定长了羽毛的帝龙并列放置,便于对比。有一位参观者惊呼:"你们竟然知道帝龙尾巴上有3根独特的羽毛!你们一定是做了大量的研究工作!"原来,他竟然是帝龙化石的发现者和命名者,3根羽毛是他研究成果的一部分。

制作这些羽毛很不容易。首先是寻找原材料。考虑到四川农村都养鸭子,白鸭毛容易染色,我和甘经理跑了几个村子,收购了近200只白鸭子,回来后煺下鸭毛当原材料。防腐处理鸭羽毛、用高档染发剂染色,做成了羽毛恐龙的羽毛,再一根根手工粘贴在恐龙身上。像孔子鸟那样特殊的尾羽,则要去买孔雀、野鸡等羽毛。做羽毛恐龙的项目在工厂最受欢迎,煺了毛的鸭子是上好食材,为工厂食堂增加了不少亮色。

展览中的仿真恐龙、化石标本数量和种类也比多伦多动物园的丰富。这次展览中共有19只仿真恐龙,第一次推出马门溪龙。不过由于马门溪龙太大,只能放在辛辛那提博物馆中心广场上迎宾。带领辛辛那提博物馆中心专家去中国访问时,赶上汝阳黄河巨龙的科研成果发布不久,整个骨架还没有成型,我们定制了"亚洲第一龙"汝阳黄河巨龙的大腿骨的标本。8米高的大腿骨立在展厅中,为展览增加了不少气势。本次参会者皆为北美的恐龙学者、博物馆或科

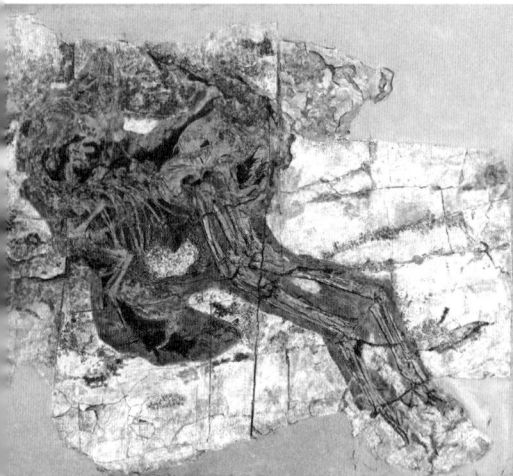

技馆相关专家。一天的参观可谓"一网打尽"。专家们参观了展览后，无不啧啧称赞，认为是美国最好的恐龙展览。恐龙王公司的展览一下子在北美学术界、博物馆界有了名气。恐龙王从一个新成立的小公司跃升为展览水准一流的大腕儿。

至于先前被我们视作竞争中拦路虎的日本的 Kokoro 及美国的 Billings 已在不知不觉中被甩到了身后，真像"两岸猿声啼不住，轻舟已过万重山"中所写的状态。我的古诗不是从书本上读来的，而是从录音机中听来的。1985 年出国的行李中装了两盒古诗朗诵的磁带。晚上睡觉前、想家思念亲人时，常常听这两盒磁带。听多了就记住了，有时候一两句诗会冷不丁地从头脑中冒出来。可能这就是文化的浸染吧。无论走多远，在加拿大住多久，英语说得多流利，华夏文化对我的影响从未褪色。当然，我也受到北美文化的影响，生活习惯、言行举止、思维方式与出国前大不相同。想到这些，再回想刚出国时的状态，看看几十年来走过的路，感觉到自己的人生也是"朝辞白帝彩云间"的一段旅程。

对于汹涌而来的北美学界、业界的普遍肯定，同事们说"惊喜来得太突然"。

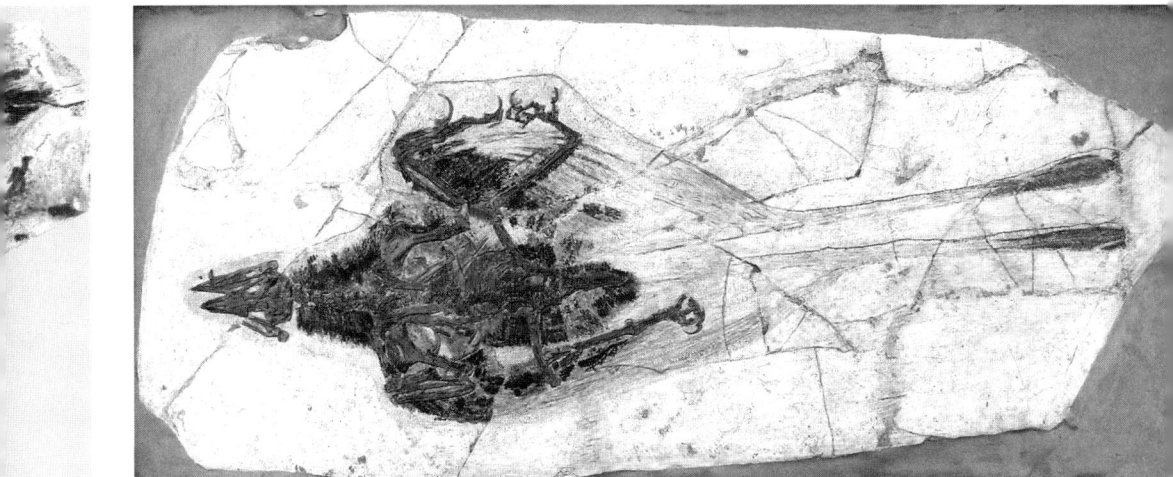

◎ 图 1、2、3 为尾羽龙、小盗龙、孔子鸟的化石（中国科学院古脊椎动物与古人类研究所提供的复制品）

1|2|3

尤其是市场部的员工深受激励，不怕以后对外做起推广仍是无名小卒、发去邮件对方置之不理。我倒是认为水到渠成，在与辛辛那提博物馆中心长期的苦心沟通、一丝不苟的展览准备中，能感受到他们对恐龙王公司的进步及实力的与日俱增的认可。辛辛那提博物馆中心的金字招牌绝不会轻易与人共享，这场展览最终被确定为双方合办，是对展览品质的充分肯定。

开幕式上，当看到排队进入停车场的车龙一眼望不到头，出席展览的辛辛那提博物馆中心的高管、董事们一个个笑得合不拢嘴。董事长还亲切地拍着我的肩头说："道平，我为我们的展览感到骄傲！你们的工作非常卓越！"尽管我们双方对展览充满信心，然而排队的盛况还是超乎了我们的预料。

在展览策划基本确定时，戴夫摊牌了，辛辛那提博物馆中心没有那么多预算买我们的展览。他们一般的预算是 10 万、15 万美元，20 万美元的展览预算就是天文数字了，而我们的至少要 80 万美元！戴夫了解展览业，他劝我们降价，理由是"你们的东西已经做完了，不拿出来展览还要租库房放"。他说得没错，这也是为何有的展览会免费提供给场地方。幸好我们已经有了欧根那根科技馆的经验，我说没经费没关系，大家来分门票收入，恐龙王公司提供全部展品，布展费用由辛辛那提博物馆中心支付。我们提出拿门票的60%，他们不同意，说那样他们会赔本。经过核算，达成协议，我们先拿60%，等拿够60万美元后，双方分成倒置，换做我们拿40%。为了促动及答谢辛辛那提博物馆中心帮忙推广，我们提出，通过辛辛那提博物馆中心介绍出去的展览，日后会从我们恐龙王公司收入的7%作为佣金支付给辛辛那提博物馆中心。除邀请学术会议代表参观之外，辛辛那提博物馆中心还陆续邀请业内同行来参观。一些博物馆、科技馆人员参观之后，当场就进行档期洽谈。辛辛那提博物馆中心通过推荐我们的展览获得了不菲的佣金，我们也赢得了美誉，业界有了"想要赚到钱，去找恐龙王"的说法。

公司特意聘请了不列颠哥伦比亚大学研究儿童心理及儿童阅读语言的专家来操刀，并由白露带领公司的文案部门配合，完成从铭牌说明文字到展览配发的、适用于不同年级的"课外教育指导"的撰写。这些材料随时根据科研进展更新、扩充，从最初的几页纸到后来的十几页再发展到小册子、一本书的厚度，花费了大量的人力、财力。后来，我们索性聘请美国和加拿大的两家专门编写课本的公司执笔，以便语言更符合两国的教材要求。由我们的"恐龙来袭"展览或"恐龙出土"展览与场地展馆联合署名的内容详细、活泼生动的"课外教育指导"深受老师和学生们的欢迎，为展览增色不少，也增加了客流，成为展览的核心竞争力之一。

为了让孩子们尽可能地感受到真实，展览中安排了触摸恐龙粪化石的活动。恐龙化石不让随意买卖，然而我们在卖收藏类石头的商店中找到了恐龙粪化石。那几年，公司花了几十万美元，搜集尽了市面上的恐龙粪化石，以便满足同时进行的数个展览。当一队队学生经过时，管理员会将沉甸甸的恐龙粪化石放在孩子们手上，让他们切实触摸到历史。相信拿着恐龙粪化石的那一刻会成为许多孩子难忘的记忆。

展览中也少不了互动游戏。故事馆展览时，我曾自费花了十几万元人民币在中国请人设计了恐龙拼图的电脑游戏。孩子们很喜欢在场馆电脑上玩这个拼

◎"长毛"的恐龙——小盗龙（左）与孔子鸟（右）的模型在室内羽毛恐龙展中的展出

图游戏，不过游戏碟片卖得不好。我不气馁，仍相信互动科普游戏是一个亮点，在多伦多的展览中也安排了互动游戏。从辛辛那提博物馆中心展览开始，我们在场馆安装带有电子大屏幕的游戏机，每台游戏机中包含几十个与恐龙知识有关的电子游戏，比如与恐龙比脚的大小、与恐龙比重量、根据图像判断恐龙的种类等。电脑多项游戏同时玩的思路是从十几年前的宾戈宫沿袭而来。开宾戈宫时，为了解决场地小不够摆放足量的游戏机的矛盾，我提出来一台游戏机中配置几个游戏的想法。我们的合作方、北美最大的游戏机器生产厂家IGT对我的这个想法很反对，表示闻所未闻。在我的坚持下他们才肯生产，使用效果很好，后来在娱乐业中普及开来。当这一想法在恐龙展览的游戏机中再次体现时，效果依然不错，深受孩子们喜欢。科普知识、游戏也通过大幅背景喷绘展示，特

◎ 2009 年 1 月在美国辛辛那提博物馆中心门前，与首次展出的 22 米长的仿真马门溪龙模型的合影

别是与恐龙比身高的喷绘，常吸引不少人拍照留念。

　　恐龙王公司的展览深受各合作方欢迎，还由于我们做到了"交钥匙"的程度。除了独一无二的恐龙的高清 3D 图像，公司也定期拍摄新的宣传短片，制作海报、明信片、宣传册等，向合作方提供全套宣传资料。合作方只需根据需要选取使用，大大减少了他们在宣传制作方面的费用和精力。在摸透了行业运作规律后，我提出一个观点："博物馆不要自己去制作临时展览，以租约的形式举办临时展览为佳。展览要让像我们这样的第三方专业展览公司去制作，展览公司制作一套完整的展览，可以多次使用，这样在制作时才能大力投入，这一点是博物馆难以匹敌的。"恐龙王公司在准备展览时更是不计成本、不惜代价、精益求精。展览设计及制作时，我们会尽全力满足合作方的需要、要求、标准。恐龙王公司向合作方提出的口号是"你的梦想我来实现"。我们从来不拼价格。我常对客户说的一句话是："如果你在找最便宜的，不用和我费口舌。如果你要找最棒的，我们可以聊聊。我们的产品不是最便宜的，却是性价比最好的。"事实胜于雄辩，与我们公司合作的场馆几乎都会回头。

展览结束后，戴夫对展览的评价是："在辛辛那提，'恐龙出土'展览超过我们的预期，我们的满意度是170%。展览的客流量为开馆以来的第三名。整个展览无论在规模还是体验上皆登峰造极，无出其右。"

多伦多动物园展览的影响在半年内日益增大。根据多年的商业经验，想要打开市场，"美国公司"比"加拿大公司"更有优势，因此我们及时在美国内华达州注册了公司。此后，随着"恐龙王"影响的扩大，一些北美及其他国家的商家主动与我们联系，包括迪拜一位王子的商业集团也来谈合作。王子集团很认真，与我们数次会面，他们在佛罗里达和纽约的办事处我都去过。当时恐龙王公司初建，许多制度还没有完善，人手有限，担心面铺得太广不容易操作，而且与王子集团的接触令人感到完全是两个世界在对话，倘若合作，我们势必要雇请懂得中东文化、语言、法律的人手，公司经过讨论，决定放弃。

公司组建时，我就测算过，每年至少有 6 套展览才能维持公司运营。相应地，给市场部制定的最低目标也是要推出 6 套展览，而我们制造出来的仅是多伦多动物园和欧根那根科技馆的 2 套，还有 4 套需要制造并找到展览方。任重道远，只能一面稳扎稳打在北美拓宽市场，一面小心谨慎地奔向海外——放弃了迪拜王子，我们选择了在爱尔兰的 Funtasia 主题公司的赌场①——虽然远在欧洲，可是考虑到爱尔兰也使用英语,公司认为沟通应该没有障碍、比较容易合作。谁知到了爱尔兰,第一个暴露出来的矛盾就是"鸡同鸭讲"的沟通障碍。

刚到赌场时，我问洗手间在哪里，无论我用加拿大常用的 washroom 还是美国一般说的 bathroom，他们都不懂，指给我的是赌场中安装在走道边的洗手池。他们用的是 toilet，我听了很诧异，心想，这么粗俗的说法怎么能公然使用？

次日清晨，我像往常一样去买咖啡。出了酒店才发现，赌场所在区域的店铺要 11 点开门。也许是赌场在海边，属于度假区域，人们都不需要工作、不喜欢早起？找到一家 24 小时营业的便利店在卖咖啡。我和店员说，要"奶油（cream）"，店员指指我身后的货架，示意我过去取。我扭头看看，没有见到咖啡店里摆着的给顾客加牛奶、奶油的壶。我请店员帮我取，店员一脸不情愿地帮我去取。拿回来一看，是一管护肤霜！我说这不是我要的 cream，店员说他们只有这种 cream。我说要往咖啡中加的 cream，店员说没听说过咖啡里要放 cream，而且店员给我的咖啡是一杯意式浓缩咖啡。我说我要黑咖啡，店员说这就是黑咖啡。好吧，没有 cream，加牛奶总可以吧？店员拎过来一桶牛奶，让我买下来。原来，北美和欧洲喝咖啡的规矩不同。在北美，点咖啡时如果不强调意式浓缩咖啡，买到的是美式黑咖啡。在欧洲则相反。

上午去办理租车手续，租车行看到我是加拿大驾驶证时，告诉我在北美是左边驾驶，而在爱尔兰是右边驾驶，要求我去培训。我说："加拿大驾照是国际驾照，应该不需要培训。我在加拿大开过英国产的车，也是右驾。我在欧洲进行过几次自驾游。右驾对我来说，是小菜一碟（a piece of cake）。"前面的话对方都听懂了，"a piece of cake"是北美俗语，办事员没听懂。她有些困惑，想了想，指着马路对面说："我们这里没有蛋糕，你可以去马路对面买蛋糕。"听她

①【编者注】爱尔兰赌场多为综合性娱乐度假村，须持政府牌照运营，允许老虎机、轮盘等博彩项目，但法律明令禁止街头赌博广告。中国严禁赌博（仅澳门特别行政区合法），且中国政府明令禁止企业参与或推广跨境赌博合作。特此说明，以助读者理解跨国文化差异。

这么一说，联想到早晨买咖啡的遭遇，我的脑子里"嗡"的一声："坏了，展览中的铭牌、介绍会不会有语言问题？！"我们的文字材料是北美人写的，没有找英国人审查过。

回到酒店，马上找赌场的相关人员来检查。他们看了后发现确实有些拼写、语法与本地习惯有差异。赌场没有专业人士，我们立即找了一家当地的广告公司，由他们全权负责语言方面的校对。修正后，再在当地重新制作了全部的铭牌、背景布等相关材料，花费了上万欧元。加拿大是英联邦国家，但是英语属于美式英语。美式英语与英式英语有一些差异。平时聊天、信函没有大问题，正式发布则需要按照当地标准。

别说欧洲和北美不同，同样在加拿大，我们也遭遇过语言问题。第一次去魁北克儿童博物馆做展览时，展览基本都布置好了，被博物馆指出法语有误。魁北克对法语很看重，要求公开发布的文字内容一定要具备英法双语，而且法语优先，要比英语字体大。不仅如此，还要求法语是魁北克的法语，不能是法国的法语。魁北克的法语相当于"古法语"，与如今法国的法语有区别。我的三个女儿，凯琳、凯欣、凯颐上的中小学都是温哥华地区公立的法语学校，她们的法语去了法国对话没有问题，但是在魁北克遭到批评，认为不纯正。我们的法语文案是由不列颠哥伦比亚大学的专家翻译的，可惜这位专家学的显然不是魁北克法语。魁北克场地方非常坚决，如果不重新制作铭牌等文字材料，他们宁可不展览。我们只得在当地高价赶工，才得以及时赶上了开幕时间。经过这两次惨痛教训后，我们的展览只要去新的国家，文字材料一定事先请当地专家把关。

语言之外，"民族感情"也需充分考虑。欧洲人对美国的情感是两种极端，有些是逢美必爱，有些是逢美必反。凯琳、凯欣高中时去法国旅行，在商店里说英语，旁边购物的法国女孩瞪了她们一眼，不屑地说"哼，美国佬"，她俩解释"我们是加拿大人"，对方立即热情洋溢地和她们聊起来，还聊成了朋友。由此可窥一斑。去了几次欧洲，我对这种复杂的欧美感情比较了解。因此从开始在爱尔兰作业时，我们便以"加拿大公司"的面貌出现。

办完驾照、租车，惊觉了文字失误，又需要解决自贡来的工作人员的吃饭问题。加拿大来的工作人员对两片面包、一杯咖啡的饮食毫无怨言，可是自贡工厂派来的安装人员不习惯，他们要顿顿吃米饭才能吃饱。幸好他们带来了电饭锅、大米和辣椒酱，我给会做饭的工人换了一间带厨房的房间，去买了鸡蛋、土豆、青菜，早饭就能在酒店里解决了。中午和晚饭大家要吃肉，不可能再自己做饭。我想到了中餐馆。也是从这次开始，以后到达展览城市的第一件事就是找中餐馆。四海同胞情。无论走到哪里，中餐馆都没有让我们失望，不仅解决了吃饭问题，还帮了我们很多忙，如辛辛那提张博士开的红辣椒餐厅、芝加哥陈氏夫妻开的中华自助餐厅等，不胜枚举。

爱尔兰这家中餐馆老板姓齐，人很幽默。安装那十来天的一日两餐，都是我开车载大家来齐老板这里解决。爱尔兰物价比加拿大贵一倍，十几个人一顿饭有时要上千欧元，装、卸两趟下来，我们支付的饭钱超过数万欧元。但"人是铁饭是钢"，这些花费不能省。齐老板和他儿子也爱吃辣椒，有一次竟然提出和我们自贡工厂来的工人比吃辣椒。赌注是一顿饭钱，双方各派两人，各种花式吃辣椒，不许喝水。不知道他们是什么感受，我们在旁边助阵的都被挥发出来的辣椒素呛得流眼泪。最后当然是自贡组更胜一筹。

安顿下来，开箱卸货、安装时，发现两个大问题。

第一个问题：少了一只霸王龙。多伦多动物园的那套展品送到了滑铁卢儿童博物馆（Waterloo Regional Children Museum）继续 2008 年的展览，我们也打算为欧洲制作一套展品，因此所有展品都是由自贡工厂新做的。那几年海盗猖獗，从中国运输集装箱的船只遇到海盗被劫走一些货柜，其中就包括我们的一个。霸王龙是展览主打项目，少了主角怎么行？从自贡工厂定做来不及，只能将加拿大的那只运过来。运费又是一笔钱，还损失了最贵的一只恐龙，也是很无奈。

第二个问题：场地承重不够。赌场是一座豪华的四层楼，计划在楼顶搭大棚作为展览场地。楼顶放恐龙等展品没问题，可是不能让叉车、吊车等安装所需的车辆上去。讨论之后，赌场决定租用对面的一块空地，让我们在那里安装恐龙，再用特大的吊车将整只的恐龙凌空吊上去，放在楼顶。这个豪迈的想法实施时，场面极度壮观，每次恐龙被吊着晃悠悠从高空横过马路时，都像电影大片特效，引发众人观望，孩子们更是兴奋，好像过节似的。这下可好了，完全不用打广告，有赖新闻的传播，当地人乃至全爱尔兰人都知道这里有恐龙展览。

十来天安装结束，大部队要撤走，仅留下阿昌（陈世昌）守展以维修恐龙等设备。留人守展也是多伦多展览后获得的经验。爱尔兰离加拿大那么远，如果不留一个人，遇到问题就只能临时飞过去，费事、费钱，也耽误工夫。阿昌是郭总的徒弟，从广东跟到自贡，单身，平时住在郭总家，他留下来守展没有家庭负担之忧。我把阿昌托付给齐老板，请他帮阿昌租房、管三餐，我们支付全部费用。吃完庆功宴，一行人要坐大巴奔机场时，阿昌眼泪汪汪地站在路边送我们。我说："阿昌，好男儿志在四方。男人眼泪不是随便流的。必须要过了独立工作这一关。不要伤心，更不用害怕。吃住都安排好了，又给你配了这里的手机，遇到问题，随时给齐老板打电话。"阿昌还真争气，不仅六个月守展期间表现良好，结束时英语已经可以对付日常生活，完全可以独当一面，之后成为派驻各国守展的专员。几年前，公司帮阿昌全家办理了加拿大移民手续。阿昌说"恐龙王"改变了他的人生。

与爱尔兰赌场签订的合同是一次租约的形式。即我们提供恐龙展的交钥匙工程，他们承担布展和撤展的费用。第一次付定金时，他们非常爽快；后来两次付款表现也不错；到了最后一笔尾款时，他们的做法有了变化。像电影中的桥段一样，他们说话很客气，永远面带微笑，但是坚定地表示不肯给钱，理由是当地政府对这样的展览要征收27%的税，这一点他们先前不知道。现在既然要被收税，他们有义务代替政府扣税款，所以最后应付的30%的款额就直接征税了。我们的毛利也就是30%，这不是明抢吗？请了当地律师、会计师事务所提出诉讼。经核查，政府要扣的税是13%、并非27%，赌场才将款额的17%付清。我们付了律师费、会计师费之后，也就够15%，仅抵得上部分展品的成本。

吃一堑长一智。收款发生问题，是合同不严谨。针对爱尔兰赌场这类漏洞，我们修订了合同。头几年都是这样，边干边学边查漏补缺，有了收入就投入展品中，公司一点点成长起来。2019 年年底公司结业时，回顾做过的几百场展览、十几家主题公园中，仅有两家发生欠账。一家是多哈国际机场的儿童恐龙科普展，对他们的欠账我们事先有准备。另一家是底特律科技馆，在突然遭遇美国特大金融危机的时候，博物馆在倒闭的情形下，仍给了我们部分尾款。能有这样的好成绩，也算拜爱尔兰赌场所赐。

三角龙丢了！

2009 年夏天，在辛辛那提博物馆中心的引荐下，加拿大最著名的科技馆北方科技馆（Science North）向我们伸出了橄榄枝。北方科技馆在距离多伦多约 3 个小时车程的萨德伯里市，是以拍摄 IMAX 电影出名的互动科技馆。他们很少购买展览，他们是自己设计、制作展览。他们的展览口碑极佳，往往还在本馆展出时，其他博物馆、科技馆就有预订，有的展览能在首展时就被订满未来六七年的排期。因此，当收到他们有兴趣洽谈的邀请，我抱着即使谈不成，去"拜拜码头"、结识行业权威也算不虚此行的心态，亲自带队前往拜访。幸运的是，洽谈顺利。北方科技馆对我们的展览已经有所了解，又有辛辛那提博物馆中心的背书，经过详细的沟通后，与我们签订了合同，定于 2010 年 2—9 月进行展览。

为了这场展览，我们设计了场地为 500 平方米的新的一套展品，包括 14 只仿真恐龙（其中有 9 只是羽毛恐龙）、30 套化石标本、3 副完整的恐龙骨架。设计、生产、海运一切顺利。马上要进入安装倒计时了，遇到了麻烦。2010 年 2 月初，我在美国刚登上回温哥华的飞机，收到了公司的电话，说集装箱在温哥华已经装上了火车，但温哥华遭遇大雪，火车停运待命，何时能开车尚无消息。飞机上，我仔细衡量了局面。考虑到从中国到加拿大路途遥远，在做行程计划时，为运输多留了一周，倘若火车延误几天，恐怕时间就赶不上了。无论什么原因，我们延误了展览，都是我们的失败，会让我们的名声蒙尘；同样，只要能成功，无论付出多大代价，都是我们的成功，会赢得美誉。下了飞机我便打电话给南希，让她通知货运公司解约，从火车上卸下来货物，在温哥华找大货车走公路运输。

南希不同意我的方案，认为我太疯狂，遇到天灾改期也说得过去。但是我确实认为与北方科技馆的合作只能成功，不能失败。与原来的货运公司要解决的问题是我们需要支付违约金，还要将装货物的集装箱在温哥华还给他们。集装箱如果走公路运输需要特殊的车头，到达萨德伯里卸货后很可能会空载返回，很难找到这样的长途公司，也非常不划算。因此，决定找厢式大货车，省却集装箱的麻烦。我们租了一个大仓库进行倒箱，同时找了一家货运公司，边装车边走车，两天陆续发完十几辆大货车。装车时，有位司机提出来在他的货车尾部留 1.5 米的空地，他要给朋友捎一个柜子到多伦多。考虑到货车装满后都要用特制的一次性密封锁锁上，中途卸货不好处理，而且如果货柜中不装满，货物容易在运输中受损，我没有同意。

货物倒箱的时候，我接到北方科技馆相关人员的电话，他们担心大雪耽搁运输，问是否要延期开幕。我说："到目前为止，我还没有打算延期。我们已经把东西从火车上卸下来，正在转运到汽车，装车后会连夜开出。万一公路也走不通，那就不得不改期了。请再给我四五天时间再说。"对方回复的第一句话是："啊，那要花很多钱啊！"他们也办展览，很懂行。这一番火车改汽车，我们要多付十几万加元。我说："是的，但是信誉应该超过这个钱。再试一次，如果实在不行，那就只能延期。第一次合作，我不希望延期，让我试试。"他们说从来没有见过这么拼命的合作方，非常感动。也是老天有眼，4000 公里的大雪天气中，公路运输只慢了一两天，所有的货车都平安到达了萨德伯里市。车辆抵达时，北方科技馆的职员们兴奋不已，纷纷出来迎接。

按照规矩，货车开封前，应该由北方科技馆与我们的人共同核对密封锁的号码是否与发货时的一样，以确保密封锁中途未被更换，确认无误拍照后，司机用随车带的专用大剪刀剪开密封锁，才能卸货。这批车队中第一辆卸货的恰是那位要带私活的司机的车辆。还没等检验人员核对密码，密封锁已经在司机手中了，他拿着剪刀说天太冷了，等不及来检验，他"刚刚"剪开了密封锁。大家也没有多想，可是打开他的货车后，发现了异样——本来应该满满当当的车厢内，竟然空出来一大块。他们电话汇报公司，我就知道又出了麻烦。我向北方科技馆的管理层通报了这个消息，提醒他们可能会出现问题。

三天后，我赶到北方科技馆，专门去与他们展览部的主任及担任 CEO 的詹姆斯（Jim Shifer）开会。他们不知道我要说什么，坐在会议室茫然地看着我。我说："我是来和你们谈判的。我们的安装人员清点了所有的货物后发现，三角龙不见了！三角龙在那个密封锁被司机打开的货车里。开车厢时，已经发现车厢里莫名其妙地空着一大块。现在看来，三角龙被蓄意搞丢了。但是这是我们的问题，我们需要与货运公司协调。对你们来说，恐龙王公司感到非常抱歉，在开幕前发生这样的意外！我知道三角龙已经上了你们对外的广告，所以特别提出来两个方案供你们选择。第一个方案，按照我们毁约来起诉我们，要求我们赔偿。第二个方案，现在调整布展图纸，将三角龙与放在走廊里的一只恐龙对调。请你们给几天时间，我们马上从温哥华运过来一只三角龙。为了弥补你们的损失，合同款按九折结算。先保证准时开幕，这几天避开对三角龙的宣传，等三角龙过几天到达时，还可以以'三角龙来了'为由，再发一次新闻通告，做一次宣传。"听我说完后，展览部主任尚未做出反应，詹姆斯爽快地伸出手来和我握手："谢谢你的真诚！没问题，我们选择第二个方案。"

发二次新闻通告是我们在爱尔兰取得的经验。当温哥华运过去的霸王龙到达爱尔兰赌场以补足货运中丢失的霸王龙时，当地媒体发布的"霸王龙抵达"的消息造成新的高潮，吸引了不少先前未注意到展览的人的目光。

开幕前一天上午 10 点多，我又接到紧急电话，北方科技馆说，市政府的检查员刚走，通知他们，由于仿真恐龙的控制盒没有 ULC 电器论证标签而不能使用。这事儿我已经有了"丰富的"经验——这批恐龙是新生产的，第一次登陆北美，还没有来得及检验。我马上拨通多伦多动物园展览时去做 ULC 检测的检测员迈克的电话，请他去萨德伯里检测。迈克说开车过去要几个小时，恐怕不能及时赶到。我说："你现在坐飞机过去，明天开幕，今天一定要做完检测。"他说加急检测要收费1000加元，我说："我们支付2000加元，但是你必须马上过去，在中午12点前到达。"用钱买时间，对方才能有冲劲儿。果然，迈克很干脆地回复："我这就和公司说一下，立刻出发。"我明明知道他不可能中午12点前到达，这么要求只是为了促使他迅速动身。下午1点多到达后，迈克给我打电话通报，我们也已经为他预订了晚上住宿的酒店，并安排了郭总和阿昌做他的助手。由于工厂与国外生意密切，我一直鼓励工厂员工学英语，尤其中高层更要学。几年来，郭总、贺总、甘经理等人的英文进步很大，一般的交流不成问题。迈克带着我们的人干了通宵，终于在开幕前完成了所有检测并全部通过检验合格，每个电器控制箱上都贴上了ETL标签，保证了第二天的正常开幕。

展览进行顺利。北方科技馆对我们的评价很高，说办了这么多年展览，像我们这样的合作伙伴还是第一次见。由此，我们的名气和业绩更受到肯定。此后他们多次与我们合作。他们不仅自己没有制作恐龙展览，在博物馆、科技馆等展览年会中，凡是遇到向他们打听恐龙展览的，他们都向对方推荐"恐龙王"。

虽然我与詹姆斯打交道不多，可是想必给他留下值得信赖的印象。几年后，一天凌晨两点，我突然接到他打来的电话。电话里还未来得及互相问候，就听到他急迫地说："我需要帮助。"他去香港开展览会，收到广州的一家博物馆的订单。展品从日本撤展后正好放在香港的库房中，詹姆斯便亲自押送展品去广州。入广州海关进行申报时，海关要他出示证件并签署合同"全权担保"。詹姆斯不知道该怎么办。我向他解释，在加拿大，董事会承担全部责任，而中国是法人承担责任。海关认为詹姆斯是负责人，当然会要求他签署文件。尽管听懂了我的解释，詹姆斯却不能接受，仍然坚持即使不展览，他也不能签这样的文件。我能理解文化、法律差异对他造成的困扰，帮他联系了专门的报关公司，绕过了这个麻烦。

这类困扰我也遇到过不少，2013年到2014年与卡塔尔的多哈国际机场打交道的经历就非常典型。多哈国际机场计划以几只仿真恐龙作为儿童商店的装饰。这单生意是由迪拜王子集团在美国的人员介绍过来的。多哈国际机场的建设承包给了美国公司，与我们联系的是美国人文森。这单生意很小，我建议文森直接与自贡工厂对接，并在去自贡时带他同去。谁知他与工厂接触半年后表示还是要找我们合作，原因之一是多哈那边要的文件太多，自贡工厂很难应对。我说，让我们这边做，价格就不是出厂价格了。文森表示没有问题，并委婉地提醒我们，多哈的生意是王子直接掌管，满意不满意都是王子说了算，没有回旋余地；多哈不差钱，但是怎么给、给多少，都看王子的心情。而且根据他的经验，一般合作方很难结算到全款。

有了文森的指点，我们在报价中也多报出 10%，作为被抹账的余地。多哈方面要的文件的确不同寻常，处理这些文件就花了律师一个多星期的时间，律师费付了数万美元。而这只是初步体验多哈风格，更深入的体会是在卸货、安装时。

他们这单货物只有两个集装箱，在加拿大最多四个小时就可以卸完，而在多哈用了整整两天。儿童商店在候机楼内部，候机楼不允许任何车辆开入，要全部人力操作。首先要从大门一路铺好毛毡，以保护地砖。接着就是找工人。据说卡塔尔本国人不从事体力劳动，这些活儿雇用的都是外劳。外劳来自卡塔尔周边各国，操各种语言，很难沟通。我请文森安排一名本地经理负责协调，可是经理来了之后更乱——不知道为什么他总不在现场，为了找到他要花更多的时间。无奈，我们只得用手势去沟通。一招呼，来了几十名工人。我倒是毫不吃惊。在等货柜到达时，见到他们以两个人抬一把椅子的方式安放候机座椅，抬椅子的队伍浩浩荡荡、望不到边。对于我们动辄重达半吨的货物，来几十个人也不算多。在不采用任何机械的情况下，无论假山还是仿真恐龙，全部是靠劳工们人力完成运输和搭建。看到他们搭人梯把巨大的霸王龙的头一点点挪到假山上，便不难理解五千年前埃及人如何修建金字塔。

安装原定四天完成。第四天我们要进候机楼时却被制止，被告知机场要做开幕前的安检，任何人不许入场。问他们安检何时能完，答曰"不知道"，让我

◎ 2009 年在多哈，与当地工作人员的合影

们回酒店等通知。连着等了五天，还不让进去。我们的食宿由多哈机场提供，但是闷在酒店里也太无聊了，而且公司还有很多工作要做。我给他们下了最后通牒，或者让我们进去机场把尾活儿完成，或者我们现在就离开返回温哥华，但是再要我们来完工时，一天要付 1 万美元。那已经是机场开幕的前一天了，来参加开幕式的各国嘉宾大多数已经抵达，而机场突然发来的通知说，因为要起诉承接设计的德国公司，开幕将无限期延期。——真是正如文森所说，一切都是王子说了算。多哈也确实不差钱，半年后，等他们再次确定要开幕，通知我们去完工时，一分不少地按照一天 1 万美元支付了工钱。

不过，也正如文森所说，最后 10% 的尾款他们找各种借口拒绝支付。当会计告诉我，多哈机场的尾款怎么也收不到时，我笑笑说："那就作为纪念永远挂着吧。"

9 画在餐巾纸上的宏图

2008年从爱尔兰安装回来，稍事休息，我便直奔芝加哥。芝加哥的布鲁克菲尔德动物园（Brookfield Zoo）在AZA（American Zoo Association，北美动物园协会）年会上见过我们的展览介绍，又有前一年多伦多动物园的成功展览为例，他们主动与我们接洽，提出租用十一二只仿真恐龙放在动物园中招揽游客。布鲁克菲尔德动物园是北美动物园前三名，在行业中有绝对权威，与他们合作后，再与美国其他动物园合作就不在话下。因此我非常重视这次合作，自己带队前去洽谈。

到了动物园后，我第一个任务是看场地，看看他们打算把恐龙们放在哪里。动物园展览部经理安吉拉带我走了一圈园区，并告诉我他们曾经做恐龙展览用过的地点。但是，我们的仿真恐龙个头巨大，叫声也响，晚上还有灯光，这些对动物都会有影响。比如老虎看到大动物会不停地吼叫。我这个考虑提醒了他们，一行人仔细地在动物园寻找场地。另外，我提出来，动物园里有动物的地方树木肯定少，而这些地方光秃秃的，摆了仿真恐龙与自然环境也不协调。随着对恐龙专业知识的了解，我们对仿真恐龙的环境安置也越来越追求"仿真"，尽量还原亿万年前的自然环境。即使无法复制高大茂盛的蕨类植物，至少也要有树木、草地、河流等。看了一圈，现有的场地都不大合适。我问他们，是否有自然的，且没有安置动物的林地。他们又带我看了几个地方，都不够大，不能让恐龙充分施展。我又问有没有大片的荒地，一句话提醒了他们，他们说有，是一个废弃的垃圾场。

这块废地由于50多年前接触过化学物品，一直用来堆放建筑垃圾及动物园的废弃物品。我一看，正中下怀。50年人迹罕至，丛林、荒草覆盖，面积约49亩，在动物园的最深处，尽头就是将动物园与公路隔开的围墙，远离动物区，能从动物园大门直通进来，地形高低错落，还有自然的小湖泊，正好可以成为仿真恐龙集中展示的区域。一位园林工人拿着砍刀陪我走了一圈，我们边开路边前进。对照谷歌地图，我心里大概有了规划。中午吃饭时，我和公园管理层讲起了规划。一时手头没有纸，拿起餐巾纸画图示意。没等主菜上桌，我的规划已经讲完了。

他们啧啧称奇，不明白我怎么能想出来这些。我请他们放心，他们按照规划图设计、施工，一定是这个效果。我跟他们大致估算了整修造价，从清理垃圾到最后完工，大约百万美元，他们有些犹豫。我说："你们不应该犹豫。这个钱不是为我们花的，而是为你们自己花的。这块地沉睡50年了，在寸土寸金的芝加哥，这是不是最大的浪费？现在花些钱整理出来，就是你们的收获。这么大的面积，你们去买，可能都不止这个钱。整理出来干什么呢？芝加哥冬天寒冷，动物园的动物到了冬天，不大喜欢出来，而动物园依然开园。游客们花了同样的票价却看不到动物，是不是不公平？这块地就可以办一些展览，相当于博物馆的临时展览。这次我们可以办仿真恐龙展，以后你们还可以找其他展览。这是一次投资，永久收获。"小时候在郑州时，冬天我去动物园就不是看动物的，是去跟同学们玩儿的。因此，我想到了芝加哥动物园也应该在冬天增补些活动。

继而，我把对多伦多动物园讲的"其实仔细算一笔账，你们一分钱都不用花"的理论对他们讲了一遍，分析了通过增加恐龙展览能增加客流量、游客消费等结果，他们非常认可。至于分门票还是一次性付费，我也很坦诚，两笔账都帮他们算了："分门票，你们不需要提前投资，但是你们每年有300万人次游客，所以实际上你们花得更多。对于没有资金的场馆或对信心不足的展览，分门票是一种好办法。而你们既有资金，又有信心，还是先期投资更合适。"对于生意，我追求双赢。追求利润是商业的本性，但是交易是双方心甘情愿达成的才好。既然我已经明白分门票与购买展览的区别，当然应该坦诚布公地告知对方，便于他们选择。动物园最终选择了百万美元的租约。

坦诚的交流换来的是顺利的合作。动物园董事会很快批准了合作，着手按照规划修建园区。芝加哥动物园的展览尽管只有 6 个月，却拉开了恐龙王公司开辟荒地、做主题展览的大幕，奠定了其后的恐龙主题公园。

也是从这里开始，室外展览的场景模式渐渐形成——根据不同恐龙的习性，模拟设计不同的场景。比如学界发现了三角龙与霸王龙在沼泽遭遇战的化石群，我们就设计在小河边安置三角龙和霸王龙，让它们隔水相望，互相怒吼、摇头摆尾示威，还原当时的场景。我们设计场景时，还严格地遵照时间线，绝不会将不同时期的恐龙放在一起，闹出关公战秦琼的笑话。

在这片荒地上有一个非常大的水池，我们将当时恐龙中最大、最高的汝阳黄河巨龙安放在那里。第一方案是让汝阳龙站在水池中喝水、喷水，可惜由于水池底部承重等技术问题只能作罢，改为让它站在水池边。同时，在汝阳龙的旁边安装了动物园的巨型 LOGO，成为游客的拍照打卡胜地。在巨大的汝阳龙身下，人类显得非常渺小。我希望游客在此能驻足思考自然界的不可估量，引发对自然的敬畏与爱护。我们也非常重视对动物园动物的爱护，施工建设尽量"不扰民"。施工路途中需要经过虎山，为了不让老虎看到恐龙，大家想了很多办法，比如将虎山周围的栏杆遮盖起来。可是恐龙太高，高出栏杆的部分老虎仍然能够看到，还是引起了老虎的吼声。对于恐龙的叫声，也做了统一调整，降低了一些音量，以便与动物们相安无事。

可能是太爱动物了，引来动物的好感——2009 年春天我们安装展览设备时，来芝加哥过冬的加拿大鹅也赶来凑趣。不知何故，本应飞到南方过冬的加拿大鹅常有部分中途停留在芝加哥。动物园的人说，在芝加哥过冬的加拿大鹅那年是第一次来他们这里。早晨我去工地时，管理员彼得喊我："道平，有件事情和

◎ 2009 年芝加哥动物园恐龙再生展人气打卡点：首次展出的亚洲第一龙——汝阳黄河巨龙仿真电动模型

你商量。"我看他神色严肃，以为出了什么问题。"我知道合同写的是你们的食宿费用都由我们负担，但是你们自己来就行了，怎么还把它们带来？"说着他向我身后指去。我扭头一看，才明白他是在开玩笑。背后汝阳龙旁边的水池中，加拿大鹅密密麻麻地铺了一层，把水池都盖住了。"它们没有签证，跟着你们偷渡过来。现在我们没办法给水鸟投食。只要一去喂食，它们就会抢走食物。真是太苦恼了。"加拿大鹅是加拿大的象征。可能真是感知到我们的到来，它们跟着过来投亲访友？

从芝加哥开始，我们还形成了一个新的财务规定，由公司开具统一的借记卡账号，下面分设三十几个分卡，由财务部统一管理。这是受汇通支付工作经验的启发而来。出差安装时，无论是加拿大本地还是自贡来的工人，都可以签字从财务部领卡，用以支付出差时的专项消费，如吃饭、购置材料等。这个方法特别有利于解决中国来的安装人员的外币困境，他们不可能带外币出国，来加拿大后，公司也很难给每个人配备供一个月花销的现金。让员工用公司借记卡风险并不大，偶然也会遇到不守规矩的，但是绝大多数时候没有问题。

展览开幕后，非常成功。布鲁克菲尔德动物园方面评价这次恐龙展为他们开园以来最成功的展览。但是，在展览期间，他们也萌生出苦恼——这么好的展览撤了之后，游客失望怎么办？根据行业规律，五年是一个循环，同样的展览不适宜短期内重复。我提出来，可以做巨型昆虫展。昆虫种类多，日常生活中到处都有，千姿百态。不过，昆虫太小，我们要做巨型昆虫，由此就产生了恐龙王公司的另一个系列展览"超级昆虫展"（Xtreme Bugs）。[①]

动物园在这方面有不少专家，两边组织团队，我们这边仍由白露带队，很快确定了大致的参展种类。他们把关科普性，我来把关哪种好看、制作难度又不太大。与之前的想象不同，别看恐龙大，但是从制作时的力学设计来说，还不算太难。而昆虫个体小，身体没有内骨骼的支持，外裹一层几丁质的壳，是大自然巧夺天工的作品，人工制造的很难模仿自然结构。比如如何令按照比例制作出的纤细的腿撑起庞大的身体；再比如如何制作出透明、坚固的翅膀，还要有清晰可见的翅脉；等等。这些都让工厂的技师们煞费苦心。此外，准确地做出来每只昆虫的品种特征也是挑战。比如鳞翅目幼虫身上的刚毛、毛瘤的数量、成虫翅脉的图形都有严格要求，不能含糊。为了达标，自贡亘古龙腾工厂是全手工制作，督查严格，以确保符合科学标准——这也是我们的展览总是被模仿、从未被超越的原因。

安装时发现，不仅制作难，维修成本也太高。展品运到芝加哥后，四十几

---

① 【编者注】不过也包括了不属于昆虫的蜘蛛。蜘蛛是蜘蛛类的一种，属节肢动物。

1|2

◎ 1. 工作人员正在安装巨型黄蜂头上的触角
◎ 2. 在巨型螳螂前与昆虫展布展团队合影（左一为本人）

只蚂蚁中三十几只的触角全断了，只能现场制作。运行之后更是离不开日常维护。

　　仅仅有大昆虫还不够，还需要有生动的故事。动物园的员工介绍，芝加哥每隔10—12年便会爆发一次"知了灾"，而且密度最大的区域就是我们选用的这块荒地。说到这个话题时，我们正在恐龙园里，我便拿过铲子，一铲子挖出来的土里就看到了蝉蛹。我给他们讲述小时候如何打知了、挖蝉蛹当美食，他们听了觉得不可思议。美国人不懂吃蝉蛹、吃知了，难怪会大爆发呢。知了大爆发就成了昆虫展的一个主题故事。其他的昆虫也都找到有趣的地方来介绍，比如蚂蚁是大力士、红蚂蚁和黑蚂蚁天生是死敌。蚂蚁展区里的四十几只蚂蚁，有的会动，有的不会动，有黑的、有红的，看起来真像两军对战。我们还做了巨型植物，以配合这些大昆虫。其中有两朵向日葵的直径超过了10米，成了游客们拍照的必选场地。

2012 年 5 月，"超级昆虫展"首次在动物园亮相，有趣的广告短片在社交媒体及当地电视台轮流播映，反响强烈。为了加强科普性，我们找到当地的昆虫研究学会，将他们的昆虫标本同时展出。他们还有一家专门推广食用昆虫的非营利组织，动物园索性花钱雇用了该组织在餐厅中开出"昆虫餐"。有的看、有的玩、有的吃，一时间引起轰动。展览结束后，昆虫研究学会表示他们可以和我们长期合作推广昆虫餐，但是考虑到餐饮超出了我们的经营范围，只能放手。我能做得好展览业，是由于熟知机械、艺术、金融、管理这些相关行业，而且我喜欢去做，所以我想出来就可以做出来，能说出来我就能做出来。而餐饮，尽管我喜欢烹饪，却无暇也无心去涉足餐饮业。该放手的一定要放手、保持专注，也是我经商的一个心得。

如果从投入产出比来说，这套展览设备运输安装不易、维修成本高、利润低，但是我们一直保留了下来，原因是太受孩子们的欢迎了。"超级昆虫展"与恐龙展搭配，成为许多儿童博物馆、科技馆循环展出的经典两件套，长盛不衰。

2010 年年中的一次公司周例会上，销售部经理珍妮佛报告，美国辛辛那提的国王岛（Kings Island）游乐场有一个周末活动，打算租用 12 只恐龙 4 天。他们的母公司雪松娱乐（Cedar Fair Entertainment Company）是美国纽约交易所上市公司，名列美国游乐场公司前三名，集团拥有 17 家大型游乐场及 15 家酒店。我一听，感觉到机会来了——这不是与芝加哥布鲁克菲尔德动物园的合作发端一样嘛，说不准这次有更大的机会，马上让珍妮佛约见面时间，我要亲自去商谈。与对方销售人员在电话中稍作寒暄，我说去看看场地，确定适合他们的恐龙的大小、摆放的位置。次日，我和珍妮佛飞去辛辛那提游乐场，接待我们的是销售代表杰夫。

杰夫说，辛辛那提博物馆中心的恐龙展览他们都去看了，老板很感兴趣；杰夫的儿子三岁，最喜欢恐龙。因此他们想办一个以恐龙为主题的周末活动，吸引孩子们。我问杰夫："你们游乐场是不是有一些不能放设备的荒地？"杰夫说："很多啊。"我说："那不如建一个恐龙公园，至少能展示一年，比周末活动效果好。"杰夫的眼睛中闪现出光芒，转瞬又被犹疑所笼罩，我明白这样的项目非他能决定，便请杰夫约他们总经理一起吃午饭，聊聊这个想法。我对杰夫半开玩笑地说："这事儿值得你们好好运作。做成这事儿，我保证你升职。"这么说并非给杰夫"打鸡血"，几年的运作下来，我对我们的恐龙展非常有信心。果然，主题公园建成后，杰夫一路升迁为集团副总。

担任 CEO 的格雷格那天中午恰好有空。饭桌上，我直言不讳地说："我其实没听过你们总公司的名字，但是我听过'六旗（Six Flags）'。他们应该是美国游乐场行业的老大吧？为什么人们来你们这里而不是六旗，想必你们有独特之处。你们怎么确保吸引观众来你们这里，而不是去六旗的娱乐场？"杰夫说，他们每年要投入上千万美元购置新设备。即使当年新设备到不了，也会做预告，保持游乐场有新鲜玩意儿。我说："好，不断投入才能保证客流量。你们想过吗，除了游乐设备，你们还能投入什么？一定要买游乐设备吗？你们应该知道，美国的游乐场已经有百年历史，但是有一个致命的弱项，那就是不能向未成年人投放广告。你们的广告不能进小学、幼儿园，因为你们是娱乐性的，不是教育性的。"格雷格盘子里的食物几乎未动，他一言不发地看着我，等我继续说。"怎么能将游乐场与教育相结合？与我们合作。"

我讲了博物馆与我们合作的案例。"博物馆纯粹是教育类的，比较枯燥。与我们合作后，为他们带来娱乐。你们是讲娱乐的，我们'恐龙王'讲的是科普知识，与我们合作后，为你们带来教育。我们有化石标本、骨架、原大的仿真恐龙，我们所配备的教育材料可以写入中小学教材。有了教育类活动，广告可以做到学校旁，孩子们会来看恐龙，自然也就增加了你们的人流量。这些孩子从小来你们这里玩儿，他们长大后一定有不少会转化为你们的忠诚的游客。"格雷格和杰夫都连连点头。我又将当年说服多伦多动物园的"其实仔细算一笔账，你们一分钱都不用花"的道理对他们讲了一遍，他们非常认可。最后，对他们出场地、宣传及运营，我们出交钥匙工程的恐龙展览，大家五五分成门票，他们只需拿出每年 700 万美元预算的广告费的 1/7 为恐龙项目做广告，大家合建恐龙主题公园的提议，格雷格很动心，他说考虑考虑。回到办公室，他一头扎进自己的屋子。二十几分钟后他出来说："你们准备合同吧，咱们签约。"我连说不急，"你们能有人带着我去看看你们的荒地吗？咱们先做个规划"。

格雷格召集了他们负责设备、园林、安全、规划等相关部门经理,一行数人和我一起去看场地。他拿着园区地图,我在谷歌地图上下载了地形图,边走边计算步数边看地形,脑海里自然而然有了场景布局。场地被一架巨大的过山车分为两半,过山车环绕着游乐区,另一半是荒地和树林。格雷格说荒地有73亩,地质不够坚硬,不足以承重大型游乐设备。我就看中了这块地,围着荒地走一圈,回到办公室,我的草图已经画好,"我们恐龙王公司负责出设计稿,你们国王岛游乐园负责根据我们的设计建设恐龙公园的场地,只是注意,尽量不要砍大树"。估算他们的建设费在150万—200万美元,这些钱与每年更换新设备相比不值一提,而换来的是他们前所未有的"全世界最大的恐龙公园"。

　　格雷格说,集团里还有10家公园也想请我去规划,我说:"现在先不去,先把你们的建起来再说你们集团的其他家。并且感谢你们的信任和给我们的机会,我保证,即使我们恐龙王公司为你们集团其他公司也建起了恐龙公园,你们的恐龙仍永远是全世界最新、最多的,你们一定是全世界同类公园中最大的。只要有了新产品,你们一定是第一个展出的。"他们听了更开心了,一个个摩拳擦掌,准备大干一番。在美国做生意,一定要敢想、敢说、敢做。美国的商界真是撑死胆大的饿死胆小的。当然,不能瞎吹,说到要做到。

　　10月31日他们闭园后,开始修路。而我们自从合同签订、收到定金后,就在抓紧生产、调配物资。2011年2月,在大雪天里,首批60只恐龙陆续抵达、安装。经过3个月紧张的施工,工期眼看到了尾声。计划是在5月25日验收,26日开幕,广告做得铺天盖地,我们也很兴奋,期待公司的第一家主题公园亮相。

　　24日晚上8点多,游乐场的员工早已下班,只有我们的十几个人还在奋战,我招呼大家收工。自贡来的安装队队长张毅拿着针线在突击赶活儿,他说:"鲍总,就剩下最后这只汝阳龙了。还有不到一尺的外皮,缝上就好。明天来了就能直接刷胶,赶得上验收。最多再缝10分钟就好。"其他几位工人已经开始清理场地了。刚说完,就听他嘟哝了一句:"哎呀,线没了。"按照规定,换新线时,应该是残线打了结、用剪刀剪断再换新线,但是张毅随手掏出打火机去烧断旧线。谁知一点打火机,正好来了一股风,火苗一蹿,烧到了外皮下裹着的海绵。一瞬间，"轰"的一声，汝阳龙即刻成了火龙，火苗呼呼往上蹿。周围几个工人急了，脱下衣服抽向着火的汝阳龙，试图把火扇灭。哪里扇得灭啊！虽然恐龙外皮上的涂料都是防火涂料，但是外皮里面是海绵啊。而且汝阳龙高15米，火苗早已比人高了。那时真是以秒计算时间。我急忙命令所有在场的工人立即撤出火场，喊着"上车、上车"。他们慌忙跑到路上，跳上电瓶车迅速开走了。

我怕还有工人滞留下来，一边喊着"有人吗"，一边围着火龙转了一圈。看到工人都撤退了，我才稍微安心一点。火势熊熊，心静下来，毕剥的声音分外分明。四下无人，只有我与燃烧的汝阳龙在暗夜中对峙。火焰炙热，我退到温度较低的区域，默默地观察着局面，希望老天保佑，过火面积不要太大。如果仅仅烧了一条汝阳龙倒也罢了，就怕烧坏游乐场。现在看来应该没有人员伤亡，那就好，最坏的结果无非"恐龙王"破产，后半生我在法庭上度过，忙于官司。事情已然发生，着急也没有用；最坏的结果想明白，反而没有太大担心了。脑海里最强烈的想法是一定要让中国来的工人平安回去，不要受到任何法律牵连。看着过火的区域，如何弥补的想法也逐渐在脑海中形成。

苍天有眼，差不多烧了半个小时后，奇迹出现了——冲天的大火竟然自己灭了。这时游乐园的救火车响着警笛开来了，我听到腰间的对讲机里有人呼叫我："鲍先生，你在哪里？"是"恐龙王"的安装经理尼尔在找我。"我在汝阳龙这里。火灭了，我现在就出去。""我马上开车来接你。你没事儿吧？急死我们了。"尼尔急得声音都变了。"我没事儿，一会儿见。"我边说边徒步离开了着火现场。

出了恐龙园的门，眼前看到的是电影里的场面——亮如白昼的警车大射灯线中，自贡来的工人们都低着头，或蹲或坐在马路牙子上。我径直走过去，用中文对他们说："任何人不要随便去议论这起火灾，因为没有一个人知道完整的故事，除了我。不要道听途说。如果有人问这件事，让我来回答。"警察听到我说话，问我在说什么。我说工人们不会说英文，有什么事情我全权负责，我是公司的CEO，承担所有责任，与他们没有关系。警察说，警局有翻译。我说，不需要，问我就可以了，我是唯一从始至终在现场的人。游乐场报警的员工说："鲍先生，我们没有找到你，以为你被烧死在里面了。"我笑了："烧死我要更大的火才行。"既然火已灭、没有人员伤亡，警察例行公事询问了一番便收队了。

接下来，要面对的是等在门口的媒体记者。火势太猛，方圆数十公里都看得到，事件随着人们拍照发社交媒体被无限扩大。有的电视新闻已经插播了火势的报道。项目经理大卫、格雷格分别从家里赶来，我们三人开会讨论。那时已经是凌晨一点多了。

这件事我们责无旁贷。我非常诚恳地说："发生了这样大的事情，实在是抱歉，跟你们没有关系，我来承担全部责任。工人们是我们请来的，与他们无关。好在过火面积不大，附近的林木有小小烧毁，着火面积不算太大，不会影响后天的开幕。"先给大家吃一颗定心丸。因为只有我一个人了解着火现场的情况。半夜三更别人也无法进入着火现场。"我们讨论一下如何解决吧。这么多记者在外面，我们应该怎么回复？如果走法律途径，你们起诉我们要求赔偿，也是合情合理的。双方都有保险，只是打起官司来，可能会影响你们今年的销售业绩。而且你们是上市公司，可能还会影响你们的股票。我的建议是，咱们内部解决，尽量不必告诉媒体是什么龙烧掉了，只说是烧了展览中的一只而已。"格雷格表示赞同，他也认为内部问题应该内部解决，重要的是解决问题，而不是去扩大事态。大卫说："既然这样说，那么你有什么打算？"我说："第一，哪条龙烧了，没有人知道，

◎2011年5月，《辛辛那提问询报》有关国王岛游乐场恐龙主题公园的大幅广告

没有必要介绍具体的火灾场面。我们应该大事化小、小事化了，尽量减少恐惧感。60只恐龙烧掉一只，百分之一多一点，不是灾难，回头我马上再补来一只，这只的安装费用我们承担。第二，明天一早，我们恐龙王公司负责把所有烧焦的

树和草都清理干净，同时改建成孩子的恐龙挖掘科普基地，供孩子体验。所有的费用由我们来支付。"

会议半个小时结束，主题明确，他们去答复记者，并邀请记者26日开幕式来参观，我们回去休息。次日一早6点，我们安装团队的全体人员都去了工地。夜里我几乎没有合眼，我一直琢磨，为什么大火会突然熄灭？在现场仔细察看了一遍，找到了答案。应该是安装时没有注意，导致汝阳龙的尾巴搭在了旁边霸王龙的尾巴上。汝阳龙尾巴最后两米比较细，内部主要是钢筋，没有多少海绵，火势到这里已经变小。霸王龙表皮外面涂抹了防火层，起到了阻燃作用，没有让霸王龙起火，并阻止了烈火的蔓延。倘若霸王龙也起火，那可真的不得了了。起火的如果不止一只恐龙，这场火可就真的烧毁了恐龙王公司的未来。

这次教训太深刻了，次日开工之前，我对所有工人说："你们记住，这次差一点就酿成大祸。你们要发誓，以后工作时，不能抽烟、不能带打火机，工地坚决不能见明火。"自贡工厂从一开始就有这样的规定，但是工人们常常不执行，从这一次之后，这批工人算是记住了，工厂中也严格执行，再也不敢松懈——早晨进车间要换工作服，打火机等掏出来放在暂存处。

工人们动作麻利，从天亮干到半夜，将烧焦的草地、树皮、树枝等全部清理完毕；烧毁的汝阳龙残体分解后做垃圾处理；场地上铺好沙子，埋入恐龙骨架，做成挖掘现场。清理过程中，被汝阳龙压在脚下的一根钢筋很难锯掉，尼尔和张毅都没有成功。我看了看说："我来吧。你们看看我怎么锯。"尼尔说："你锯？"我没吭声，两分钟就锯下来了。尼尔说："你也会做这个？"我说："我学锯东西时，你可能还没有出生。"我顺便教了教他们怎么锯。锯子人人能拿，但很多人不知道如何正确使用。工人们看傻了。还是那句话，人生没有白走的路，丰富的人生经历是一笔财富。我常对下属说："你们记住一点，你们所有人做的我都能做，但是我不会去做，因为你们都比我专业。我一旦做的时候，你们就没有工作了。"我安排工作时，很清楚这个工作要花多少时间；我不会安排超量的工作，规定的时间做不完，说明工作人员水平不够。

5月26日，恐龙主题公园如期开幕。游人络绎不绝，场面热烈，一些特意来做火灾报道的记者却只能空手而归，因为他们根本找不到着火点在哪儿。

随着恐龙公园开业，雪松的股票大涨，我只能遗憾错过——签合同时，我说"和'恐龙王'合作后，你们股票一定大涨"，提出结算时一部分给我们现金，另一部分给他们的股票，他们商量再三没有同意。

忽视安全装备？罚款100万美元！

2011年辛辛那提国王岛的恐龙主题公园开幕后，其母公司雪松娱乐旗下的公园、游乐场负责人都来参观过，反响不错。80多岁的董事长理查德·齐默曼（Richard A Zimmerman）约我去位于俄亥俄州的总部面谈。我向老先生陈述了教育和娱乐相结合的理论：上百年了，游乐场行业一直希望敲响教育业的大门，都没有结果，而我们这家恐龙主题公园的建立终于让游乐场里有了教育，可谓改写了美国游乐场的百年历史，也改变了游乐场做市场的原则。理查德·齐默曼很认同我的观点，打电话通知他的公子赶来参加会谈。他的公子日后对我讲："我父亲和你见面不到30分钟，便决定要与你合作。他说你是那种说话算话、说到做到的人。"

双方合作顺利，他们的公园、游乐场我逐一去看过，作了筛选、规划，两年多的时间内在美国和加拿大共建起了8家约5000亩的恐龙主题公园。而我仍信守承诺，始终将国王岛的恐龙公园当作重点、当作"恐龙王"新产品的首登亮相的舞台，并将园内最初的60只仿真恐龙增加到最后的百余只。

2013年4月，完成了全部的雪松游乐园的恐龙公园建设后，我们为国王岛游乐园送去了波塞东龙。波塞东龙是全球已经出土的最高的恐龙，身高17米，约六层楼高。由于恐龙太大了，公园管理方认为场地周围树木环绕，在公园里安装不安全，要在其他地方安装完成后再运输过去。有过两年前火烧汝阳龙的经历，我们也担心重蹈覆辙，便在公园附近借了场地组装。组装过程中，"恐龙王"来的安装总指挥将自贡的队伍全部从高空作业中撤下来，原因是自贡的工人们为了抢时间，不想花工夫认真系好安全带，只是挂在身上做做样子，并未遵照安全操作规范。每天开工前，我们都要进行安全教育。这一次，我用了

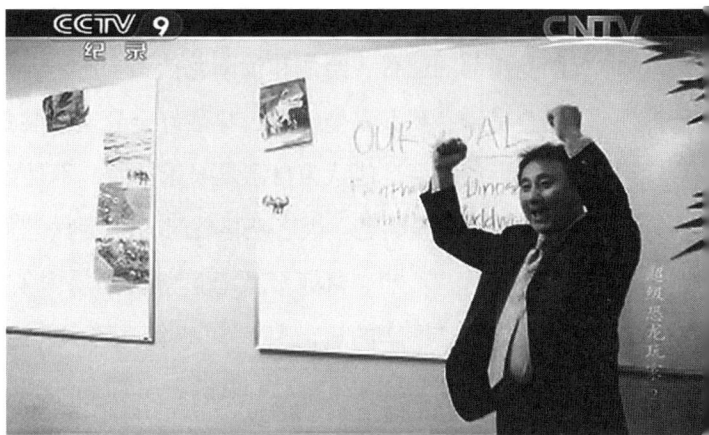

◎ CCTV 纪录片《超级恐龙玩家》截图

一个装满水的水桶给他们进行现场安全教育。没有系好安全带的水桶从一人高的梁上掉下来，水洒得满地都是。我说，如果这是人，洒出来的就是血。再示范系好安全带的水桶，掉落时被安全带拉住，没有出现问题。工人们这才明白安全操作的重要性。

这段故事被收录于中央电视台纪录频道（CCTV-9）制作的关于我的专题纪录片《超级恐龙玩家》中。2014 年 6 月摄制完成后，一度在纪录片频道反复播放，一些国内的亲友看到后纷纷与我联系，大家在祝贺时也感喟不断。有人感叹我从商这些年多次转向，有人赞扬我又开拓出新天地，也有人对影片里美国如此重视施工安全的情节表示不可思议。所谓冷暖自知。无论是我在商海大浪中的翻滚挣扎、搏击游弋，还是在施工安全方面吃的亏、上的课、付的学费，只有我心里最清楚。

2009 年在芝加哥布鲁克菲尔德动物园施工时，由于安装部经理吴苗在 20 米的高空"与汝阳龙合影"时，忽视了安全装备，我们差点"全军覆没"。这次

"与汝阳龙合影"与两年后的火烧汝阳龙的时间节点类似——4月3日开业,开业前两天发生了问题。

4月1日清晨5点,配合开业前的宣传,吴苗接受了《芝加哥日报》的"早安,芝加哥"的采访。为了体现汝阳龙的高度,记者让吴苗坐动臂升降车到汝阳龙头部的位置,给他和汝阳龙拍张合影。公园的工作人员建议吴苗穿好高空安全吊带、戴上安全帽等,穿戴好全套安全装备再上去,但是吴苗嫌安全装备影响形象,而且他认为自己是娱乐拍照,不是去做工,不需要"严阵以待",便没有穿戴安全装备。饭店吃早餐时,我看到《芝加哥日报》头版图文并茂的报道,大吃一惊,心想,坏了,要惹麻烦,如果中午12点之前没有人找毛病,这关就算过了。不幸的是,上午10点钟,警车开道,大队人马抵达动物园。"工人赔偿委员会(Worker's Compensation Commission)"过来叫停施工,并开具罚单。在多伦多动物园施工时,就是这类机构因为检查到自贡去的工人没有穿铁头鞋而勒令停工的。他们拿着报纸让我们看,还有一张大纸打印出来的放大的照片,照片上画了9个圈,每个圈对应一项违规、开出一张罚单,罚款额度从3万到40万美元不等,加起来足有百万美元!罚单不是开给我们的,是开给芝加哥动物园的。同时,责令吴苗去指定地点上课、考试、获取执照,否则驱逐出美国,以后永远不许在芝加哥进行与建筑相关的工作。

罚单开完,检查人员带着不满,扬长而去,我只得马上与动物园管理层开会。遇到我们的问题,我从不推诿,开场永远是诚挚的歉意:"很抱歉,真对不起。本来是好意,做做宣传,没想到办砸了。是我们的全责,芝加哥动物园是冤枉的,开罚单给你们,对你们很不公平。我们应该承担责任,不能让你们留下不好的记录。是否我们两方去一趟他们的协会?我们去道歉、检讨,向他们申请罚款少一些。不管罚款多少,都由我们承担。我建议,还是先努力恢复施工,争取如期开门。否则耽误开幕时间,对大家都不好。"动物园方面很通情达理,支持我的想法,立即与委员会进行约谈。

与委员会见面时,十句中有九句半我都是在道歉。吴苗作为安装部经理犯这样的低级错误,真是出乎意料。我向委员会承诺:吴苗不再负责管理,我全部接管工程管理；由委员会派一个人跟着我们监督工作，如果看到违规，立即叫停。相关费用我们全部承担。此外，我特别解释了此事与动物园无关，"8 点上班，今天是清晨 5 点拍照，并不属于动物园的管理范围。而且他们已经提醒了当事人，是当事人自己疏忽。当事人认为是在业余时间，不是工作，因此大意了。如果是工作时间不戴安全帽，肯定属于犯法"。可能是被我悔过的态度打动，委员会人员的怒气逐渐平复。他们拿出来几本大书，每本都有几寸厚，一项项翻查，指给我们看那 9 项罚款的出处。他们说，《芝加哥日报》是全美知名媒体。照片刊发在这样的媒体中，是公然给芝加哥建筑业抹黑。芝加哥建筑业的规则严格是全美有名的——只要符合芝加哥的标准，在美国其他地方施工便毫无问题。本来他们去的时候抱定了要把我们赶出芝加哥的念头，现在看我们认错态度恳切，愿意再给一次机会，象征性地罚款 5 万美元。

委员会这样说，绝非故意刁难，对芝加哥的建筑施工标准，我们其实已经体会过了。这次施工中，所有的恐龙都接受过风力测试，要求经得起 80 英里 / 小时的风速（不低于蒲福风级 11 级）。我一直对恐龙的质量要求没有放松过。大多数仿真恐龙是庞然大物，动辄半吨重，无论放在室内与游客近距离接触，还是放在室外常年风吹日晒，都需要具备过硬的质量才能保证安全。2011 年在国王岛游乐场的一块与高速公路一墙之隔的山坡上，我们将当年故事馆的霸王龙放在那里做幌子，吸引人们的注意力。几个月后，就是由于大风，把霸王龙的左腿给刮断了，霸王龙倒在了地上。当地报纸以《霸王龙睡着了》为题做了报道。幸好这只霸王龙是摆在远离人烟的荒坡上，否则万一摔倒时砸到人就是大事故。这只霸王龙尽管是从陈立广公司定制的，可也曾是郭总、贺总他们生产的，说明选料、焊接还是有隐患的。从此，自贡亘古龙腾请了专门的焊接专家，成立了检验科。也算功夫不负有心人，2012 年飓风桑迪经过费城时，我们在费城游乐场的恐龙屹立不倒，一时又上了新闻。由于桑迪对美国东部造成的损害太大，这个名字已经被从飓风命名系统中除去。能在这样的飓风中幸免，足见质量过硬。

自贡工厂的安全生产意识、产品质量意识就是如此在挫折失误中不断提高。

火烧汝阳龙事件发生后，张毅向我请罪："鲍总，我知道这次我惹了大麻烦，多亏你帮我挡了事儿，以后我完全听你指挥。"他保证以后戒烟，并发誓与工厂共进退。回中国后，作为他的师傅，郭总很生气，要开除他。这次美国恐龙公园的失火事故，给我们自贡亘古龙腾工厂也造成了相当大的经济损失。我对郭总说："你给他一个机会吧。他不是有意犯错，完全是无心之错。他已经痛改前非，做好戴罪立功的准备了，这样的人不留住，太可惜。你相信我的眼光，他一定会成为最好的员工，而且我还打算以后继续给他升职。"郭总虽然当时对我的意见有异议，但也执行了，对张毅罚款 1 万元人民币，留用察看。我告诉张毅，必须要罚款示众，警示其他 300 位员工，如果没有生活费，我可以先给他。张毅连连感谢，表示甘愿受罚。张毅以实际行动证明了自己为工厂效力的决心。他的英语进步快，技术掌握更全面，很快就可以顶替师傅外出带队施工，让郭总能留在厂里管理。几年后，张毅被提升为负责安装的副总经理。

用人要用心。培养员工就是培养企业；即使员工成长后另谋高就，在我看来，也是企业的成功。"恐龙王"销售部的经理珍妮佛之前在艺电公司做销售。我面试她时，看到她的艺电背景，便给布鲁克打电话询问。布鲁克说，她很能干，但是艺电太大了，在这样的公司很难升级。我说："如果你不反对她跳槽，我就面试她。"布鲁克说："如果我是你，我会录用她。"珍妮佛在"恐龙王"表现优秀，我建议她继续深造，去读展览业的硕士学位。为了鼓励员工继续深造，我们公司为学成的员工报销学费。总经理南希不大同意，她认为珍妮佛年轻、优秀，已经是公司的销售部经理了，深造后，公司将不能满足她的发展，她大概率会换工作。我说："没关系。为行业输送了人才，促进了行业发展，对公司也有好处。而且她就是跳到月球上，也会对公司有情谊的，也是我们的人脉。"珍妮佛硕士毕业后不久，被美国最著名的纽约自然博物馆挖去。她辞职时，对我满怀歉意。我说："没关系，在哪儿干得好都是好事儿。"人生何处不相逢，何必在乎一时一事呢？

河南省汝阳县 2007 年出土的亚洲第一龙"黄河巨龙"作为已出土恐龙中的"巨无霸"之一，以 2.9 米的臀部宽度成为恐龙之王，是我们展览的头牌，在公司发展史中也常常"榜上有名"。除前面所讲的与 2009 年的汝阳龙合影事件、2011 年的火烧汝阳龙之外，2010 年还为了首次将汝阳黄河巨龙化石送到美国去展览，公司亏损几十万美元——这在恐龙王公司所有的展览中，是绝无仅有的。

2009 年，我带领辛辛那提博物馆中心的专家们去中国考察时，拜访了河南省地质博物馆。当时汝阳龙刚被命名，在学界引起轰动。在交流中，博物馆的专家们提出，汝阳龙的前腿骨正在日本参加亚洲恐龙展，结束后能否直接运去美国、再从中国运去其他的几块汝阳龙化石，在美国也搞一次展览。这不正是我希望的与各国学界增强联系的好事儿吗？我当然非常支持。汝阳龙化石由张兴辽馆长带队挖掘，并由吕君昌博士进行研究、命名。张馆长说，汝阳一带出土的恐龙化石历史悠久，当地一些民居曾将恐龙化石作为建房子的石材。百姓认为这是"龙骨"，有祭拜龙骨的传统，还拿龙骨作中药。听到他的介绍后，我顿时萌生了一个想法：何不将化石与这些故事相结合，办一个展览呢？在美国进行科普的同时，也介绍了中国的传统文化，让世人了解到在中国有河南、在河南有汝阳；不仅展示了汝阳龙的化石，还能促动河南旅游业发展，也能让河南走向世界。

对我这类"头脑风暴"，张馆长等博物馆的专家们并不陌生。在两三年频繁的接触中，我经常会冒出一些让他们觉得匪夷所思的想法。比如，对于恐龙生活环境的猜想。我认为恐龙在陆地生活的年份应该不太长，之前很多年应该是生活在水里，否则很难解释西峡出土的恐龙蛋是叠在一起、成堆的；而且在与仿真恐龙的朝夕相处中，我切实体会到这些庞然大物究竟有多么大，

更认为它们应该是水生动物——如果没有水的浮力相助，这些大家伙移动起来很不容易。对于我的这些奇谈怪论，专家们都很包容，他们虽然不认可我的猜想，但他们认可我爱琢磨、喜欢钻研的性格，对我们的仿真恐龙的评价也很好，认为我做什么像什么、不糊弄，因此他们也愿意与我交朋友。

黄河巨龙化石展览的想法受到专家们的肯定，双方一拍即合。可是，接下来的发展超出了我的预料。在拟定合同时，博物馆说，展出日期要空着，因为恐龙化石属于国家文物，不能随意拿到国外展览，必须上报国家相关部门批准才能知道可以送出国的确切时间。而北美的展览场地都需要提前一两年预订，倘若告诉对方，咱先签合同，至于是否能来展览还不一定，这还怎么签来场地？地质博物馆又说，上报国家时，报告上必须写明时间、地点。这不成了死结

◎ 美国辛辛那提博物馆龙骨展上的峨眉龙骨架

吗？我恍然大悟，以"侏罗纪公园"闻名的做恐龙化石标本和骨架展览的恐龙唐（Dino Don）在美国化石展览界的坏名声原来是事出有因。恐龙唐除了"侏罗纪公园"那套展览，还能提供来自中国的化石标本展览。但他与场地方签合同时，都写明开展时间、参展展品不定，这让场地方非常被动。可是由于他手里的化石标本独此一家，场地方往往只能忍气吞声。想必恐龙唐也面临同样的需要向中国政府申请、等待批准的困难。

说到恐龙唐，后来我们还有一次交手。2014 年，在原定的展览时间前半年，德雷克塞尔大学自然科学研究院的自然科技馆毁约，取消与我们的合同。合同是两年前签订的，他们也按照合同支付了定金。依照常规，提前半年，自然科技馆开始做相关宣传。为何他们在做宣传时毁约呢？这在临展行业中非常罕见。

既然他们毁约，支付的定金应该被扣掉，但是我不甘心，我想找出原因，是什么原因让如此知名的科技馆宁可毁约、不要定金，也要取消与我们的合作。难道是看不上我们的展览？对我们的服务有什么意见？我去找科技馆了解情况。我说："既然展览不做了，定金我可以退给你们。我也喜欢好聚好散，没有必要强求。但是有一点，我希望你们能解释一下，为什么取消了合同。"他们对毁约深表歉意，对能退定金这样的大度喜出望外。他们说，广告打出去后，恐龙唐知道他们要做恐龙展便找过来，提出"侏罗纪公园"的展览免费给他们展半年。从经济角度讲，他们没有理由拒绝，能有免费的展览，再为同类的付费就有些说不过去了。[①]

恐龙唐这样的做法在北美被称为"见不得人的生意（dirty business）"。我明白他的用意——他很可能是一场展览结束后，没有下一场的订单，与其要租库房放展品，不如免费给哪家展馆，这样还有半年的缓冲期可以供他找新客户。虽然事出有因，可是这样违背商业道德的行为对恐龙展览这个行业来说很具有破坏性。"侏罗纪公园"这套展品所属权在李威博士手中，恐龙唐只是负责市场推广的合作者。我对李博士说了情况，李博士说，他常年不在美国，对恐龙唐基本是失控状态，恐龙唐也很久没有与他商谈恐龙展览了。既然如此，我提出不如我们买下这套展品，李博士欣然应允。这套展品已经残损得很厉害，买回来后，公司雇请了专人、花了几年才维修翻新，更名为"深入骨头（Down to the Bone）"。2018年，修好后第一站，送去了位于阿尔伯塔省的、以恐龙学家菲利普斯·科瑞命名的恐龙博物馆展览。尽管从这套展品本身来说，产出肯定是负数，但由此解决了恐龙唐这样不守规则的隐患。

从开始经商以来，我就非常注重规则，不愿意去践踏边界。我承诺的事情就一定要办到。因此，对于汝阳龙化石展出要报批的死结，我实在无能为力，打算放弃，可是博物馆信心十足，他们认为报批不是问题，鼓励我不要怕困难、要为故乡做些事情。我想想也是，从1985年离开郑州，经商多年，与河南合

---

① 2016年，我们"恐龙王"的恐龙展览重新在德雷克塞尔大学自然科学研究院的自然科技馆展出，并得到了极高的评价。

◎ 2018 年在加拿大列治文市恐龙皇公司总部与公司的恐龙化石复制品合影

作的机会并不多，此次展览确实是一个帮助推广河南及华夏文化的好机会。博物馆保证说，提前 6 个月报批，一定可以批复，不会耽误布展、开幕。我去找辛辛那提博物馆中心协商，辛辛那提博物馆中心的负责人说，原则上他们不会安排这样"不能保证开幕时间"的展览，但是考虑到是珍贵的汝阳黄河巨龙化石，对我们的创意和展览能力也认可，又有良好的合作经历，同意划拨出展厅，不过他们不会当作商业展览，因此不会卖门票，意味着展览要免费举办。如果这个展览能在北美持续两年，走 4 个站点，那么第一站辛辛那提博物馆中心尽管没有收益，后面 3 站有收益也能维持下来。博物馆对于展览持续两年这个想法没有否定。按照国家规定，化石一次在国外有最长 6 个月的停留期，倘若延期，则需要申请。博物馆认为，到时候延期也没有问题。专家们还鼓励我说："你想想，有几个人能把国家的化石拿出去展览的？几乎没有。你能承办这个展览，说明你信誉好，我们信任你。我们一般根本不与私人合作，你不要辜负国家和政府对你的信任。"

盛情难却。路都是一步步走出来的，"想要知道梨子的滋味，就要亲口尝一尝"。与中国的博物馆合作还是第一次，试试再说。我没有再多想，全心全意地投入展览设计中。化石一共有八块，其中一块就有近一吨重。尽管看起来很震撼，可毕竟是石头，不能引人入胜。恐龙王公司为展览成立了专门的设计团队，白露带队，从西方人比较容易理解、接受的角度，尽量将华夏文化、河南风土人情及汝阳民众与恐龙化石间在当地流传的民间故事、河南风情与汝阳龙化石等信息编入一个故事中，我则以电影的方式来展开叙述、编排场景。

展览取名为"龙骨（Tender of Bones）"。2010年8月在辛辛那提博物馆中心亮相伊始便大受欢迎。我们制作了原大尺寸的汝阳民居的照片喷绘，向参观者清晰地展现被当作石材、建在房体下部的化石。展馆现场摆放着我从国内定制的仿古家具——占半面墙的中药铺的丹红的大药柜、乌黑发亮的柜台、号脉的八仙桌、郎中坐的太师椅、被顾客磨得溜光水滑的长凳，柜台的算盘旁散放着一把仿制的古钱，靠墙码着一溜青花瓷的坛子，还请了演员，戴着瓜皮帽、穿着长袍马褂，站在那儿招呼参观者。为了形象地说明"龙骨"的含义，我们还做了一条五彩斑斓的巨龙，盘桓在半空中。展览的铭牌和说明文字简要深入地介绍了中药、祭祀、龙等中国文化信息。免费及内容丰富、生动，使得展览一时成为辛辛那提的"打卡胜地"。不论年龄、性别，参观者都喜欢坐在长凳上、站在巨龙前拍照。

◎ 龙骨展上的中药铺布景

尽管汝阳黄河巨龙化石被批复在美国可以停留6个月，可是去除运输、报关、安装，实际展览时间不到4个月。在这4个月中，我需要联系能做商展的下一站。

努力一番，结果惨淡。虽然恐龙王公司已经有不错的口碑，"龙骨"的现场效果也被业界认可，但所联系的场地方排期都满了，也很难在几个月里安排出一场商业展览。展览制作及4个月的人员开销已经达50万美元，我只能在辛辛那提博物馆中心展览结束后及时止损。结束后，仍然遵照合同约定，向河南省地质博物馆如数支付了费用。博物馆对这个局面也感到很遗憾，后来送给我们一些黄河巨龙的脊椎骨、前腿骨及一窝西峡恐龙蛋化石的复制品作为奖励。我倒是很平静。展览亏了钱，却实实在在地宣传了中国文化，还换来经验，充分认识到这样的操作不现实。中国博物馆的文物如何与国际展览业更好地接轨，还需要更多的探索。

13 恐龙岛的诞生

"恐龙王"经过几年的发展，深受业界认可。由于客户多、排期紧张，从一定程度上来说，市场部已经从当初的主动出击转变到坐等客户上门的状态。但公司并不满足现状，而是在恐龙展览深化的同时，拓展其他可能。如何结合各展览场地的实际情况，为他们"定制"出最符合他们特点的展览，对我而言，创意的乐趣超过商业的乐趣。我认为，人生之旅在于尝试各种可能，体现到工作中就是追求独出心裁的设计并实现。与澳大利亚黄金海岸的海洋世界的合作便是这一追求的完美体现。

我们的合作开启得毫无悬念。澳大利亚的"海洋世界"是国际知名品牌，能与他们合作，也是我们"恐龙王"进入国际市场的一个大好良机。澳大利亚黄金海岸的海洋世界属于号称澳洲好莱坞的澳大利亚威秀电影公司（Village Roadshow Pictures）。2011年，威秀电影公司的总经理提姆（Tim Fisher）联系我，要来温哥华拜访"恐龙王"。提姆是美国人，曾经是辛辛那提国王岛游乐园的总经理。他回美国度假时看到我们的展览，又从前同事那里对我们有所了解，便打算与我们合作，趁着在北美，顺便做个实地考察。

他来的那天正巧我们的展览在温哥华科技馆开幕。

◎ 科技馆里展出的鱼龙骨架

上午 11 点从机场接到提姆，直接带他去科技馆，参观后请他及科技馆的负责人共进午餐，听听其他合作者对展览及"恐龙王"的评述，之后送他去机场赶下午 4 点的飞机回澳大利亚。整个过程中，我们没有谈任何关于澳大利亚恐龙展览的事宜，仿佛老友相聚般欢畅。对这样的商业合作状态及理念，我非常推崇并享受——合作首先是双方彼此的认可。"恐龙王"的实战能力毋庸置疑，只要认可了我这个人，就能精诚合作。对方期望的展览，我们总能想方设法地去实现。

提姆返回澳大利亚后，很快安排他们旗下海洋世界的总经理打电话与我联系，聊了想法后，我约了时间去他们那里看场地。他们有一个类似迪士尼乐园的游乐区，原打算把里面一个"印第安琼斯"的海盗船游戏撤掉，让我们放恐龙。可是，对于仿真恐龙来说，那个地方太小。我说再看看其他地方。他们带着我在园区走，又指了几个地方，感觉都不理想。走到比较偏远的区域，我看到离岸不远有一个荒岛。"就是这里吧！我们建个恐龙岛！"听我脱口而出"恐龙岛"，大家一下活跃起来。"恐龙岛！""对啊，我们建一个恐龙岛！"我们去岛上走了一圈，岛不算大，便于开荒。和在芝加哥、辛辛那提一样，我还是边走边画下场景设计图，标明哪些地方做什么场景，应该如何开荒、建筑，哪些地方修路，哪些地方保留原样等。他们信任我、非常尊重我的意见，对我的规划毫无异议。

但是，有了室外的场地还不够，我还希望有室内恐龙科普展览馆可以同时展出羽毛恐龙，所以必须要有室内场地。看了几栋可以开发为展馆的建筑后，我们来到上下两层的海滨餐厅。这个餐厅门前是园区开在高架桥上的小火车，方便游人抵达。餐厅面对大海的一面是落地玻璃窗，满墙的海景令人心旷神怡。室内挑高两层，宏伟有气势，还有一个正在播放节目的巨大银幕。我马上拊掌说："就这里吧！用这里做室内展馆。"海洋世界的管理层深具魄力，对我打算"征用"正在营业的餐厅没有任何迟疑地同意了，真是眼睛都不眨一下。而我之所以敢提出来将餐厅停业改恐龙展览，是对自己的创意及"恐龙王"的执行力有信心，我相信，我们的展览一定会有震撼效果，在游乐园中添置恐龙科普教育项目为海洋世界带来的市场效益及社会效益远远超过单纯餐厅的经济效益。

如此超凡脱俗的场地，改良后所布的展览也不能墨守成规。怎么做出来与先前不同的室内展览？室内展览时，室内本身的光线越暗，灯光越容易出效果。餐厅的主要自然光来自面对大海的落地窗。倘若用黑幕遮蔽了落地窗，既浪费了落地窗本身的存在，又浪费了海滨的景色。一个借大海为背景展示鱼龙的灵感萌生出来。我们将落地窗用半透明的海蓝色渐变薄膜覆盖，透过薄膜的阳光显得很朦胧，大海的蓝色又增强了薄膜的色彩效果。参观者进门，迎面看到的是诡谲多变的如梦如幻的蓝色背景，有一种置身海洋中的感觉。玻璃窗前是从屋顶垂吊下来的长达 3.5 米的鱼龙骨架。垂吊的好处是让骨架灵动起来，仿佛鱼龙正在水中畅游。这次展览增加了一些鱼龙的化石和互动游戏，符合海洋世界的主题。

新的展品从中国运去，之前已经有的展品是卡尔加里动物园撤展后直接从加拿大运去的。与其他动物园有所区别的是，地处加拿大研究恐龙的大本营的卡尔加里动物园可以算是动物园界的恐龙学术权威。在他们园区已经修建了恐龙谷的情况下，还能办"恐龙王"的展览，说明了我们仿真恐龙展览的魅力，也证明了我们的展览通过了"学术考试"。展品陆续到达黄金海岸，进入安

◎ 2013 年澳大利亚黄金海岸恐龙展工作人员高空布展留影

装阶段时，我首先发现，澳大利亚的安全管理比北美严格许多。凡是进入施工场地的人员，必须要经过笔试、面试相结合的考试，合格后发给"白卡"（white permit）。白卡挂在身上，政府人员随时来抽查。这对于自贡来的工人是一个不小的挑战。幸好，他们长期在海外各国施工，有些英语基础，我的助理于小姐（Kelly Yu）又花了好几天陪他们一起备考、面试，最后他们全部通过考试。

正式上手操作了，又遇到新问题。澳大利亚方面没有按照我们的设备清单准备动臂式升降机。他们的理由是没有。怎么可能呢？我问他们："你们建筑是用什么设备吊装？你们用什么我们配合。"我们的设备清单上配有图片，我指着图片问他们："你们没有这个，有没有类似的？"他们说，有，但是不叫这个名字。这比我在爱尔兰遭遇的"都说英语，却是鸡同鸭讲"还令人哭笑不得。解决了设备问题，又发现由于他们白天营业，所以园区在 9—18 点不能施工。

我想了一个办法——在角落中的一个停车场中围出一块场地，白天我们在那里进行恐龙组装，再利用早晚海洋世界不营业的时间将装好的恐龙运入、安装。恐龙上岛也有困难。桥是为了游客来往修的，难以承载拉着成吨重的恐龙的大货车。岛离岸不远，我们仍采用爱尔兰的"吊车甩货"方法——大吊车吊起恐龙，长臂跨水，将恐龙放在河的对岸，再用板车运往恐龙岛的展览地。本来半个月就能做好的工程，硬是被这样拖了两个月。好在他们的食宿条件不错，住在园区酒店中，吃的是75美元/人的自助餐。澳大利亚海鲜很有名，大家也算过足了海鲜瘾。

两个月的工期中小插曲不断。有一天，安装部经理约翰告诉我，几位自贡安装人员的房间日结账单均超过200澳元，加起来有1000多澳元。我起初认为一定是财务结账出错，酒店食宿都是公司付钱的，怎么可能有账单出现？经过查问发现，那几位发生日结账单的人员都是第一次出国，不知道酒店房间冰箱里的酒、零食及电视里的付费频道等要客人自己花钱消费。他们早晨吃空了冰箱，中午回去看到冰箱又被装满，以为打开了宝库，三下五除二地把冰箱"打扫"得干干净净。吃完晚饭回到酒店，打开冰箱，一看又是满的，不禁感叹资本主义社会的实在，后悔自己为什么带那么小的行李箱。了解情况后，我与酒店协商，退回了多余的物品，对真正消费的东西埋了单。花钱买教训，员工们也是这样一点点成熟起来。

2012年6月开幕后，效果奇佳，展览延期至2014年年底。展品拆除后，运回加拿大，再次回到卡尔加里动物园进行2015年的展览。恐龙展览尚在进行时，海洋世界市场部就提出来：恐龙展览结束后怎么办？游客会不会因为失望而导致数量下降？我说："可以继续做另一个展览。你们是海洋世界，就做一个深海动物展览（Creatures of the Deep）。"在海洋世界专家的全力配合下，我们联合设计出世界上唯一的深海古生物展览。

制作、安装仿真海洋生物，比仿真恐龙更困难。比如蓝鲸的身体有三十几米长，腹腔远大于最大的恐龙的腹腔，需要好几块拼装组成。拼起来还不行，还要会动，又不能真的放在水里游泳，只能把蓝鲸放在水里搭的架子上，达到

◎深海古生物展上，实地1∶1动态复原的仿真巨齿鲨模型在澳大利亚展出

看起来在海里的效果。海里安置之外，不少展品上了岸——恐龙岛的恐龙拆卸的同时，恐龙的位置装上了海洋生物；室内展馆也变成了海洋生物馆。岛上的海洋生物展品追求"动态"效果，展品与周围的环境融为一体，让参观者感觉有趣、不突兀。海洋生物馆则仍保持"在海底"的感觉。

为了增强参观者身临其境的感觉，我在展厅里设计了用细细的鱼丝悬吊上千只人造水母的景观：在灯光的照射下，它们熠熠生辉；在电吹风的吹动下，它们摇曳多姿。愿望美好，现实却受挫。找了数家相关工厂询价，大多数说做不出来，能做出来的报价2000美元一只。公司同事劝我放弃这个想法，改换其他替代设计，我却不甘心，总觉得没有到山穷水尽时。不到黄河心不死的性格让我吃过不少苦头，但也促使我取得成功。这一次也是如此。当我试到淘宝时，终于找到了卖家，价格才几元人民币一只。我立刻买了十几只，快递到温哥华。快递到了那天，晚上下班时，我请南希、白露等人来我办公室。白露第一个进来，看到屋子里蓝色的 LED 灯光下，几只晶莹剔透的水母在空中"游荡"，她惊呼："道平，太不可思议了！"

2015 年 6 月 6 日，深海动物展览隆重开启。展厅的水母景观旋即成了游客们拍照的首选地。站在这里，仰头看到水母群"游过"，耳边是散放在各角落的音响传出的柔和的海涛声，远处是如希望般召唤的若隐若现的亮光，一种身处海底的感觉油然而生。再看周围种种稀奇古怪的仿真生物，仿佛真的穿越到了远古的大海深处。这套展览效果太好了，一年后，海洋世界不再谈续租，而是买断了整个展览，他们计划长期保留。

海洋世界展览的巨大成功带动了威秀电影公司旗下的其他几家公园、游乐园、海洋世界做了恐龙展览。连续数年，我多次去澳大利亚出差，却从未在澳大利亚旅行过。逢当地假期，工程必须休息时，同事们结伴去四处游玩，我则驻守酒店。澳大利亚风物独特，我很想去看看，可总觉得，旅游要与家人在一起才有意思。2019 年，女儿凯颐高中毕业，我们全家用了 20 天做了澳大利亚环岛游，了却我对这块神秘而新奇的大陆探察一番的心愿。

在全世界许多国家做了四五百场展览、先后开过十来家主题公园，每年迎来数千万游客。多年的持续展览，"恐龙王"的恐龙展几乎影响了北美和澳洲一代孩子的成长。为了方便残障人士观看，展览设有残障者及随行人员免票日，还会为他们免费拍照、送小礼物。公司经常会收到残障人士参观后写来的感谢信。印象深刻的是一位男士写道"由于没有双臂，我用嘴叼着笔写完了这封信"，这句话令我瞬间泪目。

如果问我"恐龙王"最大的收获是什么，我会说，第一点是为亿万家庭带来欢乐。有一次在美国南方一个州安装时，在餐厅遇到一家人。他们看到我们穿着的T恤上印着"恐龙来袭"，高兴地说他们也有同样的T恤，是几年前在辛辛那提国王岛游乐园买的。看到参观者欢乐的笑脸，是我内心最满足的时刻。第二点是通过趣味性传达的科普知识，令孩子们通过了解古生物，培养、增强对地球与大自然的好奇和敬畏，提高对自然环境及动物保护的意识。

恐龙教学及恐龙展览在西方为孩子们带来的好处是有目共睹的。为此，我一直想把恐龙展、恐龙园办到中国来，让中国的孩子们也能享受到有趣的恐龙科普活动。在四川、北京、上海、广东等几个省、市走了一圈，都

与鸵鸟共舞

14

没有找到理想的合作单位，主要原因之一是地价寸土寸金，很难像北美、澳洲那样，在大城市找到大块的空闲地。河南省汝阳县是黄河巨龙的挖掘地，曾邀请我们过去做恐龙馆。作为洛阳市的下辖县，他们那里场地倒是有，却没有足够的客流。我的经验是恐龙展或恐龙园很难单独成为一个盈利的商业项目，一定要依托动物园、游乐场、展览馆等已有游客的场地，或要以园中园、展览馆临展的方式，与场地方相互促动才行。一晃几年过去了，我在中国出差时，处处留意，却次次未果。直到2012年年底我回郑州出差时，这个为中国孩子的恐龙世界添砖加瓦的想法才有了眉目。

一位朋友在饭桌上听我说起恐龙科普园，过了两天给我打电话，向我推荐了郑州金鹭鸵鸟园。我与鸵鸟园联系，才知道朋友给的总经理信息已经过时。但是新任的夏士龙总经理并未介意我的失误，听了我的大致介绍，当即邀请我去鸵鸟园参观。鸵鸟园占地1000多亩，种植、养殖结合，建设得不错，还有一些空地可以利用。而且更绝妙的是，有专家认为，鸵鸟是现存鸟类中与恐龙亲缘关系最近的。与在其他地方看场地一样，我仍然是边走边画出来规划草图。由于次日必须去北京开会，我对陪我看场地的夏总、熊书记抱歉地说，这次需从北京直接回温哥华，公司还有事情等我处理，隔十天半个月我还会回中国，改日再约时间详谈。夏总说："既然谈开了，咱们就谈定了。你去北京住哪个酒店？我们也过去。你白天尽管开会，晚上再说咱们的事情。"

接下来三天在北京，白天开会、晚上商讨。三天我基本没怎么睡觉，要回温哥华时，与金鹭鸵鸟园的合作也敲定了。考虑到郑州金鹭鸵鸟园已经是一个品牌，有了相当的声誉和名气，给恐龙园取名时，直接安放在了现有的名字后面——"郑州金鹭鸵鸟园—恐龙科普基地"。

恐龙园于2013年6月开幕，当时的新闻报道是："金鹭鸵鸟游乐园和北美最知名的恐龙展览公司加拿大恐龙皇有限责任公司兴建了我国最大的恐龙科普基地。""这些形态各异、或凶猛或温柔的仿真恐龙会动会叫会呼吸，皮肤柔软，肢体灵活，如同复活一般，栩栩如生地潜伏在鸵鸟园茂盛的树丛中和水塘内，有的张牙舞爪，有的低沉吼叫，有的正在下蛋，有的喷水嬉戏。""逼真的场景也会带您穿越时空，梦幻般回到亿万年前的侏罗纪时代。""妙趣横生的恐龙探秘之旅一定会让您充满惊奇与收获。"

能取得这样的效果，与鸵鸟园的全力配合分不开。他们是员工总动员，齐心协力修路、通电、铺设场地。更难能可贵的是，严格遵守我们的设计，施工时一点都没有打折扣。比如设计中，要将一块被山坡环绕的盆地深挖、注水，做成水池，将马门溪龙放在中间。鸵鸟园一丝不苟地执行了计划，令曾经因为体积太大而不得不在北方科技馆门外站岗的马门溪龙完美地站在了水中央，实现了我在芝加哥展览时想让汝阳龙进水池喝水的设想。我们为鸵鸟园整体设计、规划了道路，鸵鸟园将其中一条道路命名为"道平路"。郑州的同学去参观恐龙园时，看到路标拍照给我，我才知道他们如此细心。鸵鸟园还开设了文创店、礼品店、3D影院等配套设施，令大约一个小时的游览活动紧凑、丰富，引人入胜。

鸵鸟园的上级领导也非常支持这个项目，在建设过程中给予了极大的帮助，大大缩短了我们的建设周期。作为政府的企业，鸵鸟园的运作非常专业，我们在合作中"尽享丝滑"。当我提出重视企业形象、提升员工形象的建议后，鸵鸟园领导层很快安排工会负责此事。园中女性尤其是年轻女性多，女工部的付经理还请来专业指导师教女孩子们化妆。我则从北美买来大批的化妆品，作为员工培训工具，送给女工部。不到一年，员工面貌不一样了，企业整体形象也更优秀，还获了奖。无论对自己，还是对员工，我都注重形象。我认为，个人形象整洁、适度装扮，是对自己的看重，也是对他人的尊重。亘古龙腾工厂建立时，我也很重视这个问题，投资做工装、增加保洁员，促动工厂形成了良好的风气，员工们都以厂为荣，工作劲头很足。

2016年夏天，鸵鸟园面临拆迁。那时我已经收购了美国的上市公司普利尔展览公司，不便于继续随着鸵鸟园搬家，双方协商后，鸵鸟园将恐龙园收购，在新址另行开放。

三年的合作虽然顺畅、欢快，但是结束得还是有些仓促，让一些计划未能实施。其中最遗憾的是三个科普馆没有建成。看到河南省地质博物馆面积有限、节假日时人满为患，我提出来在恐龙园建一个分馆，专门安放黄河巨龙的标本、骨架等。并同时建设一个化石修复馆，作为科研人员修复化石的地方，让孩子们可以透过玻璃窗看到里面的工作情况。假期也能组织孩子们来参与修复活动，让他们切实了解恐龙化石的挖掘、鉴定、分类、修复等步骤，增强孩子们的实践能力，培养未来的科学家。

第三个科普馆是为鸵鸟修建的鸵鸟馆，展示鸵鸟从孵化、成长到商品化的全过程。在与鸵鸟园合作之前，我没有吃过、也没有想过会吃鸵鸟肉。吃过之后，欲罢不能，每次去鸵鸟园出差，都会吃几顿鸵鸟宴过瘾。鸵鸟园对鸵鸟全面开发，从皮、毛到肉、蛋，从食用到工艺品，不一而足。认识到鸵鸟浑身都是宝之后，我认为很有必要对其好好宣传一番，让社会大众充分认识到鸵鸟的价值。相关专家们来看过场地、开会讨论过，可惜计划没有变化快，三个展馆都停留在了设计图上。

自从误入恐龙世界，我成了恐龙的发烧友。除了中国的自贡、汝阳等恐龙化石大型挖掘出土现场外，我还专程去看了加拿大阿尔伯塔德拉姆赫勒的Hoodoo地貌、去看了并亲手触摸了美国蒙大拿州的黑煤线（KT boundary）这些在恐龙研究中重要的地质特征。

2009年夏天，我在蒙大拿住了一周，随泰勒博士（Tyler Shaw）去挖掘恐龙化石，还有机会听泰勒博士详细解说当地恐龙的分布情况、出土情况及恐龙化石从挖掘到修复完成的全部过程。每天跟着他早出晚归，在野外晒一天，深深感到科研人员的不易。

泰勒博士是当地人，从小喜欢化石，他的农场谷仓里堆满了出土后有待进一步整理、研究、修复的化石。缺钱、缺人，导致化石只能码放在那里。看着这些化石，我产生了一个中美两国合作的想法。中方可以买下当地的一块农场作为恐龙化石挖掘研究教学基地。夏天送地质学、古生物学等专业的学生来实习挖掘，冬天留守人员在教学基地进行化石研究的后续相关工作。按照美国的法律，物业业主对本物业土地上出土的任何东西自动拥有所有权。教学基地中出土的化石自然归属中方，这样便能解决中国缺乏北美恐龙化石的难题。教学基地还可以协助泰勒博士研究他所拥有的化石，由此也能获得一手的学术资料、

◎ 美国北达科他州一处白垩纪－古近纪（K-Pg）地质界限（旧称K-T界限）恐龙化石挖掘现场照

标本。每年暑假，泰勒的恐龙基金会组织几十名学生来当地挖掘、研究恐龙化石，邀请美国名校教授来参加学术交流和教导。我认为这对于中国学生也是一个好机会。我还想到可以办美国和中国小学生的夏令营，培养未来的科学家。泰勒博士对我的这些倡议非常赞同，我也曾联系过古脊所等中国科研机构，可惜因种种原因未能实施。

2010年8月，我陪同中国的一批地质、古生物专家在北美进行了短期考察。看到Hoodoo地貌时，其中一位教授说："能看到这个真是此生有幸啊！这种地貌在现代化污染中风化、瓦解得很快！"经他这么一说，我顿时感觉到自己很幸运——倘若不是进行恐龙展览，我这辈子很难接触到地质学、古生物学这些专业领域。而愈了解这些信息，愈深切感受到地球、宇宙的奥妙，对自己的现实生活也产生了影响，文艺些的说法是"一定程度上重塑了世界观"。

悲催的是，就在感喟三观重塑的当夜，我突感严重不适，眩晕、呕吐，拨打911后被送往当地医院，诊断为食物中毒。事发突然，又是深夜，未来得及与专家们联系。次日清晨，要退房、赶飞机去多伦多时，大家发现我失踪了，一时不知所措。幸好我醒来得比较及时，很快安排了助手于小姐从温哥华赶去多伦多与专家们会合，我则在康复后，去与大家团聚。

经常出差在外，类似这样的小插曲可谓不胜枚举，已经习以为常。"恐龙王"十几年的工作中，最棘手的问题是展品突发性损坏。公司给客户的承诺是72小时内完成维修——每次遭遇急修，都像安排一场突击战。我们必须能够在世界上任何有我们展览的地方，在72小时内换掉有问题的铭牌等说明材料，从尺寸到颜色都与原物一致，这就需要在各国或者最近的国家找到印刷厂家，或者在中国急速印刷后找到最快的快递。而损坏的恐龙的维修，则需要我们派去专业人员，或者在安装时就与当地有技术能力的公司建立业务关系。因此，当有人提出来全球化是各国经济、就业的杀手时，我会以"恐龙王"的例子来反对。据我的不完全统计，"恐龙王"在全球的展览中，直接提供的就业机会超过上万人次；而丰富、生动的展品设计更离不开中国、加拿大、美国等各国学者的参与。"恐龙王"的成功正是全球化的果实。

托尔斯泰有句名言："幸福的家庭都是相似的，不幸的家庭各有各的不幸。"套用这句话也可以来形容"恐龙王"这些年的展览："成功的展览都是相似的，未做成的展览各有各的原因。""恐龙王"的展览中，除了 2014 年被恐龙唐恶性竞争失去的德雷克塞尔大学自然科学研究院自然科技馆的那场展览，还有两次比较重大的展览失利。

恐龙王公司创建初期，我们将开拓温哥华本地市场作为一个重点。2007 年年初，在米叔的引荐下，我联络了负责史丹利公园（Stanley Park）的温哥华公园董事会（Vancouver Park Board），并进行了项目说明见面会。史丹利公园有一段 2 公里左右的仿制加拿大太平洋铁路老式火车的小火车很有名。小火车在春夏季及复活节、万圣节、圣诞节开放，途经大片森林，并根据节日安排主题场景。我们的设计是在小火车沿路的森林、空地上安放 30 只仿真恐龙，展览连续 3 年，每年从 5 月 1 日到 10 月 31 日，正好结束于万圣节。这在温哥华地区的公园中尚属首次。根据董事会推测，每年可以多吸引 40 万人乘坐小火车，带动人流、增加收入，各成员均表示欢迎。

就在 9 月 28 日签订合同、对外宣布时，发生了戏剧性变化。当日清晨6点,温哥华地区主要媒体均收到董事会一位成员的通知,声称有重大消息宣布。这位成员宣布的竟然是对史丹利公园中设置仿真恐龙计划的公开反对,并以《史丹利公园将成为恐龙公园》为题目断章取义地发布了新闻稿。相关报道铺天盖地,一时成了大新闻。报道中罗列出各种负面消息,还有的采访了路人甲乙丙丁,等等,但是真正的原因是什么呢?董事会事后给我的解释是:27日董事会开会,不知何故未通知到那位成员,导致他迁怒翻脸。他这一翻脸,给我们公司造成损失倒也罢了,差点连累到董事会主席辞职。这一次失利给我的教训是合作方的内部团结很重要,"天时地利人和",哪一点都不能少。

另一次展览失利发生在中国澳门。2014年秋天,我在北京的酒店收拾行李,准备奔赴机场。就在拉上行李箱拉链的最后一刻,我突然感觉到腰动不了了。幸好老友周山在大堂里等我,接到我电话后,老周迅速赶上来,将我送到了医院,诊断是脊椎增生。我问大夫几天可以下床。大夫说,如果我肯打封闭针,最快四天。听到"四天",我松了一口气,马上表态:"我打封闭。"之所以要赶四天的时间,是因为我与澳门八骏公司的见面约定是四天后。第一次见面,我不想失约、改期。八骏董事长张光明与周山关系不错。当周山听说张光明打算在澳门渔人码头他们在建的酒店中开设恐龙馆,便向张光明推荐了我,说:"道平,我兄弟,他才是仿真恐龙业的老大。你如果做恐龙馆,一定要和他合作。"有老周的推荐,我们才有了这次约定。

四天时间,躺在病床上,我向护士要了些纸张来画规划图。护士给我拿来一沓不用的病历纸,我就在病历纸的背面勾勒出八骏恐龙馆的构想。惠君每天来陪床,医生妙手回春,我的病一天一个样,恢复得很快;病历纸上的构想也一天一个样,出院时被我命名为"恐龙行(Dinosaur Journey)"的集娱乐、科普、文化于一体的一个多功能综合体的蓝图已经成形。我同时与温哥华的公司联系,随时将构想告诉设计人员,安排计划书的具体设计。

带着病历纸上的"恐龙行",如期抵达澳门,向八骏公司高层详细介绍了构想。接待我的包括张光明夫妇、八骏的CEO加拿大人肖盾和几位高层。肖盾是与温哥华相距不远的科隆纳人，也算"老乡"。都是加拿大人，讲英语没有误会，沟通方便。洽谈顺利，他们准备立项，我说："给我两周，我回加拿大做好计划书。等我再来时，你们看了计划的细节，我们再推进。"两周后，我返回澳门，双方签订了合同。八骏公司拥有自己的赌场酒店，澳门回归后，新赌牌申请需要有文化项目配套，这种文化、娱乐、演出结合赌场的综合休闲场所与拉斯维加斯很相像。"恐龙王"有拉斯维加斯的市场经验，我认为"恐龙行"在澳门的前景也应该不错。双方达成的协议是，"恐龙王"全权负责设计、规划、展品制作、布展、展览管理及将来的运营。八骏负责展馆建设。八骏负责所有的投资，但是"恐龙王"这边发生的直接成本（pocket cost）由我们先垫付，八骏按照110%报销。展馆开张后，"恐龙王"提取25%的利润。合作的财务条件并不优厚，我知道"恐龙王"付出的时间、费用中一定有不少不可能实报实销，但是我看重的是明天，无意于计较当下的得失。

整体计划投入1500万美元，也算当时展览建设中的大手笔。为了确保计划无误，我花费了大量精力去了解当地的社会、消费情况，学习相关知识、科技，有意结识当地重要人物，并找到隶属发展改革委的北京咨询公司为项目做了可行性报告，以便从法律、政策、经济等多方面考虑周全。

回到温哥华后，"恐龙王"请了一位为好莱坞绘制电影分镜头的专业人士，按照春夏秋冬四季，将我讲的故事绘制出来，细节丰富，活灵活现。他的绘画就是将来布展安装时的效果图。我考察了温哥华"Canada Place"的飞翔影院，通过比较，最终确定了中国台湾的设备生产厂家，前往考察并建立了良好的关系，为澳门恐龙馆做好了设备选购。"恐龙行"项目中，不仅有之前"恐龙王"展览的全部要素、优点，还要增加7D电影《与恐龙同行》，并建设配套的"飞翔影院"，增强娱乐性。澳门"恐龙行"是旅游项目，是给去澳门旅游的人（包括18岁以下儿童）提供的娱乐项目。

我们设计部门专门请了16个人，公司又抽调出几位资深员工组成设计团队，用了大约一年的时间，恐龙馆的设计从外到内逐步完成。北美的设计费一般是整体费用的1/7，我们这个项目也大致如此，仅专项聘用16个人的年薪就花了 120 万美元。双方随时沟通，八骏也随时可以看得到我们的工作进展。其间，有一次我去澳门时，张光明说："有件事你要帮我处理一下"。我这才知道，在与"恐龙王"达成合作协议前，八骏已经与中国化石保护基金会谈了合作，委托对方负责恐龙展览，预付了一笔定金。八骏原来的想法是办免费的恐龙科普知识展览，展出一些化石标本，没有想到与"恐龙王"合作做成了商业展览，是我用拉斯维加斯付费展览的做法说服了他们。我与张太太专程去北京拜访了基金会，讨论了新的规划。

2016 年，就在要进入建设阶段前夕，风云突变。首先变化的是他们报销时出现拖延，沟通也不是那么积极。没过多久，他们说因为近期澳门经济不景气，旅游人数大大减少，公司董事局决定恐龙馆项目暂停。显然，合作不得不终止。这意味着我的一番心血付之东流，"恐龙王"投入的四五十万美元打了水漂。花了一年多时间设计，一心想做成的亚洲最大、全球领先、超越拉斯维加斯、娱乐与科普完美结合的恐龙科普体验馆的梦想，竟这样无声无息地悄然碎裂。这件事给我的教训是：希望明天，但是先要把握今天！商业合作不能靠感情、理想维系，还是需要定金作保证。

对于失败，我的态度是尊重失败，总结经验。只要能总结出经验，明白教

◎ 2015 年 6 月《列治文新闻日报》有关我们公司通过化石与动画技术融合成为全球恐龙主题科普展览领军企业的报道

训所在，就不算什么大事。谁走路还没有不小心被绊一下的时候？况且工作中也不会事事如意，即使没有任何第三方原因，有些事情也会在努力后达不到预期结果甚至没有结果。

2013年夏天，完成了世界上已出土恐龙中最大的波塞东龙在国王岛游乐园的安装后，我带领研发团队向世界上已出土恐龙中最小的迷你豫龙进军。迷你豫龙于2007年3月出土于河南的栾川，同年7月公布了研究成果、召开了新闻发布会。之所以被命名为"迷你"，是因为它的体型小，成体恐龙只有50厘米长。制作它的仿真恐龙要克服两个难题：第一，作为羽毛恐龙，它的羽毛的颜色是怎样的；第二，如此细小的体腔中，如何装配电机。

为了解决这两个问题，那半年，我多次往来于美国、加拿大和中国。羽毛的确定要依靠科研人员。通过专家泰勒博士、吕君昌博士等人的指导，在专业技师的绘制下，几易其稿，可爱、符合科研结论的迷你豫龙的形象终于诞生。电机研制花费了自贡亘古龙腾工厂技师大量时间。他们组织了科研小组，不断尝试之后，为迷你豫龙设计出专用的芯片和电机，但是不得不将常规的八个动作缩减为三个。在工厂制作的同时，恐龙王公司也在设计迷你豫龙的展出方式。几十厘米大的恐龙放在哪里？如何被参观者看到？综合考虑多种方案后，决定将迷你豫龙放在高处，让参观者通过电脑技术与之互动。遗憾的是，样品成型时刚刚错过原计划参加的费城大学的研讨会，失去了一次亮相良机。更遗憾的是，种种缘由下，这只萌萌哒的迷你豫龙竟然"一错再错"，一直没有在展览中出现的机会，到公司结业时，依然屈居于仓库货架上。

幸运的是，"恐龙王"近15年的经营中，遗憾、失败还算有限，更多的情形是设法克服困难，从貌似不可能中找到可能——在安装和修复仿真恐龙时，更是如此。体积庞大的恐龙装卸不易，保养起来也不容易。绝大多数我们的户外展览所在地区都有寒冷的冬季。冬季时，装了海绵的恐龙体腔内常常成为小动物的避寒胜地。每年开春，展览重新开放前，技术人员都需要逐一检查每只恐龙。几乎没有一只恐龙没有被咬破外皮。恐龙体内的房客种类繁多，有死有活。不可思议的是，有的控制盒里都能钻进去小动物。技术人员必须善于动脑筋、想办法、就地取材。在国王岛游乐园的一次修理中，那只开幕前遭遇大火的汝阳龙幸存的尾巴尖竟然也被用上了。按说汝阳龙的尾巴离地有一定的距离，不应该遭遇不测，可国王岛游乐园汝阳龙的尾巴尖偏偏被咬断了。一筹莫展时，技术人员从旧物仓库中翻出来当年的"火灾纪念品"，往上一缝，还很合适。于是，命运流转，这个尾巴尖得以重见天日。

修理人员各自经历的奇葩修复故事，倒真是符合"法无定法"。这也是我面对许多挑战的态度。遇事不怕，埋头去做就好。很多时候，做着、做着便柳暗花明、云开日现。

第六章
泰坦尼克号第五任“船长”

普利尔如同我的南柯一梦。不同的是，梦醒后，失去的永远失去了，梦中的蚂蚁之战仍在继续。好在我天性乐观，朋友们说我不知愁，遇事总是喜欢往乐观的一面想，对已经失去的我不愿意多想，在意的是我得到了什么。在普利尔之旅中，抛开美国上市公司的经营、法律经验，我还收获了一个惊天的秘密——泰坦尼克号沉没之谜。

从 1985 年我刚到加拿大不久便背起相机、拿着房东写的字条去公园里拍婚礼照开始，到后来做中国字画装裱、夜里开出租车、开道平画廊、办明星影视、中财国际、宾戈集团、友邦资本、西银基金、保利卡、汇通支付、"恐龙王"等，30 年来，我都是在商界拓展，所做的思考、创意、努力主要是在商业层面。可以说，是在商业的帝国中建城堡、在商业的疆土上策马奔腾，在商业的油田中钻井。直到 2014 年邂逅普利尔展览公司，我的世界的维度增加了——法律事务的介入挑战、拓展甚至颠覆了我原有的商业思维、逻辑、战略战术。一切进入剧烈的震荡中。

20 世纪 90 年代在美国纳斯达克上市的拥有泰坦尼克号所有文物及独家打捞权、价值 2 亿美元的普利尔展览公司是北美展览业的"大佬"，他们侧重于历史、文物方面的展览，与侧重科普、娱乐展览的"恐龙王"的场馆客户在很大程度上重合，彼此都知道对方。2013 年年底，行业中有传闻说，普利尔的现金流出现了问题。2014 年春末，普利尔联系我们，提出并购"恐龙王"。我理解他们的思路——上市公司需要新的、有盈利的好项目，优质的项目是利好消息，能募集到新的资金。对深具行业影响力的普利尔公司的收购提议，我很重视，

邂逅普利尔 1

开始与他们商讨并购可能性。在讨论中，逐渐了解到他们的危机的原因及状况。

2012 年没能吹倒我们费城恐龙的飓风桑迪对纽约造成了严重的破坏，其中包括普利尔在纽约海港区长期租用的展览泰坦尼克号展和人体展览的纽约海港大厦。这两个展览每年能创造约 500 万美元的利润。场馆一时难以复建，他们又在纽约找不到合适的新展馆，导致利润大幅度降低。为了尽快挽回局面、恢复生龙活虎的经营局面、在纽约市场上保留一席之地，普利尔在纽约开创了"周六夜生活（Saturday Night Life，SNL）"的现场复原展览。首播于 1975 年 10 月的 SNL 是美国家喻户晓的头牌娱乐节目，对美国文化娱乐业及百姓生活都有重大影响。普利尔公司取得了 SNL 的授权，设计了关于 SNL 的文化普及展览、复原经典内容，并制作了可以乱真的拍摄现场。展览设计很精彩，可惜选错了地点。

普利尔租用了第五大道上 400 号路段一幢历史悠久的老楼作为展览场地。老楼其实适合尽量维持原样来使用，不适合大规模装修。动工后，发现太多地方需要大幅度整改，原有的电路等早已不符合新的市政要求，政府监管也随之而来。结果是越做麻烦越多、装修费节节攀升，从预计的 200 万美元增加到 600 万美元再增加到 800 万美元，还是不够。普利尔董事局以公司为抵押物，外借了几百万美元，面临还债时，展览还没有开幕、没有现金流，资金链出现了问题。

普利尔的董事长兼 CEO 萨姆向我提出来，能否筹集 800 万美元借贷给他们，他们同样以公司抵押，这样就能用我的这笔钱还了即将到期的上一笔贷款，以便他们有几个月休养、发展的时间，等 SNL 展览开始了，现金流就跟上了。公司经营中借贷很正常，尤其是大公司，更是常常需要通过短期借贷来扩大业务。我这些年办公司也少不了向银行或朋友短期借贷。2014 年 6 月，我组织了派克桥公司等几位朋友的公司作为资方提供给普利尔为期 6 个月的 800 万美元的贷款，以缓解他们的危机。没过多久，萨姆又提出来希望再给他们一些贷款，等 SNL 展览开幕形势就能好转，我们又筹集了 550 万美元。两次共计 1350 万美元的贷款期限谈好是 1 年。

2015 年 5 月，SNL 展览终于开幕了，然而参观者的数量不及计划的 10%，普利尔的运营更难以为继，新的资金缺口更大了。并购"恐龙王"的会谈仍在进行，但是我对他们的偿还能力已经非常怀疑。我需要做一个决定——是普利尔并购"恐龙王"，还是"恐龙王"反并购普利尔？倘若被他们并购，我可以拿到至少 1500 万美元愉快地转身离开，但是几位朋友共同投入的 1350 万美元很可能血本无归。只有我反并购了普利尔，我才能真正掌舵，有可能带领普利尔走出困境，也才能让大家的投资有个好的结果。

◎ 2015 年美国纽约《周六夜现场》展览现场照（右一为本人）

谈判从并购转向反并购。普利尔在与我们谈判并购的同时，也接到外界其他资本的合作意向，并购价格的谈判过程几度中断。其中最有竞争性的是某公司提出按照 4.2 美元 / 股的价格收购，普利尔建议我们的收购价格不能低于 4.48 美元 / 股。2015 年 3 月，最终达成的意向是以我们借贷的 1350 万美元及作价 1500 万美元的恐龙王公司按照 4.48 美元 / 股的股价换取普利尔公司 47% 的股票。恐龙王公司的并购财务顾问乔万尼分析了这个方案——1350 万美元换取 30% 的股份后，恐龙王公司只能拿到 17% 的股份，相当于将恐龙王公司资产对折成了 800 万美元——他认为对我是不公平的，建议我不要将恐龙王公司放进来，只以 1350 万现金作价 30% 的股份，这样我还能保留自己的公司。我知道他是为我好，我却坚持了自己的决定。因为尽管恐龙王公司折了价，但既然与朋友

1|2|3　◎ 图 1、2、3 为图坦卡蒙黄金法老王文物展览实物照片

们一起投资，就要共同进退；而且拿到 47% 的股份，成为大股东，才能切实经营普利尔，实现我们投资的预期。

　　随着意向书逐步形成，普利尔的股价也从 1 美元左右逐步上涨。意向书签订时，普利尔股票市值约 1 亿美元，账面上显示亏损 800 万美元，2015 年的税前利润（EBITDA）为 –600 万美元，应付账款 300 多万美元。普利尔展览公司拥有泰坦尼克号文物展、人体塑化展、法老王文物展、海盗船文物展等几个全球著名的历史文化展览，享有良好的业务美誉，再加上居科普教育展览之冠的财务状况良好的恐龙王公司的几大展览，对这样的财务局面，我认为自己有能力扭亏为盈。并且为了更好地了解普利尔的架构、团队情况，我有意在他们亚特兰大的展馆做了一场恐龙展。通过合作，进一步证实了他们的内部结构、工作流程等与恐龙王公司很类似。由此，在管理方面，我也具备了一定的信心。

　　接下来是近 8 个月的公司并购流程的依序进行。在双方签订了并购意向书之后，我提出要求普利尔展览公司立即解雇原来的董事长、CEO 萨姆。萨姆是普利尔原有最大股东、风投马克的代理人。并购后，马克投资 1200 万所持有的 33% 的股份将被稀释，他打算卖掉股份，也就不需要继续安排代理人在董事局。更重要的原因是，普利尔走到这一步，与萨姆一意孤行的性格分不开。正

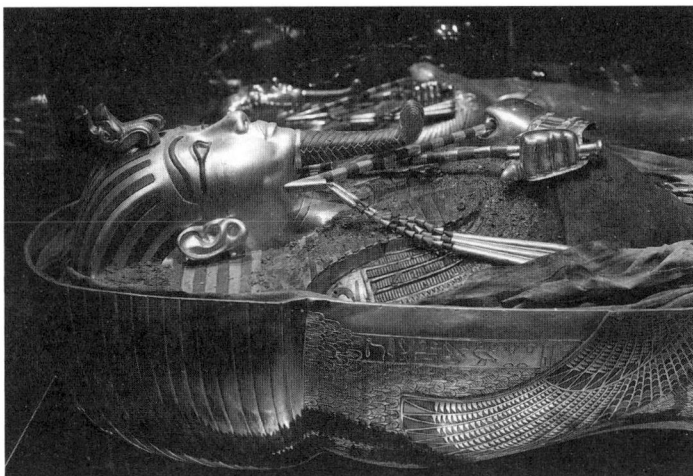

是他不能及时掉头，才导致 SNL 展览拖垮了普利尔。此外，萨姆极度轻视女性，公司管理高层没有一位女性职员。这是我很不能接受的。萨姆离职后，CFO 迈克尔作为代理 CEO 接替他的工作。

10 月中旬，普利尔负责并购的律师团队突然集体辞职，普利尔负责泰坦尼克号文物的上庭律师布莱恩接手剩余的文件准备工作。在完成并购前夕，律师团队的集体辞职应该不是寻常事件，但是并未引起恐龙王公司聘请的专职并购财务公司的重视。加拿大商业环境的相对简单及社会文化的包容、友爱，导致加拿大人的警惕性明显不足。有人说，与美国社会相比，加拿大社会是现实版的迪士尼电影。此言不虚。

2015 年 10 月 31 日的午夜来临之前，我完成了并购文件的签署。11 月 1 日是交易完成的最后期限。之所以拖到最后一分钟才签，是由于有一个关键的文件我们没有收到。在并购条件中，我们提出来要收购的必须是纳斯达克上市公司的普利尔，需要纳斯达克证监会同意并购的批准信。而直到我签字，也未见到交易所的答复。对我是否签字，我们的律师团队讨论了数次。倘若由于我不签字而导致交易失败，普利尔很可能会与我们打官司。对簿公堂时，法官如果认为纳斯达克证监会的批准信没有重要到影响交易，普利尔公司可以提出巨额赔偿。我们的律师权衡利弊后，建议我签字。当时的我并不知道，随着落笔的瞬间，我打开了一个巨大的潘多拉魔盒。

11月2日周一，我第一次召开董事会。会上，CFO迈克尔说，这个星期需要300万美元，否则公司就要宣布倒闭。听到这个消息，我相当震惊。并购前审计的账面上根本没有这样的信息，就是为了不倒闭，我们才反收购，怎么刚接手公司，就说要倒闭？迈克尔解释说，公司实际上已经倒闭了，这300万是作为流动资金，要发工资、付账单。普利尔已经赤字高筑，公司虽然有1000多万美元的年收入，但还是不能做到收支平衡。为了保证能与恐龙王公司完成并购，他们有意拖延了8个多月的应付账款，再不付，就可能面对诉讼。并购协议写得很清楚，双方并购前所发生的应付账款各自负责，账面现金归零。未曾料到普利尔如此处心积虑，公然欺骗，而恐龙王公司这边完全履行了约定、付完了所有收到的账单，截至交易日，账面还有180万加元现金。

他还开诚布公地告诉我另外两个消息。第一，公司的财务状况非常糟糕，在并购完成前，董事局内部已经达成共识，认为公司其实就是倒闭了，只是何时宣布的问题。第二，我们一直在等的证监会的回信在10月16日已经发给了普利尔。证监会通知普利尔，倘若价格总是徘徊在1美元以下，普利尔将会被下市。这封信收到后，公司的运营律师建议董事局隐瞒信息，不要在我们签字、完成并购交易之前告诉我们收到了证监会的回信。公司原来的董事局同意并执行了这一建议。

出席周一董事会的董事局成员是由原来的三位董事加上四位新成员组成。普利尔原有的董事局中，包括迈克尔等三位参与了新董事局。另外两位原有董事在听完了迈克尔的陈述后，镇定自若地看着我，对他们的欺骗行为没有任何不适的表现。而迈克尔也像在报告天气一样，说得无关痛痒。仿佛隐瞒亏损及证监会信件这些事情，他事先毫不知情、也从未参与似的。但是那一刻，我没有时间去感喟、愤怒，只能接受既定事实。我立即又向派克桥他们借贷了300万美元[①]，并将恐龙王公司账面上180万加元的现金调给普利尔以解决燃眉之急。

我知道，我有硬仗要打。不过没有想到的是，要打的不是一两仗，而是一个接一个的战役。刀光剑影，杀机重重。

① 由于我已经接手普利尔公司，为了避免利益冲突，我不能再参与借贷集资。

第一次董事会上，CFO迈克尔真是给我"上了一课"。没想到普利尔原来的高层能这样胆大妄为，不讲究职业操守。也难怪普利尔常年合作的保险公司在我们接手后，要求我们为普利尔原有的董事局及管理高层买一份500万美元的"尾巴险"（tail），并要挟，如果我们拒绝购买，保险公司将与我们终止3000万美元的年保险。看来都是有备而来的。坐在普利尔宽大、豪华的董事长办公室中，回顾几日以来比影视作品还戏剧性的现实，颇有看山不是山看水不是水之感。可是，我也没有太多时间迷茫、困惑。到什么山上唱什么歌，上市公司不同于私营企业，必定有很多新情况要经历。但无论有多大的区别，有一点是相同的——做企业，就要赚钱。我必须要做的是尽快扭亏为盈。

2015年12月，我们调来的会计查账后发现，普利尔当年的亏损远非800万美元，而是2100万美元！再开董事会时，我宣布了查账结果，同时也申明了扭亏为盈的信心："我一定会在一年内改变经营状况，实现当年盈利。倘若我做不到，我辞职。"背水一战，哀兵必胜，退无可退时，唯有放手一搏。我当时的想法很简单，并购的公司就像自己领养了一个孩子，不管之前怎么样，孩子后来的成长还在于我怎么培养。

亏损2000万美元，一年之内扭亏为盈

2

我首先做的是与应付账款的债主沟通，从捉襟见肘的现金流中逐一安排适度还款，更主要是与他们沟通，建立信任，请他们对普利尔稍作宽限。同时，与证监会联系，申请延迟普利尔公司的下市时间，允许公司重组。证监会将2016年1月20日的下市时间推延至6月以后。

此外，最要紧的是，我要尽快创收。普利尔是展览公司，靠展览盈利，但是展览不可能马上增加数量，仅能在现有展览中挖掘潜力。现有展览的拓展，一方面是增加参观者，这个要靠市场促动，需要投入更多的广告费，暂时不适合几乎弹尽粮绝的普利尔。不仅不能提高广告费的投入，我还动手砍掉了一些不重要的广告，将每年300万美元的广告预算降为180万美元。

另一方面是促动参观者多消费。并购完成时，普利尔展览的参观者平均消费额为0.75美元。如何提升这个额度？我调来恐龙王公司富有礼品店经营管理经验的白露，由她来负责。以拉斯维加斯泰坦尼克号展览的礼品店为样板，白露很快找到了店铺存在的问题，调整了店内商品的种类、摆放，培训店员销售技能，与施华洛世奇品牌合作定制海洋之星系列珠宝。我注意到，由于雇用的主要是打工的学生，薪水又没有竞争力，拉斯维加斯的店员更换得非常频繁。为此，我们撤换了礼品店所有职员，高薪招聘富有经验的新经理及店员，设立销售奖金，极大地促动了销售积极性。很快，人均消费额提升了10倍，至7.5美元，遇到周末节假日时，能达到11美元。拉斯维加斯的成功经验也推广到其他展览的礼品店，当年公司的小商品销售额便增加了数百万美元。

普利尔千余平方米的仓库内存放着没有使用的展览及大量专业用照明设备。与其堆放，不如出租。我们增设了专门向影视、展览业出租照明设备的部门，变废为宝。这些都算开源，有效增加了现金流。开源之外，我还要节流。每个月固定的经营亏损并非原来账面上的十几万美元，而是四五十万美元，如果我们不能尽快把漏洞堵上，普利尔确实支撑不了多久。

普利尔在亚特兰大的总部租用了位于市中心的2000多平方米的写字楼，非常气派，年租金25万美元，却仅有十几个人常驻办公。尽管租约还有两年到期，我坚决要求退租，把办公室移到仓库去。仓库是工业用房，其实并不简陋，稍作整理装修后，办公也很舒适。恐龙王公司在加拿大的办公场所便是与仓库共用一栋建筑，便于管理。搬家后的额外好处是员工停车、吃饭、住宿等消费便宜许多，又能减少一些办公费用。

每个月的花费中，以高层的花费为重头。高层们都不住在亚特兰大，每周一早晨飞来，周四晚或周五飞走，来回买的都是商务舱。在总部上班时，租的是豪华车，住的是高档星级宾馆。除住宿费之外，晚上酒吧的消费一周便有数百美元。高层们每人一张以公司名义开的信用卡，刷起来得心应手。早年公司业绩辉煌、同时做 18 个展览时，高消费没问题，但生意不好时还在大手大脚，消费股民的投资，那就是挥霍了。于是，我带头，飞机坐经济舱，租平价车，酒店住三星级假日酒店，酒水钱一律不报销。

公司以前的出差审批流程不严密，漏洞百出。参照恐龙王公司的规定，这些不明确的地方都被明确化，管理松散的地方都严格起来。管理得细致了，让有些习惯浑水摸鱼的人受到约束，公司里也泛起反对我的声音，甚至有人骂出来"F×××Chinese"。这些不满的情绪，我在几十年前知青点上也曾遇到过，内容不同，形式差不多，普利尔的还算"文明"，知青点上随时打架、动刀子都有可能。那时候我都过来了，眼下这些毛毛雨不算什么。

通过查账，还发现许多以公谋私的事情。公司的网站设计原来是承包给一个专业公司，已经付了 10 万美元首付，可是原董事长兼 CEO 萨姆毁约后，把网站建设包给了他刚满 18 岁的儿子。CFO 迈克尔则将每年 300 万美元的广告合同一揽子给了他朋友的"光杆公司"，每年以一张"广告劳务费"的收据向公司收款，投放广告的明细根本无从查起。普利尔为一个小公司贷款 10 万美元去做太空船展览，这笔贷款后来被迈克尔在并购后不久做成了坏账。按照财务规矩，对于一些长期收不回来的账款，经过公司内部一定的审批程序可以作为坏账抹掉，但是这个合作公司是 CFO 朋友的，便有些不是那么令人信服。萨姆和迈克尔的旧车以数万美元卖给普利尔公司，车况太差，不便使用，普利尔只能以几百美元卖掉了。

此类"跑冒滴漏"的情况不胜枚举，我一律纠正过来。完善经营、细化规则的同时，是大幅度的人员调整。普利尔公司的裙带关系、用人唯亲现象严重，从上到下都是如此，多出许多冗余的岗位和人员，人浮于事，缺乏责任心。普利尔的销售部门在奥兰多租用场地办恐龙展，布展之后竟然发现拿不到营业执照，原因是场地不被允许出租，导致亏损几十万美元。奥兰多的泰坦尼克号展览中现金丢失，侦查后发现是经理监守自盗。为了彻底解决人员问题，我们采取了大换血的方式。1个月内，按照工作量定岗，按照岗位定人，将恐龙王公司与普利尔原有的安装、市场、销售等部门合并，将320名员工减至150人。同时调整管理层人员。之前公司C级没有女性成员，我要求最少有20%的女性成员。我将之前的董事长助理杰西卡提升为副总经理。我尊重女性，在多年的职业生涯中，也深刻地体会到女性在企业中不可或缺的贡献。原来的公司职员中也没有华人，这是非常明显的种族歧视。我接手后，取消招聘时的种族壁垒，华人等非欧裔员工比例有所提升。在半年内，这些方方面面的整改基本完成，普利尔的运营也大致理顺了。

然而，相比SNL展览每个月净亏至少30万美元，这些还算"毛细血管出血"，SNL展览的亏损才是普利尔喷涌不止的失血痛处。从艺术层面来讲，SNL展览无懈可击。开展几个月，它就获得了纽约的"最佳新展览奖"。但是仔细分析，展览的市场卖点乏善可陈，是一座空中楼阁。首先，SNL是美国的电视节目，它的粉丝主要是美国、加拿大人。而真正的SNL的现场就在距离这个展览几条街的地方。SNL的粉丝来到纽约朝圣，当然会去看真迹。购买展览权时，SNL节目组允诺会给展览一些独家授权，但是展览开幕后并未兑现。这就更令展览难以与SNL节目抗衡。对于非北美游客，又没有多少人知道SNL是什么。展览选址时，看好的是马路斜对面不远处的帝国大厦，认为每年有上百万游客参观帝国大厦，稍微分流一些过来就很可观了。但是，参观帝国大厦的游客主要是旅游团，参观来去都是坐旅游车，游客没有机会自行闲逛。第五大道是全世界租金最贵的地方。没有海量的参观者，展览很难盈利。

普利尔原来的高层迫于股市压力，急于求成，为了"讲故事"而讲故事，对于所选项目的华而不实视而不见；尽管展览开幕给了股市信心，又融入600

万美元，却不能令展览起死回生。SNL 展览的广告费年预算是 100 万美元。对于纽约那个花花世界，这点广告费杯水车薪。SNL 展览一年的房租是 380 万美元，签了 10 年的合同，加上保险等超过 4000 万美元，这绝非眼下的普利尔所能承受的。用一个听起来体面的项目在股市中炒作，是一种赌博心理。我素来不赞成在商业经营中掺入赌博的心态。对于上市公司，管理层更不应该有这样的心态，这对于股民和投资者来说，是不公平的。因此，长痛不如短痛，我决定必须停止 SNL 在纽约第五大道的展览，打算将来把 SNL 展览放在拉斯维加斯的酒店里。

董事会担心第五大道的房东会起诉普利尔，我却认为房东起诉的可能性不大。房东是墨西哥首富卡洛斯，对声誉看得比金钱重要。这栋物业资产对他而言是九牛一毛。况且，SNL 展览退出后，房子已经装修好了，他可以重新出租。普利尔毁约也是迫不得已，我们愿意承担一定的赔偿，赔偿的金额双方协商即可。倘若诉讼，必然牵扯声誉，还要花律师费。结果与我分析的一致，房东并未对我们采取法律措施。我们首次提出来的赔偿费是 300 多万美元，相当于多付一年房租；房东要 1000 万美元。讨价还价后，房东表示理解文化企业的不易，要求最少补偿他们作为物业方在装修中所做的改建、修缮所投入的 500 万美元。

500 万美元以分期支付的方式不是大问题，我完全有信心在一两年内解决。可惜，2016 年 6 月 14 日，普利尔展览公司董事会在公司律师布莱恩的强力促动下，向美国联邦破产法庭申请了破产保护。房东收到信件后很吃惊，不理解堂堂普利尔，仅泰坦尼克号的文物资产就达 2 亿美元，何以为了区区几百万债款申请破产保护？不仅房东不理解，我也很不理解！我一直在奋力阻止破产保护的发生，不幸的是，还是发生了。

从那一天起，我的普利尔噩梦开始了。

3 申请破产保护，噩梦开始了

接手普利尔公司后的第一次董事会上，在 CFO 迈克尔给出了纳斯达克证监会的下市警告、普利尔蓄意 8 个月未付应付账款、如果不支付 300 万美元欠账则公司随时宣布倒闭这些意外的消息后，律师布莱恩则以运营律师的身份，提出来公司破产的建议。我当场否决了破产的建议。接下来的两天内，迈克尔、布莱恩、活跃的股东安德鲁等人纷纷向我提出"申请破产保护"的主张。

破产保护是美国公司法特有的内容，加拿大的公司法没有这样的说法。律师的理由是，公司现在现金短缺，只要有 3 位债权人联合向法院提出起诉要求还钱，普利尔还不出来，就要被迫宣布破产，以清理资产还债。与其被迫破产，还不如自己主动申请进入破产保护。进入破产保护之后，债权人将无法起诉，普利尔可以有时间重组，而且还债还有可能打折。这个理由其实站不住脚，我已经调拨了"恐龙王"账面的 180 万加元的现金，又开始筹集借贷，应付账款虽然多，可毕竟有限，我完全有信心边还债、边协调与债权人的关系，债权人联合起诉公司的可能性是可以控制的。即使不考虑普利尔两亿多的文物资产，普利尔每年营业收入便有一两千万美元，加上"恐龙王"的盈利。此外，只要上市公司在，我就还有能力继续融资，怎么能为几百万美元宣布破产保护、受制于法庭？

他们当然不肯放弃，继续对我及董事们进行游说。起初，我不理解他们为何那么百折不挠地要求我同意申请破产保护，后来随着事态的发展，综合他们各自的解释，我逐渐摸清了提出这项意见的动机。从表面看，他们都是为了普利尔公司的利益出发，但其实却各有目的。

律师布莱恩原来只是公司的泰坦尼克号项目律师，并非公司运营律师（Corporate Lawyer）。在并购律师团集体辞职后，他才顶上来。倘若申请破产保护后，普利尔的一举一动几乎都要上报法庭，相关的法律工作必然海量。为了说服董事们同意申请破产保护，布莱恩不惜违反律师的操守和法律的规定，私下给各位董事分别打电话，威胁他们说，如果不同意，则个人可能要为公司承担法律及经济损失。事实也证明了这个分析——布莱恩最初对我说，整个破产保护流程预计最多需要 6 个月时间及几十万美元的律师费就可以了；如果我们是自愿申请破产保护，以后如果想退出破产保护也很容易，只要向法庭递交一份退出材料就随时可以退出。——结果普利尔展览公司的破产保护经历了漫长的 4 年，对簿公堂花费了公司 800 多万美元的诉讼费。而且最不能接受的是因为申请了"破产保护"，公司从此走上了一条不归路，导致了普利尔上市公司的所有投资人及股民的钱血本无归。

迈克尔、安德鲁与他们背后的普利尔原董事长萨姆的目的则更复杂。安德鲁是资深股东，萨姆和迈克尔是两三年前随着大股东马克加入的。他们一直想卖泰坦尼克号的文物，但是根据美国联邦法院判决，普利尔拥有的泰坦尼克号文物不允许被分开单件出售，因此他们始终未能如愿。不过他们没有死心，他们以为我投资普利尔也是与他们同样的目的，仍劝说我，说"拍卖了文物能获得巨款，还清负债，所有股东可以分掉剩余的钱，这是最快的获利途径"云云。此外，随着普利尔陷入财务危机、我们注入 1350 万美元和生意红火的恐龙王公司，他们的计划也拓展为等并购后再宣布公司破产，然后通过拍卖，他们回购，不仅能拿到普利尔之前的资产，还能吞掉并购中融入的新资产。他们把运营公司做成了金融游戏，将公司当作了套现提款机，提不到款时想到的是砸了卖废

1|2|3|4　　◎ 图 1、2、3、4 为我拍摄的泰坦尼克号的文物照片

铁。这就是米叔曾多次斥责的美国金融大鳄的做法。米叔提到这些人便会说："他们是鲨鱼。"也正是沿着这两条思路，他们挥舞着法律的武器越走越远，给普利尔带来极大的损失，也给我造成很多麻烦。

　　2014 年普利尔找我们谈并购时，我对普利尔的资产、经营做过仔细的评估，我认为，完全可以通过认真经营，让普利尔再创辉煌。"恐龙王"与普利尔合并后，普利尔将成为世界规模最大的，包括历史文化、文物、科普、娱乐全方面的展览公司，相当有竞争力。泰坦尼克号文物展、人体塑化展、法老王文物展、庞贝古城文物展、海盗船文物展以及戴安娜遗物展、马克杰克升遗物展等这些著名的展览在美洲展览时间超过 30 年，也是北美唯一的展览业的纳斯达克上市公司。即使北美市场可能有些饱和，但是欧洲、澳洲、亚洲，特别是中国等国家中许多城市没有做过，大有开发前途。此外，我的计划还包括等普利尔逐渐恢复之后，在多国收购当地卓越的展览公司，把普利尔做成全球化的品牌。普利尔的股票价格在最高点的时候达到每股 180 美元，我认为股价跌到 1 美元基本已经触底，恢复指日可待。等股价上来了，股东不论大小都有了收益，我们的投资也能有可观的回报。

因此，无论他们如何巧舌如簧，我始终坚决反对。为了表明态度，我对迈克尔和布莱恩直截了当地说："就算你们用枪顶着我的头，我也不会同意。"然而我太单纯了，他们根本不需要用枪，他们玩弄法律手段便轻易达到了目的。董事会上，布莱恩作为律师提议，公司要成立"特殊事务委员会"，这个委员会可以聘用第三方独立的律师及财务顾问，以评估普利尔是否应该申请破产保护、拍卖资产。理由依然是冠冕堂皇——有了这个特殊事务委员会，董事们将无须因为错过申请破产保护而承担个人的法律责任，避免被起诉。尽管知道这个特殊事务委员会的成立"凶多吉少"，可是面对"为所有董事负责"的理由，我很难拒绝。董事们都不是股东，象征性地拿些薪水，谁也犯不着为了这份工作将来再吃官司。这个特殊事务委员会成立并没有为董事们、公司和我带来安宁，而是打掉了我们的防卫，带来了无休止的法律争战。

董事会同意由三位董事组成特殊事务委员会，布莱恩负责聘用律师团队和会计师事务所。经过近半年的"独立调查"，委员会的律师团队和会计师事务所给出的建议依然是申请破产保护，对我们所做的整改、已停止的部分亏损、增加的流水和利润等全然未见。在"如果不同意第三方调查组专业的建议，则需个人承担法律责任"的巨大压力下，三位董事别无选择地同意了申请破产保护。2016年6月13日，特殊事务委员会将决定提交，董事会以2票弃权，4比1通过，我投的是反对票。于是，就在我已经完成了对公司人员、结构、运营、经营、债务等多方面的调整，在与 SNL 展览场地的房东基本达成赔款 500 万美元（意味着普利尔当时的债务大致为 800 万美元）的时候，6 月 14 日，律师向联邦高院破产法庭申请了破产保护。高院负责普利尔法律事务的大法官格伦（Paul M. Glenn）对此事的评论是："我做了一辈子法官，从来没有见过这么大的公司、上亿的资产，会为了几百万美元的债务主动申请破产保护！"

申请破产保护后，要通知所有的债权人，对公众发布公告，普利尔的股票在纳斯达克市场上降低了一级、被纳斯达克标注了代表风险的"Q"（"PRXI"被换成"PRXIQ"），政府的信托介入，普利尔如同被俘的巨人一样，周身迅速被缠满了绳索。破产保护启动后，作为 CEO 的我又与小股东有利益冲突，我的权限在很大程度上被限制和架空。紧接着，持有股票近 5% 的安德鲁去法庭申请成立小股东委员会代表股份共约占 17% 的小股东，以便在破产时保护小股东利益，法院批准了他的申请。另一位股东詹姆士作为债权人之一，申请成立了债权人委员会。

这些委员会可以打着监督的旗号，随时就任何问题去法庭投诉普利尔①。由此，不仅令普利尔举步维艰，还要在各地雇用律师应对各种投诉——债务委员会的代表律师在纽约，小股东委员会的代表律师在洛杉矶，政府的信托的代表律师在华盛顿，破产法庭在杰克逊维尔市（Jacksonville），普利尔公司的代表律师在总部亚特兰大市，"恐龙王"的代表律师在加拿大温哥华。任何一方向法庭提出的提案，法庭都要经过 21 天批复，公司运营被严重掣肘。而且双方的律师费皆要普利尔承担。公司支付的律师费从每小时 150 美元到 750 美元。800 万美元就这样在 4 年中被消耗殆尽。

布莱恩推荐了一个律所作为公司的行政运营律所。合作后，董事局等高层人员都不认可他们的服务，普利尔要将律师换成全球排名前茅的大成律所，小股东委员会便提出要以并购时违法操作来诉讼大成，以达到不能聘用大成律所的目的。最后尽管我们还是换了其他律所，可是又为了他们毫无根据的反对花

---

① 公司进入破产保护后，不能对公司进行起诉，对公司的法律诉讼被称为投诉（complain）。

费了应对法庭的时间及律师费。

破产保护申请不久，詹姆士代表债权委员会向法院提出，反对将并购后由我筹措的给普利尔的300万美元贷款作为有抵押贷款进行偿还。按照法律规定，公司破产清算时还款的顺序依次为有抵押贷款（Secured lender）、员工工资及所欠的国家税款、剩余未支付的律师费和财务顾问费、无抵押贷款和应付账款。有抵押贷款与无抵押贷款的偿还先后及比例往往是不同的，有抵押贷款应该支付全额本金及利息，无抵押贷款则可根据清算后的剩余资金按照比例打折支付。詹姆士等人认为，公司根本不需要贷款，而我在接手后立即以抵押公司的方式来筹措贷款是居心不良，是为了破坏公司财务健康。如此无中生有！经过法庭辩论多次拉锯战，法官裁定，100万美元算有抵押贷款，利息按照银行的基准利息计算；200万美元算无抵押贷款，最后打了7折偿还。帮忙筹款的派克桥等几家公司为了不再给普利尔和我增加麻烦，也只能忍气吞声，放弃上诉。

从破产保护开始，处理法律事务成了我每天不可缺少的工作。董事长职务被架空，CEO职权受限，一面要代表公司与政府、债权人、法庭等交涉，一面要自己花律师费应对公司内部那几个委员会对我的空穴来风般的诉讼，同时要管理公司、拓展业务、开源节流以谋求盈利，我像被念着紧箍咒的孙悟空，头痛欲裂却仍要挥舞金箍棒除魔降妖，保护着普利尔公司和泰坦尼克号的文物平安向前。幸运的是，我做到了——公司2016年税前利润是130多万美元，2017年税前利润是260多万美元，2018年税前利润是300多万美元。[①]并购时，股价不到1美元；并购后股价最高涨到8美元。

此外，我引以为傲的是成功地保护泰坦尼克号文物逃脱了"猎食者们"的贪婪，保证了这些珍贵的文物没有在我的任内流散。

---

① 2020年2月我退休前，2019年的财务报表尚未出来，故不知税前利润的具体数值。

4

泰坦尼克号文物之战

1912 年 4 月 14 日临近午夜，彼时世界上最大的豪华邮轮、号称"永不沉没"的泰坦尼克号在其从英国南开普敦前往美国纽约的首航途中，于距加拿大纽芬兰东南 600 公里的大西洋海面上撞上了冰山。两个半小时后，泰坦尼克号沉没了，船上的 2200 多人中仅 705 人生还。这艘船从 1907 年开始设计、制造，被称为"世界工业史上的奇迹""时代最宏伟的文明产物"。其高级套房价格为 4500 美元（相当于今日的 103000 美元），头等舱船票为 2500 美元（相当于今日的 57000 美元），即使设施最简陋的三等舱船票也是 40 美元（相当于今日的 900 美元），首航中许多旅客非富即贵，这也是泰坦尼克号失事影响巨大的原因之一。

1523 人丧生的悲剧震惊了世界。这次海难催生了一些新的海事法律，如确保船上有足够的救生艇、电报 24 小时畅通、配备高标准的遇险信号火箭以便发放后能被及时看到、船员要定期进行救生艇演习、建立了国际冰险巡逻队。这些新的法律措施有效地保证了泰坦尼克号失事之后其他船只的安全，却不能让时光倒流。泰坦尼克号沉寂于 3800 米深的海底数十年，直到 20 世纪 80 年代。1985 年 9 月 1 日，美法联合远征队意外地发现了泰坦尼克号残骸。1987 年 7 月，皇家邮轮泰坦尼克公司（普利尔的全资子公司）出资首次深潜打捞泰坦尼克号遗物，并在1993、1994、1996、1998、2000、2004年进行了研究性打捞，所打捞出的文物近5600件；2010年进行第八次研究性探险，确立遗址区边界，绘制出首张遗址海底高精度扫描位置图、沉船的二维图、三维图。

沉入3800米的海底打捞是一件非常艰辛、危险的事情，不仅需要昂贵、先进的设备，还需要经验丰富的潜水人员；文物从海水中打捞出来之后，必须立即着手进行步骤复杂的处理，以免文物被迅速氧化；研究涉及多方面内容，打捞队除了船员、潜水员，还需造船工程师、金属专家、生物学家、历史学家、考古学家、文物保护专家等。每次打捞费用巨大，一天的开支大约120万美元。这些文物的后续处理、保管则需要更多资金支持。

泰坦尼克号文物出水后的所属权所遭遇的法律诉讼也非常复杂。泰坦尼克号邮轮属于英国，事发地点靠近加拿大，海难后许多遗体埋葬在加拿大，美国公司出资打捞，最初用的是法国的技术、第一批出水文物在法国修复，文物所属权和打捞权因此被各方争抢。经过多年的诉讼，在国际法庭及美国政府的先后裁决下，认定普利尔公司拥有出资所打捞的泰坦尼克号文物，并拥有泰坦尼克号文物的独家打捞权。但是，所属权的附加条件是这些文物必须做展示、研究用途，法国政府和美国政府均不允许出售这些文物，普利尔要组织专业部门对文物进行防氧化处理并妥善保管。1987年打捞的文物编号以87开头，被普利尔内部俗称为"法国文物"。法国政府要求普利尔对"法国文物"的状况定期做书面汇报，美国联邦法院则设专人负责普利尔的泰坦尼克号文物相关事务，每个季度不仅要核验书面报告，还要去现场检查文物的保管。

布莱恩作为多年在普利尔公司专门负责泰坦尼克号文物的律师，熟知这些法律规定。但是，也许是利益诱惑，也许是习惯于玩弄法律手段，布莱恩竟然也同意在申请破产保护时，提出出售几件泰坦尼克号文物作为公司资产重组的手段之一。与反对申请破产保护一样，我反对将泰坦尼克号文物打散出售。遗憾的是，我的反对权力非常有限。进入破产保护程序之后，债权人的利益放到了第一位，要考虑如何筹钱还债，同时避免我所提供的服务中出现利益冲突，

1|2|3　◎泰坦尼克文物精品展中有关三等舱（图1）和头等舱（图2、图3）的等比复原现场照

我还要考虑重组方案的资金来源，最后才是考虑股东的利益。从这些角度而言，我没有理由阻止以换取现金为目的的文物出售。按照提交给破产法庭的重组申请，普利尔公司计划卖3到12件泰坦尼克号文物还账。依照主张卖文物的布莱恩、迈克尔、安德鲁等人的构想，卖几件文物的目的是投石问路。一旦法庭同意了"不得已卖文物才能还账"的理由，普利尔可以出售文物，那就相当于打破了法国和美国政府的限制。限制能被打破一次，就能被打破一百次。

　　申请递交上去，并同时提出普利尔公司有意向出售部分少量文物偿还债务等信息，破产保护法庭接了案子，对外公布普利尔公司进入破产保护，普利尔公司则向所有的债权人等相关单位发出通知。通知尚未全部发完，法国政府通过大使馆向美国破产法庭递交反对出售属于法国政府监管的1987年打捞出水的泰坦尼克号文物的文件。破产法庭收到法国政府的反对意见后通知了普利尔，普利尔则立即向法庭提交针对这份反对意见的反对声明，并且申请法庭确定一个开庭日期，通知法国大使馆代表法国政府到法庭上当面辩论。就在开庭前两日，法国大使馆发来信函说，由于法庭递送给他们的通知不符合国际法中

政府之间的文件递送流程，他们不能出庭。普利尔只得申请法庭改期开庭，并且聘请专家，在专家的指导下，才将出庭通知以正确的方式送达法国政府。由于双方的沟通必须以通过向破产法庭递送文件的方式进行，而任何一份文件递交上去，法庭都是21天才批示，因此往来的时间很漫长。

就在法律文书传来递去的过程中，普利尔发现了蹊跷之处——法国大使馆对我们的相关动向、意见掌握得清晰且迅速。一次董事会上，我们讨论了法国政府递交给法庭的文件中的漏洞。次日，法庭就收到他们补交的更正及相关的新文件。如果说刚开始那次破产保护通知未全部发完，他们就递交了反对意见，还能理解为巧合，那么这一次肯定是我们的董事会议内容被他们知道了。经过一番查找，确实找到了信息泄露的途径。大概是知道小辫子被抓住了，法国政府于2018年10月撤销了他们提交给法庭的针对普利尔出售"法国文物"的反对意见。至此，普利尔的"法国文物"算是从法国政府的遥控下解脱出来。

但是，普利尔是否能将"法国文物"出售而不受美国联邦法庭制止呢？稳妥起见，我们将打算销售几件"法国文物"来还债的意向提交给了联邦法院专管泰坦尼克号文物的史密斯法官。史密斯法官是联邦法院的第二任专职负责泰坦尼克号文物的法官。我并购普利尔公司时，不仅要经过她审核并购文件，我本人还要到法庭上接受她的问询。针对普利尔打算出售"法国文物"的意向，史密斯法官的答复是：根据某某号判决，美国的泰坦尼克号文物不能单件卖，可以整体转让。其中并未提及"法国文物"。这样的回答意味着普利尔可以尝试去卖"法国文物",但也可能由此被史密斯法官判定为违规甚至被罚没打捞权。

收到史密斯法官的回复后,普利尔内部又发生了分歧。安德鲁代表的小股东委员会主张既然法国政府放弃了管理,不如将"法国文物"全部单件拍卖,以获得最大化的经济利益,我则反对。从我内心深处,依然是希望文物不要拆开,更担心打捞权被收走。泰坦尼克号存放着航行相关文件的保险箱还没有被打捞上来,沉船相关的原因及隐秘还有待揭开。残骸中还有乘客和船员的遗体,我认为将来有机会也应该打捞上来下葬,让他们入土为安。

当年马克的投资进入普利尔前,曾提出要评估文物的市场价值。普利尔花了80万美元请了纽约的一家专业公司做了评估,判定泰坦尼克号文物价值2.18亿美元。原本我们打算再找纽约那家公司去评估、拍卖,但是他们不再接手,因为上次他们评估后试图拍卖却未成功。于是,在普利尔与法国政府拉锯战的同时,我们聘请做并购的专业公司美国格尔斯财务公司为泰坦尼克号文物做评估和销售。经过大半年的工作,格尔斯财务公司的回告是,找遍了全世界拍卖文物的地方,没有几家公司能接手泰坦尼克号文物单件拍卖的业务。仅一家表示有兴趣,但要先付100万美元的首付来做价格评估。普利尔已经欠债了,没有能力再支付这笔首付款。格尔斯财务公司提交给普利尔的建议是卖公司更稳妥。

董事会讨论后,接受了格尔斯财务公司的意见,也认为如果执意要卖文物,有可能会失去打捞权,且卖几件文物很可能还不够还债,得不偿失。因此公司重组方向转为出售公司。普利尔按照破产保护规定,向破产法庭、小股东委员会、债权委员会及政府信托,报告了新的重组计划。随着方案的改变,普利尔的股票跟着走低。2017年年中,普利尔开始着手出售公司,并向法庭申请破产保护延期,以求仍能自主决定重组方案。

回顾从 2015 年 11 月 1 日正式接手普利尔，到 2019 年 9 月普利尔最终售出这段经历，我仿佛不是接手了一家上市公司，而是坐上了载着太阳神狂奔的金马车，拉车的几匹马各怀心思，各自朝着想去的方向挣扎，全然不顾本来应该走的路线。我竭尽全力地紧握缰绳，不要让车辆意外倾覆。上车前怀着雄心壮志要做大公司，转眼间就到了要卖公司的节点。也只能走一步，看一步，在其位，谋其政，做好该做的事情。

普利尔做出出售公司的决定后，由所聘请的专业并购公司格尔斯财务公司公开了拍卖消息，有针对性地向全球资产足够、可能有兴趣的 140 家大公司发出拍卖通知，以确定起拍价（Stalking horse bid）。两三个月内，格尔斯财务公司收到 30 多份积极的回复并签订保密协议；经过初选，圈定了十几家可能的客户；通过背景调查，又筛掉了大部分，留下来 5 家公司。这 5 家公司包括一家美国做迷宫的公司、一家美国金融公司、中国的龙国文化投资集团、英国的大英博物馆及中国香港财务管理投资公司派克桥。格尔斯财务公司再对这 5 家公司做深入调查，进一步接洽。

迷宫公司是小股东委员会联系的，据说也与萨姆有关联，他们的报价太低，仅为 500 万美元，只能被淘汰。

美国金融公司也很快被淘汰。在普利尔与我谈并购前，马克曾提出要将自己拥有的普利尔30%的股份以1.6亿美元转给这家金融公司。消息已经发布，收购也要进行时，金融公司突然终止了交易，为此受到马克的起诉。无论什么原因的毁约，都让金融公司的信用度不符合收购要求。

派克桥公司坚守在谈判桌上——他们通过了格尔斯财务公司的调查和背景审核，2017年10月，派克桥公司认可了3000万美元的要价。在等待他们进一步的行动时，派克桥公司忽然沉默了。过了数日，格尔斯财务公司发函询问时才得知，安德鲁竟然直接打电话给派克桥的负责人，威胁他说："你们来买，我肯定不同意。我会去法庭上起诉你们的。"受到股东如此强烈的反对，派克桥也不想惹麻烦。这件事在董事会上由格尔斯财务公司公布后，大家都很震惊。安德鲁这样的做法完全违规。即使他有什么意见，也应该通过格尔斯财务公司来传递，而不能自己直接与派克桥联系。格尔斯财务公司对于普利尔股东这样无法无天、严重影响他们的工作的行为表示抗议。普利尔的律师与安德鲁交涉，在他的抵赖下不了了之。

这件事报备了破产法庭。安德鲁反对派克桥购买的原因是认为派克桥同意3000万美元的报价，说明这个报价低了，派克桥将要"捡便宜"。其实，如果安德鲁确实对公司有信心，认为3000万美元要价低了，他完全可以自己组织资金来购买。搅黄了派克桥的收购，普利尔仍然没有钱，作为股东的安德鲁也仍然拿不到钱，结果是两败俱伤。

2018年年初，大英博物馆经过一段接洽后，给出2000万美元的口头价格。大英博物馆是债权人委员会的会长詹姆士联系来的，他们对5600件泰坦尼克号文物表现出强烈的收购意愿。毕竟，泰坦尼克号是英国的船，乘客们也绝大多数是英国人，灾难发生后对英国影响很大。从公司收购的角度看，大英博物馆对文物的保存、管理、修复、研究都毋庸置疑，这都是积极的方面；但是他们收购后，也许会将文物全部搬运回英国，普利尔公司的一两百名员工将丢失工作，美国也从此失去一个百年文化品牌。那么史密斯法官是否会干预？或者美国联邦法院为了避免美国失去泰坦尼克号文物的可能性，而干脆不同意大英博物馆收购普利尔呢？未及这些担心继续深化，与大英博物馆的谈判便开始走下坡路。当他们给出正式的报价时，改成了 1500 万美元。显然，这与先前的热情洋溢有了差距。普利尔的"买家须知"规定，有意向的买家必须预支销售价的 10% 作为不可退还的定金。大英博物馆强调诚心想买，绝不会赖账，但是需要集资的过程，而且限于机构属性，他们无法缴纳、也无须缴纳定金，大英博物馆的招牌就是最有力的保证！我们完全相信大英博物馆，不过本着平等、公平的原则，无法为他们改变规则。他们的申请只能作为备用。

大英博物馆出价 1500 万美元的消息发布给小股东委员会、债务委员会、政府信托、破产法庭后不久，2018 年 3 月初，格尔斯财务公司收到了第二份购买申请。申请者为"普利尔收购集团"，是由世界上最大的金融集团之一的阿波罗财务管理公司挑头成立，成员包括阿波罗财务管理公司、奥塔财务管理公司及派克桥公司，3 家都持有普利尔的股票。他们给出的报价是 1550 万美元，不付定金。经过格尔斯财务公司的谈判后，他们的出价提升到 1750 万美元，同意付 10% 定金。派克桥的存在让安德鲁又开始暴躁，向法庭起诉是我透露了消息，否则为何"从之前的 3000 万美元降到 1550 万美元"。他似乎完全忘记了普利尔卖价被腰斩是他自己一手造成的。事实上，为了避免利益冲突，我回避一切与拍卖公司相关的事务，更不会与派克桥等相关公司直接联系。每一次必要的通话都是由格尔斯财务公司事先安排及共同参与电话会议。安德鲁的起诉实在荒唐，可是律师也必须去法庭应诉，提交事件发生后给法庭的备案信息。安德鲁提出来要查我全部的公司电邮，律师说我无权不提交。折腾一番后，一无所获，而普利尔为此支付了 20 多万美元的律师费。其实，我认为，普利尔收购集团的三家成员作为普利尔公司的股东、派克桥又是债权人，他们完全能从公司公开的渠道获得大英博物馆的报价，从而确定自己的报价。

当格尔斯财务公司将普利尔收购集团 1750 万美元的报价提交给普利尔董事会时，我们还是感到有些沮丧。我敦促几家之前表示过购买兴趣的公司抓紧报价，收到了龙国文化投资集团五六千万美元的报价。在董事会上，有位律师质疑龙国文化的资金，说"不要相信任何中国的公司，他们的注册资金全是假的"。这种扣帽子既是非理性的表现，又有种族歧视的成分，我当即反对："你怎么能这样说？你有什么证据？"这位律师有些下不来台，以辞职来搪塞："我为普利尔提供服务，如果普利尔的董事长都不相信我说的话，那么我的服务还有什么意义？"当然，董事会后，律师也没有辞职，与龙国文化的洽谈按部就班地进行下去了。遗憾的是，在约定的时间到期前，他们由于未能提供所需的资金证明而出局。

在与龙国文化接洽的一个多月中，普利尔收购集团的报价被搁置。2018年5月，董事会不得不回到普利尔收购集团的报价上。经过认真考量，董事会让格尔斯财务公司把普利尔的要价改为1950万美元。当时局面比较危急，在他们的报价上加了200万美元也是在博弈。他们如果不愿意我们加价，完全可以离开。那么普利尔就只有大英博物馆一个选择了。而大英博物馆的最大风险是美国联邦法院潜在的否决。随着时间的推移，客户们回应拍卖的热情越来越低。如果10月30日的破产保护延期时间到达，拍卖公司还八字没有一撇，法庭也许不会再允许延期，那就会失去确定公司重组方案的独家权，普利尔将陷入极其被动的局面。不过我认为阿波罗资金雄厚，加价200万美元对他们的心理承受力不构成影响，既然已经组建了"普利尔收购集团"，应该是志在必得。事实证明，我们的推测是对的，他们接受了这个价格。

2018年10月30日，破产法庭通过了普利尔公司以1950万美元的价格起拍。30天等待期内没有收到更高的报价，格尔斯财务公司确定普利尔收购集团获得了以1950万美元的价格购买普利尔公司的购买权。但是，在普利尔收购集团向格尔斯财务公司递交正式的购买意向时，买公司改成了买资产，以免将来陷入普利尔公司的债务麻烦中。

2018年11月，普利尔公司将普利尔收购集团以1950万美元的价格收购普利尔全部资产的重组计划呈交法庭。经历了数月小股东委员会、债权委员会、政府信托及其他股东各方的多种反对、查证后，终于在2019年3月被格伦法官批准，继而送到史密斯法官那里等待审批。像当年"面试"我一样，史密斯法官对新的股东也进行了同样的操作。法庭批准后，进入正式的操作中。首先要统计所有持股人名单，将公司结业、破产的通知发给所有持股人，主要内容是公司资产被卖掉了，但所有员工的工作保持不变。2019年9月，买方资金到位，普利尔董事会要签收全部文件，这次董事会开完之后，董事会解散。我留下来与买方新成立的EMG公司交接。通知所有债权人，按照偿还次序，计算各位债权人可能拿到的款额。通知所有的合作客户，说明普利尔已经结业，接手的公司是EMG，相应的合同替换为EMG的合同。

公司资产中，有一项很特别的是恐龙王公司。恐龙王公司是在加拿大注册及运营的加拿大公司。申请破产保护时，考虑到两国法律不同，未将恐龙王公司置于破产保护之下。EMG在接手恐龙王公司时，由于找不到一个全能型的负责人，曾提出让我重新经营恐龙王公司，他们提取盈利的25%。恐龙王公司仿佛是我一手养大的小孩，我当然希望它能继续发展，但我也有一些接手的障碍。年龄不饶人，我早年为自己设定的退休年龄恰好到了；恐龙王公司几年来受到普利尔破产保护严重的影响，接手后经营的现实难度不小；再加上当时疫情已经在全球大流行，不知何时能消退，综合考虑后，我没有接手。2020年5月，EMG决定将"恐龙王"结业。6月，资产拍卖消息传出后，不少熟悉"恐龙王"的公司联系我，希望投资"恐龙王"，让我继续运营。我将自己的分析如实相告——除非准备好数百万加元、花一两年的时间重新拿回市场，否则不要涉足。无论谁投资，我都希望不要赔钱。

在批准普利尔的破产重组法案之后不久，大法官格伦与世长辞。普利尔马拉松式的破产申请一定令他费神费力，他几次感叹过："这样的案例可以写入美国法学院教科书中。"普利尔这些案例之所以能引发联邦法院终身大法官的感叹，是因为为了挣钱，安德鲁等人将法律的武器运用到了"炉火纯青"的地步。

6 看似花团锦簇，其实步步惊心

起初我不明白安德鲁为何处处与我和董事会为敌，找茬不断。经律师点拨后我才明白，他之所以不择手段一次次信口雌黄地找各种理由去起诉董事会、起诉我，目的是要让保险公司赔钱。普利尔购买了赔偿额为3000万美元的公司险，如果管理层某项操作被证实失误导致公司市值下降，保险公司就应该赔偿一定的损失。

2015年12月，安德鲁起诉我为"恐龙王"做假账以扩充资产。"恐龙王"与美国雪松公司旗下的16个游乐场合作，以门票分成的形式成功建设了9个大型恐龙来袭公园，合同期为7年。在2014年由于雪松公司得知"恐龙王"将被上市公司普利尔收购，雪松公司决定以分期付款的形式买断9个恐龙公园的拥有权，并于2015年支付了几百万美元的首期定金，承诺余款分7年付清。按照加拿大的税法，"恐龙王"收到数百万美元的定金需要计入当年的收入、报税。安德鲁说，既然全部账款要在7年内完成，那么第一笔款也应该只有七分之一属于当年收入，其他算是之后几年应付款的"预付款"；"恐龙王"故意将七分之六的款额都计入当年收入，是为了扩大资产，以达到并购时1500万美元的折价。1500万美元在并购时只兑现了800万美元，安德鲁作为股东，对此非常清楚。而且安德鲁所说的记账差异完全是由于美国和加拿大的税法不同所致。可是对他这样的胡搅蛮缠，法庭也会立案。由于诉讼的是并购之前的事情，保险公司与普利尔均未介入，我只能自己聘请律师辩护。

审查一番，"假账"不成立，且与保险公司无关，安德鲁又找了一个新的理由投诉，这一次把董事局成员全部包括进来了。2016 年 4 月，财务公司按照美国法律，完成了账面调整。安德鲁认定调账导致公司股票下跌。事实上，当时公司股票是上涨而非下跌。他的这一招显然不灵。6 月份公司申请破产保护后，安德鲁向破产法庭投诉，指责董事局在明知道账面不对的情况下，故意拖延调账，调账后立即申请了破产保护，把好端端的公司给毁了。对这样的瞎编虚造的指责，我们还要请律师应诉。保险公司认为他的投诉是"假账"的延续，依然不肯接手。普利尔已经进入破产保护，公司律师认为不应该再拿出钱来支付对"个人"的投诉。董事局成员只能自己找律师应诉。大家想一起联手雇请律师，可是律师不允许我加入这个团体，因为我是 CEO、是公司管理人员，有利益冲突等，所以我还是只能自己花钱聘请律师。

每次重要事项开庭，我都带着法务助理杰西卡和我们的律师团队以及有关人员一起出庭，占用了我大量的时间和精力，但是也有机会目睹了安德鲁等人的泼皮无赖式诉讼。安德鲁对我起诉和投诉的借口可谓五花八门。他投诉我肯定进行了股票套现，提出要查我的股权。查证后发现无论股市高还是低，我的股票丝毫未动。他又去法院投诉说："道平鲍是申请破产保护的主谋，目的是趁破产拍卖时低价买入，全部吞掉公司。""有证据吗？"法官问道。"没，没，没有，但是我们感觉，感觉是……"还未等到安德鲁说完，法官就打断了他的证词："不必再说了，等你有了证据再来吧，不要浪费时间了。休庭。"就这样，刚刚开庭不到几分钟就结束了，可是我们也得从温哥华、辛辛那提、亚特兰大、纽约等各城市赶到迈阿密的法庭。此外，事实上，劝说我同意公司破产或申请破产保护的人中，就有安德鲁。他不是忘记了自己说过的话，而是故意颠倒黑白，不断找借口，让保险公司来赔钱。安德鲁也不是闲着没事才找事，美国的法律环境确实有通过莫须有的理由来起诉而发财的机会。

2018 年，安德鲁就得手一次。他起诉普利尔之前的董事会，诉讼理由是他们对"恐龙王"的账面查验不细致，导致"假账"；分两次收取我们的 1350 万美元去救急是内部交易，有"猫腻"，他说他也可以拿出这么多钱来。实际情况是，普利尔需要借贷的信息是完全公开的，股东们都知道。安德鲁的这些理由根本站不住脚，甚至他的起诉本身就站不住脚。由于已经给之前的高层买了"尾巴险"，保险公司介入，双方协议后，保险公司为了息事宁人，赔给安德鲁 200 万美元。他找的律师是先打官司后分账的那种，也只有找这样的律师才能支持他不断诉讼下去。律师的分成比例一般从 10% 起步，很少高于 40%。即使是 40% 分成后，安德鲁这一次的收入也比我两年的董事长薪水还要高。将凭空捏造的两个自己都不一定相信的理由递交法庭，很快换回来超过百万美元的收益，还是免税的，简直和天上掉馅饼差不多了。

在一定程度上，这是一个"环境塑造人"的典型例证。加拿大的法律环境完全不同，在加拿大，很少去担心这类泼皮无赖式诉讼，而美国则完全不同。这也是我在接手普利尔之前未曾充分有心理准备的。接手之后这几年，我有了深刻的体会，并告诫那些向我征询商业经验的年轻人，在决定自己做商业、做上市公司、去美国上市之前，或者去美国上市公司担任高管之前，一定要问问自己——为什么想自己当老板？为什么想让公司上市？上市之后要达到什么目的？是否充分了解美国的法律，包括联邦和公司所在的州的法律？是否做好了被起诉的准备？公司是否给高管人员买了保险，保险人名单中是否包括了你的名字？要对美国上市公司的高管工作有一个明确的认识：这是一个看起来不错的高危职业，稍有不慎，便可能被起诉得倾家荡产。早些年，当我大学毕业不接受学校的推荐工作、一心要自己开公司时，米叔曾对我说过："如果想自己当老板，一定要做好被起诉的准备。"在加拿大几十年的商业活动中，我也经历过诉讼，可是像这样用杜撰的理由就能上法庭的案件，还真是令我大开眼界。

安德鲁越战越勇，他知道普利尔展览公司买的 3000 万美元的保险中包括我们所有董事会成员。"看来他拿不到保险公司赔偿是不会罢休的了，这样没完没了的无聊的官司打下去可不行啊。"我对我的律师团队说。在美国只要被告没有钱继续上法庭应诉了，你就输了。这也是在美国做生意时的风险之一。律师的建议是"起诉保险公司"。是啊，普利尔几十年来先后花了数百万美元的保险费，保险公司不应该袖手旁观。2020年6月，我起诉了保险公司，他们终于介入了安德鲁的系列诉讼。尽管起诉保险公司又花了我十几万美元的律师费，可是他们总算接盘，我也能松一口气，因为不知道安德鲁还要诉讼多久——1950万美元的成交价还账还不够，所有的股东无论大小都颗粒无收。保险公司同意进入时，我说："你们的加入，让我们看到了隧道的尽头。"

隧道黑暗而漫长，在行进中，我也有不少收获。其中最重要的一条是，接手公司时要大换血，管理层、律师团队要换成自己挑选的人，之前的班子最好不要留任。道理也简单，如果之前的班子没问题，普利尔这么好的基础、那么辉煌的过去，无论资产、市场、口碑都是一流的，业绩怎么能做得那么差？旧班子的人被留下来并不会感谢被留任而痛改前非，反而是会变本加厉。比如CFO迈克尔就是一个典型。迈克尔看起来很和善，尽管查账时已经发现他的种种劣迹，但是考虑到公司刚接手，颠簸动荡，我还是将他留下来，希望他能在新风气中做好工作。然而，就在申请破产保护的次日，他要着手完成一些与债权人的文件时，又准备不经我审核就自己签字。我发现后对他说："迈克尔，这些文件要我同意你才能签发。"恰好，公司新来的运营律师在办公室，她说："这里是美国，不需要你同意，CFO有签发的权利。"我再次重申，CFO的确有权利，可是公司也有财务章程。律师竟然又一次替迈克尔辩解。这种表现既不专业又不寻常。那一刻，我意识到，律师与CFO勾结在一起了。律师是布莱恩的律所派来的，我认为，他们之间的渊源不浅。

然而，解雇迈克尔也不是发一纸公函就行的。北美的劳资纠纷很频繁，被解雇员工倘若找到公司的什么把柄很容易就起诉公司。普利尔的一家分公司要解雇一个员工时，员工就以他是同性恋被歧视所以才被解雇起诉了分公司，分公司只能收回命令。迈克尔作为CFO，可以说一定程度上掌握着普利尔的"命脉"，特别是刚宣布了破产保护。所以，当时我没有深究，仅仅是通知了律所，要求换一个律师。回到温哥华后，我着手寻找合适人选担任新的CFO。经人推荐，找到了杰瑞，然后通知董事局来温哥华开会。25 日的董事会上，我直接宣布了解聘迈克尔的消息，随即向公司内部及债权人、破产法庭等相关部门发送了电子邮件通知。普利尔的技术部门同步切断迈克尔的工作电话、电邮，留下了他的工作电脑。一番教科书式的操作之后，公司的财务总监岗位平稳过渡。

这样的做法也是出于无奈。而且迈克尔不久之后加入了安德鲁的阵营，竟然将他被解雇前所负责的工作责任都推在我身上，继续向法庭投诉。由此，我深刻地体会到，与其一个个解雇，不如在接手之前做好接手团队，带好了再去接手、签字。新来的 CFO 杰瑞虽然年纪不轻了，可是非常敬业。上班一周后他就要出庭参加听证会。董事局很担心他刚来不能及时熟悉文件，没想到他在法庭上对答如流。格伦大法官问他是否看了很多文件，他说："是的，一周来我看的文件有两个从地板摞到写字台那么高。"作为董事局成员，杰瑞与我推荐的另三位董事局新成员一样，从上班伊始就遭遇诉讼，还不得不自己支付律师费，承受巨大的经济损失。对此，我感觉到很对不住他们，又无可奈何。

A18 THURSDAY, JANUARY 10, 2019 | RICHMOND-NEWS.COM

BUSINESS RN

MORE BIZ NEWS at Richmond-News.com

Bao steers new Titanic course

A Richmond company saved the world-famous exhibitions in 2015

Daisy Xiong
RICHMOND NEWS

When Richmond businessman Daoping Bao watched the film Titanic in 1997, he never thought one day his company would own all the relics from that "unsinkable" cruiser and display them all over the world.

Most people have seen the Titanic: The Artifact Exhibition at Lipont Place or in other countries, but not many know that a Richmond company "saved" these world-class exhibits three years ago.

Bao, from Shanghai, China, moved to Canada in 1984 where he studied film at Emily Carr University of Art and Design. He started Dinoking Tech Inc. in Ironwood in 2007, a company which produces animatronic dinosaurs for North American museums and theme parks.

Bao would probably have continued to focus on his animatronic businesses if an opportunity didn't occur to him in 2015, when Atlanta-based Premier Exhibitions, the owner of RMS Titanic Inc., which is the sole salvor-in-possession of the Titanic wreck, sought a merger.

"The company was $20 million in losses and was losing $400,000 every month. Many people didn't believe that I could make it, including my financial advisor who resigned," recalled Bao.

"But I believe in the Titanic brand. It has over 100 years of history, and it reflects the history and culture of so many countries. It is a very rare cultural brand in the U.S. I don't want to see it fail."

Spending US$ 13.5 million cash and meeting other conditions, Dinoking Tech Inc. was merged with Premier Exhibitions in 2015, in which Bao's team acquired a 47-per cent share and became the largest shareholder. Bao was appointed the chairman and CEO of the company.

After applying for bankruptcy protection and implementing a series of methods to reduce costs, including downsizing the workforce, Premier Exhibitions broke even at the end of 2016, according to Bao.

The company is transferring from the public sector to the private sector "to further lower the operation cost," he added.

> The Titanic: The Artifact Exhibition displayed at Lipont Place near Canline and No.2 Roads wraps up in Friday. Daoping Bao is preparing for their next exhibition in the Czech Republic. Daisy Xiong photo

"Last year, our revenue was US$ 20 million. But what makes me more satisfied is that I did something many people said I wouldn't be able to," he said.

Bao responds to controversies around relics

Premier Exhibitions currently has 5,500 Titanic relics, with around 1,300 on display annually in different countries, but Bao said these are only the tip of the iceberg.

"Everything was picked up outside of the shipwreck — we haven't salvaged anything inside yet," he said.

Many people have wondered what the company is going to do with all the relics, which are valued at billions of dollars.

"We possess all the salvaged relics and those to be salvaged in the future, but the American court has ordered that we cannot damage or discard any of them, and we cannot sell them separately," said Bao.

However, some 2,100 artifacts recovered by the company in 1987 together with a French maritime institute, are an exception, according to Bao.

"The French government had a say on these relics before, but we challenged their rights in court in 2016 and won the case. We now have 100 per cent say over these artifacts," he said.

"So legally we can sell them piece by piece, but it doesn't mean we will," he added.

Currently, there are controversies around salvaging the wreck, as some are concerned that the wreck is the graveyard of the people who lost their lives and should be left in peace.

"Personally I don't agree with that," said Bao. "If the dead's items cannot be touched, then all the museums have to be closed and there wouldn't be history for human beings."

He said the company puts samples at the wreck site regularly to test the erosion rate.

"One day, everything will be eroded and gone. They are historical relics and I believe all of them should be salvaged and preserved," said Bao.

But Bao noted that the whole salvage process will take a long time, and the cost is around US$ 1 million per day.

"In 2010, we did a major mapping project of the wreck, and we plan to go down once this year," he said, adding all the artifacts are preserved by their collections department.

Although there is much speculation about the reason for the sinking of the legendary cruise, Bao believes the truth lies in the safe in the shipwreck which has never been opened.

"There were two hours from the beginning to the sinking — enough time for the captain to leave a message in the safe, where he knows it is the safest place," said Bao.

◎ 2019 年 1 月，《列治文新闻日报》有关我收购全球最大的泰坦尼克文物展览公司，避免该批文物因原持有者的财务危机而流散的报道

倘若我接手普利尔时带去的是自己的团队，申请破产保护这样的事情应该不会发生，那么普利尔的故事就是另一个版本。现实版中，最现实的是我财务

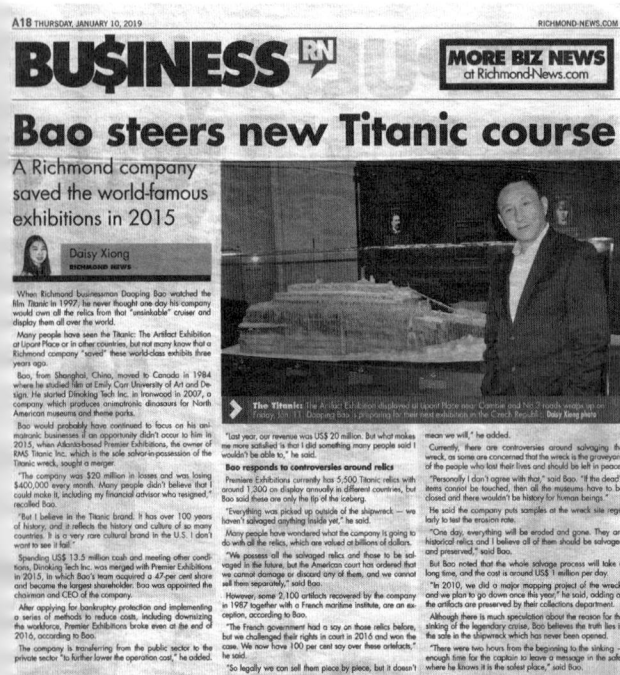

方面的严重受损。进入破产保护申请后，作为公司的 CEO，我必须代表债权人的利益而放弃股东的利益，所以我与一起投资的朋友签署了退出共同进退关系的协议，并向破产法庭提交备案。并购普利尔的一个促因是为了不让朋友们的投资付之东流，拍卖普利尔时基于同样的促因，我能做的是安静地放手、不参与投标购买中。因此，当普利尔的资产被买走后，我们在普利尔公司拥有的上千万的股票都被归零了，我们投资的 1350 万美元的现金也石沉大海血本无归，还搭上了我一手缔造的世界恐龙展览业第一品牌"恐龙王"。"恐龙王"的陨落，不只是我个人的损失，也是每年数千万恐龙爱好者的损失，也是百万学生的损失，更是恐龙展览业的极大损失。几十种惟妙惟肖、被科学家认可、令观者流连忘返的高仿恐龙，数年来兢兢业业搜集、编写的内容严谨、适合不同年龄孩子阅读的科普资料，细致入微的展览设计，一切一切，皆烟消火灭，想想都令人心痛。

普利尔如同我的南柯一梦。不同的是，梦醒后，失去的永远失去了，梦中的蚂蚁之战仍在继续。好在我天性乐观，朋友们说我不知愁，遇事总是喜欢往乐观的一面想，对已经失去的我不愿意多想，在意的是我得到了什么。在普利尔之旅中，抛开美国上市公司的经营、法律经验，我还收获了一个惊天的秘密——泰坦尼克号沉没之谜。

7 非正常的正常死亡

由莱昂纳多·迪卡普里奥与凯特·温斯莱特主演、加拿大歌后席琳·迪翁演唱主题曲的电影《泰坦尼克号》1997年上映后，在影坛引起轰动。作为电影专业人士的我，自然也很关注。电影热潮过去后，泰坦尼克号沉没的惨剧却在我脑海中挥之不去。在感叹自然界强大、无情的同时，我也产生了疑问：为何一艘巨轮能如此脆弱？有了这样的疑问，遇到与泰坦尼克号相关的信息时皆很留意。这也是当初普利尔公司伸出并购橄榄枝时，我比较积极的原因之一。

真相究竟怎样？载着无数秘密的泰坦尼克号在海底沉默不语。但是，没有所谓永久的秘密。2017年冬天，我遇到了和我一样留意泰坦尼克号沉没之谜的盖瑞，他的讲述更证实了我的推测。

居住在底特律的盖瑞将附近的海洋市建于1866年的剧院改建为泰坦尼克博物馆，用以展览等比例缩放的泰坦尼克号船的船模和他经营的其他模型。2017年10月，白露看到一个泰坦尼克号仿真船模的销售广告，一路查访后认定打广告的是冒牌的，正品在盖瑞这里。白露给盖瑞打电话却吃了闭门羹。白露对我说："道平，我找到他了，可是他说，凡是普利尔的人他都不讲话。"盖瑞的倔强激起我的兴趣。不讲话不要紧，我可以登门拜访。

11月，趁着去美国开展览会前的半天空当，我去了盖瑞的博物馆。听了我的自我介绍，盖瑞直截了当地说："我不想和你说话，我对你没兴趣。"我说："我不清楚你和普利尔过去有什么不愉快，我是新任的CEO，也是刚接手。"他说："我对你们太了解了，你们没一个好东西，全是骗子。"话说到这里，我只能迂回前行了。我听他口音像纽约人："你是纽约人吗？口音像那边的。""是啊，我曾经在纽约待过很长时间。"我好奇他的职业："你在纽约做什么工作呢？""我做市场推广。""在纽约做市场，那可不容易！"这绝非恭维，是我的切身感受。"那当然不容易！不过我做得很好，人们都称我为'市场天才'！"受到赞誉后，美国人和中国人的态度截然相反。美国人会嫌你夸得不够，还要自夸两句，中国人则一味自谦，有时候自谦过度到自损。"市场天才"的说法令我回想起费城的沃克先生。"你认识沃克先生吗？"听我提到沃克先生，盖瑞语气亲切起来："他是我的教授啊！你也认识他吗？""他是我的哥们儿啊！我曾花了大量的时间跟随沃克先生学习。"我们之间的冰墙融化了，盖瑞兴致勃勃地和我聊起来詹金顿沃克会所的往事。他说没想到我也是沃克先生的弟子，我说是啊，这就是缘分。破冰之后，盖瑞的话匣子打开了，然而我却不得不离开，赶飞机参加新泽西的行业展览会。

三天后，展览会结束，同事们返回温哥华，我要再去拜访盖瑞。展位上，孤零零地留着一只拇指盖大的小恐龙。白露说，小恐龙是不知道哪家文创公司留下的样品，没什么用。不忍心小恐龙被当成垃圾遗弃，我把它捡起来顺手装在钱夹中。与CFO杰瑞在底特律会合后，我带他一起去拜访盖瑞。我向杰瑞介绍盖瑞时，特意强调："他是泰坦尼克专家，他的最好的朋友是罗博特。"

罗博特是美国退役军官、资深水底考古专家，1985年带队发现泰坦尼克号残骸，也参加了泰坦尼克号文物第一次打捞。不知何故，他在参加了1987年的打捞后与普利尔公司结了梁子，经常公开批评普利尔打捞、展览泰坦尼克号文物是惊动亡者、赚黑心钱等。他的这种观点也有不少支持者。对此，我向盖瑞阐述自己的观点：如果按照这个说法，那么全世界的博物馆都需要关闭，哪

一件展出的文物不是死者的？泰坦尼克号隐藏着太多的秘密，如果我们不做打
捞、研究，那岂不是让沉冤海底的死者更无望吗？我认为，对泰坦尼克号上千
位死者来说，最好的方式是尽快打捞、让他们入土为安、为他们解开沉船之谜。
谈到罗博特，我也请盖瑞转达一个建议：关注泰坦尼克号的人不少，但是真正
了解的人全世界数下来可能也就是这么几个。无论普利尔与他之前有什么不愉
快，毕竟都在研究、保护泰坦尼克号，大家都是同一条路上的行者，何必互相
攻击？我想，罗博特收到了这一信息。那个周末例行播出的《国家地理》对他
的访谈延期了，下周播出时，没有再听到之前几乎每一期都有的他对普利尔的
指责。

这次见面，我们谈到了实质性问题。我问盖瑞："你的模型是按照等比例
制作的，怎么可能呢？泰坦尼克号 1912 年沉没了，你的模型是哪年造的？"
盖瑞顿时垂下了头，沉默片刻："我不能说，我说了会没命的。"坊间有个说法，
凡是与泰坦尼克号发生深度关联的都没有好运气。难道盖瑞相信这个说法？"你
也相信泰坦尼克号等于厄运的说法吗？别信那些，告诉我吧，你怎么可能知道
泰坦尼克号的全貌呢？"盖瑞想了想，抬起眼望着那个泰坦尼克号模型说："好
吧，过去这么多年了，造船厂也倒闭了，我就说一点给你听吧。"于是，他带
着我漫步走向幽暗的博物馆中央大厅，站在 7 米长的泰坦尼克号船模前，声情
并茂地讲起他的冒险之旅。

据盖瑞说，1985 年，泰坦尼克号残骸被发现后，泰坦尼克号的制造厂家哈
兰德 & 沃尔夫（Harland & Wolff）在美国找到他，想让他按照线索还原泰坦尼
克号的造船图纸并制造等比例模型。"我是做市场推广的，与造船业没有任何
关联，这是吸引他们的地方，而且他们说，也了解到我不缺钱、做事执着认真，
对选定的目标能持之以恒地投注热情，不在乎付出。"好奇心促动盖瑞爽快地接
受了这个任务。

"你知道谈妥后，他们给了我什么？——一张集装箱提货单！"盖瑞张开
双臂比画着："他们竟然运来了一集装箱图纸！"这些图纸是泰坦尼克号姊妹
船奥林匹亚号的图纸，当初建造泰坦尼克号时，用的就是这些图纸。"这么说，

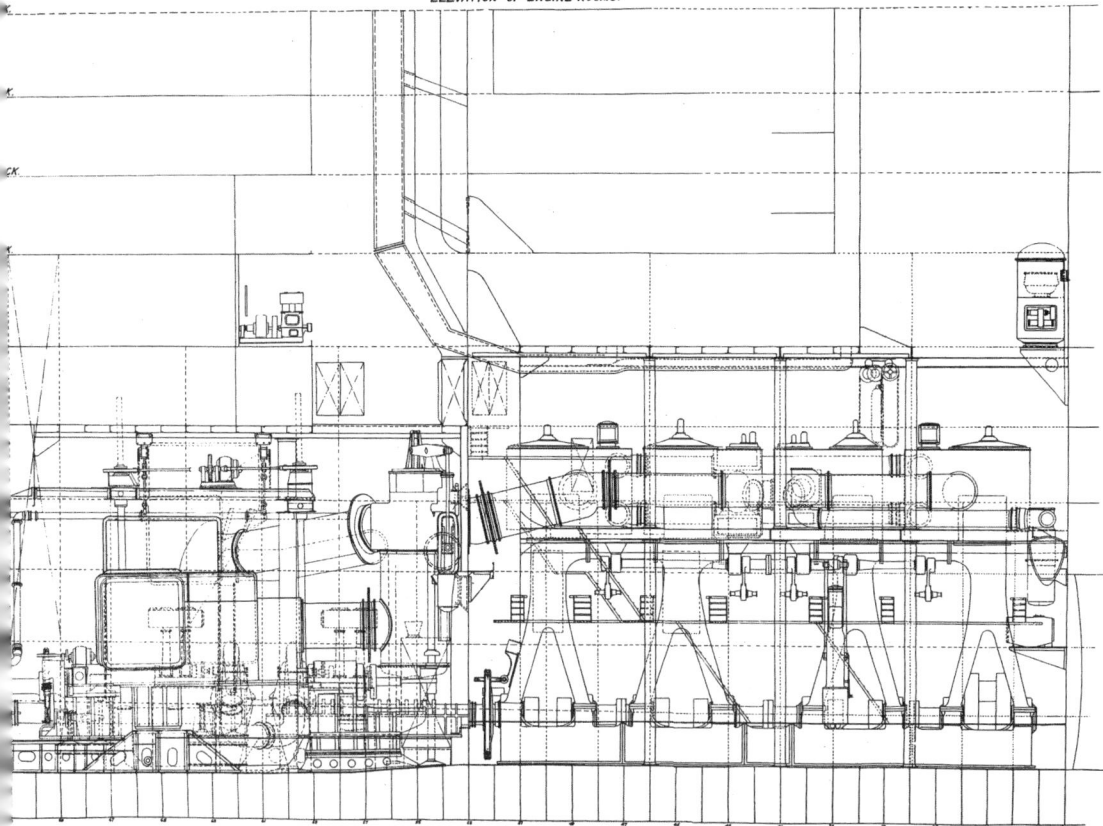

◎ 1911 年复原的泰坦尼克号蒸汽动力机械布局图

泰坦尼克号根本没有自己的图纸？”我疑惑地问道。盖瑞摇摇头：“没有，但是建造时，他们又没有完全按照奥林匹亚号的图纸建造，而是做了很多改动。”“改动？为什么？”盖瑞又摇摇头：“我也不明白。好在工程师们在改动时，都做了笔记。”盖瑞去过哈兰德＆沃尔夫，看着负责人从散布在厂区不同地方的十几个保险箱中拿出来工程师们做的改动记录，纸张尺寸、笔迹各异，共284页。工厂给了他复制品。

笔记上详细记录了建造泰坦尼克号邮轮时改动的每一项内容，诸如逃生门宽度大小的调整、船长室窗户形状的改变、救生艇数量的减少等。最令盖瑞不敢相信的是泰坦尼克号邮轮上最后一根烟囱只是一个摆设，完全没有设计放锅炉设备的位置！“我看到这一条时，惊出来一身冷汗！”盖瑞还特意去德国找到当年生产锅炉的厂家，复制了锅炉的图纸。

造船厂给的经费高达数百万英镑，盖瑞改行做起来船模生意以掩盖使命。做了一番调查，发现做船模最好的技师在苏联。在中间人托尼的带领下，他在苏联见到了5位优秀的船模制作者。两周后，盖瑞再次来到苏联，避开托尼找了个小城市，在几栋避暑别墅中隐姓埋名开始做船模。为了保密，盖瑞先生用蚂蚁搬家的方式，每次快递一桶一加仑的油漆，在油漆罐里把装有五百、一千美元纸币的密封袋一起寄往苏联，给工人们购买材料并支付工资，就这样前后10年转去了100多万美元。

盖瑞通过这种方式陆续把钱转给苏联的制作者们以购买材料并支付工资，他自己也经常两边跑。花了7年，完成了3艘等比例的泰坦尼克号船模，最大的按照40：1的比例制作，两艘小的按照198：1的比例制作。完工后，他请技师们带着家眷举办了一个派对，当夜便用集装箱将船模运走。最大的泰坦尼克号船模和改好的图纸按照约定交给了爱尔兰船厂。没过几年，船厂倒闭改组，他们将泰坦尼克号的船模送给了盖瑞，算作对他一番努力的纪念。

故事听得津津有味，可是晚上不得不离开博物馆。我与盖瑞告别时，盖瑞说："道平，你等等。"说完就大步向博物馆深处走去。一会儿他兴冲冲地回来，说："道平，你闭上眼睛，伸开手。"这是要送我什么吗？还这么浪漫。"现在睁开眼睛吧。"睁开眼睛，我看到手中有一把精致的小小的铜的凳子。盖瑞说："这是泰坦尼克号船模甲板上的小凳子，我从来没有把泰坦尼克号船模上的东西送人，你是第一个。"有来无往非礼也。"盖瑞，你也闭上眼睛，伸开手。"盖瑞说："不，不，我是送给你的，不要你买。"我说："我按照你说的做了，现在轮到你了。"盖瑞闭上了眼睛，我将钱夹里的小恐龙轻轻地放在了他的手里。睁开眼睛看到小恐龙，盖瑞惊呼起来："你怎么知道我喜欢恐龙？恐龙是我的最爱！"我故意悠悠地说："你不喜欢恐龙，怎么会收藏恐龙蛋呢？"盖瑞更吃惊了："怎么，我放在角落里的恐龙蛋你都看到了？"那当然，我是恐龙王嘛，我在心里得意地说。

两天后，我第三次来拜访盖瑞，这次带着拍摄团队。盖瑞先生邀请我们摄制组住在他位于湖边的家中，并面对着摄像机，仔细讲述了重新制作泰坦尼克号邮轮图纸和模型的真正用意。盖瑞先生还展示了那些复制的建造笔记、泰坦尼克号与奥林匹亚号两份图纸的区别之处等许多资料。摄制组录制了三天三夜，满载而归。我与盖瑞先生做了未来联合举办"泰坦尼克号沉没之谜"展览的规划。盖瑞先生说罗博特很想认识我，他会安排我们见面。我们有不少打算，打算强强联手，大干一场。

两周后，12 月 15 日，我正在公司总部开例会，突然接到一个紧急电话："道平先生，盖瑞去世了！"盖瑞先生的助理、未婚妻劳拉哭泣着告诉我。"他怎么死的？"我急忙追问死因，"警方的鉴定是自然死亡"。盖瑞先生开朗健康、身姿矫健、精力充沛、声如洪钟，怎么会说走就走了呢？"我不能说，我说了会没命的。"—— 我突然想到了盖瑞先生三周前曾说过的预言，难道真是兑现了吗？就这样，带着所掌握的第一手的泰坦尼克号的秘密，盖瑞先生从人间消失了，留下的只是我永久的回忆。

8 泰坦尼克号沉没之谜

　　盖瑞走了，泰坦尼克号沉没解密没有停止。至少，还有我仍在关注。我要将所有搜集到的疑点、证据、素材等汇集于我的《泰坦尼克号沉没之谜》，最终将以影像、文字的形式呈现于世人，为葬身于冰冷的大西洋的1500多位泰坦尼克号的船员、乘客鸣冤。

　　2014年，开始与普利尔公司接触之后，对泰坦尼克号的文物有了直观了解，我在电脑中建立了一个关于泰坦尼克号沉没之谜的故事文档。遇到什么线索，或者想到什么情节，就随时在文档中记录几笔。2015年春天的一个周日，陪伊莲逛街购物，坐在商场的椅子上等她时，集悬疑、凶杀、爱情、冒险、揭秘于一体的《泰坦尼克号沉没之谜》的故事突然浮现出来。在等待的四个小时中，这个故事慢慢在头脑中膨胀，渐渐形象分明。此后，随着线索的增多，故事内容更加丰富。2020年春天，我组织了电影创作团队，从英文电影剧本的撰写开始，展开了好莱坞同名电影的拍摄筹备工作。

　　我认为，泰坦尼克号的沉没是人为所致，是人祸，而非天灾。

　　2016年秋天，我拜访了曾经协助普利尔公司做海底探测扫描的研究所，清晰地看到了扫描图片上的圆形洞口。泰坦尼克号海底的残骸中，船头和船尾相距2.6

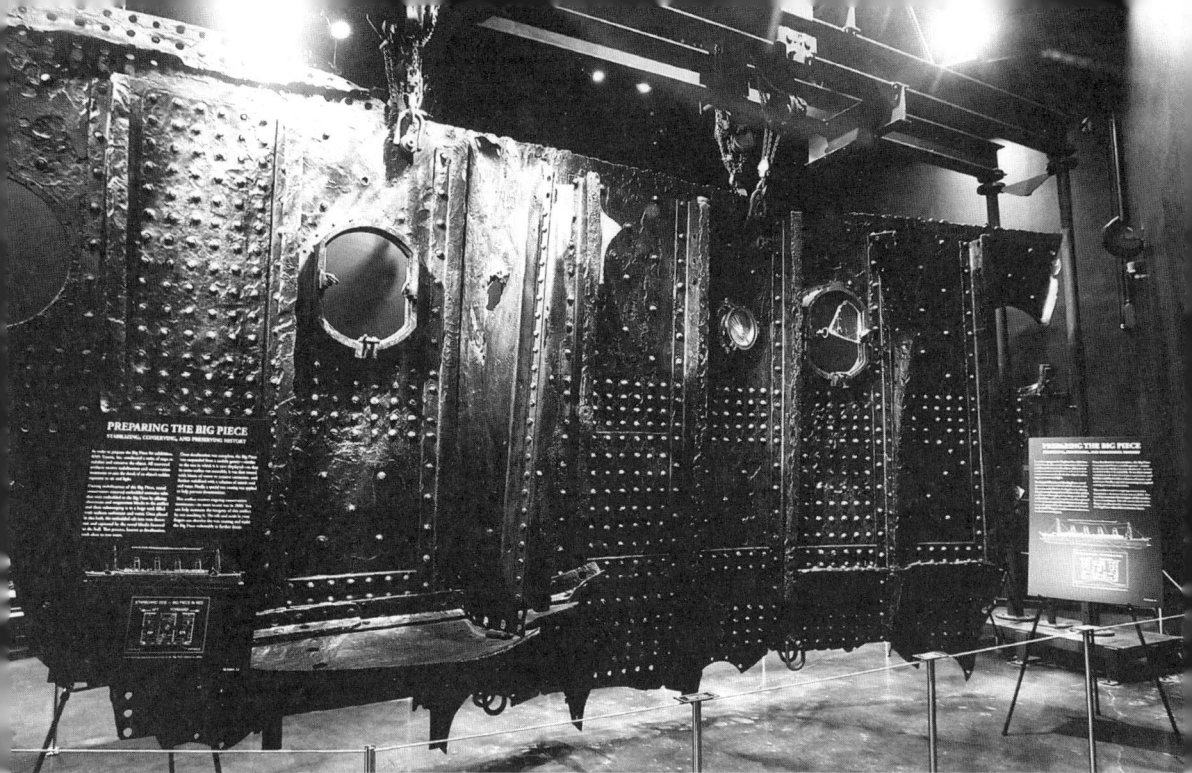

◎ 普利尔展览公司在拉斯维加斯的泰坦尼克号文物精品展中展出的泰坦尼克号上的船板照片

公里。我认为，很明显，圆孔是炸弹炸出的，而非冰山撞击所致。当船体被炸断后，船头与船尾行进的速度不同，因此在下沉时形成很长的间距。打捞上来的文物中，具有 40 年驾船经验的大副的马甲上面有一个圆孔，研究人员不敢下结论，但是我认为很像子弹孔。泰坦尼克号称"永不沉没"，是因为制造时确实花了大力气。船头由四层钢板所造，船尾用两层钢板，只有船腰最弱，而冰山恰恰撞到了船腰这个最弱的部位。邮轮开动前，一些关键的船员岗位可能已被换成了新人。这些推测都被我写进了电影剧本中。

为什么会有人用心如此险恶？联系当时的国际背景，也许能发现端倪。1912 年泰坦尼克号失事，1913 年美联储诞生，美国发行美元不受黄金储备的限制，摆脱欧洲特别是英国的牵制。巧合的是，曾经行使着"美国中央银行"功能的一些财团在泰坦尼克号启程半年前，重金购买泰坦尼克号的控股权。在泰坦尼克号首航前，这个财团的总裁前往英国与英国金融巨头们会面，邀请财阀、首富们登船共赴美国。船出发前，总裁突发急症下船。根据普利尔所掌握的文献记录，财团总裁发病时，上来不少医护人员。可是这些医护人员却没有全部护送总裁下船——在遇难者中，发现了数位无船票记录的死者。那些受邀的英国及欧洲其他国家的财阀、首富留在了船上，不幸遇难。这也在我的《泰坦尼克号沉没之谜》的剧本里有所呈现。

船上虽配备了当时最先进的工具，包括高清晰的双筒望远镜，但航行期间，望远镜却被锁在柜子里，导致船员因肉眼视线的局限而撞上冰山的悲剧。锁望远镜的柜子的钥匙没有在船上，百年后钥匙在南京被发现。船上没有华裔女乘客，遗物中却有中国的寿字簪，乘客的行程表中也有中国。撞冰山前，加拿大海事警卫队发电报警告泰坦尼克号船员，说前面有冰山，让他们调头，他们不仅不听，还将电报机断了电。

撞上冰山后，在船上的一些公司总经理及时上了救生艇逃生。临下船时，他将晚辈托马斯留了下来。托马斯是该公司设计人员之一，总经理对托马斯的临别嘱托是"没有人比你更了解这艘船。你知道逃生的路线"。泰坦尼克号出事后，托马斯协助旅客和船员逃生，最后自己不幸遇难。1997年的电影《泰坦尼克号》中有这个情节。这不是编造的，是依据文献记录所得。在拉斯维加斯泰坦尼克号文物展览中，这位年轻人的照片上方的灯泡总是莫名其妙地坏掉，坏得太频繁，以至于展馆中的电工不愿意去修——这是我亲眼所见——此类不可思议的事情在我们的展览馆中时有发生，没有答案的问题至今仍然没有答案。

接手普利尔后，我逐一视察了各个展览，每个展览去两三天，从头到尾认真观看，还要拍照做记录。为了不影响参观者，一般我都在早晚不开门时拍摄。在拉斯维加斯的泰坦尼克号展览中，我看到挂在走廊的托马斯的照片上的照明灯灭了，就提醒展览经理要"及时更换灯泡"。经理雪莉很委屈，解释说不是不换，换了就灭，坚持不了三天。我是唯物主义者，不信鬼神。我说是展场的灯泡质量不行，让他们去买新灯泡。新灯泡换上后，果然，不到三天，又灭了。雪莉笑着对我说："试了才相信。"我无言以对。

在展场中，我还见过一个诡异的现象。晚上展览关门时，雪莉要巡查展场，

◎展览现场泰坦尼克号上的楼梯复原实景照片

避免有人滞留其中。泰坦尼克号展览中发生了不少灵异事件——比如参观者付费在展场拍摄纪念照片时，照片中传闻有时会多出身着20世纪初欧洲服饰的陌生人——为此，经常有好事者拿着市面上销售的"测鬼仪"，在展场里边走边测，"测鬼仪"哔哔哔地响个不停；也有人故意躲在场馆中，期待过夜时遇到"鬼"。在前厅等着雪莉时，我忽然听到嘈杂的人声从展场后部传来，"救命啊""救救我"，我以为雪莉出事了，拔腿就往后面跑，却被一同等待的同事大卫拉住了。"不要紧，没事儿，经常出现，没人在里面。"大卫说，这个展览从刚开幕就是这样，夜间时而传出这类呼叫，十几年了没有断过，"是附着在文物上的鬼魂的声音"。我当然不信。但是等雪莉回来后，她给了类似的解释。"我刚做经理每晚检查时，怕得要命。走了几次后就习惯了。"这类呼喊有时白天也会出现。展览中不乏观众听到救命声被从展场中吓出来的事例。2018年在温哥华展览时，晚上关门巡场时，场地经理说总听到后面有人随行的脚步声，扭头又不见人影，后来改成两名员工结伴。正是灵异事件太多了，美国著名的真人实境超自然电视系列节目《鬼魂猎人》（Ghost Hunters）去展场拍摄过几次。但是在我的任期内，拒绝了他们的拍摄要求，因为我本身不信鬼，也不想用鬼怪去为展览做广告。

在美国拉斯维加斯和奥兰多市的泰坦尼克号文物精品展现场的这两次体验还不算什么。2017年在广东省博物馆泰坦尼克号展览现场的亲身经历确实有点悬乎。开幕前夜，我照例去展场拍照。博物馆特意通知保安关掉那片的防盗系统，负责这个展览的小钱留下来陪我。我拍照时，小钱在安保监控室等我。6月的广州已经有些炎热了，那个晚上我竟然莫名其妙地打起寒战。我想可能是博物馆冷气开得太大了，拍完了赶紧回酒店喝点热茶就好了。从晚上11点开始拍，到晚上12点已经拍了两个展馆，到了展览中头等舱的入口处，相机的快门怎么都按不下去。我觉得自己坚持不住了，一边嘟囔着"走吧，走吧"，一边退出了展馆。离开博物馆，来到了车水马龙的大街上，寒战消失了，好像刚刚什么都没有发生过似的，一切恢复了正常。不知是太累了还是心理作用，之后也没再出现过这种情况。

这些在我看来都是传闻听多了造成的心理作用，仅是巧合，并非"鬼魂作祟"。但是，无论对灵异事件怎样解说，在我看来，都不能否认泰坦尼克号是蓄意被毁的。如盖瑞所讲述的，为何到了1985年才去补绘泰坦尼克号的造船图纸？像泰坦尼克号这样吨位的巨船，造船前怎么可能没有图纸和模型呢？泰坦尼克号建造时，用的是奥林匹亚号的图纸。建造时，出

◎ 泰坦尼克号邮轮船票

WHITE STAR LINE

BOARDING PASS

PERMISSION GRANTED TO COME ABOARD
WHITE STAR LINE'S
R.M.S.
TITANIC

ISMAY, IMRIE & CO.,
34, LEADENHALL STREET, LONDON,
AND
10, WATER STREET, LIVERPOOL

于一些目的，并未原样照搬图纸而是做了多处改动，但是改动后并未及时修改原图纸，以制出泰坦尼克号自己的图纸。没有图纸，意味着将来的维修会很困难。为什么会如此？我的答案是——根本没有想到要去修缮，因为预知船会沉没。这也就是造成邮轮上四根烟囱中只有前面三根是真的，最后一根是假的，烟囱下面根本没有锅炉的原因。我认为，泰坦尼克号是一艘建造时便注定要在首航时失事的巨轮，厄运是它的宿命。这些疑点是我的电影剧本中的重要情节。

这两年，帮盖瑞做船模的五位苏联技工我们都查访到了，四位已经辞世，唯一健在的也已经住进了精神病院。原打算 2020 年夏天去俄罗斯采访他，受疫情影响只能暂缓。无论怎样，我会继续揭秘下去，所有的这些资料、信息在我的电影《泰坦尼克号沉没之谜》中都将体现；采访盖瑞的那三天三夜的影像资料内容也会出现在电影中。

愿这部电影能告慰遇难的千余位死者及盖瑞这样不计后果、倾尽心血的探秘者。

9

迷雾中的奔跑

在普利尔颇为动荡的近五年中，尽管破产保护如迷雾般笼罩着公司，我仍带领公司的业务努力向前。第一个着手修正的展览是人体塑化展览（The Body Exhibition）。

生物体塑化技术由德国解剖学家冈瑟·冯·哈根斯（Gunther von Hagens）在20世纪70年代发明，于90年代初投入实际生产应用。哈根斯的塑化技术推出后，受到全球关注，据媒体报道，400余家大学、院所跟随其后进行相关技术研究和开发。1996年人体塑化展开始在德国及世界各地展出。1998年，哈根斯在大连设厂。2004年4月在北京展出。2008年，温哥华科技馆也举办过人体塑化展。我岳母和太太伊莲及三个女儿都是天主教徒，她们非常反对。我虽然没有去看过，但是秉承华人的传统观念，对于这类事情也很不赞同。

2005年，普利尔的人体塑化展拉开序幕，展品由大连宏风公司提供。普利尔向宏风公司租用了两套展品，一套在拉斯维加斯做固定展览，一套在美国各地做流动展览。我接手普利尔时，原本打算停掉展览，但是去看过之后，改变了想法。展览完全是科普展示，让普通人对自己的身体一目了然，更懂得自己的身体结构，能更注意健康问题，甚至有助于做一些伦理判断。展览还是非常好的人体生理课程的配套指导，每年的参观者中大约有 50 万是学生。展览对大众的健康教育效果也很显著。在一个专门对比吸烟与不吸烟的肺的展品前，我们特意放了一个透明的收集箱，鼓励吸烟者将香烟扔进去，以达到戒烟的目的。收集箱总是过不了几天就满。

由于展品是人体，这个展览长期处于风口浪尖。2015 年 11 月 2 日在普利尔上班首日，一群记者就堵在亚特兰大总部的楼下要采访我。我匆匆经过他们进入大楼，因为刚接手，百废待兴，也不掌握太多具体内容，没有什么好评价的。外界对这个展览误会太大，以至于在纽约展览时，警察局要求我们在展厅贴出声明说展览所用的人体不具备捐赠证书。其实，同在大连建厂的哈根斯公司与宏风公司曾经因为展品来源等争议对簿公堂，双方各自对人体来源做了说明，信息是公开的，并不存在那些子虚乌有的情况。

但是我接手后，还是换掉了宏风的展品，因为租金太高——每套每年要 50 万美元，两套一年就要花掉 100 万美元。我们与宏风公司数次协商，10 年的租金加上之前付的钱，已经超过上千万美元，是否能优惠一些，可惜屡屡遭到拒绝。而且普利尔仓库中存有两套从其他厂家购买的人体塑化展品，放在仓库没有使用。与其放在库房占地方、多付房租，还不如拿出来展览。有些同事担心普利尔的展品不如宏风的精致，我认为不必担心。展品只是展览的一部分。展览的目的是科普教育，不是评比标本制作技巧。展品制作准确、精良就没问题，制作技巧上的差别可以用灯光、背景音乐、摆放、解说等弥补。与宏风公司结束合作后，公司连夜替换了展品，调整了展场布局，效果依然不错，参观人数波动也不大，同时又为公司省下 100 万美元。

展品退给宏风公司后，宏风公司找到普利尔的盗版者彼得，转头与彼得合作，在我们的展览所在的金字塔酒店隔壁的巴黎酒店办起来"真正的人体展"。彼得兄弟原来是普利尔市场部的资深员工，盗取了普利尔的泰坦尼克号展览的设计图，去新加坡仿造了一套展览品，自己拉出来单干。普利尔起诉彼得兄弟，对方败诉赔偿。不过普利尔当时太柔和，只限制了彼得兄弟两年的展览权。我对彼得兄弟这样的做法深感不齿。我们与宏风公司商量价格时，宏风公司扬言，倘若我们不再续租，他们就要与普利尔的竞争者彼得合作——他们深知彼得与普利尔的关系。因此，在退掉宏风的展品时，我安排员工将与拉斯维加斯人体展览相关的域名一口气注册了20多个，注册期10年。公司高层有人质疑浪费那么多钱注册域名是否有必要。事实说明，这一手段有效地限制了宏风与彼得合办的展览在拉斯维加斯的广告推广，使得他们仅分流走普利尔人体展览10%的客流，而非原来他们设想的让普利尔的人体展览垮台。

由于继续了人体展览，我和公司还收到了"死亡威胁"。2019年年初，公司收到第一封死亡威胁信。威胁信的内容写在一张明信片上，画了一把刀、写了中文的"死"字。明信片装在信封中，没有通过邮局，而是直接塞到温哥华公司的信箱中，收件人写着普利尔公司。第一次收到后，公司特意在室外加装了摄像头，却没有捕捉到相关信息——几个月后又收到一次，类似的内容、同样的投递方式。我家的信箱也收到一封，信封上的收件人写的是我的名字。还有一位员工也收到一封信，信上还画了纳粹标志。四封信前后跨度一年，报警后，警察仅仅鉴定出字是描出来的，却没有其他结论。

人体展览之外，另一个让我挂念的是北美赫赫有名的SNL的展览。2016年5月从纽约撤下后，整套展品入库封存，需要尽快找地方展出才不枉费这一套花了800万美元做出来的获奖精品。2017年9月，SNL设计团队中的马克说，芝加哥全国广播名人堂(Museum of Broadcast Communications)联系他，对这套展览有兴趣。芝加哥是SNL开始的地方，场地方又是媒体博物馆，实属天作之合。广播名人堂刚改选董事会，新任董事长奈特亲自抓这件事情。按照对等原则，普利尔这边自然也应是我去联系。

按照约好的时间打过去电话，我和奈特的联系很有戏剧性。奈特的性格、说话习惯、语气等都与我很相似，电话中我们更像老友久别重逢。展览介绍毋庸多言，我提出大致的合作方案：普利尔设计展馆，名人堂负责装修，展品由普利尔提供和安装，名人堂负责运输及安装费用，普利尔负担工作人员补贴，双方对半分门票收入。我又分析了展览对双方的利弊。对普利尔来说，SNL的展品只要能拿出来展览，就是好事，至少省了仓储管理费用。对名人堂来说，展览有风险，但是只要有 5 万观众来参观就可以了，风险不大。听我说到这里，奈特笑了，说"你很坦诚"。我说："是啊，做生意就是要真诚相待。你们没有展览经验，我有一些经验，我就应该把利弊都讲清楚。"

我为奈特算了笔账——门票 20 美元，名人堂投入的装修、运输、安装费用大致要 40 万美元，普利尔支付的相关费用要 50 万美元，我们对半分利润，那就是 4 万人打平。如果名人堂预估客流量不到 5 万，那就不要做这个展览。我又说，稳妥起见，有了门票收入后，第一个 50 万美元先给名人堂拿 80%，保证他们投入的 40 万美元不亏钱，普利尔拿 20%；第二个 50 万美元先给普利尔拿 80%，名人堂拿 20%。后面的门票则对半分账。如此一来，5 万客流的门票收入就足够冲抵双方的费用。奈特很感动，说"你太好了"。此外，我说，名人堂已经濒临倒闭，门可罗雀。SNL 展览带来客流，宣传展览的广告也宣传了名人堂，双管齐下，这是一个翻身的好机会。所以，总体来说，名人堂不会有什么损失。奈特连连称是，说"那我们就开始吧"。35 分钟的通话，我们俩顺畅地敲定了为期 14 个月的展览。

我对这次在芝加哥办 SNL 展览非常有信心。奈特是全美最大的媒体集团之一的论坛媒体（Tribune Media）董事长，旗下拥有几十家电台、电视台、报纸。而且 SNL 节目的东家 NBC 电视台也是名人堂的董事。有他们两家大媒体作保，这个展览的广告不会差。SNL 展览于 2017 年 10 月开幕，效益绝佳，客流量比预计的翻了几番，双方都很满意。

芝加哥之后，我还想将 SNL 展览送到拉斯维加斯的纽约赌场酒店 (New York-New York Hotel & Casino)，这里是 SNL 的首秀之处，参观者肯定也不会少。遗憾的是，NBC 高层不喜欢拉斯维加斯，不同意在那里设展，只得作罢。

泰坦尼克号展览是普利尔的重点，也是我要求公司拓展市场的重点。一些曾经展出过的城市又洽谈了新一轮的展览。几年下来，除了大本营北美，巡展的足迹还延伸至欧洲、亚洲、非洲、澳洲，如维也纳、布拉格、巴黎、都柏林、斯德哥尔摩、伦敦、开普敦、奥兰多、墨尔本等城市。我个人着力联系推广的是中国市场。2017 年在广州、2018 年在武汉都成功地举办了泰坦尼克号展览。

原计划 2020 年 5 月在北京举办，由于疫情
而取消。

在与广东博物馆联系时，为了不受国家
补助额度的限制，我们协商干脆放弃国家补
助，直接做成商展。像与芝加哥名人堂的合
作一样，这次是由普利尔垫资运输、安装，
门票收入优先支付垫资后，双方再分成。广
东博物馆刚开始很抗拒我提议的 80 元的"高
价票"。他们之前的商展最多票价是 30 元人
民币，票卖贵了担心群众提意见。稳妥起见，
他们对平时来参观的人做了民意调查——
"如果泰坦尼克号展览来，多少钱的门票合
适"，认为票价可以是 40 元的约占 80%，60
元的约占 20%，80 元的就很少了。总体来看，
群众还是习惯免费，认可低票价。但我的观
点是为什么要免费、低价展览？为什么不能
高价邀请好的商业展览来展示？他们感到压
力很大，担心 80 元的票没人来，我说："要
赔也是我们赔，你们又没有什么损失。又不
占用国家的补贴资源，不会让国家利益受损。"馆长很有魄力，同意试一次。出
乎他们意料的是客流量很不错，观众评价也好。博物馆还将这个展览申报了"五
个一工程"奖。可以说，从我们这个展览开始，改变了中国的博物馆商展业的
定价趋向。

普利尔公司拥有长达 900 小时的海底打捞泰坦尼克号文物的录像，有 5000
多件有赖于深海缺氧而得以保存良好的文物，有做了 30 多年、仍在继续的，
内容详尽的调查、研究，我认为，这些宝贵的资料不仅应该妥善保管，还应该
拍照、整理，出版成书，以便文物信息被认真记录、广泛传播，让更多的人参

与研究中。为了这个目的，公司购置了专业相机，我亲自带队拍照、组织书稿撰写、安排出版。花了两年多的时间，终于将全部文物拍了一套高清照片。2017 年配合泰坦尼克号文物在中国的展览，推出了出版计划中的第一本——中英文对照的《泰坦尼克文物精品》。[①] 2018 年，又推出了第二本中英文对照的《永恒的泰坦尼克：来自深海的真实讲述》。

　　由于文物在展览中，特别是流动性的临展的装卸过程中很容易被损坏，而且布展费用高昂，一般都要几十万美元，所以我提出应该运用现代科技做展览，

① 出版计划中的其他几本主题是钱和首饰、个人遗物、泰坦尼克号船体文物、泰坦尼克号沉没之谜。

不必一定是实物摆放。泰坦尼克号的文物都是晚近的，它们的文物价值是因为与泰坦尼克号沉船的悲剧相联系。这一理念虽然我在普利尔任内没有来得及实现，但将来等我的《泰坦尼克号沉没之谜》电影上映、举办同题展览时，将会被运用。

　　尽管在普利尔这五年很动荡，但是"如果再回到从前，一切重新开始"，我仍然会选择并购普利尔。普利尔的经历让我的人生更丰富——突破维度限制，有多重体会。人生其实就是过程。每个人的起点和终点都一样，不同的是中间的过程，就是经历、体验、认知、为社会创造价值的差别——经历了什么，明白了多少，贡献了多少，人生的差异由此而生。

第七章

永无止境

环顾四周，伊莲和我几乎是在场仅有的亚裔，两个人的黑头发很显眼。查尔斯王子特意走过来与我们聊天。他问我在加拿大做什么，我说主要做仿真恐龙展览。他说他从小就很喜欢恐龙，详细问了问情况，并且希望我们也能够去英国展览。王子也问及我的家庭，我提到我的女儿们从小就参加童子军，查尔斯王子说"童子军的训练对孩子们的一生都有帮助"。他越说兴致越浓，和我们说了足有10分钟。其间，王室官方摄影师抓拍了伊莲、我与查尔斯王子谈话的照片。一个月后，我收到了伦敦寄来的照片及准许公开发布的许可证。

常有国内的亲友问我，去国外留学、移民、旅游需要注意什么。我的建议是，除了要尽量多学本地语言，还一定要注意文化差异。文化差异是堵隐形的墙，搞不好就撞上去了，交流不畅还算小事，有时候还会引发牢狱之灾。

1995 年，我在大温地区的高贵林港经营了一段时间"镭射城堡"，很受孩子们欢迎。开幕式那天，正巧新乡商务考察团也在温哥华，便赶来参观。开少林面馆的刘先生当时也是考察团成员，由于不熟悉加拿大社会文化，那天他差点惹了大麻烦。

刘先生站在"镭射城堡"门外，让我给他拍照留念。拍了几张之后，他看到身后站着几个穿着粉色芭蕾舞裙的白人小姑娘。可能想拍得有些特色，刘先生就走到她们旁边，让孩子们和他一起拍合影。他不会英语，也没有让我去翻译，而是直接采用了肢体语言——小姑娘们本来是背对着他、面朝着"镭射城堡"，刘先生把手搭在孩子们肩上，把孩子们拨转过来，又指了指我的相机，孩子们明白了。刘先生又用同样的方法把看"镭射城堡"的一个小男孩邀请来合影。他站中间手搭在孩子们肩上，左边三个小姑娘，右边一个小男生，拍了好几张。

刚拍完，我还没有收好相机，几位警察就过来了，说家长报警，刘先生对小姑娘进行了"性骚扰"（sexual harassment）。性骚扰可是大事，我也被吓了一跳，立即问询警察起因。经警察叙说才明白，刘先生主动伸手触摸（touch）小姑娘——拨转、拍肩膀、手搭在肩上等——被家长看到了，认为其图谋不轨。另外，刘先生与未成年人合影，也没有征求监护人的同意。这些在加拿大都是不合适的。我赶忙帮刘先生解释，他不懂英文，也有文化差异，中国人喜欢孩子时常常拍拍、摸摸、抱抱，刘先生只是想与"外国人"合影，以凸显是来加拿大的留念等。解释并不能打动警察，警察要看证据。那时还是用胶片拍摄。警察将胶片取走、快速冲洗出来。连续七八张都是刘先生与小朋友们的合影，警察仔细看过后，确认刘先生仅仅将手搭在孩子的肩头，没有其他不良动作，这事儿才算了结。花了将近一天时间，费了无数口舌，刘先生的护照等被查了好几遍，还做了口供记录，也是够狼狈的。

北美的基础教育中，从幼儿园就教育孩子们，"no touch（不要碰别人的身体）"，同时也教会孩子们自我保护，严禁成年人尤其是陌生成年人触摸未成年人。"性骚扰""性侵犯"更是教育重点。骚扰不仅是肢体方面的，连不当言论都包括在内。比如异性在场时，讲黄色笑话，可以被追究责任。同样，在尊重女性方面，北美的标准也比较严格。有些男士不拘小节，对女同事随意拍拍背、伸胳膊抱抱，这些都可以被投诉。公众场合讲话时不注意，说一些轻视女性的玩笑也是不可以的。还有种族歧视问题，有时容易被亚洲人忽略，因为亚洲的种族相对美洲、欧洲而言比较单一。

恐龙王公司有一次在美国俄克拉何马州安装时，当时的安装部经理吴苗就是随口说了一句话，得罪了两个人，既不尊重女性，又让黑人同事认为是种族歧视。那天吴苗站在梯子上作业，他让离梯子不远的托马斯给他从工具箱里拿一把十字形螺丝刀。在加拿大，十字形螺丝刀别名"菲利普斯"，工人们之间都这么说，大家都明白。可是，托马斯是我们在美国请的临时工头，并不懂吴苗"给我菲利普斯"要的是什么，他问"你要什么"，吴苗又说"菲利普斯"，托马斯还是不懂，吴苗不耐烦了，说了脏话："你真蠢，连我老婆和16岁的女儿都明白什么是菲利普斯。"这句话一出口，托马斯急了，他是黑人，扔下安全帽、手套就走了，临走说吴苗"你是种族歧视"。展场的协调员是位女士，她也很生气，面沉似水。

我恰好那天在现场。看到这一幕，我走到梯子下面，从工具箱里找到十字形螺丝刀，举起螺丝刀对吴苗说："你自己下来取。"吴苗很尴尬，站在梯子上没有动，安装部的工人过来想从我手上取过螺丝刀给吴苗送上去，我说："这是命令（This is order）。"当我讲这句话时，我做好了开除他的准备。吴苗知道事情严重了，他从梯子上下来。我说："你回酒店去，这里我来接手。"接着，我诚恳地向协调员道歉："对不起，我道歉，是我的错。"她很大度，没有再说什么。吴苗是土生华裔，不懂中文，完全是在加拿大接受的西方教育，仍然犯这样的错误，着实不应该。

西方社会没有等级的观念，讲究人人平等，任何人都不应该为了性别、族裔、宗教、相貌、经济收入等受到歧视。反之，也没有什么高人一等的"优越种群"。工作场所也是一样。上下级之间即使是要求、命令、解雇，也要平静地说，不能有辱骂等不友好言辞。我开公司几十年，像这样对员工下命令的也只有两次。另一次是在辛辛那提王子岛游乐园安装波塞东龙时，安装经理约翰的方法不对，折腾了三个小时，天都黑了，还是不能把恐龙的脖子装上去。波塞东龙体形巨大，脖子近一吨重，脖子的切面又是斜面，安装难度不小，工人们已经非常疲惫，我担心再装下去会出危险，便让大家撤退下班。约翰不甘心，仍不肯收工，还在升降机上不下来。我说："约翰，这是命令。"他才悻悻然地下来。晚上，我特意去找他，指出问题所在，他仍表示怀疑。我说："我们不要争，你的方法今天试过了，不行，那么明天试试我的方法。"第二天，按照我的建议，他们用了起重葫芦（block hoist），几分钟就安装完毕，约翰才表示信服。

加拿大提倡多元文化，因此，了解、尊重其他族裔的传统文化、习俗也很重要。做保利卡时，印度裔会员邀请我去家里做客。印度人与华人一样，也喜欢几代人住在一起，感觉很温馨。他家里四世同堂，他的祖母是家里最尊贵的长辈。我是去他们家的第一位华裔客人，他们把我当贵宾，做了招待上客的咖喱鸡，吃饭的时候祖母亲自陪着我，让我坐在她身边，手把手教我怎么吃传统印度餐。老祖母不会英文，她拉着我的手，示意我把手掌摊开，撕了一块饼放我手上。随后，她用手抓了些米饭，放在自己的手心里，又抓了些菜、咖喱鸡，放在手里和米饭拌了拌，再放到我手里的饼上，示意我吃掉。平时我从来不吃咖喱，可是祖母笑吟吟地看着我，我也只能硬着头皮吃下去。祖母一看我吃得挺迅速，立即又撕了一块饼放在我手上。我马上表示，自己来，自己来。

世纪之交，做汇通支付公司那几年，多次随 NRC（加拿大国家研究中心）前往韩国，与韩国政府讨论他们的电子支付的发展。可能由于招待加拿大国家级的宾客，韩国政府安排的接待很隆重，让我们这边"受宠若惊"，很不习惯。韩国安排的饭菜丰富，且一定少不了韩国烧酒。喝酒时，他们的官员带头喝。韩国官场等级森严，同桌吃饭、喝酒也能体现出来，不同级别的人怎么敬酒、怎么喝酒都很有讲究。当然，我们是外国人，坐着观摩即可，不需要跟随他们喝酒的风俗。在韩国人眼里，宾客也分等级。有一次，我们在一个家庭烧烤店吃饭。老板娘不知怎么判别的，认定我们几位是"老板"，她亲自来照顾，她女儿负责给其他几位上菜。肉烤好后，老板娘让我们张开嘴，她要依次将菜叶裹好肉片喂到我们嘴里。大家面面相觑，限于语言不通，老板娘热情、执着地拿着肉卷，不许我们接手，我们只能任其"投喂"。

我还遇到一次纯粹因为文化差异引发的误会。1994 年的夏夜，有位在多伦多有一面之交的年轻导游给我打电话，说他回中国了，现在他们公司在温哥华的旅行团客人有了麻烦，请求我帮忙。他们组了中国国内的旅行团当日到温哥华，晚上要入住酒店时，团员们抗议，认为合同上写的是"住三星或等同级别的酒店"，而地接导游带他们去的酒店没有星级标志，他们拒绝下大巴。这是典型的误会。根据我的亲身体验，除了温哥华的五帆酒店、希尔顿几家有五星标志，北美住过的其他酒店鲜有四星、三星等标志。我急忙赶去旅行团那里，以第三方的身份向旅行团成员解释，才为导游和司机解了围。

平时，在日常生活里，有时也会冷不丁遭遇中西方的文化差异。2020 年是中加两国建交 50 周年。由于百年不遇的疫情及一些政治情况，加拿大方面没有举办大型庆祝活动。我们加拿大加华影视协会会长联合加拿大华人摄影家协会，共同出版了加中摄影家作品画册《加中摄影家作品集：加中建交五十周年特刊》。一位订购画册的西方摄影家在付款后对我说："为什么我的作品被收录其中，我还要付书款？希望你们能把我的书款捐助给慈善组织。"他的这种直截了当是非常典型的西方人的思维，一般的华人即使对付款有异议，通常也不会当面质疑，更不会指令收款方去捐款。我寄回他的支票并附言："我理解你的困惑。我们两家协会都是不牟利的社团组织。既然你买影集心里不舒服，那么书款支票还给你。你自己考虑，你认为这本影集价值多少，你就把钱拿出来捐给你喜欢资助的任何慈善组织吧。"数日后，我收到他的邮件："亲爱的鲍先生，我已把400加元捐给了红十字会，附上收据。"

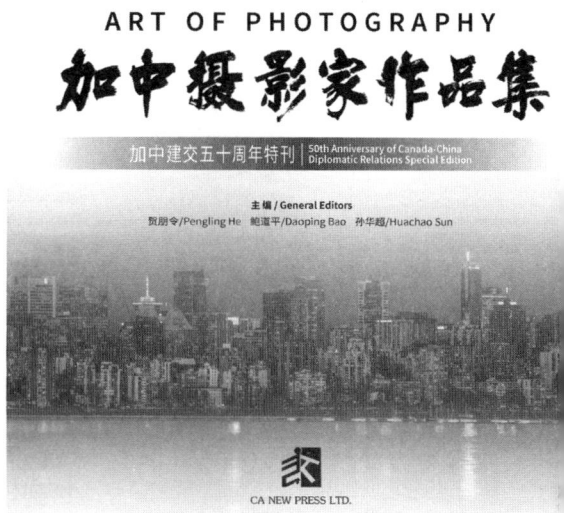

ART OF PHOTOGRAPHY

加中摄影家作品集

加中建交五十周年特刊｜50th Anniversary of Canada-China Diplomatic Relations Special Edition

主编 / General Editors
贺朋令/Pengling He 鲍道平/Daoping Bao 孙华超/Huachao Sun

CA NEW PRESS LTD.

◎《加中摄影家作品集：加中建交五十周年特刊》封面

思维方式、文化有差异是正常的，这个世界因为差异才美丽。我们所要做的是了解差异，尽量去接受，对不能接受的则以得当的方法拒绝。如何礼貌地拒绝，不让对方感到不适也是门学问。

2 他人的经验

1985年出国之前去上海看外婆，外婆对我说："你要出远门了，外婆这里也没什么值钱的东西给你了，送你一句话，人做任何事情都要凭自己的心。你有一颗好心，人家回你的都是好心；你有一颗坏心，每个人回你的都是坏心，那就完蛋了。"其实不只是外婆临别时的叮嘱，从小就听长辈这么说，"善恶有报"也是我们的家教。来了温哥华，朋友们称我"7-ELEVEN"，遇到麻烦常会想到给我打电话。我也是来者不拒，能帮上忙的总会出手。"不以善小而不为，不以恶小而为之。"有时候我的举手之劳，能给他人带来很大方便。此外，对我而言，帮助他人也是一个体验人世万花筒的机会，常能从中获得一些我生活之外的经验、得到一些教训、懂得一些道理，由此能避免走一些弯路。

刚入读大学的那个冬季的一个周五晚上，临近午夜时分，我突然接到忘年交章先生打来的电话。他声音很低、很急促，一改往日的儒雅温和，好像怕人听到似的。他说："你能帮我一个忙吗？去列治文的华美达酒店（Ramada Hotel）的216房间，那里住着一位陈小姐，你去看看她，给她买点吃的喝的，尽量说服她周一回上海。我没办法过去，这两天你陪陪她，陪她逛逛街买点她喜欢的礼物，另外帮她买一张回上海的头等舱的单程机票。你留下所有的收据，过后我把钱还给你。"我边听边记录下酒店、房间号等信息，还没等我搞明白呢，章先生便准备挂电话了："你听到了吗？可以吗？"我连忙说"可以，可以"，电话便挂了。看来事情很紧急，来不及细想，我开车去了酒店。

当我和酒店前台说要去 216 房间时，前台听了很高兴："你终于来了！那位女士欠了 7 天的房费，不离开房间，也不让我们打扫房间。我们很担心她会出什么问题。她可能有好多天没有吃东西了。"我拿出信用卡支付了房费，又留下卡号，便于酒店结算后面几天的费用。服务员带我上楼，可能也想趁机确认陈小姐是否平安。

我敲门时报出是章先生派来的，门开了。房间内一水儿的深棕色木料装修，暗红色的窗帘，屋子里显得死气沉沉。室内空气也不新鲜。陈小姐披头散发地穿着睡衣愣在那里。我一边把窗户打开一条缝透透气，一边自我介绍："我叫鲍道平。是章先生叫我过来看看你。你还没有吃东西吧？我先去麦当劳买点吃的。你想吃什么？"陈小姐低声说，她想喝可乐。

等我从附近的麦当劳买了四个双层汉堡及可乐回来，陈小姐已经洗了澡、换上酒店的浴衣，看起来精神很多。我们边吃边聊，她的确饿坏了——没等我吃完一个汉堡，她已经吃完了两个双层汉堡。她说博士毕业后留在复旦任教，章先生去复旦讲座时，她负责接待，由此熟识起来。章先生担保她出来旅游。我想，哦，来旅游的，那不就简单了嘛，陪她转转，周一正好买票回中国。我问她："你来了都去哪儿了？明后天我们去附近转转吧。你来了也有段日子了吧，周一帮你买票回中国吧？"听到要回中国，陈小姐表示不愿意："我不回去。好容易出国了，回去太没面子了。"这种想法我倒是能理解。20 世纪 80 年代出国是大事，家里往往会摆酒请亲朋庆贺，场面堪比结婚。出去了没混好又回去，确实过意不去。但是，陈小姐不是出来旅游的吗？旅游回家不是很正常吗？我也没有细究。

吃完了东西，我和陈小姐道别，说第二天上午再来，陈小姐让我留下来陪她，她说一个人很害怕，这些天根本睡不好，刚睡着就被惊醒，总觉得房间里有双眼睛在看着她。看来问题还比较严重，我很担心陈小姐幽闭几日已经有些精神创伤。另外，那时来加拿大的中国旅行团经常发生团员擅自离团、"黑"在加拿大通过政治避难等手段获取移民身份的事件，我也怕陈小姐一时情绪不稳定选择这条路。想了想，便同意留下来，在沙发上过了夜。

次日，我带陈小姐出去逛街购物、看风景、品味温哥华美食。陈小姐看起来比我大几岁，也算同龄人，越聊越深，我才明白，她和章先生之间应该已超出一般的普通朋友关系，这次是投奔章先生来的。她没有说为何落到这步田地，我也不好多问。我27岁才入读大学，特别羡慕高学历的人，心里替陈小姐感到惋惜。我觉得她好糊涂，为何读到博士毕业了，还这么执迷不悟？章先生明摆着有家庭，他们能有什么前途呢？我和她逛街时，尽量说一些未来发展的话题，谈我对自己的规划，我想让她清醒过来，年纪轻轻，又有那么高的学历，不要陷在这种明摆着没有结果的事情上。

周日时，陈小姐的情绪明显好起来了，买东西时主动挑选了一些给国内亲友的礼物。我说周一要上课，没法再这样陪她，她说她决定还是回中国吧，在这里耗着也没多大意思，风景看了，见识了当地人的生活，东西也买了不少，也算没白来加拿大，周一就回去。于是，我带她去买了机票，周一送她上飞机，就这样我陪了她整整两天三夜，并把她安全地送上了回中国的飞机，圆满完成任务。

许多人出国时对国外生活不了解，过高地估计自己的能力、过低地估计国外生活的困难，又碍于面子，往往引发一些悲剧。表弟忠众曾有一个从上海来温哥华留学的室友李明，刚来两周，就把家里借来的生活费都花光了，又认为自己是大学毕业生、有文化，不肯去做体力活。走投无路时，便把带来的衣物拿到唐人街摆摊儿变卖，凑够了打折机票的钱回中国了。他走时有些东西忘记带了，我回国出差，表弟嘱托我帮他捎回去。按照地址找过去，他们家已经搬走了。邻居说，父母倾家荡产供他出去，想让他有个好发展，没料到还没读书就回来了，家里人对他很有意见，他回来后没多久自杀了。这是我所知道的一个最不幸的与出国有关的故事。

绝大多数留学生还是非常顽强的，尽可能地在异国他乡扎根，不过也有人因为想走捷径而误入迷途。我认为，这个世界上根本没有捷径。如茨威格所说"所有命运的馈赠，都已暗中标好了价格"。有些事情看起来是捷径，其实可能是陷阱。

1988年，宋鹏打我电话，说他是我在郑州摄影班同学李平的朋友，北大毕业后，刚到温哥华自费留学，遇到了困难。他住在基督教青年会的青年旅馆，盘缠将要用尽，学费汇到美国叔叔的账户上，叔叔扣下来不给他，他走投无路。我帮他搬到中华会馆，那里60加元一个月的房租，条件虽然简陋些，总比露宿街头强。我又给他旧金山的叔叔打电话，他叔叔说，宋鹏在加拿大没有账号，无法转款，我让他转到我账上，还说如果3日内不到账，我会请律师去旧金山找他们。很快，宋鹏拿到了钱，度过了危机。

次年5月，我突然收到警察的电话，问我是不是认识比尔宋。我说不认识。警察说在他的房间里看到一个信封，上面写的是唐人街中华会馆的地址。房东告诉警察是我帮助他租的房子。我才恍然大悟：比尔宋应该就是宋鹏。警察说他烧伤住院了，伤势很严重。我赶到医院去看宋鹏，他已经脱离了急救状态，断断续续能讲些话。原来，他拿到钱之后，仅上了一个学期的语言班，就听人介绍去了郊区的一间蘑菇农场打黑工，打算攒点快钱后偷渡到美国。圣诞之夜，大雪纷飞，农场主在房子里享用一年一度的圣诞大餐时，宋鹏正在干活的熏蒸车间发生了爆炸。幸好爆炸的巨响惊动了农场主，宋鹏才被及时送到了医院抢救。农场没有给他买保险，他自己也没有买医疗保险，住院费一天1700加元，不知道如何应对。加拿大全民免费医疗，宋鹏没有继续上学，放弃学签的同时就失去了给留学生的医疗保险，那么他应该买意外险，否则真的出现住院的情况，个人很难负担。好在加拿大的医院不会因为病人没钱而拒绝治疗。我给他留了一点钱，鼓励他天无绝人之路，先养好伤再说。

也真是天无绝人之路。加拿大红十字会去医院了解情况时，医院将宋鹏作为一个特殊的案例报给红十字会。红十字会人员去病室看望宋鹏，了解他的具体情况，帮他付清了4个月几十万加元的医疗费。与他同住一间病室的尼克是本地退休老人，与宋鹏相处愉快，宋鹏拜了尼克为干爹。出院后，尼克接宋鹏在家里休养了一年半，又资助他去多伦多大学深造。宋鹏毕业后在加拿大发展得很不错。

留学生，顾名思义就是出来上学的。我坚信，认真读书才是留学生的正道。大学除了教授专业知识，还培养学生遇到困难时找出解决方案的能力。在学校读书也是促使留学生克服语言难关的最快途径。完成留学学业，是对一个人履行承诺能力、坚持力的考验。半途而废的留学生，首先说明其毅力、定力不够。一个人如果没有毅力、定力，很容易一事无成。然而，这些年，有的父母送孩子出来留学，对孩子读书这件事看得很轻，仿佛送孩子出国、拿到身份，父母与孩子就完成了奋斗任务，以后就不用努力、可以坐享人生。

伊莲喜欢珍珠首饰。我看她很有设计才能，就在太平洋百货商场内租了200平方米的铺位，给她开了一间卖珍珠饰品的专卖店，注册了商标、制作了网站，定制了展示柜及高档包装盒，专门经营天然生成的大粒珍珠，力求精致。伊莲的设计很受客户喜欢，生意很快推开，温哥华有不少高档首饰店来拿货，做成了批零兼营。进货、销售渠道通畅、稳定，我打算将店面做成连锁加盟的形式，将这个店当旗舰店。

开店不到两年，2000年年初，有位国内的朋友说，他儿子道森在加拿大读大学，成绩不好，想通过买我们的珍珠专卖店生意办理移民。可是，道森接手之后，雇了营业员在前台销售，自己整天坐在店里打游戏，客户打来订货电话也不接，更别说主动拜会客户去谈生意。我与道森及朋友数次沟通，我认为青年人不能这样浪费大好时光，不喜欢读书把生意做好也行，每天玩电子游戏算怎么回事？道森不愿意听，朋友也表示"顺其自然吧，家里也不缺钱，也够他这辈子花了"。更不可思议的是，2001年，道森竟然把店关了，他说他找到一个快捷的移民渠道——移民公司提供一条龙服务，花点钱就能帮他"包装"毕业证、工作经历，他现在已满足移民条件，申请到了移民身份。对造假，我非常反对，道森和他家长却不以为意，后来干脆不与我联系了。他们可能对加拿大社会和法律不了解。在加拿大，一旦被发现造假，即使到手的移民身份也会被取消。我完全是出于负责的态度才反对，无奈他们并不理解。不过大多数时候，我的"好管闲事"还是会有好结果。

1997 年 9 月底的一个傍晚，我下班开车回家路过中国驻加拿大领事馆时，看到路边有一位年轻人坐在一只大行李箱上，脸埋在手里，身旁放着另一个大行李箱。那天下着雨，满地黄叶，穿着黑风衣的青年在空旷的人行道上分外醒目。中国驻加使馆前没有巴士站，雨天里坐在行李箱上也不寻常。我靠边停车，走过去问他是否需要帮助。他说："我叫程成，是加航北京地勤公司的。"他趁着国庆假期从北京过来玩儿，在温哥华机场取行李时将装有护照、钱包的随身包放在行李车上，等拿到托运的箱子，再回身发现随身包不见了。他一下子成了"黑户"，且身无分文。好容易找到领事馆，可是领事馆也没有办法证明他是谁，到了下班时间，他只能离开领事馆，却又走投无路。他一边诉说事发经过，一边抹擦眼泪。

这时我想到了加航北京地勤经理韩梅。"你认识韩梅吗？""您认识我们经理啊？！"程成惊讶地回答。"那当然，我们是老朋友了。"我经常去北京出差，频繁的时候刚回温哥华次日又要去北京，仅 1993 年公司统计的我的机票费用就有 2.2 万加元，每次乘坐的都是加航飞机。20 世纪 90 年代常发生航空公司卖票超员找顾客自愿改签的事情。有一次我在排队值机时，韩梅顺着队伍逐一询问谁愿意改签，问到了我。看着她焦急、期盼的神情，又考虑到我晚回加拿大两天也不是大事儿，便同意改签，把机票让给别人。有了第一次，以后只要我乘机，十之六七都会被韩梅优先选中改签。改签也有很多好处，除了提供免费的酒店食宿，有时还能获得一张免费的去温哥华的机票。所以我只要被选中，又不赶时间，基本上都同意改签，与韩梅自然也成了朋友。

我说："如果你不介意，我给你们韩总打个电话。"拨通韩梅的电话，程成向韩梅解释了困境，我对韩梅说："我带程成回家，你抓紧帮他补办证件。"不到 3 周，证照补办完毕，程成终于回到了北京，并寄来感谢信。10 年后，2007 年的一天，我在北京机场排队值机时，一位中年人快步走上来，一把抱住我。"鲍大哥，终于又见面了！我是程成啊，当年在温哥华丢了证件，走投无路时全靠你好心收留我了。"新世纪之前，韩梅在温哥华与加航同事喜结连理，我是在结婚登记书上签字的女方证婚人。婚后，韩梅随夫婿去加航欧洲分公司发展。如今，程成已升职为地勤经理。程成这么一招呼，周围地勤的工作人员纷纷围上来，他们都听程成讲过这段故事，好几位都拿出手机帮我和程成拍照留念。那种突然被"粉丝"发现的"明星感"再次袭来，与1985年去加拿大使馆签证成功出来之后被人们包围着让我分享经验的场面有些相似。其实，能帮到程成，我也十分开心。

程成的故事是一个在机场疏忽大意的典型案例。别看机场一派祥和，到处都是工作人员，时而还见到牵着警犬的警察逡巡其间，但也不乏顺手牵羊者在伺机而动。出门在外，切记装证照、钱物的随身包不要离开视线。

前两年的一个傍晚，妈妈给我打电话说，她的一个学英语的学生的儿子来和她借钱，之前她已经借给他一次钱了，孩子没有还，现在又来借，拿不到钱不肯离去，就在她的房门外坐着。移民之后，妈妈坚持义务免费教英语，教室就设在一楼客厅，妈妈成了远近闻名的"卞老师"。妈妈90岁生日时，学生们联名写信给三级政府申请对妈妈的表彰——加拿大总理特鲁多、不列颠哥伦比亚省省长贺谨、素里市长都写了贺信，祝寿及表彰她多年来的奉献。这个孩子的母亲跟着妈妈学了几年英文，有时也带着儿子来，也许是妈妈热情的招待让孩子认为卞奶奶值得依靠？

我赶到妈妈家时，孩子还坐在门外他的车里。17岁的孩子发育的体格健壮，又高又帅，在模特队走秀，只是近来叛逆加剧，发生了不少问题。我给他妈妈打电话，说了大致情况，他妈妈在电话中很激动，怒斥儿子，说儿子交友不慎，跟着坏孩子吸毒，不断向她索要现金乱花，还扬言要杀了她。儿子被拘留后假释出来，被限令与她保持一两百米的距离，因此她已经把孩子赶出家门。我问他妈妈，警察怎么知道这些家务事？她说："是我报的警。他这个德性，只能让警察好好教育，我管不了。"

看看坐在不远处的孩子，暮色映衬下，他显得那么孤独。个子虽然高，眉宇间还留有少年的神色。我和他妈妈说："杰克还是个孩子，十六七岁是叛逆期，都是这么过来的，尤其是男孩子，不听话很正常。虽然这个年龄的孩子在加拿大可以独自居住、可以打工，但毕竟没有成年，父母还是要多操心。"他妈妈不赞同我的说法："他已经变坏了，不是什么孩子了。他不是没有钱，我给他生活费了，给多了他就去吸毒。我不管他，你也不要管，不要自己找事儿。他如果还不走，你就报警。"报警就毁了这个孩子。孩子假释出来，警察每天要和他通话确认行踪，过两天孩子还要为"恐吓妈妈"出庭。一旦报警，法庭上定了罪，孩子就有了案底，以后一生都有麻烦。我和他妈妈商量："我不怕惹事儿。我还是想试着和他聊聊。你同意吗？"

征得了他妈妈的同意，我和杰克坐在车里聊到后半夜。

杰克是读小学时出来留学。为了陪读，妈妈把原本做得红火的地产生意交给爸爸来管。爸爸妈妈的关系越来越不好，从每天通电话到每周通电话，再到几周也说不了几句话。两年后，妈妈发现爸爸和家里的保姆有了一对双胞胎，于是离了婚。杰克对父母离婚非常不能接受。作为孩子，他理解不了夫妻感情、婚变。从孩子的角度来看，爸爸、妈妈不管怎么样，都是他的爸爸、妈妈。也许是妈妈离婚时没有与杰克商量，离婚这件事给他带来巨大的创伤。在我们长聊中，杰克很愤怒地骂他妈妈，说恨他妈妈，说"我现在就是孤儿"。

父母离婚后，杰克的情绪变得很不好，妈妈没有及时为他疏导。也许妈妈自己尚未从婚变的打击中恢复，或者完全忽略了孩子的感受。杰克个子比同龄亚裔孩子高，他交往的多是西方人。西方人的孩子不像华裔孩子那么"听话"，杰克自然也受了影响，与妈妈的关系越来越差。妈妈没有考虑到孩子成长发育的阶段特点，对杰克的变化总是从负面看待。杰克向妈妈一味索要现金，根源并非孩子想花钱，而是他以"要钱"来报复妈妈。可惜作为母亲，杰克的妈妈对这些缺乏仔细体会。当母子俩发生冲突时，妈妈一怒之下打电话报警。杰克说："我根本没有吸毒，她竟然为了让警察抓我，说我吸毒。"

报警之后，杰克被拘捕，警察做了详细的记录。开庭前假释这段日子，杰克处于流浪阶段。我问他："你最大的困难是什么？"杰克说："我没有地方住。她把我赶出来，我求她让我住在地下室，她都不同意。夜里只能去教堂住。"不知道杰克妈妈听到孩子这些话作何感想。他妈妈在这边又做起生意，业绩不错。在儿子眼中，妈妈有房子、有钱，却让他居无定所，简直就是仇人。我提议带他去旅馆休息，带他吃饭，但是杰克仍然处于愤怒中。

我鼓励杰克："叔叔和你聊天后，认为你是一个好孩子。你不能把前途毁了，别做冲动的事情。开庭前万一有什么闪失，被定罪入狱就不好了，以后一辈子有案底。"杰克说："我不在乎。抓我进去才好，还有吃有住有人管。我什么都没有了，都是那个女人害的。我恨死她了。"这时，我意识到，杰克可能有了精神问题。我认真地和他说："你可能有了精神或者心理问题。我帮你找个医生，你去看看，如果是心理或者精神问题，那需要及时治疗。"杰克不置可否。我又说："你听叔叔的话。如果你不想让我找医生，明天警察和你联系时，你就和他说，叔叔怀疑你需要看医生。否则拖延下去，你可能不是进监狱就是进精神病院，这可不是闹着玩儿的。"杰克说他没钱，我说："没钱不要紧。下周开庭，你可以跟法官说，你需要一个律师替你辩护。另外，你没钱，可以申请法庭免费的律师，也能申请免费的心理或精神诊断。"

虽然他妈妈一再告诫我不要给杰克留电话，但我还是把名片给了他。"这是叔叔的电话，你任何时候有困难，需要叔叔帮忙，可以随时给叔叔打电话。你还是一个孩子，需要成人的帮助。叔叔愿意帮你渡过这个难关，过去了就好了。你别客气。"杰克没有说话，但是从他的表情能看出来，他听进去了。我又劝告他："咱们离开这里吧，叔叔帮你去开个旅馆住。奶奶在楼上，看到我们一直不走，她会担心的。她已经90岁了，不能太操心。以后你尽量不要来打扰奶奶。"

次日，杰克对警察说了自己可能有精神或者心理疾病的担心。警察很用心，迅速帮他联系了免费的检查机构。果然，他被诊断出心理有问题。法庭上当庭释放，解除了与他妈妈的限制接触令，也为他安排了定期治疗。经过这件事，他妈妈也发生了一些转变，重新审视了母子关系并逐渐接纳了杰克。

婚姻不只属于夫妻，也与孩子有关。在婚姻破裂时，父母应该首先做好孩子的心理疏导工作。另外，家长对于青春期的孩子一定要有十二万分的耐心。稍有不慎，可能就会影响孩子的未来。还有一点，加拿大或北美的警察"很好使"，召之即来，但是召之前要三思。

朋友肯尼和太太就闹过一次报警不慎，搬起石头砸自己脚的事情。夫妻俩斗嘴，太太要看肯尼的手机，肯尼不让看。争执起来，肯尼一生气，把抓在手里的手机摔到地上。太太急了，伸手去抓肯尼的头发。肯尼条件反射地伸手去推，太太被推倒。太太不干了，马上电话报警，说肯尼家暴。太太本来是想吓唬一下肯尼，出出气，警察却不这么想。警察迅速赶到，当着孩子们的面，给肯尼戴上了手铐，将肯尼塞入警车。孩子害怕，太太也害怕。等了一夜，没等到肯尼被释放。

次日，肯尼太太打电话找我，说真没想到这么严重，让我想办法，怎么能把肯尼接出来。我说："你们来加拿大这么多年，不懂这边的法律吗？报了警，哪有那么容易就了结的？一日夫妻百日恩。多大的仇恨，要把对方送进监狱？过得好就过，过不好就好好分手，何必要这么折腾！肯尼的为人我了解，他连打苍蝇都手软，怎么会打人？"肯尼太太连连称是，详细解释了"家暴"细节。我哭笑不得。这些细节现在说有什么用？报警的时候怎么不想？

我建议她找个律师，将她讲给我的内容写成律师函发给警察，解释是一场误会。"律师收费一个小时200加元。你花200加元，买来以后的平安。万一事情闹大了，夫妻离婚分财产或者肯尼由于有案底失业，你们的损失都不会小。"肯尼太太去找了律师，我嘱咐她，一定要去警局接肯尼，见面最好给肯尼一个大大的拥抱。

加拿大警察对家暴看得很重。涉及保护妇女儿童时，绝不手软。这些年来，听说不止一起家庭纠纷演变为案件的故事。像肯尼夫妇这样，还有像张玉与孙林那样的，都是冲动时报了警，事后又后悔。类似的还有华人家长打了孩子一巴掌，孩子赌气报警，最后导致家长被剥夺监护权、孩子被带走的惨剧。俗话说，请神容易送神难。招来警察容易，报了警之后，销案就不是自己能说了算的。

提起上市公司，一般会认为是有实力的公司。其实不然，至少北美的一些上市公司很可能就没有实力。比如，加拿大有一种上市公司是以 VCP（Venture Capital Pool，创业资本融资库）的方式运营的。VCP 上市操作流程相对简单；申请期只要 4 个月左右；启动资金只需 10 万加元；先上市集资，再拿着集来的资金去找项目。因此，以 VCP 方式设立的上市公司都必须是没有项目的空壳公司。这也是所谓借壳上市所用的最便宜、最简单、最快的一种上市公司的壳。

2003 年，朋友吴国立找我帮忙，想让我去看看他投资参股的温哥华一间 IT 公司的运营情况。吴先生说，这个公司是加拿大的上市公司，创始人回中国招股，演示了他们宏伟的互联网高科技技术开发的发展计划。吴先生投资后却无下文；联系创始人，原本方言流利的创始人改为英文回复邮件，客客气气，但全是废话，后来干脆不回复了。凭直觉，吴先生感到自己受骗了，但是他想不明白，怎么好端端的上市公司能这样操作？如果说股票跌了，那是没办法，但是现在这样不按理出牌，又是怎么回事？

拿着吴先生给的某某公司的名片去实地考察，发现那里竟然是一间律师行。在北美，出借地址、代收信件是一些提供公司注册、法律服务的律师行的服务内容。无疑，使用这类服务的公司肯定是小公司。而一家上市公司也采用这类服务，说明"上市"前目的就不纯。真正想做事情的公司，怎么样也应该有个固定的办公场所，像这样已经上市、发行股票了，仍然借用律师行的地址的公司，很难看出是在认真做项目的公司。

正是由于不少人浑水摸鱼，利用VCP容易上市、人们对"上市公司"金字招牌的轻信而去圈钱，将VCP上市当作了金融诈骗的工具，导致VCP上市方式在加拿大发展不畅、逐渐萎缩。各国法律、法规不同，听起来一样的内容实际上可能大相径庭，因此，对投资尤其是不同国度内的投资一定要谨慎。

像这样遇到利用行业政策、相关法规的诈骗的概率并不算低，尤其是在商业、投资理财领域，一定会比中彩票的概率高，平时要千万小心。另一种比较常见的诈骗是骗保。

明星影视刚开那两年，一家合作摄影棚的老板是瓦达。瓦达摄影技术不错，专门为一家大商场拍广告，有时候我们忙的时候，他也来兼职。有一天，瓦达要把他的一台新买的高档专业索尼摄像机卖给明星影视，8万加元的机器他说只要5万加元，理由是现在他主要做摄影了，摄像业务在淡出，不需要那么多设备。我平时不在公司，业务、管理都是布鲁克主抓。转让摄像机的事情是瓦达与布鲁克联系的，布鲁克付款后，摄像机也送过来了。转天，还没等我们看清这台机器，瓦达又过来借，说有个小活儿，临时借用几天，做完了就还过来。同行间借设备也很平常，我们也没多想。借走设备后，瓦达迟迟不来归还。再联系他时，他的电话号码被弃用，摄影棚也关了，瓦达就这样消失了。

难道为了一台摄像机就跑路？布鲁克与其他同行交流后才揭开谜底。据说，瓦达与黑帮联系密切，做摄影只是他的副业。那一段时间，他的公司连续失盗两次。第一次失盗后，拿着保险公司赔偿的20万加元，瓦达买了全新的设备、扩大了规模。紧接着，第二次失盗，这次获得的理赔是40万加元。他的公司是真的失盗了吗？同行分析，应该是自盗。"失盗"发生后，瓦达将设备低价销售，分散到民间。像我们这样低价买了他设备的同行，温哥华还有几家。瓦达卖给我们摄像机的理由是他不再做摄像、专注于摄影业务，但是他也以淡出摄影业务的理由卖了照相机。这是典型的骗保。

为何瓦达将低价卖给我们的摄像机又借走呢？一种可能是他太贪财，卖的时候就想好了，用"借"的手段拿回摄像机，拿到保险赔偿后从温哥华消失。另一种可能与明星影视的失窃有关。瓦达"借走"摄像机不到一周，我们公司夜间被盗，所有的设备被洗劫一空。警察勘察现场后认为，窃贼显然非常熟悉我们公司的情况，知道如何关闭警报器、了解员工的下班时间、掌握设备的存放位置等。瓦达与我们常来常往，符合嫌疑范围。倘若瓦达公司的"失窃"是骗保，被他出售的那些设备就是赃物。如果那台摄像机在我们公司被盗走，报案时就会出现在失窃名单上，那就很容易被发现是赃物。顺藤摸瓜，瓦达就会暴露。当然，这也只是我的推测，一直无缘再见瓦达，无从对证。

警察提醒我们，通常这类窃贼过几个月还会再来一趟。因为窃贼知道，明星影视业务繁忙，一定会用保险公司的赔偿去买新设备，所以窃贼会等新设备买入后二次"收割"。为了避免麻烦，我们索性搬家，重新安装了防盗设备。自此，我们提高了警惕性，以后买设备一定从商店而非私人手中购买，以免不小心买到赃物。

在北美，还有一类很容易发生的骗局就是在空白纸上签名。北美重视个人签名，个人签名具备法律效力。但这一点常常被中国人忽视，尤其在异国他乡，遇到同胞、熟人，更容易放松警惕；有时候又局限于"面子"，不好意思去质疑。

一位朋友前些年过来买房。他去银行开户是我帮忙联系的懂中文的华裔业务代表来接待，但是我也只负责送他到银行，没有参与到他与业务代表的具体会谈中。理由很简单，尊重个人隐私、避嫌。开设账户后，他从中国汇来房款。就在办理手续的时候，他父亲病危，让他马上回去。在律师的建议下，他在几张白纸上签了字，以备最后出合同的时候用。我当时还劝他，不要这么心急，错过了这栋房子还有其他房子，可是朋友认准了非要买看中了的房子。他说律师是他同学的发小、是自己人，值得信赖，不会有问题。

朋友回去后竟然遭遇车祸去世了。我听到消息后，差不多已经是一年之后。

我将凶信告知银行业务代表，代表说，朋友账户上的钱早已被律师取走了。律师拿着朋友签字的"取款委托书"来银行要求提取现金。业务代表感觉蹊跷，可是律师的做法合乎法律规定，委托书上的签名与银行预留的朋友的签名也完全符合，没有理由拒绝。款额太大，超出银行单次提现的规定，只得分几次让律师取走。那位"值得信赖"的律师的做法貌似大有问题，可是也没法去查对。

还有一位朋友已经移民来加拿大，但是英文不好，又不肯去学，完全依赖华人圈的朋友。买养老保险时，遇人不淑，找到一位很不靠谱的保险销售人员。也许是业务不熟练，销售人员为朋友用中文讲解的保险交款、分红等保险细则与保单上英文写的出入极大。比如销售人员描绘的情景是这种保单隔年缴费，而实际的情况是保费必须每年缴纳，否则就是退保，前面交的也白交了。朋友经济不算宽裕，次年收到保单后，感到压力很大。再去找销售人员，销售人员竟然否认做过那些解释。尽管介绍产品的时候，销售人员说得热闹，但朋友手里留着的仅仅是销售人员当时写的一些数字，并无白纸黑字的具体说明，连投诉都没有证据，只得咬牙每年凑出高额保费交下去。真是吃了哑巴亏，无可奈何。

我自己的一次哑巴亏吃得更狠。1993年开办中财国际时，我买了一辆奔驰E190。正要回中国出差前，车的保养指示灯亮了，提示该保养了。我顺路把车开到了一家小有名气的先锋修车行去做保养，然后乘坐他们的服务车去了机场。选择先锋修车行而非奔驰4S专卖店的主要原因是先锋修车行服务价格便宜些，另外，他们的广告是明星影视公司做的，是我们的客户，也算"自己人"。飞机刚刚降落，北京手机铃响了。"道平，保养你的车时，发现车发动机可能有问题。"车行老板亚伯拉罕说道。"需要多少钱？"我问。"现在还不知道，要打开看看。"我当时想，打开看看就是打开汽车盖子看看吧，便同意了。

两周后，我回到温哥华去取车，发现车已经被"大卸八块"，车前盖打开着，里面发动机已被取出并被摆放在车旁的小推车上。我一看傻了。"这是什么事啊。"我自言自语地唠叨着。"这车子的发动机坏了，需要大修。"亚伯拉罕指着放在一旁的发动机说。我顿时明白了，这是落入了圈套。事已如此，只能应对。"我有什么选择？"我不客气地直接问。他看了看我说："这样吧，如果你不愿意修理,你现在可以把车开走。都是朋友,我们也不收你的钱了。"他打开车门接着说:"我们也可以把发动机帮你装回去,我们只收你 2000 加元人工费,但是我们不建议你开,不安全。"他看我没有吱声,又说:"当然了,我们完全可以帮你修好,费用嘛,4500 加元就可以了。"

这显然是敲诈。我立即给律师韩信打电话。韩信说,他的其他客户也遇到过这样的事情,这是修车行故意设的圈套,利用"打开"一词的多重含义诈骗客户。韩信的建议是,这辆车是无论如何不应该拿回来,因为如此拆卸非常毁车,以后 4S 店也不会再接手原厂维修服务;关键是,这样没有诚信的修车行,很难相信他们会换什么部件、会不会有其他"埋伏"。一般到了这一步,最好的方法是把车卖给修车行。不要打官司,打官司律师费不会低,还不一定能打赢。听从了律师的建议,我直截了当问修车行:"这辆车卖给你们多少钱?"修车行也没有推辞,报价"5000 加元"。于是,我花了 3 万多加元买的、开了一年多的奔驰,就这样莫名其妙地被迫以 5000 加元卖掉了。从那以后,我做保养、维修等再也不图便宜了。

值得庆幸的是,我买的是样板车,否则损失更大。在 1986 年夏天剑伟送我达盛车、1987 年年初格洛莉娅送我福特的安格利亚古董车之后,1987 年上大学后,我自己开始买车。科林的侄子做汽车销售,他教给我,如果去 4S 店买当年新款车时,最好买样板车。样板车的价格可以便宜 10%—25%,对于价格贵的车,这个优惠不算少;价格低了,相应的税款也能低不少。而且样板车相当于二手车,可以免去高达 25% 的奢侈品税,且仍能享受全部原厂有条件下的保修。因此,我自己买车都是买车行当年的样板车。几十年下来,也省了不少钱。

『9·11』那天，我在纽约

2001 年 9 月 11 日，我和律师理查德在纽约出差。计划早餐后收拾行李去机场，搭乘中午的飞机返回温哥华。没想到，吃早餐时，我在电视上看到了第一架飞机撞击世贸大厦的新闻。当时的播报说是飞行员误操作，我认为不对，这明摆着是故意的，马上给还在房间中睡觉的理查德打电话："理查德，快起床，出事儿了，有人搞恐怖袭击，我们得赶快去机场，改机票尽早回加拿大。"正说着，眼睁睁看到屏幕上第二架飞机也撞了上去。我赶紧给温哥华家里打电话，喊醒他们看新闻，并报了平安。想想前一日我还在世贸大厦的一家保险公司洽谈保利卡的保险问题，十几个小时后，大厦竟化为灰烬，不免感喟人世间的无常才是常态。

我催理查德动身，理查德说他还要收拾行李，我说："不要了，回温哥华我赔你全部损失，我们拿着公文包立刻走。"可惜理查德没有意识到危机的严峻性，仍然花了些时间收拾东西。在大堂里终于等到拎着大箱子的理查德，坐出租车一路飞奔到机场时，机场刚刚停运几分钟——全部航班不进不出，机场停止所有的服务。

当务之急是离开纽约。我们随即赶往最近的火车站，可惜火车也刚停运。想试试租车自驾离开纽约。打了一圈电话，租车公司的车都被租用一空。看来大家都在逃离纽约，我们还是慢了一步。只能打道回府，重返酒店。我多年出差养成的习惯之一是退房不去前台结算，等酒店自动从信用卡上扣款。①这次这个习惯帮了大忙。酒店清算的时间是下午两点，我们上午转了一圈又回来了，还算是它的客人，从而保住了房间，否则说不定真要露宿街头，因为那几天纽约滞留的旅客爆满，一房难求。

晚上我俩去酒店的酒吧里吃东西时，电视里开始播放布什的讲话。酒吧里的美国人听到总统要讲话，纷纷起立，酒吧瞬间安静下来。那种默契的郑重让我见识到美国人强烈的爱国情怀。在理查德的示意下，我俩也跟着站了起来。随着总统低沉、缓慢地说出"我们的同胞、我们的生活以及我们珍视的自由受到系列有预谋的、惨无人道的恐怖主义的袭击"，人们脸上显露出愤慨、眼里灼烧出怒火，酒吧的空气被压缩成准备随时投掷出去的炸弹，仿佛划根火柴便能引爆，那种张力让人不寒而栗，战争似乎一触即发。看着满屋子的白人，作为在场唯一的黑头发，我清晰地感到莫名的压力从四面压过来。布什的讲话只有四分半钟，却让我觉得无比漫长。等不及点的餐上桌，演讲一结束我便招呼理查德离开了酒吧。我明确地感受到族裔间若有若无、却总在关键时刻突如其来横亘在眼前的鸿沟。

在酒店滞留了12天，纽约才恢复部分美国国内航班。12天内，我几乎没有离开房间，吃饭叫外卖，通过电话指挥加拿大的工作。理查德在身边，开会倒是方便很多，有什么事情，我俩随时商量。听说了通航的消息，我决定订第一班机票。理查德担心不安全，而我的意见恰恰相反。这么大的灾难出现后，既然能通航，各方面必然严阵以待，恐怖分子也会慎重，绝不会在这样的时刻太嚣张。

离开酒店时，我仅提了公文包，背了相机，穿的西服连领带都没有系，为

---

① 北美开房时，如果是用信用卡，住够登记的日子，前台会确认是否续房。倘若发现客人已经离开，前台则做结算，从信用卡扣款，账单通过电子邮件或者纸质的形式发给客人。无数次住店，鲜有结算错误，有错误打电话过去也很容易解决，再加上我出差的日程总是很紧，也没有时间去前台结算，便养成退房时不主动去前台结账的习惯。

的是轻装，避免安检的麻烦。美国航班先前几乎没有安检，送客人可以送到登机口，如此才让恐怖分子有机可乘。此次灾难发生，一定会草木皆兵。我建议理查德也照此办理，再次以"回温哥华我赔你全部损失"为鼓励，但他不肯听从。他舍不得在纽约给家人买的满箱子的礼物，仍然拖着大箱子、提着小箱子上了出租车。我想也许他是白人，不会被"重点关照"？事实证明，我错了。

出租车不能开进机场，只能停在机场附近的工地上，由电瓶车摆渡去机场。上摆渡车时，需要查验旅客证件，还要用手持安检仪检查一次。摆渡车到了机场，进机场时，又被安检一次。在抵达安检口时，我们已经被扫了三四次。安检口站着两列荷枪实弹的军人，安检人员成倍增加，边检查边培训新手。倘若不是法律不许可，旅客们说不定就要赤条条从安检门通过了。那是我迄今为止接受过的一次最严格的安检，真是恨不得查到头发丝。我的东西少，查了几下顺利通过。理查德就没有这么幸运了。

他的箱子被全部打开，每一件衣服、每一样物品都被拿出来、拎起来仔细查看，安检员同时还为徒弟们讲解。在酒店住了十几天，带去的衣服没有没穿过的，众目睽睽之下，内衣、袜子观感尤其不雅。"先生，我是律师。"理查德说着便递过去自己的名片。"闭嘴，我叫你闭嘴！"话还没说完，一旁的军人便厉声喝道。"你们可以把东西拿到旁边检查呀。"理查德又低声说。"我让你闭嘴！你不明白吗？再说话就把你抓起来！"军人用枪指着理查德再次怒吼。那也是我第一次见到美国的军人如此粗鲁。

熬到检查结束，我们默默地上了飞机。飞机不大，十几位乘客全部默然无语。空乘几乎没有出现，没有往日的寒暄，没有服务，连水都没有送。大白天的，飞机窗户的遮阳板却被拉下来，机舱内开的是夜灯。幽微的光线中，四个多小时的飞行像在做密闭的星际穿越，从未知穿越到未知。世贸大厦轰然倒塌，纽约不再是纽约，叱咤风云的美国遭了暗算，猝不及防，这个世界会走向哪里？

一路转机，终于在晚上 8 点多到达西雅图。西雅图距离温哥华车程两个半小时，到了西雅图，好像能听到家的呼唤，不免归心似箭。西雅图直飞温哥华的飞机停飞，长途车无票，机场门口等出租车的队伍排起了长龙，不少是去温哥华的，但是出租车连连拒载，嫌太晚了不肯过去。开过出租车，我知道出租车的排队规矩。"你在这儿等着，我去找一部车来。"让理查德在原地等着，我向出租车车队的队尾走去。到了队尾，我专门找了辆7个座位的商务车。"去温哥华吗？去温哥华吗？"我一个接着一个地问。"不去。""不去。"一个接着一个地回答说不去。我物色上一名中东人模样的年轻司机，我知道在正常情况下从西雅图机场到温哥华边境车费需要200—300美元。"去温哥华给你500美元，走不走？"他摇摇头，伸出7个手指头。什么？他要700美元？这绝对是狮子大张口啊。我看了看手表，已是晚上10点多了。"好，开门，我们走，先去接我的朋友们。"

车开到理查德面前，我冲着理查德大声说："理查德，上车吧，我找到了回温哥华的出租车。"人们一听，纷纷拥上前询问搭车事宜。"先别急，先别急。理查德，你先上来。现在上面还有5个空座，每个座位收150美元。"价格报出后，许多人向后撤去，只有几个人还在前面。我知道，这些站在前面的多半是生意人。我让理查德检查各位的护照，依序选了5个人上车。收了每位的现金，转手交给司机，连小费都够了，理查德和我相当于没有花车钱。

大家一路上说说笑笑，交流这几天非常时期在美国的感受。正说着，我忽然想起来司机是中东人——有些中东人是偷渡去美国的，没有合法证件——我问司机："你带护照了吗？请让我看看。"司机竟然说："带了。你要看哪一本？我有好几本护照。"一听他这么说，可吓坏了全车的人，你一言我一语地议论起来。我更不放心了。如果他护照有问题，我们岂不是在帮他非法越境吗？我连忙让他靠边停车，让理查德来问他话。理查德向他宣讲了一些法律规定，他说他都知道。理查德要求他出示有美国签证且是合法获得的那本护照。他翻了翻，找出来一本。司机保证他的护照和签证都是真的，我们也无法核查，只能姑且相信。

开了一段，理查德还是担心，悄悄问我，是否换车。我说："不用担心，我已经想好办法了。车开到海关前，我们下车，走过去就好了。我可以叫太太伊莲开车来加拿大边境接。我们家到美国边境车程不到20分钟。"司机开车很猛，我提醒他不要超速，省得引来警察。现在是敏感时期，一点小事儿容易被搞成重罪，一定要加倍小心。司机不听，直到我威胁他，如果他再超速，我来开车，我有四级专业驾照，可以开出租车，他才放慢速度。

海关已经肉眼可见时，我们从高速路拐下来。我建议司机顺便去加油站加些油。他加油时，我带理查德和车上一位聊得来的乘客下车，并对其他几位说："海关在前面了，我们想走过去。车费已经付完了，你们还可以留下来坐车到温哥华。"其他几人可能也担心司机的身份会惹麻烦，都说跟着我们一起走。司机少跑几十公里，钱没有少拿，也没有什么理由不让我们下车。我们7个人拉着行李浩浩荡荡向加拿大海关走去，颇有一种"加拿大，我终于回来了"的激动涌上心头。

还没有来得及充分抒情，就听到海关的高音喇叭喊"不许动，举起手来"。理查德有经验，立刻将我们喊停，让我们举起手来。回想起在中国受过的军训，我也提醒大家："举手，不要乱动，尤其是手不要碰口袋。"不一会儿，走过来七八名全副武装的警察。理查德说"我是律师"，警察让他手不要放下、慢慢走过去，问他话。问完话，警察检查了大家的证件，将我们带到海关，再次检查证件后，做完登记，第三次检查证件并打开行李箱翻查，一直折腾了两个多小时才放我们过关。双脚踏上加拿大的土地时，已经是后半夜了。这一趟差出得可真不容易！就像好莱坞电影一样，好在有惊无险。

温哥华气候舒适、社会安定、生活方便、民风和善，多年被评为最适宜人类居住的地方，有人间天堂的美誉。尽管许多人说，在加拿大可以路不拾遗、夜不闭户，我却要说，结合自己多年的经历，我认为：这个世界上没有天堂，哪里都有好人、坏人，哪里都有犯罪行为；暖心的事情天天有，可是杀人抢劫也不是新鲜事。

刚来温哥华没几个月，我就与命案擦肩而过。1985年8月，我搬到道森学院语言学校对面后，经常被同学约瑟夫邀请去他的住处做饭、开派对。约瑟夫从台湾来温哥华后，经人介绍，帮一个台湾房东看守空置已久的房子。他可以免费住，房东也无须向他支付费用，但有两个条件：不能让其他人留宿；除了去地下室用洗衣房，不能涉足地下室的其他地方。一下楼梯右手边就是洗衣房，约瑟夫谨遵规矩，住在那里一年多都没有越雷池一步。他一个人住着闷，喜欢找同学来玩儿。

进入雨季后的一天，约瑟夫给我打电话喊我过去帮忙。他去洗衣房时，发现连日大雨，导致地下室灌进了雨水，他不知道怎么办。我过去一看，没别的办法啊，先把水抽出去再说。我们租了两台抽水机、鼓风机，又抽、又吹，清理了积水。看着地面一片狼藉，我说要收拾一下，否则既不卫生，又容易发霉。从洗衣房再往里走，是一个酒吧。水抽干了，才看出来酒吧的地面上铺着鹅卵石，三面墙上也镶嵌着石头，一面墙上是满墙的镜子。还真讲究。

我看到墙上有一扇门，显然是从另一侧打开的。"约瑟夫，除了酒吧，地下室往里还有什么地方可以进入那个房间？"我指了指那扇门问。"不知道，我从来没有往这边走过，今天清理积水是第一次过来。"他回答道。突然，我的脚不知道踩到了哪块石头上，满墙的镜面从中间裂开了！我俩都被吓了一跳。"哇……"我们情不自禁大叫起来。难道还真有密室？！想跑，又被好奇心牵着不舍得跑。硬着头皮往里看了一眼，原来是一个衣帽间。衣架上挂着十几件一模一样的女性睡衣，而下面的鞋架上竟然摆着一排绣花鞋！我扫了一眼，足有十来双，双双不重样。我顿时打了一个寒战。在"文革"时期，听长辈们讲过一双绣花鞋的故事，我还见到过故事的手抄本，猛地看到这么多绣花鞋，不禁汗毛倒竖、头皮发麻。我拉着约瑟夫说："走，赶快走！"上楼后，我让约瑟夫马上离开这里，去我租的房子住。这个地方说什么也不能住了。凭直觉，我觉得地下室里的密室、绣花鞋、睡衣太吓人了，不是什么吉利的东西。

果然，没过几天，警察来找约瑟夫，我们才知道房子的秘密。房东是毒枭，地下室是他们进行毒品交易的场所。那扇从另一侧打开的门，打开后有一条地道，地道直通房子后面海湾停放的快艇。一楼大厅的木雕老鹰的嘴里有一个开关，按下去门才能打开。房东由于黑社会火拼被杀，警察顺藤摸瓜找到这座房子。他们搜查了地下室，从衣帽间往里走还有一些房间，其中竟然还藏匿着两具陈年女尸。

发生了这样的事情，约瑟夫被家人召回了台湾。他还没有成年，出来读书以为找到了免费的住房，谁能想到在凶宅里独自住了那么久！我们这些经常过去做饭、开派对的同学听说了也感到后怕。这事儿真是给了刚来加拿大没几个月的我一个"下马威"——在这里过日子也要留神、有警惕性，看起来童话般的房子里，说不定藏着什么不可告人的秘密；看着笑呵呵见面打招呼的陌生人，说不定是杀手。这次遭遇让我提高了警惕。三四年后，我竟然凭着警惕性发现了另一处藏匿女尸的"童话般的房子"。

1989 年，张玉搬到克丽丝家后，她和克丽丝发现了对面邻居家的异常。她们对面的房子里只住着一个 50 多岁的叫彼得的瘦高的西方男子。克丽丝说，她们家搬来时，彼得就住在那里，但是没有太多来往。我去看望张玉时，也偶然见过彼得。他的眉眼总是低垂着，很少与人对视，神情阴郁，仿佛凝着雨水的云彩。他也不像大多数本地人那样，无论是否认识，见面就打招呼。他是即使认识，看到也像没看到。彼得家的房子看着不错，可惜鲜有邻居进去过，甚至连路过时都难"一睹芳容"——不仅大厅、房间的窗帘常年落下，连二楼、三楼房间的窗帘都一样落下。

克丽丝说，她家搬来十几年了，从来没见过彼得家里有其他人居住。彼得成天在家待着，也很少出门购物。夏天或天气好时，他整天在花园里打理花草。他家的花园是社区中最漂亮的。令克丽丝不安的是，每天晚上，她都能看到彼得家二楼一间屋子里人影憧憧，里面好像点着蜡烛，有人在活动。蜡烛照着人影映在窗帘上，分外诡异。克丽丝家人都没在温哥华，她独自居住在一所大房子里，本来就有点胆怯，夜里看到对面房子里没有灯光、仅有烛影，更觉得不踏实。以前她侧面问过彼得，彼得说他住在三楼。那么二楼那间卧室里每天晚上在发生什么？这一带属于温哥华西区的上纳赛（Shaughnessy）富人区，房子历史悠久，占地面积大，木质结构，石头外墙，标准英式建筑，像童话里的城堡，难道也会闹鬼吗？

张玉住进去之后，克丽丝也和她说了彼得家的异常，她俩加强了观察，仍看不出所以然。我听说后，建议张玉先去和彼得套近乎，再想办法进他家看看。从此，只要看到彼得出来，张玉就牵着克丽丝家的大狼狗出去遛狗，同时与彼得打招呼。断断续续地和彼得"say hi"两个月后，两个人逐渐能简单聊两句。于是，张玉邀请彼得来家里喝下午茶。喝茶的下午选了克丽丝也在家的日子。彼得如约而至，却没有久坐，不到半小时就走了。克丽丝从小从菲律宾移民加拿大，又在不列颠哥伦比亚大学读书，英文没有问题。她们说，也没感觉有什么话题不合适，只是彼得显得很拘谨，也有些着急赶时间，心不在焉。

过了几天，彼得在门口见到张玉时，竟然邀请她次日晚上来家里吃饭。"惊喜来得太突然"，她们马上打我呼机让我过去商量对策。我们三个年轻人穷尽想象，假设了各种可能在彼得家遇到的意外及相应的对策，最后达成一致，张玉"勇闯虎穴"去一探究竟，前提是见机行事，保证安全。约好她每隔15分钟拨打一次我的呼机，以表明安全。如果她30分钟没有打我的呼机，我就和克丽丝去彼得家找人。

张玉那趟做客充满了惊险。她回来后告诉我们：

彼得开门时让她眼前一亮——瘦高的彼得穿着全套的黑色燕尾服，绅士儒雅。身前还围着雪白的专业的厨师围裙，平添几分温馨。更让她惊艳的是，彼得一只手里拿着铜烛台，上面燃着3根崭新的蜡烛，小臂上搭着折叠整齐的白毛巾。她仿佛会见的是某位公爵。

餐厅里，长长的十人座实木餐桌上，放着同样的两个古董蜡烛台。蜡烛散发出浓烈的香气，却难以掩盖陈旧地毯的霉味，一只黑猫瞪着两只大眼睛呆呆地趴在老式座椅背上，壁炉里燃着的火焰为冰凉的客厅增添了一丝温暖，古老的扬声机沙沙地播放着施特劳斯的圆舞曲。彼得请她坐在餐桌一端的主客位置，而另一端的主人座位及侧面座位上，分别摆着两套餐具。难道还有一位客人？张玉还没有想明白，彼得已经从厨房端出来两瓶开了盖子的啤酒。两瓶啤酒的标签不同，一瓶看起来是新的，一瓶看起来存放了很久，标签已经模糊了。没有拿来杯子，显然是一人一瓶。张玉拿了标签模糊的那瓶。她当时想的是，如果彼得在酒里放药物，应该放在新瓶子里，因为一般女孩子喜欢选好看的、新的东西。她不会也不敢多喝，抿了抿就放下了。

彼得又端出来主菜烤牛排，宾主重新落座，晚餐开始。从落座开始，彼得的举动便越来越奇怪。他拿起一片面包，放在旁边主座的盘子里，轻声低语两句，仿佛那个座位上有人，他们在交谈。切了牛排，彼得也是一样地先放在主座盘子里，边放边说什么。烛光晚餐从浪漫转向恐惧，张玉感觉自己是多余的。彼得沉浸在与旁边的空座位的交谈中，他与那个看不见的人在享受牛排与夜的宁静。张玉像被一个玻璃罩子罩着一样，她只是看客，又看得如坐针毡。

想起来要给我每隔15分钟打呼机，她起身说去洗手间。彼得一下子从与空座位的呢喃耳语的梦幻状态中清醒过来似的，立即站起来拿起烛台跟着她。离开餐厅，其他地方既无蜡烛又未开灯。张玉说，她那时才觉得自己真是跌入了不知道什么年代的时刻中。走两步到了洗手间，张玉伸手想接过烛台进去，彼得却很生硬地把举着烛台的右臂向后撤，不给她烛台，理由是"我们家是不关洗手间门的"，一边说一边伸出左手做出"请进"的手势。他拿着蜡烛，把脸扭向一边。张玉原本也是为了给我打呼机才来洗手间的，她灵机一动，站在洗手池前，放开了水龙头，假装洗手，趁机拿起来洗手池旁边的电话拨了我呼机，算是完成了第一轮报平安。

回到座位后，彼得明显在意张玉了，减少了与空座位的聊天。张玉草草吃了几口牛排，和彼得聊起他的作品——之前他们简单的交流中，彼得说过他是一个陶瓷雕塑家，偶然客串电影里的反面的小角色。作为画家，张玉与他显然可以聊艺术。张玉提出来去看看彼得的作品。彼得说在三楼，他们离席后拿着蜡烛往楼上走。

张玉和我们说，上那几级楼梯很是吓人。楼梯不宽，彼得举着蜡烛走在后面，沉默无语，他俩的影子被晃动的烛光照在墙上，像两个变形的妖怪，配着楼梯嘎吱嘎吱的响声，仿佛走在恐怖电影中，凶杀片都没有那么可怕。上到二楼,对着楼梯的就是克丽丝担心"有鬼"的那个房间。房门紧闭。张玉鼓起勇气，假装走错了楼层，猛地推开门，彼得在后面赶紧抢上前，伸手把门关上了。关门的时候，他随口说："这是我妈妈的卧室，任何人都不能进去。我的工作室在三楼，这是二楼。"趁着开门的几秒钟，张玉看到屋子里全部用白布盖着，只有床头柜露着，上面放了一本书。床前有一双拖鞋。床上似乎有什么东西，白布不是平的。

上了三楼，看了看彼得的作品，张玉推说有事，便迅速回家，倒豆子般地讲述了这场奇异的晚餐。床上盖着的白布不平，下面似乎有东西——这一个细节让我特别在意。我又问了张玉几次，张玉说，时间只有几秒，蜡烛光下也看不清，但是从白布的阴影判断，应该不是很平整，下面应该有东西，还不算小。我们仨讨论了几天，决定报警。不是报紧急出警，只是讲了房子里有异状，想请警察去检查，过了几天警察才过去。警察进去不一会儿，房子周围就拉起来黄色的塑料警戒线，看来问题不小。

警察调查结束后告知我们结果：张玉看到的没错，彼得妈妈的卧室的床上确实有东西——是他妈妈的已经放置 10 年之久的干尸。

彼得是遗腹子，出生前父亲车祸去世。父亲做木材生意，留下的资产够他们母子稳定生活。彼得从小和妈妈相依为命，感情非常深厚。他去加州大学读书后在那边定居、结婚，可是由于各种原因，没几年便离婚回到了温哥华，重新回到母亲身边。妈妈去世后，彼得无法面对失去母亲的痛苦，没有安葬她，而是把她的尸体留在屋内，假装她仍在世。这就是为何克丽丝看到晚上那间卧室总有人影出现。他穿着燕尾服接待张玉，不是出自浪漫或礼貌，而是他仍在按照母亲对他的要求生活。

彼得被送到了精神病院，他的房子过了一段时间也被拆毁重新盖了。警察对我们报警表示肯定——最起码减少了公共卫生隐患，否则万一引发什么流行病都有可能。加拿大人口稀少，警力不足，社区居民自发监控、及时报警非常有必要。

2014 年 11 月 11 日，加拿大驻英办公室（Canadian Office in the United Kingdom）迁址后重新开门，举办了系列活动，其中有一项活动是加拿大著名画家艾米丽卡尔（Emily Carr）的艺术展览，加拿大派了 60 人前往参加开幕式。爱好艺术的查尔斯王子特意举办私人晚宴欢迎我们。作为艾米丽卡尔艺术与设计大学的学生代表之一，我有幸忝列其中，与太太伊莲一同前往。那天恰巧是伊莲的生日，查尔斯王子讲话结束时说："今天，是我们一位尊贵的客人的生日，让我们一起祝福她生日快乐。"随后，查尔斯王子带头，大家唱起了《生日快乐》。歌声伴随着音乐在宴会厅里回荡，伊莲惊喜交加，忍不住喜极而泣。受邀宾客的个人资料两周前就发往伦敦，想必工作人员很细心，查验客人资料时注意到了这个小细节。

环顾四周，伊莲和我几乎是在场仅有的亚裔，两个人的黑头发很显眼。查尔斯王子特意走过来与我们聊天。他问我在加拿大做什么，我说主要做仿真恐龙展览。他说他从小就很喜欢恐龙，详细问了问情况，并且希望我们也能够去英国展览。王子也问及我的家庭，我提到我的女儿们从小就参加童子军，查尔斯王子说"童子军的训练对孩子们的一生都有帮助"。他越说兴致越浓，和

◎ 2014 年 11 月 11 日于英国伦敦，当时还是英国王储的查尔斯宴请现场我与夫人的合影

我们说了足有 10 分钟。其间，王室官方摄影师抓拍了伊莲、我与查尔斯王子谈话的照片。一个月后，我收到了伦敦寄来的照片及准许公开发布的许可证。

酒会结束次日，我们匆匆赶回加拿大。回到温哥华机场，已经是夜里。也许是我们行程太紧张——往返花了近三天，只在伦敦停留一日——或者仅是例行抽查，海关官员对我询问得特别详细。"你们去英国干什么？"我说："出差，开会。"一般情况下，这个答案就可以了，但是那位官员还要刨根问底："什么会？具体内容是什么？"我问他："我一定要回答吗？"他公事公办地说："我希望你能实话实说。"尽管他说的是"我希望"，但我清楚，这只是命令的客气表达。听他这么一说，我忽然有一种戏剧性的感觉。我故意看看左右，压低声音说："我去见查尔斯王子了。"他说："你说的是真的吗？"我点点头。他愣了一下，让我去俗称"小黑屋"的问询检查处等他。

　　"小黑屋"其实不小，也不黑，里面已经有几位等候检查的旅客在排队。我和伊莲排在队尾。趁着等待的时候，我习惯性地拿出手机看看信息。关机十几个小时，甫一开机，信息呼呼呼地涌来，手机不断地响起"哔哔哔"的提示。一位海关人员注意到我，他走过来问我："你在干什么？"我说刚下飞机，收收信息。他说"请让我看看"，说着伸出手来。这时，让我过来接受检查的海关官员及另外四五名持枪官员也过来了。拿过我的手机，他们一起查验。关键时刻，手机收到伦敦发来的开幕酒会的新闻报道视频，最后几秒钟的镜头赫然是查尔斯王子与我们在交谈。看完了视频，他们默默地将手机还给我，那位让我来检查的海关人员耸耸肩，做了一个让我们离开的手势。

　　有经验的旅客说，没有出海关前，最好不要看手机。一方面是海关禁止拍照，拿出手机有拍照的嫌疑；另一方面，看手机会让海关人员误以为要作弊、捣鬼。其实，不仅是在海关内的旅客要少碰手机，等着接机的人也最好不要给未出关的人打电话。我就有过一次打电话惹麻烦的经历。

　　有一年，我陪朋友去机场接太太和女儿。左等右等都不见她们出来，我们给朋友的女儿打电话，结果"闯了祸"。朋友的女儿当时正在"小黑屋"里受盘问，因为她戴的钻石项链引起了海关的注意。海关查验了项链，认定不是从加拿大购买的。女儿也承认是在北京的兄长几年前送的。海关又注意到太太戴着钻石戒指。正在海关检查戒指时，女儿接到了我们打过去的电话。电话接通后，朋友问她为何还不出来，女儿做了简单回复。放了电话，官员问"谁的电话"，女儿说父亲在外面等待，官员说"让你父亲进来吧"。朋友进去之后，海关注意到他戴的浪琴表。朋友说，是儿子以前送的。海关问："何时送的？你报关了吗？"按照加拿大海关的规定，礼物有一定的免税额度，超过部分要上税。这下好了，不仅项链、戒指被扣下，手表也跟着一同"牺牲"。罚单开出 8000 加元，责令在指定日期交款取回罚没物品，过期不候。我们去找律师咨询，律师说：不要与海关打官司，根本打不赢。如果东西确实是移民之前的旧物，提供证据；否则，提供报税的证据。两种证据都没有，则衡量被罚没物品价值与罚款金额大小。归结为一句话，或者交钱，或者放弃物品。

其他国家的海关不知道怎么样，加拿大海关的记录非常清晰，报过税就报过，登记过就登记过，基本上都能查清楚。前几年，我与伊莲去美国旅行，回来时在温哥华机场等行李时，伊莲拿着的 LV 旅行袋被巡逻的海关官员注意到了。岳母喜欢 LV，伊莲这只旅行袋是岳母移民前在香港买的。但是官员不相信，带我们去"小黑屋"仔细查验。他们竟然花了两个多小时，查到了 20 世纪 90 年代初岳父母移民时入境的报关记录。他们当年可是用 2 只 40 尺的货柜将香港家中的物品尽数搬来，罗列物品的清单想必不会短。移民搬家时，旧物免税，但要提供清单，新买的物品则需申报关税。有了这次经验，提醒新移民，搬家时不要怕麻烦，一定列清明细，尤其是价格高的物品更需要记录清晰。

海关的判罚无所谓"公平与否"，他们自有其标准。2001 年秋天，我们一家人开车从西雅图度假回来，进入温哥华海关时，已是凌晨 1 点多。每次去美国游玩返回时，为了报关方便，我都会将所购物品记录下来，把记录清单与购物发票一同交给海关官员。那一次也不例外，我主动申报"购物 2800 美元"，并递上用清单裹着的一沓发票，海关让我们去付税办公室缴税。付税时，要把车停在指定区域，车钥匙交给管理人员，他们会仔细检查一遍车厢。查验无误后，将钥匙交给里面的工作人员，工作人员核算税款、喊号让过去缴税。我们等了半个多小时，被喊过去，却未让交钱，而是被启发："你们再想想，还买了什么没有报的吗？"我说："没有了，都写了。"

海关让伊莲和岳母把钱包交出来。过了一会儿，他们找出来伊莲的信用卡和一张她购物的小票。她买的一只 78 美元的手包未被我记在清单上。这真是无心之错。伊莲和岳母购物时，我坐在休息区看孩子。当时凯琳 2 岁多，凯欣 1 岁多，凯颐还躺在婴儿提篮里。她们买了东西回来告诉我，我才会记录下来。伊莲忘记说买了手包，我也确实不是故意漏记。海关工作人员不听解释，他们强调，一家人就是一张报关单，又对我说："她们的失误，你也要承担责任。"

我表示认罚，海关开出来的罚单高达 870 加元。漏报的是价值 78 美元的物品，怎么也不能罚款 10 倍啊？对我的抗议，海关警告："不要争论，再争论我们有权拘捕你。"夜深了，孩子们累了，哭哭啼啼，我们赶紧付款走人。

第二天，我给一位在温哥华海关的亲戚打电话，咨询海关人员罚款 870 加元是否合理。他的答案是：没有什么合理不合理，海关的权限很高，罚金数额是根据综合情况来判断，而非仅针对涉事物品。海关不会无中生有、不会有意找茬，发现问题后如何处理，就看双方的沟通了。切记一点，千万不要与海关工作人员争辩。

罚款还是小事，涉及安全问题那就是摊上大事了。2012 年春天，有一次我去美国出差时，一大早赶飞机，伊莲给我拿了一根香蕉让我当早餐吃。未来得及吃，出租车来了，我就上了车，将香蕉顺手装在了风衣口袋里。到了机场，也忘记吃了香蕉再进去——确切地说，我已经完全忘记香蕉的存在，拉着箱子直奔安检。加拿大出境时不设海关检查，但是美国的海关设在加拿大机场内。所以，从加拿大乘飞机到美国，过了安检，会直接进入美国海关。美国海关工作人员简单问询后，便让我通过。就在走出海关的自动门前，我习惯性地想把护照放在西装口袋中。放护照的时候，碰到了风衣口袋。"什么东西鼓鼓囊囊的？"我边嘀咕边把手伸到风衣口袋中，摸到了香蕉才想起来，"哦，是伊莲给我拿的香蕉"。我突然想到，"不能带食物入美国"，忘记我其实可以出了海关、坐在登机区踏踏实实地把香蕉吃了，同时，我还做出一个错误的决定——把香蕉掏出来扔在了海关出口处的垃圾桶中。

出了海关大门不到五六米，美国的海关人员就追上来让我回去。他们带我去办公室，给我看刚才扔的香蕉，问我："是不是你丢的？你为什么丢掉？"我说，想起来食物不能带入美国境内。他们说："这就是美国。"我才意识到，尽管位于温哥华机场，但是美国海关所在的区域，理论上来说，的确属于美国。他们将我出海关前扔香蕉的行为判定为"不寻常（unnormal）"，把我的行李仔细检查了一遍，同时把香蕉也拿去检查分析了一通，没有找到任何危险物品的迹象，才对我批评教育一番，让我走人。

一个错误的扔香蕉的决定，不仅令我耽误了飞机，也让我的名字在美国海关的黑名单上待了四年。上了黑名单，意味着每次我入海关都会被单独询问。因此，同事们都知道，与我一起去美国出差，要给我留出足够的过海关时间才行。大概也是这个原因，我申请去美国的快速通关卡迟迟得不到批准。

多年游走世界，与海关打过不少交道。总而言之，海关是一个神奇之所在。出门在外，一定要事先对各国海关的规定多了解，行事切不可想当然，更不能有侥幸心理。

2020 年 9 月末的一个下午，接到凯琳的电话，她说中学时好友琳达没有读大学，未婚先育，住在父母家，和家人闹意见要搬出来，问我是否能来家里住几个月。我当即否决。我向凯琳解释，家里是有一间客房，可是家里人多，还有三条狗，突然来了带着小婴儿的客人，不大方便；而且最关键的是，多年来的经验告诉我，长期留住的客人，无论亲戚还是朋友，最后搬出时都搞得不大愉快。放了电话，我又放心不下凯琳的这位朋友，20 岁出头就自己抚养一个孩子，疫情期间又遇到难题，不帮忙真是于心不忍。忽然想到妈妈楼下的出租房的房客由于疫情失业，担心以后付不起房租，主动提前解约刚搬走，马上打回电话给凯琳："奶奶楼下的房子可以让她去住。平时租金 800 加元一个月。给她可以第一个月免费，以后每个月就付 300 加元吧。那是独立单元，有厨卫、家具，她直接去住就好了。"

傍晚时，凯琳已经帮琳达搬家入住了。凯琳说："琳达非常感谢，也非常感动。她说现在没有工作，可是在领政府每个月 2000 加元的补助，第一个月也不用免费。"我坚持没有要："她带着孩子，省点钱给孩子买东西吧。月租从 11 月 1 日开始正式算。" 10 月下旬，凯琳说，琳达要带着孩子和现任男友一起租公寓住，月底搬走，

放在摇篮里的红枫叶

8

于是我重新开始找租客。

陪着新租客来看房时才发现，居室里被琳达改变很多。窗帘没有了，柜子不见了，墙上钉了几幅画，屋子里新增加了她买的家具。我让凯琳问琳达，窗帘和柜子哪儿去了？琳达的回复是：窗帘和柜子她都不喜欢，窗帘被扔了，柜子被拉出去丢到房子旁边的空地了。我找到柜子时发现，经过多日雨淋后，柜子已经不能用了。妈妈不大高兴，认为这个年轻人太不懂事。我让凯琳告诉琳达：租房子的规矩不是这样的，对于房子里的家具等不能见到不喜欢就扔了。凯琳明白租房的规矩，她去上大学住公寓，入住前要签条目详细的租房合同，里面有很多细致的规定。凯琳说她会向琳达解释。我劝慰妈妈：年轻人刚出来独立生活，要有一个学习的过程。琳达不是恶意，她只是不懂。经过这一次，她肯定能学会不少。

琳达刚住进来几天时，我中午去给妈妈做饭，看到琳达门外放着几个装着披萨盒子等包装垃圾的塑料袋。我敲门喊她出来，告诉她垃圾不能放在门口，要放在相对应的垃圾箱里。比如披萨盒子应该放在可回收的蓝色的塑料筐中，每周二市政府来收。琳达很抱歉地说，她在家没有做过这些事，没有多想。唉，这也是家长娇惯孩子的一个例证。都做妈妈了，还不知道应该怎么收拾垃圾，以为垃圾放在门外就会自动消失吗？不过通过这件事，我对琳达的生活经验不足有了些印象。因此，得知她把窗帘、柜子扔了，倒也不算吃惊。

琳达说，她在扔窗帘、柜子时确实没有过脑子，当时就顾着买喜欢的新家具来布置新居了，她为自己的欠考虑诚恳道歉。我接受了她的道歉。看房子时，我看到琳达将屋子布置得很温馨，清洁保持得也不错。能让她和小宝宝第一次独立生活住得舒适，我们帮助她的目的就达到了。接下来几天，琳达在搬走之前，将房间墙上钉画的洞补齐了，有些地方还进行了粉刷。搬家时，她将为卫生间配装的一个架子特意留下来。那个架子装在马桶后面的墙上，能放些零碎东西，又不占空间，是个不错的设计。我让凯琳问琳达，架子是多少钱买的，既然要留下来，那么我们付钱给她。琳达说什么也不要钱。

11月1日一早，我接到妈妈的电话。妈妈高兴地说，琳达刚才上楼和她道别，感谢照顾。琳达下楼后，妈妈站在窗户前目送她。琳达提着篮式的婴儿座椅，要上车前，不由得回头，向楼上望了望。然后，她弯腰从满地的红枫叶中抓起几片，放在宝宝的座椅里。门前的院子里有一株冠如华盖的大枫树，每到这个季节，门前的草坪上、车道上落满红红的枫叶。宝宝的人生之旅从这里启程，有这些枫叶做纪念，也是一个温馨的记忆。下午，琳达打电话给我，感谢能在她最困难时伸出援手。我说，举手之劳而已，祝福她和孩子一切顺利。

妈妈住的这所房子是 1995 年我给他们买的。从购置起，就是爸爸妈妈住楼上，楼下出租。20 多年来，进进出出不知道住过多少租客。每一户不论居住时间长短，都和我们相处得不错。其中老大哥迈克给我留下深刻的印象。迈克比我年长十来岁，在装修、建筑、园艺这类公司打工。他搬来的时候 50 岁左右，开一辆旧皮卡，拎着一个小箱子，身无长物。除了居室中的基本家具，我们给了他一些生活用品、锅碗瓢盆等，他算是安了家。

迈克生活简单，早出晚归，很少开伙做饭——不过西方人的饭菜也简单，超市冷柜中有品种丰富的各种意面、披萨、土豆泥、肉丸子等半成品，拿回家用烤箱或者微波炉加热就能吃。迈克的晚饭应该也是这样打发的。从事劳动工作，迈克的衣服不修边幅，衣裤上沾着颜料、泥巴是常态。他貌似没有什么亲

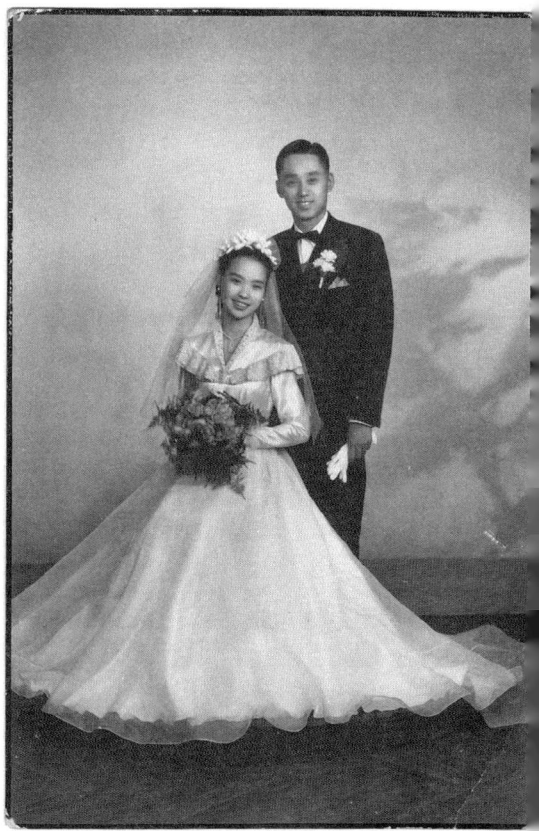

◎ 1949 年，爸妈在上海拍的结婚照

戚朋友，住了十年，从未见过有人来访，复活节、感恩节、圣诞节这样的大节日里，迈克也总是一个人度过。有时妈妈做了蛋糕、点心，会送给迈克一些，

节假日，我们烤了火鸡，也会给迈克送一份。迈克不善言辞，接到礼物时笑得很开心，感谢的话翻来覆去就是那么几句，可是能感觉到他说得真心实意。

迈克住的那十年，房前屋后、花园的打理工作基本上由他承包了。春夏两季，天气好的周日，他就在户外忙碌一番。我要支付他工钱，他怎么都不要，他说这些活儿对他来说就是游戏而已，他喜欢享受阳光，做园艺活儿是一个享受阳光的好机会。做体力工作的工钱不算低，但是迈克显然不善理财。不存款、花钱没有计划也是许多西方人的通病。与华人从小就懂得要量入为出、量入为储截然相反，西方人头脑中对花钱规划常常很陌生。往往到月底要支付下个月租金时，迈克才会意识到自己手头的钱所剩无几，他会和妈妈道歉，承诺欠的钱在 12 日发工资时补上。领到工资后，迈克下班第一件事就是来找妈妈补齐房费。有趣的是，他还会根据所欠的额度自己算一个"利息"，少则 10 加元，多则 50 加元，一定要妈妈收下。起初几次妈妈说什么也不要，但是迈克很严肃地一定要支付，他强调这是他必须支付的。别看迈克手头不阔绰，却丝毫不吝啬。每个月总有一两次买了鲜花送给妈妈。鲜花摆在房间里，为普通的日子增色不少。善待生活、过日子过细节是西方人很普遍的一种生活理念。去西方人家里会看到，无论穷富，家里都比较整洁、富有小装饰品。

◎ 妈妈卞志滢的婚纱单人照

2015 年夏季的一天，迈克收工很早。他上楼对妈妈说："明天我要搬走了，再也不回来了。谢谢你们对我的照顾。这十年是我过得最幸福的十年。"妈妈很诧异，打电话让我过来问问迈克怎么了。迈克搬进来后，我还是第一次进他的居室。房间打扫得干干净净，厨房用具也放得整整齐齐。从窗户望出去，刚割完的草地整整齐齐，灌木丛刚修剪过。居室里却透着冷清，柜子、桌子上没有什么东西，床铺上还是当年我们给的行李，他的几件衣服已经放在了行李箱里。行李箱也还是十年前的那只。迈克请我坐在屋子里唯一的椅子上，他自己坐在床上。我问他要搬到哪里，迈克缓缓地说："安老院。"顿了顿，他接着说："我的癌症已经到了末期。医生说我的生命可能只有几周了，已经帮我联系了专门收治末期患者的安老院。"我感到震惊，看着眼前说话的迈克，完全不能与癌症末期患者相联系。他怎么能够一直坚持工作到生命的最后几周？这也是西方人生命观念与华人不同的一个显著之处。他们没有养生的想法，对生死也看得比较淡。

次日，迈克离开前，去和妈妈告别。他拥抱着妈妈，像家人一样，说："妈妈，谢谢你，我爱你。我要走了，再也不会回来了。我刚刚在花园摘了一朵玫瑰，我带走。你自己要多保重。"两周后，我特意抽空去安老院看望迈克。相处十年，感情上像兄弟一样，还是很惦记这位老大哥。迈克已经很憔悴了，见到我去，喜出望外，嘴角眉梢间满是欢欣。他反复说得最多的还是感谢我们让他过了十年好日子，那十年是他这辈子最好的十年。没有抱怨、没有遗憾、没有对死之将至的恐惧、没有对生的留恋，也没有对家人、亲友的回忆。看着病床上的迈克，我对生命有一重新的感悟。又过了几周，我想再去安老院看望他，打电话过去问询，得到的回复是他已经走了。

想到琳达和她的孩子从这所房子走向新的人生，想到迈克从这里走向生命的终结，那样真实，又那样像舞台剧。纷纷繁繁变幻莫测中，一次次提醒我：人生短暂，知足常乐，且行且珍惜。

9 无怨无悔

加拿大是一个以义工文化闻名的国家。在加拿大，可以说，没有人没有做过义工，只是多少而已。孩子们从小在学校里就会做义工，各种社区、团体活动离不开义工，甚至有些商业机构也会在工作中招聘义工。移民通过做义工，能更了解、熟悉社会，切实参与到社会文化发展中。对我而言，做义工带来快乐、满足感，还能磨炼心态。

我做社会义工开始于温哥华国际龙舟节。米叔从1989年接手这项亚裔文化活动并使之发展壮大。从他1989年接手后，我便跟着做义工，主要负责参与筹款。米叔有个观点：社会活动要靠大家，而非仅靠几个大户赞助。他曾经对我说："如果让你去捐10块钱，你自己捐1块钱、其他9块找9个人捐，这才合格。如果10块钱都是你自己掏腰包，那是一种失败。"遵从此原则，我在各种慈善活动中担任筹款工作时，都是积极发动群众。而最好的发动群众的方式之一便是结合慈善拍卖，举办筹款晚宴——花费一顿饭钱，吃了，玩了，认识了新人，老友也聚会了。

晚宴慈善拍卖时，募捐者各显神通，常常能发现惊喜，不过拍卖价格常常更为惊喜。还在友邦资本时，有一年拍卖，我正巧刚带回来中国一家博物馆送的一套限

◎ 1999 年的温哥华国际龙舟节（前排左起第五个为本人）

量版薄胎瓷碗。本打算收藏，但为了给晚宴的拍卖活动增加内容，便拿过去当了拍卖品。对这套瓷碗的变现能力，我的心理期望值是三四千加元，没想到来宾吃得开心、聊得尽兴，酒楼里气氛活跃，拍卖场面热烈，使得价格扶摇直上，最后为龙舟节换回来万元加元！

2002 年，联合列治文狮子会，我们举办的为温哥华流浪人群冬季募捐鞋袜的慈善晚宴也很成功。晚宴筹集到近万元加元，米叔和我又匹配了同样款额的捐款。用这笔款从上海买来 2000 双鞋子和 4000 双袜子，委托了一家慈善组织，坐镇唐人街，在一周内发放给温哥华的无家可归者。发放的同时，登记领取者的姓名、ID 号码，以统计出温哥华东区流浪者的数量。这可能也是首次对温哥华无家可归人数的有组织的统计。从那一年起，温哥华市政府开始定期统计。

为何要统计这个数字呢？因为温哥华一些市政政策，如开办免费的毒品注射屋①，与流浪者密切相关，但是却无人掌握流浪者大致的数量。米叔生长于温哥华东区的唐人街，对那里有深厚的感情，一直关注着温东的建设与发展。有一次谈到流浪者的吸毒问题，米叔说我不够了解他们，便带我深入温哥华东社区。看着米叔走在人群中，与认识的、不认识的人都能谈笑风生，与流浪者们毫无隔阂，我更加切实地体会到他对这个社区的理解及感情的深度，而我仅仅是一个突然闯进来的观察者。不过，我这个观察者也没有白白跟着溜达一圈，我发现流浪者睡觉时脚上都穿着鞋子——米叔解释说，脱了往往就被偷了。由此我想到了发鞋袜、统计人数的一箭双雕的办法，立刻得到米叔的肯定。

我说我来掏钱买，却被米叔阻止，他又重申了发动社会的理论。他说："只有让民众捐款，才能让民众关心无家可归者。群体庞大的无家可归者需要全社会的帮助，靠几个人解决不了问题。但是，我们可以多捐，在提倡捐款的同时，宣布匹配捐款，这样更能提升大家的积极性。"

米叔对社会的大爱时时闪现出来。2006年，也是在他这种大爱的感召下，我竟然参与到为联邦大选助选的志愿工作中。用"竟然"，是由于米叔一直教导我们，作为公民必须关心社会，但是商业人士不要直接参与到政治中，而这一次，在他的带领下，集体破例。

刚过元旦，米叔找我说："联邦自由党今年竞选有很大问题，如果他们不好好做市场，今年可能要失败了。"我奇怪地问他："你不是说，做生意的人不要参政吗？我们应该保持中立。你怎么对政党这么感兴趣了？"米叔说，这一次想帮帮他们，让我策划如何助选。紧接着，在任的总理、自由党党领马田（Paul Marting）来我们这里做宣传、举办筹款晚宴，我参加了内部会议。我说，离大选两周多了，在全国做推广无能为力，但是大温哥华地区的助选我可以帮忙。根据我的分析，当时保守党、自由党的民众支持度差不多，胜负就看中间派，

---

① 【编者注】加拿大自2003年起基于公共卫生"减害原则"（Harm Reduction）推行监管注射点，如温哥华的毒品安全屋（Insite），由政府授权运营，旨在减少吸毒过量致死率、阻断针具传播疾病（如艾滋病），并通过医疗介入引导成瘾者接受治疗。但该政策争议持续。中国则明确规定"毒品犯罪零容忍"，严禁吸毒、贩毒及任何涉毒行为。两国政策差异源于对公共卫生、法律伦理的不同权衡，特此说明，以助读者理解两国文化差异。

而中间派是华人、印度裔、韩裔这些少数族裔，只要能从这些族裔尤其是华人手里拿到票，大温哥华地区的选举就能赢一些席位。他们同意我的分析。

不过，自由党的总体竞选包装思路，在我看来，不如保守党。保守党竞选人的广告、插的牌子等格式都很统一，而自由党的很自由、各不相同。我认为联邦大选是选党、而非选人，缺乏统一形象不利于推行"党"。自由党部却不同意我的看法，说自由党认同的是选人、党是陪衬，所以要凸显每位候选人的个性。没办法，我不是党内成员，仅算友情助选，不可能改变一个党的思路，尽力而为吧。

联邦大选对各党动用的经费也有严格规定。因此，我决定，我们单干，不与党的活动掺杂在一起，只要求各位候选人配合即可。这样大家都轻松，不必由于意见不同而内耗。华人的几大报纸的主要版面早已被保守党候选人联合起来预定完了，我们只能另辟蹊径。我采取的措施是包租一辆温哥华的双层观光巴士作为移动的竞选舞台，由桑尼设计了巴士外体的包装，

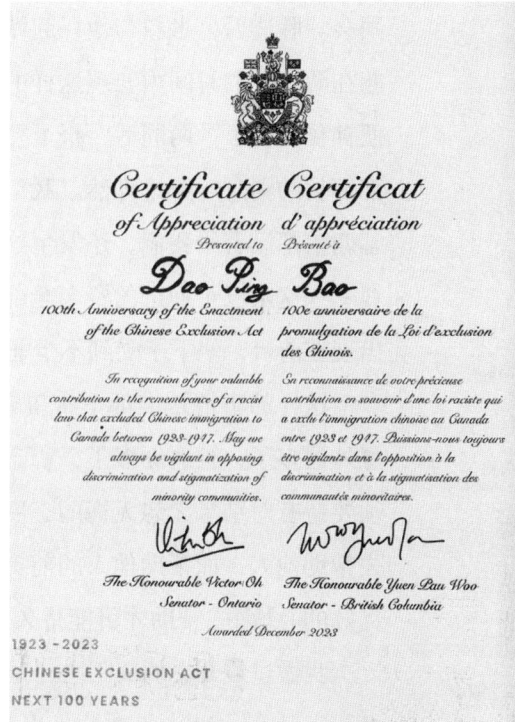

◎ 加拿大国会议员为我颁发的服务华人社区贡献奖

打出以中文、韩文、印度旁遮普文及英文的广告，"投给自由党是明智的选择（Vote Liberal Party is a smart choice）"。巴士每天至少跑两个选区，载上该选区候选人，当街游行造势，并提前联系该地区媒体做宣传。限于时间，只租了7天，跑了16个选区——候选人中有几位是印度裔，他们听从我的安排，一起去素里市的印度寺庙演说。演说时，我请他们不要多讲自己，而是强调自由党的优点，他们也完全照办。我们选在寺庙集会的日子赶过去，场面宏大，效果很好。我也目睹了印度人的团结。

双层巴士抢眼，宣传效果很好。根据媒体的逐日统计，宣传那几天，自由党人气节节提升，到了投票前，已经反败为胜，支持人数高于保守党。那年加拿大全国的选举结果是自由党失利，但是大温哥华地区自由党战绩还不错。艾民信便是那年从温哥华京士威区（Vancouver-Kingsway）选区胜选而出，加入国会。胜选后，米叔与他一起站在台上发布了胜选消息，我们在台下欢呼，为能在两周多的时间内实现这样的结果而欣喜。然而，第二天起，艾民信的手机便神秘关机了。两周后，报上登出他脱离自由党、投入保守党，被任命为工业部部长的消息。舆论哗然。我们当然也不明就里。辛苦一番之后，自由党连封感谢信都没有给我们，还发生这样的事情，颇有夜航触礁之感。米叔不仅白花钱——这次巴士助选的资金全部是他提供的，还被牵连——作为社会名流，又出现在前台，一下子受到不少非议，蒙受了不白之冤。

这样的事情是谁都不希望遇到的，且根本不可控。不过，换一个角度看，意外遇多了，被磨砺多了，心态自然就越来越平和。因此，我认为，做义工必须要持有对结果无怨无悔的态度，不计得失成败，否则就不要去做。做义工是去帮助他人，而帮助他人的前提是自己要心甘情愿、要快乐不求回报。只有在良好的心情下，帮助才可能持久。所以我很赞同"开心做慈善、做义工"的说法。

我做过最开心的义工之一是策划、组织了 2005 年 6 月的"太平洋田径世界杯"运动会。2004 年在北京出差时，和朋友聊起来 2008 年北京奥运会，朋友提到中国的田径项目不够强大时，我突然想到：奥运会要 4 年才举办一场，为何不能每隔两年举办一次太平洋运动会，让中国、美国、加拿大等环太平洋国家的运动员切磋一次，加强各国关系，也有助于提升中国田径运动员的水平。回到温哥华后，我将这个想法对米叔说了，米叔介绍我去找比赛成绩受国际田联认可的哈里·杰罗姆国际田径精英赛（Harry Jerome International Track Classic）负责人。哈里·杰罗姆是加拿大杰出的田径运动员，负有盛名，因病去世后，他的家人继承他的遗志，继续促动加拿大田径事业发展。米叔是精英赛的长期支持者之一，并捐款建成了哈里·杰罗姆在史丹利公园的雕像。

精英赛负责人对我的想法也很支持，他们也希望扩大参加的国家。我为本届运动会取名为"太平洋田径世界杯",以加强影响。精英赛原有的参与国包括美国、墨西哥、英国、爱尔兰、肯尼亚、菲律宾、日本等 17 个国家,我与中国体委联系,选拔出 10 余名运动员前来参赛。这是中国队首次在北美参加田径邀请赛。两国体育界人士皆期待这次比赛能开启中加两国体育训练的深度交流。

6 月 14 日,本届太平洋田径世界杯在本拿比的斯旺加特体育场(Swangard Stadium)进行,共计 23 项比赛。这次比赛的成绩将决定是否能参加 8 月在芬兰举办的世界田径锦标赛,竞争激烈。中国运动员表现不错,跳高运动员高淑英还创造了精英赛的撑竿跳高新纪录。

◎ 2005 年 6 月,《星岛日报》对"太平洋田径世界杯"的报道(前排中间为本人)

可以说,这次太平洋田径世界杯完全达到甚至超过我的预期,无论主办方还是中方代表队都很满意,双方也建立起直接的联系。不过我却只办了这一场,因为不久之后,我就奔忙于恐龙王公司的国际业务而不常在温哥华,力所不能及便不容易坚持。

10

凯
旋
之
书

1996 年，我首次购买人寿保险时，给自己定了一个目标——60 岁退休。[①]我的寿险合同保到 60 岁——倘若提前有意外，赔偿金够家人宽裕生活；我有信心，到了 60 岁应该能赚够供后半生生活无虞的钱。

2020 年年初，我作为普利尔董事长、CEO，与购买普利尔资产的 EMG 公司完成交接。三个选择摆在我面前：恐龙展览从无到有，是我一手创建，如同自己的小孩一样。骤然放弃，内心非常不舍。因此，选择一，是按照 EMG 的提议，接手恐龙业务，回到我的恐龙王国、重新经营自己的恐龙公司，利润与 EMG 分成。选择二，留在 EMG 开拓亚洲市场。选择三，执行最早的计划，60 岁退休。

这么大的决定不只要考虑我一个人的意见，当然要征求太太及孩子们的意见才是，于是我们先后开了两次家庭会议。

女儿们都大了，凯丽、凯琳、凯欣、凯颐已经成人，各自都有各自的志愿和理想。凯丽致力于金融业，有稳定的工作和明确的发展目标；凯琳读大三，学商科和心理学，明年毕业；凯欣读大二，学商科，志愿成为律师；凯颐大学准备学医。我的商业生涯至少与凯琳的未来发

① 当时加拿大的退休年龄是 60 岁。

◎ 1976年，全家摄于郑州

展有些关联。与她们讨论时，孩子们异口同声地建议我退休。凯琳认为，即使她将来从商，也不必要以我的继续操劳为代价。

从1985年离家到1995年与父母团聚，我与爸妈相隔天涯10年之久。当年如果不是爸爸放弃干部身份、提前退休，我还不知道何时才能离开知青点。"文革"结束，各行各业重振旗鼓，同事们都在拼搏奋进以追回失去的十年，而爸爸为了我，却不得不放弃工作，他承受了多么大的精神伤痛。我在加拿大做装裱那两年，常要爸爸妈妈从中国购买装裱材料寄到加拿大，高昂的邮费给家里造成了很大的经济压力。我深知父母的不易，一心想要孝养，可是等他们来养老，我又东奔西跑，每年至少一半的时间不在温哥华。爸爸住院后，我去病房给他理发，羡煞了同室的病友。看着爸爸明朗的笑容，我以为能永远为爸爸理发，未料到返回北京不久，便收到噩耗。

2005年爸爸过世时我未能陪在他身边，成了我最大的遗憾。我绝不想再次遗憾。妈妈已经90岁高龄，岁月进入了倒计时。妈妈很独立，不肯搬来和我们同住，只能是我们去看望她，每隔一两天就去一次。伊莲身体并不强壮，一个人带三个孩子，每年开车接送孩子上学、参加课外班就要跑4万公里，仍挤出时间去照顾妈妈。但是，她再孝顺，也不能代替我。如果我不必为工作忙碌、出差，就能安心地守在妈妈身边，每天为妈妈烹煮她喜欢的饭菜，和她聊聊天，逗她开心。

此外，孩子们也是我的牵挂。凯颐上9年级时，老师约我们谈话，说孩子的举止胆怯，老师认为与父爱长期缺失有关。她说凯颐在父亲节的作文《我的爸爸》中写道："对爸爸的印象就是长期出差，在家的时候不是在讲电话，便是在看电脑。"从那以后，我有意降低了出差频率；在温哥华，我早晨送孩子上学后再去公司，晚上一定回家和家人一起吃团圆饭；周末孩子的课外活动，我主动去接送，利用路上的时间和孩子们多一些接触。

当年我在殡仪馆为爸爸更衣、守灵时，想到爸爸为了我们奉献的一生，我更坚定了绝不让我的孩子再经历我受过的那些苦难的想法，要像爸爸守护我们一样，我要守护我的孩子们，在她们成家立业之前，给她们最好的照拂和关爱。爱是需要付出时间和精力的。趁着孩子们还没有完全离开家独立生活，我希望能多和她们在一起。

从商业的角度来看，9个恐龙公园的合同陆续到期，最晚到期的一个就在2019年年底——当时我就是冲着退休年龄设计的合同时间。倘若我拆分出恐龙公司，相当于要从零开始，怎样也需要两三年的时间重新培育市场。之后会如何，凯琳是否能按时接手公司，皆为未知。也许凯琳到时候的兴趣不在商业上或者意不在此？用一个公司套住孩子，限制了她的发展，并非我所愿。

从我个人愿望的角度来看，我通过并购普利尔完成了公司在美国纳斯达克上市的梦想，令普利尔不仅拥有代表文化的历史文物展览——泰坦尼克号展览，还兼有代表科普、娱乐的恐龙展览，成为真正的世界展览业老大，我已经攀登到了展览行业之顶。难道我还要再下山重新攀登这座山峰吗？不，这不符合我的性格。多年来，我要求自己所做的必须是创新的、独特的，要做就做大、做好、做强。后面几十年的人生，这将依然是我不变的信念。

那么，接手恐龙公司的意义何在？最明确的大概就是经济回报。我的资产距富豪榜甚远，仅是生活裕如，可赚钱对我来说早已不再是工作动力。拓展亚洲市场倒是一个动力。随着中国的崛起，我相信未来任何行业脱离了中国市场都很难有大的发展。可惜猝不及防地遭遇了疫情，不得不停下来一些既定的方案。

思前想后，我决定离开，决定跟我最爱的恐龙展览说再见了，跟我最爱的千万观众说再见了。离开普利尔，并不意味着我事业生涯的终止，我要去做其他的事情，做我感兴趣的、有意义的事情，做我多年来想做却没有时间、精力做的事情。

自从 1991 年在维多利亚岛展出世界之最、旷世长卷、160 米长的《黄河万里图》之后，30 年来我都渴望再能有机会展览。周中孚先生几十年呕心沥血完成了这部伟大的作品，本身就是黄河精神的体现，他是当之无愧的黄河魂，他的心血和他伟大的人格应该被更多的人了解。大力推动《黄河万里图》在中国全境及世界的展出是我的计划之一。

2015 年构想出来的关于泰坦尼克号的故事已经逐步转化为剧本，有待于继续推进。我是学电影出身的，能再制作自己的电影也是令我期盼的事情。将来我要完成一部大型爱情悬疑故事片《泰坦尼克号沉没之谜》。

对于家史的探索，也是我给自己安排的任务。从 20 世纪 20 年代到 40 年代，外公卞毓英和祖父鲍咸锵通过携手经营上海明星影视及支持其他影业同行在香港以及南洋的拓展，为中华民族电影的发展作出了重要贡献。作为他们的后人，梳理这段历史并呈现给世人是我责无旁贷的使命。

手边还有一个非洲艺术品展览搁置了几十年。1989 年的冬天，科林决定要将早年从南亚及非洲搜集来的艺术品捐给博物馆。为了便于博物馆选择，我帮他拍照、冲洗。拍照过程中，我发现，非洲人雕刻的象牙上记录的故事与当代人们受到的关于象牙的教育有出入。非洲民间的象牙雕刻是围绕一个故事进行创作。这些故事大同小异，讲的是大象要杀人、吃人，村子里的人联合起来帮忙杀大象，救下来孩子等。我认为，非洲杀大象的最初起因不是为了掠夺象牙，而是为了抵御大象的侵袭。杀了大象埋起来，经过多年肉腐烂了，剩下象牙和象骨。象牙不会变化石，于是人们将其做成武器，后来又发展成做艺术品的材料。现在，保护大象是正确的，但也应还原历史的本来面貌。南亚的藏品在科林在世时便被维多利亚博物馆接受，办完展览后收藏入馆；非洲这部分藏品迟迟未找到下家。完成非洲艺术展，完成科林的心愿，也是我的心愿之一。

退休以来，我太太说我比上班还忙。是的，许多先前未曾料到的事情涌上日程。如组建反歧视协会、参与筹备加中建交 50 周年摄影展及加中摄影家作品集的出版等。最让我惊喜的是有了这本书。这也算是对我些许公益付出的回报——倘若没有参与反歧视行动，便无缘结识王立博士，这本在我心头萦绕已久的书便不会问世，至少不会这么快完成。所以我总是说，我很幸运。

用钱来衡量，我远非商界佼佼者。但是用行业来说，我是成功的，一个人一辈子能有几次机会成为行业领军人物？做保利卡，我重新定义了加拿大的直销业；做汇通支付，我创制了在线小额支付；我为科普的恐龙展览设计出的盈利商业模式，由室内恐龙科普展发展到世界上规模最大的室外恐龙科普公园，每年为上千万的孩子带来欢乐；带领普利尔走遍世界四大洲五大洋的数百个博物馆和科技馆，冲上了展览业的巅峰。这些自豪感是无价的。我没有虚度时光。也因此，当这部回忆录写到结尾一节，我想到用"凯旋之书"作为标题——这本书是对我前半生倾力奋斗的总结，是我的"凯旋"。

电影《头文字 D》中有句很激励人心的台词："这世上只有一种成功，就是以喜欢的方式过一生。"我深以为然。

后　记

凯旋门前的长路

　　人生无常，世事难料。退休本该是我放慢脚步、安享天伦之乐的阶段，然而，现实却让我无法停下。

　　从商界转向投身社会公益，并非一时冲动，而是因缘际会，更是责任使然。退休前最后一次公务飞行，我想 30 多年前初抵温哥华时那个兜里只揣着 30 美元、听不懂 "What's your name" 的年轻人，断不会想到半生后会在法庭见证历史。

　　2020 年，疫情突如其来，不仅暴露了公共卫生体系的脆弱，更撕开了社会深层的裂痕。加拿大华人社区在这场危机中遭遇的偏见与歧视，让我意识到：如果我们这一代人不主动作为，年青一代的发展空间将被无形的壁垒所禁锢。我们的沉默或将成为历史的遗憾。

　　2021 年，列治文市发生了一起引发华人社区关注的种族歧视冲突事件。一对白人夫妇当众辱骂并袭击华裔店员，竟将一杯滚烫的咖啡泼向她的脸庞。目睹这样的场景，我的心情变得异常沉重。回想祖辈们漂洋过海扎根异乡，始终勤勤恳恳、自强不息地生活，可当我们的第三代、第四代在这片土地成长时，依然要面对这样的困境，这让我心中泛起难以言说的隐痛。

　　不能再沉默！我与志同道合的朋友们携手督促案件进展，经历 19 个月的艰难抗争，最终迎来胜诉。听着法官的判词，内心并没有预想中的激昂，思绪飘向更远的时空——这场胜利让我想起我这几十年打的这么多场官司。当年为企业权益、商业规则据理力争，如今为华人尊严抗争，本质上都是守护珍贵的东西。不同的是，这次我们守护的是子孙后代挺直腰杆的权利。

这场官司的胜利，是正义的一步，但真正的社会变革，刚刚开始。

回望加拿大华人百年奋斗史，从《排华法案》的枷锁到"人头税"的血泪，先辈们用坚韧与智慧开拓生存空间。这段历史不应被束之高阁，而应成为照亮未来的明镜。我们深知，仅靠被动防御无法彻底改变现状，唯有主动构建包容社会，才能让每个孩子都能在阳光下自由成长，无论肤色种族，都能在这片土地上自信地书写人生。

教育是打破偏见的钥匙。我总想起当年自己初到异国时的迷茫，就像现在很多华裔孩子面对两种文化时的困惑。我希望通过改善华裔青少年的成长环境，让他们既能扎根中华文化的土壤，又能自信融入主流社会。当年青一代在科技、文化、商业等领域崭露头角时，偏见自然会不攻自破。

华人社区的力量源于团结，而社区团结不是喊口号，是从一件件小事做起。从法律援助到文化交流，从公共倡导到商业合作，我们需要凝聚共识，形成合力。只有当个体的微光汇聚成炬，才能照亮整个群体的未来。

一路走来，我深知个人的力量有限，真正的改变离不开无数同路人的支持与努力。在此，我要衷心感谢王立博士为这本书的付出，感谢96岁母亲的智慧与坚韧，她用一生的坚持教会我勇敢前行。说到这本书的封面，它于我而言别具意义——因为这是由我的三个女儿凯欣、凯琳和凯颐共同倾力完成的。为了呈现最理想的效果，她们前后尝试了五次，拍摄了280多张照片才最终选定。作为摄影爱好者，她们不仅用镜头真实记录了学校与社团的瞬间，更一直默默担任着义务摄影师。这份纯真的热忱与担当，或许真是继承了我的基因吧。感谢邵威、戴肖峰、张季和、邹海平、张会军、苏彦韬、邹毅、郑胜天、郭其洪、贺剑琨、甘锦居、刘利珍、惠君、祖克勤、丁果、白巍、陈浩、朱冠梅以及所有为我的自述出版而努力的朋友。特别感谢这本书的责任编辑，感谢河南人民出版社，正是你们的辛勤付出，让这本书得以问世。

　　站在人生的新起点，我明白：真正的传承不是守住一亩三分地，而是为后人铺就更坚实的道路。先辈用血汗种下的树苗，我们要用心浇灌，让它长成庇护后代的参天大树。愿每一位华裔子孙无论身处何方，都能在属于自己的土地上自信前行，让公平正义的阳光照亮每个角落。

鲍道平

2025 年 2 月 8 日于温哥华